农村教育质量观察

NONGCUN JIAOYU ZHILIANG GUANCHA

于伟 ◎ 主编

东北师范大学出版社
·长春·

图书在版编目（CIP）数据

农村教育质量观察 / 于伟主编. --长春：东北师范大学出版社，2025.5. -- ISBN 978-7-5771-2535-0

Ⅰ. G725

中国国家版本馆 CIP 数据核字第 2025R0R708 号

□策划编辑：陈国良
□责任编辑：　　雷　　□封面设计：张　然
□责任校对：　　瑜　　□责任印制：侯建军

东北师范大学出版社出版发行
长春净月　　开发区金宝街 118 号（邮政编码：130117）
电话：0431—84568147
网址：http://www.nenup.com
东北师范大学音像出版社制版
吉林市海阔工贸有限公司印装
吉林市恒山西路花园小区 6 号楼（邮政编码：132013）
2025 年 5 月第 1 版　2025 年 7 月第 2 次印刷
幅面尺寸：170mm×240mm　印张：21　字数：365 千

定价：79.00 元

本书为教育部人文社会科学重点研究基地重大项目"中国农村教育发展基本类型与模型建构研究"（课题编号：18JJD880001）的研究成果

目　录
CONTENTS

第一篇　教育促进乡村振兴的战略观察

全面推进乡村教育振兴的中国路径 / 003

我国农村职业教育发展的困境与对策 / 017

新时期农村职业教育的办学路向调整和农民工培训的城乡联动体系构建 / 032

农民工教育培训状况及对策研究 / 041

基础教育服务乡村振兴：功能预期、矛盾分歧及实践路径 / 049

基础教育促进共同富裕：内涵诠释、价值意蕴与作用机制 / 062

农民教育期望

　　——高等教育改革一种可能的阐释 / 074

第二篇　县域教育优质发展的政策观察

教育强国建设背景下县域普通高中发展的战略定位 / 083

县中兴衰与主体理性、制度规范

　　——基于理性选择理论的视角 / 091

我国农村义务教育教师队伍的结构问题与对策 / 108

加强农村教师队伍建设亟待建立进出有序、供求平衡的管理机制 / 112

城乡义务教育教师交流轮岗政策演进：问题审思与优化路向 / 124

从"基本均衡"到"优质均衡"：义务教育办学条件均衡发展水平测量

　　——基于全国东中西部五省份的实证调查 / 136

试析农村小规模学校撤留博弈 / 166

第三篇　农村教育综合改革的理论观察

高质量：中国基础教育发展路向的时代转换 / 173

我国欠发达地区农村教师队伍建设中的结构性困境与破解 / 192

县域教育"双减"的公共生态及优化路径 / 202

中国农村教育实证研究与自主知识体系建设 / 214

人口变动下县域"三类学校"建设的困境分析与破解思路 / 238

教育生态承载力：区域教育高质量发展的必要支撑 / 252

优势挖掘如何助推乡村学校弯道超车 / 261

第四篇　儿童科学成长的实践观察

"率性教育"：建构与探索 / 275

重构学校时空安排　撬动教育教学变革 / 288

通往"智慧教育"之路
　　——以有过程的归纳教学深描为例 / 290

重建数智时代课堂生活中的共鸣 / 305

"双减"背景下教育评价的加减法 / 318

学校、家庭都要关注青少年的身心健康 / 320

"留住乡愁"：当代乡村班级生活建设的文化面向 / 322

第一篇

教育促进乡村振兴的战略观察

JIAOYU CUJIN XIANGCUN ZHENXING DE
ZHANLÜE GUANCHA

全面推进乡村教育振兴的中国路径[①]

【摘要】 乡村要振兴，关键在人才；人才要培养，根本在教育。全面推进乡村教育振兴，在政策意涵上，彰显了乡村教育、科技、人才一体化布局，乡村教育振兴与教育振兴乡村统筹设计，乡村教育振兴层次类别与地域功能全面覆盖；在研究方法上，学术界意识到套用西方理论来剪裁中国实践的危害，提出了"从中国实践出发"或"扎根中国实际"的社会科学方案，但理论原型依然是"西方"的，是"从西方看中国"而不是"从中国看中国"，应回归"把中国作为方法"；在实践路径上，实现了赓续优秀传统与弘扬现代价值、教育振兴乡村与乡村教育振兴、政府倾斜支持与多方援助帮扶的有机结合，充分展现了新型举国体制的力量。

【关键词】 乡村教育振兴；教育振兴乡村；中国方法；中国路径

民族要复兴，乡村必振兴；乡村要振兴，关键在人才；人才要培养，根本在教育。在一个拥有乡村人口 4.91 亿、农民工 2.96 亿、人口总量达 14.12 亿、常住人口城镇化率达 65.22% 的处于转型中的发展中大国[②]，整体实现乡村教育振兴的艰巨性和复杂性是前所未有的，用什么方式全面推进乡村教育振兴，这是一个世界性难题。党的二十大报告擘画了"以中国式现代化全面推进中华民族伟大复兴"的宏伟蓝图，这昭示着中国全面推进乡村教育振兴的途径和方式也必然具有自己的特点，我们认为这个途径和方式就是中国式乡村教育振兴。那么，全面推进乡村教育振兴的政策意涵是什么？中国式乡村教育振兴的方法论是什么？以什么样的中国式路径全面推进乡村教育振兴？这是本文试图回答的重要问题。

一、全面推进乡村教育振兴的政策意涵

从党的十九大报告提出"实施乡村振兴战略"到党的二十大报告强调

[①] 本文作者为东北师范大学邬志辉教授、博士生徐萌。
[②] 国家统计局. 中华人民共和国 2022 年国民经济和社会发展统计公报[N]. 人民日报，2023-03-01（9）.

"全面推进乡村振兴",从"产业兴旺、生态宜居、乡风文明、治理有效、生活富裕"的总要求到"产业振兴、人才振兴、文化振兴、生态振兴、组织振兴"的五大振兴,可以发现在国家的政策话语中虽没有直接提出"乡村教育振兴"概念,但强调要"推动城乡义务教育一体化发展,高度重视农村义务教育……努力让每个孩子都能享有公平而有质量的教育"。2021年5月,教育部等四部门发布的《关于实现巩固拓展教育脱贫攻坚成果同乡村振兴有效衔接的意见》首次以官方的名义提出"乡村教育振兴"和"教育振兴乡村"两个概念,并提出基本形成两者之间良性循环的发展目标。同年12月,教育部召开乡村振兴工作领导小组会议暨巩固拓展教育脱贫攻坚成果同乡村振兴有效衔接工作推进会,会上怀进鹏部长再次强调了"作为目标"的乡村教育振兴与"作为手段"的教育振兴乡村两个维度及其辩证关系。那么,乡村教育振兴的政策意涵是什么?如何才算"全面推进乡村教育振兴"?为了避免陷入学者式的学术争议之中,我们拟从国家提出"乡村振兴战略"后历年中央1号文件去窥探国家意志中的乡村教育振兴意涵。

(一)重大政策文件中的乡村教育振兴

2018年中央1号文件《中共中央、国务院关于实施乡村振兴战略的意见》提出"优先发展农村教育事业"重点主题,24次提到"教育",包括生态教育、思想道德教育、优秀乡土文化教育、家庭教育、远程教育、学前教育、义务教育、高中阶段教育、高等教育、特殊教育、职业培训、教师队伍建设、薄弱学校改善、寄宿学校建设、学生营养改善等;23次提到"人才",包括实施农业科研杰出人才计划和杰出青年农业科学家项目、新型职业农民、农村专业人才、农业科技人才等;9次提到"科技",包括建设国家农业科技创新体系、面向农业全行业科技创新基地、现代农业科技园、产学研融合农业科技创新联盟等。

2019年中央1号文件《中共中央、国务院关于坚持农业农村优先发展做好"三农"工作的若干意见》提出"提升农村公共服务水平"重点主题,14次提到"教育",包括义务教育控辍保学、面向乡村的职业教育和技能培训、城乡义务教育一体化、农村义务教育学生营养改善、高中阶段教育普及攻坚、农村儿童健康改善、早期教育和学前教育、高等学校涉农专业建设等;9次提到"人才",包括把乡村人才纳入各级人才培养计划、建立县域人才统筹使用制度和乡村人才定向委托培养制度、引导各类人才投身乡村振兴、对做出突出贡献的各类人才给予表彰和奖励、实施新型职业农民培育工程等;6次提到"科技",包括培育农业战略科技创新力量、建设农业领域国家重点实验室等科技创新平台基地、培育农业科技创新型企业、赋予农业科研人员科技成果所有权等。

2020年中央1号文件《中共中央、国务院关于抓好"三农"领域重点工作确保如期实现全面小康的意见》提出"提高农村教育质量"主题，13次提到"教育"，包括加强乡镇寄宿制学校建设、统筹乡村小规模学校布局、加强乡村教师队伍建设、全面推行义务教育阶段教师"县管校聘"、落实中小学教师工资收入政策、职称评聘向乡村学校教师倾斜、建立教师住房保障体系、推进农村义务教育控辍保学专项行动、解决农民工随迁子女上学问题、增加普惠性学前教育资源供给、加强农村特殊教育、构建高素质农民教育培训体系、优化涉农学科专业设置等；9次提到"科技"，包括加强农业关键核心技术攻关、实施农业科技特派员制度、加强国家农业高新技术产业示范区和科技园区建设等；6次提到"人才"，包括实施乡村文化人才培养工程、落实县域内人才统筹培养使用制度、有组织推动人才下乡等。

2021年中央1号文件《中共中央、国务院关于全面推进乡村振兴加快农业农村现代化的意见》提出"提升农村基本公共服务水平"重点主题，9次提到"教育"，包括增加农村普惠性学前教育资源供给、改善乡镇寄宿制学校办学条件、保留并办好必要的乡村小规模学校、在县城和中心镇新建改扩建一批高中和中等职业学校、完善农村特殊教育保障机制、推进县域内义务教育学校校长教师交流轮岗、建设城乡学校共同体、发展职业技术教育与技能培训、开展耕读教育、加大涉农高校职校和学科专业建设、发展面向乡村的网络教育等；8次提到"科技"，包括开展乡村振兴科技支撑行动、实施农业生物育种重大科技项目、推行农业科技特派员制度、提高农机装备自主研制能力、推进农业科技示范园区建设等；7次提到"人才"，包括加强党对乡村人才工作的领导、培育高素质农民、吸引城市各方面人才到农村创业创新、健全适合乡村特点的人才培养机制、强化人才服务乡村激励约束等。

2022年中央1号文件《中共中央、国务院关于做好2022年全面推进乡村振兴重点工作的意见》提出"加强基本公共服务县域统筹"重点主题，9次提到"教育"，包括粮食安全教育、加快农村普惠性学前教育资源建设、办好特殊教育、推进城乡学校共同体建设、加强农村法治宣传教育、完善耕读教育体系、优化涉农院校学科专业结构等；7次提到"人才"，包括实施高素质农民培育计划和乡村产业振兴带头人培育"头雁"项目、开展乡村干部人才组团式帮扶、培养乡村专业人才和乡土人才等；4次提到"科技"，包括发现和培养使用农业领域战略科学家、实施"神农英才"计划、推行农业科技特派员制度等。

2023年中央1号文件《中共中央、国务院关于做好2023年全面推进乡村振兴重点工作的意见》提出"提升基本公共服务能力"重点主题，7次提到"教育"，包括推进县域内义务教育优质均衡发展、落实乡村教师生活补助政策、大力发展面向乡村振兴的职业教育、实施农村订单定向免费培养项目、实施教师"优师计划""特岗计划""国培计划"等；7次提到"科技"，包括推动农业关键核心技术攻关、深入实施种业振兴行动、加快先进农机研发推广、推动绿色农业科技发展等；7次提到"人才"，包括实施干部人才"组团式"帮扶、乡村振兴人才支持计划、高素质农民培育计划、完善城市专业技术人才定期服务乡村激励机制、实施乡村振兴巾帼行动和青年人才开发行动等。

除了每年的中央1号文件外，中共中央、国务院、全国人大还出台了一系列法规和政策，譬如2018年《乡村振兴战略规划（2018—2022年）》、2019年《数字乡村发展战略纲要》、2020年《关于实现巩固拓展脱贫攻坚成果同乡村振兴有效衔接的意见》、2021年《关于加快推进乡村人才振兴的意见》《中华人民共和国乡村振兴促进法》《"十四五"推进农业农村现代化规划》、2022年《乡村建设行动实施方案》等均包含了乡村教育振兴的内容。

（二）乡村教育振兴的政策意涵

从以上可以看出，国家全面推进乡村教育振兴有以下政策意涵：

1. 乡村教育、科技、人才一体化布局

"以科技创新引领和支撑乡村振兴，以人才汇聚推动和保障乡村振兴"是国家实施乡村振兴战略的基本原则。乡村振兴靠科技、科技创新靠人才、人才培养靠教育。尽管党的二十大报告首次以官方文件的形式将教育、科技、人才一体化部署，但在实际工作中，党中央一直高度重视教育、科技、人才在乡村振兴中的基础性、战略性支撑作用。2019年9月5日，习近平总书记给全国涉农高校的书记校长和农林专家代表回信说："中国现代化离不开农业农村现代化，农业农村现代化关键在科技、在人才……希望你们继续以立德树人为根本，以强农兴农为己任，拿出更多科技成果，培养更多知农爱农新型人才，为推进农业农村现代化、确保国家粮食安全、提高亿万农民生活水平和思想道德素质、促进山水林田湖草系统治理，为打赢脱贫攻坚战、推进乡村全面振兴不断作出新的更大的贡献。"[①] 可以看出，在党和国家的视野中，

---

① 以立德树人为根本 以强农兴农为己任［N］．人民日报，2019-09-07（1）.

乡村教育振兴绝不是"就教育论教育"的孤立的乡村教育振兴，而是在教育、科技、人才一体化的战略全局中的乡村教育振兴，是总体的、全面的乡村教育振兴。无论是培养农业生产经营人才，农村第二、三产业发展人才，还是培养乡村公共服务人才、乡村治理人才、农业农村科技人才，必须有赖于建立和振兴一个全面的面向乡村和服务乡村的现代教育、科技和人才体系。

2. 乡村教育振兴与教育振兴乡村统筹设计

什么是乡村教育？这不只是一个简单的学术争论的问题，而是一个关涉建设什么样的乡村教育、为什么建设乡村教育、为谁建设乡村教育、怎样建设乡村教育等复杂的实践取向的问题。传统上，人们所理解的乡村教育是在乡村、以乡村人口为对象、为乡村振兴服务的教育。在城乡社会二元封闭背景下，"在乡村""乡村人""为乡村"三者是统一的、一致的，但是当城乡社会由二元封闭走向一体开放的时候，三者之间的一致性就被打破了。譬如，"在乡村"的人就一定是乡村人吗？许多由城镇到乡村支教的、支农的、支医的，交流的、帮扶的、共建的，他们的户口在城镇、编制在城镇，但身份在乡村、工作在乡村，对这些人的培训和教育是不是乡村教育呢？"不在乡村"的教育就一定不是乡村教育吗？比如涉农高等学校和职业院校，涉农科研机构和培训机构等，它们虽然坐落在城市，但是一直发挥着服务乡村振兴、促进乡村政治经济社会文化生态人口发展的功能，它们是不是也要纳入乡村教育振兴的概念范畴呢？如果我们把"为乡村"的教育理解为通过教育来促进乡村振兴的话，那么促进乡村振兴的教育本身是不是也需要振兴呢？从国家的政策文件看，所谓的"乡村教育振兴"既包括"在乡村"教育的振兴，也包括"为乡村"教育的振兴，乡村教育振兴与教育振兴乡村是统筹设计的，是公平价值取向乡村教育振兴和功能意义取向乡村教育振兴的融合体。

3. 乡村教育振兴层次类别与地域功能全面覆盖

一般而言，教育体系的结构功能形态是随着由乡村到城市的空间位移而逐渐复杂化的。也就是说，越是接近乡村一端，教育体系的结构形态越简单，越是接近城市一端，教育体系的结构功能形态越复杂。但是，由于受乡村振兴战略目标的牵引，整个乡村教育体系以"功能汇聚"的方式进行了重组，突破了传统"地域论"的狭隘观念，即实现了以"功能论"为核心的突破空间边界的乡村教育体系重建。从教育层级来看，现在"在乡村"和"为乡村"的教育体系包括乡村0—3岁托育服务、3—6岁学前教育、小学教育、初中教育、高中教育、本专科教育、研究生教育等持续一生的教育；从教育类别来看，除了学校教育外还包括家庭教育和社会教育，除了普通教育外还包括职业教育、成人教育，除了线下教育外还包括在线教育、网络教育、远程教育，除了职前教育外还包括职后培训、乐龄教育等。这些教育既可以是在乡村的，也可以是在城市的，还可以是在线上的，乡村教育体系出现了崭新的变化。尽管如此，我们必须指出："在乡村"的托育服务、学前教育、义务教育还是薄弱环节，尤其在城镇化快速发展背景下，乡村人口出生率、学龄人口在乡村学校就学率正在不断降低，由于乡村学校规模持续变小，也导致教育资源配置效率和质量面临挑战。为了振兴乡村，留住一定的人口是必须的，乡村人口的希望在儿童，而儿童的希望在教育，如若乡村教育得不到振兴，那么乡村振兴就存在被"连根拔起"的危险，因此全面推进乡村教育振兴势在必行。

二、全面推进乡村教育振兴研究的中国方法

什么叫全面推进乡村教育振兴的"中国方法"？中国全面推进乡村教育振兴的方法不就是"中国方法"吗？还需要特别强调吗？回答这个问题还需要从中国社会科学研究面临的方向性问题着手。为什么习近平总书记多次在讲话中提出要向世界提供"中国方案"、贡献"中国智慧"、展现"中国精神"、凝聚"中国力量"、彰显"中国担当"？中国为何要处处彰显中国自觉呢？我们认为，这主要是对近代以来中国与世界相遇时的不幸命运以及从内心深入产生的对自身道路、理论、制度、文化全面不自信的一种纠正，是对中国特色社会主义道路自信、理论自信、制度自信、文化自信的一种彰显，更是对西方话语宰制下的知识建构的一种反制。应当说，近些年学术界日益认识到套用西方理论来剪裁中国实践所带来的问题，主张建构一种"从（中国）实践出发的社会科学"或探寻一种"扎根（中国）实际的社会科学"，主张要到最基本的事实中去寻找最强有力的分析概念，再回到实践中去检验，从而建构出符合中国历史实际的新理念[①]。

（一）西方式的中国研究

周黎安教授曾概括了学术界大部分研究用西方理论剪裁中国实践的"基本套路"，即从西方理论基准出发，找出中国实践运作中各式各样的"偏差"或"悖论"，然后进一步诊断为中国运行的"失序""扭曲"或"乱象"，并对其中一些矛盾的现象或做出不同的解释或回避其内在的逻辑冲突。这些研究

---

① 黄宗智. 认识中国：走向从实践出发的社会科学 [J]. 中国社会科学, 2005 (1): 83-93.；黄宗智. 探寻扎根于（中国）实际的社会科学 [J]. 开放时代, 2018 (6): 159-177.

以西方理论为基准、奉西方现代化经验为圭臬,无视中国与西方之间巨大的文化、制度和历史进程差异,他们相信中国迟早会或应该收敛于发达国家所走过的现代化道路,即使中国当下取得了成绩也被认为是借鉴西方理论(譬如市场经济理论、政府治理理论等)的成果,如果说中国方式与西方理论基准有什么不同的话,那就是中国改革得还不彻底。周黎安认为,黄宗智先生扎根中国实践,基于坚实的经验证据认识中国的独特现象与深层逻辑,提出的"第三域"概念、"集权的简约治理"理论等深刻简约,既揭示了中国经济社会长期以来的"稳态性"特征和基本问题,也给陷于困境和迷惑之中的中国问题研究带来诸多认识论和方法论的启示与借鉴,并实现了与西方理论的对话,是中国研究的"一个杰出的范例"[①]。"从实践出发"或"扎根实际"研究中国作为一种方法论,显然具有积极性、进步性,但这种方法真的能理解和认清中国吗?我的回答是否定的。为什么呢?虽然这种努力把西方眼中的"悖论""矛盾"看成了"这恰恰是中国的独特性所在",并构建了一种能让西方人听得懂而又跟西方理论不同的概念体系。不得不指出的是,这个所谓的新理论的原型依然是"西方"的,是"从西方看中国"的结果,而不是"从中国看中国"的结果。

就以黄宗智先生的"第三域"概念为例,他所谓的"第三领域"无非是介于西方理论所强调的国家与公民社会之间的、半官半民式解决矛盾纠纷的一种混搭式实践。然而,中国有西方式的"国家"和"公民社会"吗?中华文化向来是"家"与"乡"同构、"国"与"家"同构的,我们的国家概念跟西方的国家概念是完全不一样的,西方所理解的国家多是"民族国家",而"中华文明不是作为一个传统意义上的民族国家,而是作为一种永恒的自然现象在历史上出现",甚至美国政治学家白鲁恂(Lucian Pye)说近代中国是"一个自诩为民族国家的文明社会"[②]。如果非要说中国是一个"民族国家"的话,那么这个民族就是"中华民族",中华民族是统一的、多元一体的"民族共同体"。如果中国根本就没有西方的所谓"第一域"和"第二域",又何来"第三域"之说呢?中国乡土本就是一个熟人社会,它所遵循的伦理逻辑(这不是儒家的发明创造,而是熟人社会的必然逻辑)是人之初、性本善。因为在乡村里出生的孩子从出生开始,包括满月、周岁等,七大姑八大姨、叔叔舅舅、哥哥姐姐等亲朋好友就来祝贺,孩子从小接受的教育就是,"大家是生活在一个充满亲情、互爱互利的社会中。一个村就是一个大家庭,乡村的孩

[①] 周黎安. 如何认识中国?:对话黄宗智先生[J]. 开放时代,2019(3):37-63.

[②] 亨利·基辛格. 论中国[M]. 胡利平,等译. 北京:中信出版社,2012:1,7.

子是吃百家饭长大的。在这样一个信息高度透明的熟人社会中,形成的是崇尚道德教化、辅以村规民约的礼治治理模式"[①][②],因此必然是一个"无讼社会"。费孝通先生曾说:"在乡土社会里,一说起'讼师',大家就会联想到'挑拨是非'之类的恶行。作刀笔吏的在这种社会里是没有地位的……在乡土社会的礼治秩序中做人,如果不知道'礼',就成了撒野,没有规矩,简直是个道德问题,不是个好人。一个负责地方秩序的父母官,维持礼治秩序的理想手段是教化,而不是折狱","在乡村里所谓调解,其实是一个教育过程"[③]。

由此可见,黄宗智先生所说的"从(中国)实践出发"或"扎根(中国)实际",依然不过是"用西方的眼睛看中国"罢了,或者更进一步说,根本不是"用西方的眼睛看中国"而是"用西方的思想或西方的理论看中国",最终服务的不过是让中国的实际或实践完全纳入西方的理论脉络之中,与西方的理论体系形成互补而已。尽管黄先生说:"我们应该把理论当作问题而不是(很可能的)答案('假设')来使用。研究的目的不是要证实某一种理论,而是要借助多种不同和对立的理论来检验经验证据,依赖证据决定对不同理论的取舍,或依赖证据与不同理论对话,从而创立或推进适合新证据的新概括"[④],无论是"作为问题的理论",还是"适合新证据的新概括",抑或是在他们头脑中"产生的问题或困惑",都根本没有改变西方的思维底色,这也就难怪为什么黄先生总是会感到"矛盾的现实""悖论的实际"以及"中国的悖论性"。实际上,这种"悖论性"根本不是"中国人的悖论性",而是"西方人的悖论性",中国的实践或中国的实际就是明显地摆在那儿的,无论对中国人还是西方人都是一样的,没有什么不同,但为什么中国人没有感觉到"矛盾"和"悖论",而西方人处处觉得是"矛盾"和"悖论"呢?为什么我们中国人觉得的"常态性"会被熟视无睹呢?或者为什么睹后所见完全不同呢?我们认为导致这种不同的就是西方人头脑中的想法,即他们对待事实的思维和看待世界的角度,这种思维和角度完全是从他们自身出发的,是西方中心主义的。

(二)推进乡村教育振兴研究的中国方法

当然,这种西方式的中国研究并非全无用处。毕竟,用中国自己的方式

---

① 张孝德. 大国之本:乡村振兴大战略解读 [M]. 北京:东方出版社,2021:34,45.
② 引文中的原文,用的是"法治治理模式",但从上下文来看,此处应为原作者的笔误,笔者认为应改为"礼治治理模式",因为"崇尚道德教化"的治理模式不可能是"法治治理模式"。
③ 费孝通. 乡土中国生育制度 [M]. 北京:北京大学出版社,1998:54,56.
④ 黄宗智. 探寻扎根于(中国)实际的社会科学 [J]. 开放时代,2018(6):159-177.

讲述中国的故事，西方人是较难理解的，也不是所有的西方人都愿意下苦功夫认真地从中国自己的逻辑来理解中国的理论和实践的。因此，用西方人的思维方式和听得懂的话语体系表达对中国实际的认识，一方面有助于"讲好"中国故事，另一方面有助于形成中国"自己独立"的学术理论[①]。与西方建构的中国理论不同，中国自己建构的中国理论是为了指导社会实践、促进社会发展的，西方建构的中国理论则主要是为了增进对中国的理解、加强对中国的预测。这里就出现一个问题，即西方是以自身的逻辑或理论来推想中国未来的，非常容易犯"以小人之心度君子之腹"的错误，但真正让西方认识到中国是"君子"而不是"小人"是不容易的，因为他们认定了自己理论的正确性，对自己的思维逻辑、话语逻辑和行动逻辑充满了盲目的自信。若要西方真正听得懂"中国话语"，既要靠"从西方理论逻辑出发＋从中国实践实际出发"的双重建构，即以西方的思维方式认识真实的中国，更要靠"中国自己的理论建构＋中国丰富的实践创新"的双重探索，即以中国为主体审视和认识真正的中国，让世界认识到西方理论只是学术理论谱系的一种而不是唯一，西方的经验只是一类或一种特殊的经验而非普适的经验，中国应该也必须从自身的历史基体和文明逻辑中去寻找适合自己的乡村教育振兴之路。

那么，什么叫全面推进乡村教育振兴的"中国方法"呢？用日本汉学家沟口雄三的话来说就是"把中国作为方法"，因为"以中国为方法，就是以世界为目的"，就是世界上所有的国家都要用"相对化的眼光来看待中国，并通过中国来进一步充实我们对其他世界的多元性的认识""就是要迈向原理的创造——同时也是世界本身的创造"，而不是"以世界为标准来衡量中国""以世界为榜样来斟酌中国""以世界为方法来研究中国"[②]。中国方法有自己生成和发展的内在逻辑——中国方法会吸收和借鉴世界各国的有益经验和做法，并结合中国实际进行自主改造和创新发展，而绝对不是对国外的简单抄袭和照搬；中国方法也会继承和弘扬中华优秀传统文化和成功经验，在守正中创

[①] 黄宗智先生认为，无论是在国内还是在国外，中国研究领域都以未能形成自己独立的学术理论为遗憾。这里把"讲好"和"自己独立"均加上了引号，意在对是否能真正达到这样的目的也保持观望的态度。另外，由于西方掌控了关于学术理论的标准，以至于非西方的思考也经常被放入"理论不成熟"或"没有理论"的篮子里，非西方为了证明自己"有理论"或"具有理论研究能力"，则不得不按西方的标准构建关于本国的学术认识，以服务于被西方认同的目的。这种状况表面上表现为一种学术本土化的努力，实则是主动的学术被殖民化过程。

[②] 沟口雄三.作为方法的中国［M］.孙军悦，译.北京：生活·读书·新知三联书店，2011：130-133.

新、在继承中发展,而绝对不是对历史的简单复古和因循;中国方法更会在中国共产党的全面领导下坚守为人民办教育的初心与使命,发扬团结互助、协同发展、共同富裕的中国式现代化精神促进城乡教育一体化发展,而绝对不是城市教育的一枝独秀却是城乡教育的满园春色。习近平总书记强调说:"即便我国城镇化率达到70%,农村仍将有4亿多人口。如果在现代化进程中把农村4亿多人落下,到头来'一边是繁荣的城市、一边是凋敝的农村',这不符合我们党的执政宗旨,也不符合社会主义的本质要求。这样的现代化是不可能取得成功的!"① 所以,中国方法彰显的是中国在全面建设社会主义现代化国家包括全面推进乡村振兴进程中的主体性,以及作为多极化世界中的一支重要力量对世界文明发展的责任担当。

三、全面推进乡村教育振兴的实践路径

中国全面推进乡村教育振兴,是在中国共产党领导下进行的,既遵循着各国的共同规律,又因政治制度、教育国情、历史传统等的不同而彰显着中国自己的特色。因此,中国全面推进乡村教育振兴的实践路径具有双重视野:一方面是内置于中国式教育现代化视野中的,另一方面是内置于乡村振兴战略视野中的,它既是中国式教育现代化和乡村振兴战略的重要组成部分,又是中国式教育现代化的短板弱项、乡村振兴战略的关键支撑,本质上是中国式乡村教育振兴。全面推进中国式乡村教育振兴的实践路径具有以下鲜明特点:

(一)赓续优秀传统与弘扬现代价值的有机结合

中国人的精神特质是由中华文化涵养的,而中华文化在基质上是一种乡土文化。习近平总书记指出:"乡村文明是中华民族文明史的主体,村庄是这种文明的载体,耕读文明是我们的软实力。"② 梁漱溟也认为:"原来中国社会是以乡村为基础,并以乡村为主体的;所有文化,多半是从乡村而来,又为乡村而设——法制、礼俗、工商业等莫不如是。"③ 实际上,在欧洲语境中,城市才代表文明,"文明"的拉丁语 civitas 的意思就是"城市",而且与"大都市"(urbs)是近义词,civitas 就是住在 urbs 里的人(即所有公民组成的共同体)。罗马人和阿拉伯人都认为"农村只是为城市提供给养的地方,是一个

---

① 习近平. 习近平谈治国理政:第三卷 [M]. 北京:外文出版社,2020:257.
② 中共中央文献研究室. 十八大以来重要文献选编(上)[M]. 北京:中央文献出版社,2014:605.
③ 梁漱溟. 乡村建设理论 [M]. 上海:上海人民出版社,2006:10.

城市与另一个城市之间的那片空白地带。农村不是文明的一部分"①。由此观之，中国和西方对乡村的认知是截然不同的，如果说西方文明的根脉是城市文明的话，那么中华文明的根脉则是乡土文明。张孝德先生曾说："乡村有生命！"他经常说的一句话是"人造的城市，神造的乡村"，因为中国的乡村不只是属于活着的人，而是我们与天地、祖先共同居住的地方②。然而，随着工业化和城市化的发展，一些人的观念也越来越向西方看齐了，认为乡村就是"土"、愚昧和落后，是需要抛弃和改造的地方，而改造的过程就是用城市文明替代乡村文明的过程。然而，如果我们仔细观察就会发现，正是由于所谓城市文明的侵袭，乡村文化才开始落败和边缘化，孝亲文化、耕读文化、厚德文化等在乡村被抛弃可能就是一个例证。我们认为，现代化的乡村依然需要这些优秀的乡土文化，不仅如此，现代化的城市也需要这些优秀文化，或者更准确地说，是现代化的中国需要这些优秀的乡土文化，因为它不只是属于乡村的，更是属于中国的。譬如孝亲文化，中华文化特别强调对父母的孝敬，因为父母就是我们生命的起源，孝亲文化就是爱生命的文化，这是德性文化和爱国文化的逻辑起点。毕竟，人的德性是具有统一性的，孝亲才会爱乡，爱乡才能报国，情系家国才可胸怀天下。再譬如耕读文化，传统农家经常贴着"耕读传家久，诗书继世长"的楹联。为什么耕读可以传家久？因为"耕"代表自强不息的躬耕劳动精神，"读"代表厚德载物、臻于至善精神。"自强"就像苍天，可以主宰世界、决定命运，"厚德"就像大地，可以生长万物、承载万物，耕可以自强，读可以厚德，"自强"和"厚德"就像太极图的两仪，相互配合才能不断生成财富和世界，如果每一代人都是能生财的人，自然财富可以代代相传，这或许就是聂云台所著《保富法》中所说的秘密。全面推进乡村教育振兴，既要赓续传承中华优秀传统文化，也要积极弘扬现代价值追求，大力培育和践行社会主义核心价值观，因为"优秀乡村文化能够提振农村精气神，增强农民凝聚力，孕育社会好风尚。乡村振兴，既要塑形，也要铸魂，要形成文明乡风、良好家风、淳朴民风，焕发文明新气象"，同时要"结合时代要求进行创新，强化道德教化作用，引导农民爱党爱国、向上向善、孝老爱亲、重义守信、勤俭持家"③。

---

① 塞尔吉奥·德尔·莫利诺. 断裂的乡村：走过不曾如此空心的西班牙[M]. 朱金玉，译. 杭州：浙江人民出版社，2022：6.
② 张孝德. 大国之本：乡村振兴大战略解读[M]. 北京：东方出版社，2021：34，45.
③ 习近平. 论坚持全面深化改革[M]. 北京：中央文献出版社，2018：405.

(二)教育振兴乡村与乡村教育振兴的有机结合

国家由"新农村建设"向"乡村振兴"的战略转变,表面上看"农村"和"乡村"只是一字之差,但背后蕴含的是重大的战略安排。农村是以土地为主要生产资料、以农业为主要产业、以生产粮食为主要责任的地域空间,而乡村不同,是由政治、经济、社会、文化和生态构成的生产生活共同体和结构功能有机体。从经济上看,虽然"产业兴旺"的主体依然是第一产业,但绝对不限于第一产业,而是基于乡村的自然禀赋和空间区位优势形成的三次产业的合理组合,否则就不叫"产业兴旺"而称"农业兴旺"了。同样的,乡村不仅要加强经济建设,还要加强政治建设、社会建设、文化建设和生态文明建设,乡村不仅需要产业振兴,还需要组织振兴、文化振兴、生态振兴和人才振兴。综合来看,乡村振兴从根本上说是人的振兴。乡村振兴需要的人才是多方面的,譬如农业科技人才、经营管理人才、法律服务人才、社会工作人才、文化建设人才、实用技能人才以及高素质农民等,因此需要把职业教育、继续教育和高等教育等作为"手段"来全面服务于乡村振兴,即通过高等教育的科技创新和面向乡村之教育体系的人才培养直接服务于乡村振兴之目的。一般来说,作为"手段"的教育大多坐落在城镇,而且以中学后教育和成人教育为主。这些面向乡村的教育自然也是需要振兴的,振兴的路径是通过科技专项、人才专项、教育专项等产出一大批高水平科技成果,培育一大批神农英才,培养一大批能下得去、用得上、干得好的乡村教师、乡村医生、乡村工匠、乡村干部等实用型人才。然而,除了作为"手段"的面向乡村的教育体系外,还有一个较难直接服务于乡村振兴的嵌在乡村的教育体系,譬如家庭教育、社会教育、托育服务、学前教育、义务教育等,这些大多是基本公共教育服务。由于乡村社会留守儿童的大量存在,社会教育机构的功能较弱,学校教育体系布局分散、位置偏远、吸引力差,嵌在乡村的教育体系所能提供的教育质量总体不高,亟须作为被振兴的对象或"目的"来对待。振兴"作为目的的乡村教育"主要有三个面向:一是面向乡村学生的,譬如农村家庭经济困难儿童学前教育补助、农村义务教育学生营养改善、农村义务教育寄宿生生活补助、面向农村生源或涉农专业的中等职业教育免学费、建档立卡家庭经济困难普通高中学生免学费等;二是面向乡村教师的,譬如乡村教师生活补助、乡村教师"国培计划"、中西部欠发达地区优秀教师定向培养计划等;三是面向乡村学校的,譬如农村义务教育公办学校标准化建设、乡村小规模学校和乡镇寄宿制学校建设、农村普惠性学前教育资源供给等。总之,习近平总书记强调"要加快推动公共服务下乡,逐步建立健全全民覆盖、普惠共享、城乡一体的基本公共服务体系。要优先发展农村教育事业，加快建立以城带乡、整体推进、城乡一体、均衡发展的义务教育发展机制，努力让每一个农村孩子都能享受公平而有质量的教育。要统筹配置城乡教师资源，通过稳步提高待遇等措施，增强乡村教师岗位的吸引力和自豪感。要用好网络信息技术，发展远程教育，推动优质教育资源城乡共享"①。

（三）政府倾斜支持与多方援助帮扶的有机结合

习近平总书记指出，"中国共产党人的初心和使命，就是为中国人民谋幸福、为中华民族谋复兴。"②"人民对美好生活的向往就是我们的奋斗目标。我们要坚持以人民为中心的发展思想，抓住人民最关心最直接最现实的利益问题，不断保障和改善民生，促进社会公平正义，在更高水平上实现幼有所育、学有所教、劳有所得、病有所医、老有所养、住有所居、弱有所扶，让发展成果更多更公平惠及全体人民，不断促进人的全面发展，朝着实现全体人民共同富裕不断迈进。"③ 为此，党中央从全局和战略的高度把握城乡关系，做出了"全面建设社会主义现代化国家，实现中华民族伟大复兴，最艰巨最繁重的任务依然在农村，最广泛最深厚的基础依然在农村"④ 和"我国发展最大的不平衡是城乡发展不平衡，最大的不充分是农村发展不充分"⑤ 的战略判断以及"实施乡村振兴战略"的重大决策。为了落实好这一重大战略决策，全面推进乡村教育振兴，一方面，政府提出优先发展农村教育事业的政策安排，政府在任务设置、资源配置、财政保障上向乡村教育倾斜；另一方面，充分发挥新型举国体制优势，动员一切可以动员的力量参与到乡村教育振兴的伟大实践中来。虽然党的二十大报告是在强调党中央对科技工作统一领导时提出的"新型举国体制"概念，但实际上，无论是决战脱贫攻坚还是抗击新冠疫情，无论是科技创新还是乡村振兴，都发挥了集中力量办大事、调动众人干成事的举国体制作用，在全面推进乡村振兴和乡村教育振兴过程中也不可避免地彰显了这一制度优势。首先，探索了城乡一体的学校共同发展机制。譬如城乡学校共同体、"城校＋乡校"集团化办学、城校托管乡校等，实现了

---

① 习近平. 论坚持全面深化改革 [M]. 北京：中央文献出版社，2018：396-397.
② 习近平. 决胜全面建成小康社会 夺取新时代中国特色社会主义伟大胜利：在中国共产党第十九次全国代表大会上的报告 [M]. 北京：人民出版社，2017：1.
③ 习近平. 在纪念马克思诞辰200周年大会上的讲话 [J]. 中华人民共和国国务院公报，2018 (16)：6-13.
④ 习近平. 坚持把解决好"三农"问题作为全党工作重中之重 促进农业高质高效乡村宜居宜业农民富裕富足 [N]. 人民日报，2020-12-30 (1).
⑤ 习近平. 习近平谈治国理政：第三卷 [M]. 北京：外文出版社，2020：257.

师资共用、教研共进、资源共享、共同发展。其次，创新了要素资源面向乡村的流动机制。譬如城乡教师双向交流机制、线上课程资源共享机制、名校教师送课（培）到乡机制、大学毕业生支教机制以及资金、图书、电脑、白板等资源捐赠机制等，极大地提升了乡村教育的要素质量。再次，实施了对口帮扶的核心需求满足机制。譬如针对地方师范院校所培养的师范生最有可能到乡村学校任教的实际，教育部实施了面向地方薄弱师范院校的师范教育协同提质计划；针对中西部农村学校各学科骨干教师能力不足问题，中组部实施了教育人才"组团式"帮扶计划；国家各大事业单位、国有企业等还对口帮扶了国家级或省级贫困县，其中就包含教育帮扶的内容，等等。最后，激发了公益组织的重点关切捐助机制。由于乡村教育面临的薄弱事项较多，公益组织主动发现政府部门无力解决或做不到位的方面，加大捐助力度，实施了农村留守儿童关爱、乡村儿童阅读干预、贫困儿童营养膳食、社会情感学习计划、学生眼镜佩戴项目等，有力地推动了乡村儿童全面发展。可以看出，党中央抱着"不获全胜绝不收兵"的决心和意志，通过组织动员和社会动员，充分发挥新型举国体制的力量，朝着党中央确立的乡村教育振兴战略目标，绵绵用力，久久为功，这就是中国攻克一个又一个艰难险阻、取得一个又一个伟大胜利的中国路径。

（本文原载于《教育与经济》2023 年第 6 期）

我国农村职业教育发展的困境与对策[①]

【摘要】"三农"问题是我国改革开放迈向纵深面临的重大命题。在建设社会主义新农村的背景下大力发展与产业结构升级契合、能够有效转移农村剩余劳动力的农村职业教育,有着重大的时代意义。我们通过对农村职业教育现状的调查和问题分析,认为政府、市场、法律制度和职业学校之间关系的混乱和错位是农村职业教育发展低迷的重要原因。要想改变这一现状,政府应该积极转变职能,调整越位,弥补缺位,明确发展农村职业教育主要是政府的行为,进一步加大农村职业教育投入,完善就业市场准入制度和改革人才培养模式,发展与社会经济建设良性互动的农村职业教育,从人力资源培训的视域探索解决"三农"问题的新途径。

【关键词】农村职业教育;困境;农村;政策建议

大力发展职业教育,是落实科教兴国战略和人才强国战略,推进我国走新型工业化道路,解决"三农"问题,促进就业与再就业的重要途径。但是我们通过对五省(浙江、山东、吉林、河南、贵州)八县的调查[②],发现中等职业教育尤其是农村职业教育严重滞后于经济建设和社会发展实际,职业教育有效供给不足和产业结构升级对技术人才的巨大需求之间矛盾突出。在对职业教育的困境进行归因分析后,我们认为,由于尚未形成政府调节和市场调节的合理分工,政府在促进职业教育发展中功能缺失。为了使农村职业教育长足发展,政府必须调整越位,弥补缺位,明确发展农村职业教育主要是政府的行为,在这一宗旨下构建促进职业教育发展的策略体系。

一、农村职业教育的两难困境

在经历了20世纪80年代到90年代前期的高速增长后,自90年代后期以来,我国整个职业教育出现滑坡,集中表现为招生就业困难、办学质量低下、

---

① 本文作者为东北师范大学于伟教授、博士生张力跃、李伯玲教授。
② 本论文所采用的调查数据或结果除特别注明外均来自东北师范大学农村教育研究所农村教育调查报告(六)《县域高中阶段农村职业教育改革与发展咨询报告》(2006-04-10)。

东西部差异较大,办学机制以及人才培养的规模、结构、质量还不能适应经济社会发展的需要,发展形势低迷。这种困境具体表现为两个背离,即潜在需求与现实需求的背离、个人需求与社会需求的背离。一方面,按照国家有关部门的预期分析,到 2050 年,我国大约需要向城市转移 3 亿农村剩余劳动力[①],职业培训的潜在需求可谓巨大,但是,从职业教育的现状来看,每年的招生数和在校生数与普通教育相比差距太大,结构不合理,潜在需求并没有转化为现实需求;另一方面,从产业结构升级的趋势看,我国产业界亟须数以千万计的技工人才,但家庭和个人的有效教育需求更多地指向普通教育,个人需求与社会需求不协调。具体来说,表现为以下几个方面。

(一) 规模扩展迟缓,农村职业教育的有效需求没有被充分激发

中等职业教育规模扩展的迟缓主要表现在两个方面:学校数量减少,与普通高中相比在校生数量下降。根据《中国教育统计年鉴(2004)》的数据,2004 年全国普通中等职业技术学校有 14500 万所,比 1998 年的 17 106 所减少 2606 所;全国初中毕业生 2000 多万人,其中有 822 万人升入普通高中,566 万人进入职业学校,两者之比接近 6∶4,与 1998 年普通中等职业技术学校招生数占高中总招生数 53.12% 相距甚远,结构极不合理,此外尚有 700 万名左右的初中毕业生未接受培训就直接进入社会。从 1990—2003 年全国中等职业教育在校生的情况看,虽然招生规模扩大,但从 1998 年开始,全国中等职业教育在校生占全国高中阶段教育在校生的比例逐年下降,2003 年所占的比例(38.75%)比 1990 年的比例(45.70%)还要低(见表 1)。近几年是我国学龄人口高峰期,高峰过后农村职业教育的形势将更为严峻。

表 1 中等职业教育在校生数及其所占比例

年份	1990	1992	1994	1996	1998	2000	2001	2002	2003
在校生(万人)	763.54	857.25	1113.25	1320.06	1431.08	1284.48	1164.94	1190.81	1256.72
所占比例(%)	45.70	49.20	56.10	56.80	60.02	51.01	44.78	40.94	38.75

(资料来源:根据《中国统计年鉴》数据整理)

与发达地区相比较,欠发达地区的学校规模萎缩情况更为严重。在我们的调查中,只有山东 P 县和浙江 C 县职业教育和普通教育的比例基本上达到

---

① 转型期中国重大教育政策案例研究课题组. 缩小差距:中国教育政策的重大命题[M]. 北京:人民教育出版社,2005:17.

了 1∶1，中等职业教育的学生数大体相当于普通高中的学生数，而其他三省六县，初中毕业生的主要去向是升入普通高中，升入职业高中的学生很少，职业教育与普通教育的在校生数相差悬殊（见表 2）。

表 2 2004 年初中毕业生升学统计

县域	浙江 C 县	山东 P 县	吉林 S 县	河南 X 县	贵州 P 县
升入普高（万人）	3766	8600	2812	2495	1487
升入职高（万人）	3807	9609	606	1115	241
普职比率	1∶1	0.9∶1	4.6∶1	2.2∶1	6.2∶1

目前，全国城乡每年有近千万名初中毕业生不能升入高中，数百万名高中毕业生不能升入大学。与此同时，大学毕业生就业难的问题越来越突出，每年有上百万名大学毕业生不能及时找到工作。而社会对各类技能型人才需求量很大，近些年来一直供不应求。教育需求与教育资源供给之间的矛盾将在很长一段时间内存在。中等职业教育现有的办学规模与庞大的教育潜力和现实的人才需求很不协调，造成了教育资源和人力资源的浪费，不利于和谐社会的建设。

（二）办学方向错位，背离了职业教育的时代要求

对我国当前的社会经济发展需求来说，职业教育最紧迫的时代任务是"面向就业，重要的是面向企业，培养企业需要的人才"[1]，"以服务为宗旨，以就业为导向"[2] 大力发展职业教育。但是根据我们的调查，县域农村职业高中的办学目标定位与国家的产业结构发展需求和城镇化战略严重错位，对口升学成为许多职业学校办学的主要目的，更是相当数量的学生接受职业教育的直接目的，与国家和社会发展赋予职业教育的任务背离。

在调查中，我们发现大部分农村职业中学都将对口升学作为办学的主要支柱。像河南 X 县职业高中许多优秀的学生都参加了对口升学考试，2005 年升学率高达 77.2%。X 县的两所综合高中也在探索对口升学的路子，把对口升学作为学校的支柱之一。山东省 P 县技工学校高考部的学生在经过三年的文化课学习后，也是以升学为主要目的，只有升学无望，才依靠中级工资格去市场就业。

---

[1] 温家宝. 大力发展中国特色的职业教育：在全国职业教育工作会议上的讲话（2005 年 11 月 7 日）[N]. 人民日报，2005-11-14（2）.

[2] 国务院关于大力发展职业教育的决定 [N]. 人民日报，2005-11-10（1）.

吉林 S 县职业高中校长在访谈中说：

目前对口升学能保证学校有稳定生源，如果中等职业教育没有对口升学这个政策，肯定吸引不了那么多学生。可以把（其中）三分之一有发展潜力、还（能）认真学的学生吸引到对口升学这一条路（上来），让他们接受高等职业教育。目前，对口升学是职业高中发展的核心策略。

由于接受高等教育可以改变一个人的地位和身份，提高收益，不少农民及其子女仍然是抱着升大学的愿望到职业学校学习，这种状况在落后地区表现尤为突出（见表3）。

表3　父母支持子女选择职业高中的初衷

选择职高的原因	能学一技之长	可以升学	其他
所占比例（%）	38.2	41.9	19.9

但是对口升学的学校水平和数量远远不能满足家长和学生的需要。职业学校以此作为办学定位，不仅无法发挥转移农村富余劳动力、促进产业结构升级的功能，也给自己的办学带来了极大的负面影响。

1. 影响专业设置与教学模式

吉林 F 县职高校长：近几年来，我们学校主要是依据吉林省对口升学计划和学生的需求，设置了医学、计算机、财经、旅游管理、种植5个专业。这些专业根据省颁纲要，选定教材，学习和考核上与普高班一样，重视文化学习，是地道的应试教育，没必要开展实践教学。

2. 影响实训基地的建设

吉林 F 县一中学校长：我们曾建有四个示范性实训基地，最近几年基地建设下滑，主要原因是我校职高班的对口升学率很高。对口升学招生有一个弊端，就是很少考查学生的实际技能，总分750分，其中语数外三科就占450分，因此直接影响了我们建设实习基地的热情和投入。

（三）毕业生就业出口不畅，学生和家长对职业教育信心不足

农村职业学校学生出路狭窄，就业艰难，对口升学比例高（见表4）。在就业方面，由于信息、机会等原因，农村职业学校学生就业机会相对偏少，低端就业比例高。我国人口众多，经济发展水平不高，有效就业岗位相对不足，加上用人制度上存在高消费现象，导致职业学校毕业生就业难，而且就业岗位与职业学校制订的培养目标出现错位。

表 4 2004 年职业高中毕业生去向统计

县域	浙江 C 县	山东 P 县	吉林 S 县	河南 X 县	贵州 P 县
毕业生数（万人）	3020	4415	178	1124	50
升学数（万人）	529	859	133	913	47
所占比例（%）	17.52	19.46	74.72	81.23	94.00

农村职业教育毕业生去向不理想，严重影响了人们对职业教育的选择。据我们调研，农村职业教育质量不高、市场反应迟钝与毕业生去向不理想形成不良循环，令学生和家长对职业教育信心不足。人们对职业教育的有效需求没有被激发，学生与家长接受不同类型教育的态度不利于职业教育的发展。这种情况已经严重影响了我国职业教育的发展。

（四）发展不均衡，地区差异大与普通教育的类别差异大

职业教育与地方经济的联系非常紧密。我们在调查中发现，由于欠发达地区经济发展滞后，不能有效吸纳职业学校的毕业生，县域农村职业教育的发展水平在东部、中部、西部差距大，职业学校的办学资源、在校生数量、师资水平、学生去向和投入等都很不均衡，尤其是在校生的数量和比例与普通高中教育差异显著（见表5、表6）。

表 5 2004 年职业高中和普通高中学校数量比较

县域	浙江 C 县	山东 P 县	吉林 S 县	河南 X 县	贵州 P 县
普通高中（所）	4	8	6	4	7
职业高中（所）	5	8	1	1	2

表 6 2004 年职业高中和普通高中在校生数量比较

县域	浙江 C 县	山东 P 县	吉林 S 县	河南 X 县	贵州 P 县
普通高中（万人）	10 625	24 716	7657	8000	2624
职业高中（万人）	9 655	18 550	685	3635	743
普职比率	1.1∶1	1.3∶1	11.2∶1	2.2∶1	3.5∶1

在对职业教育的投入上，我国东西部地区之间表现出了更大的差异，这也反映出当地政府对职业教育关注程度的区别。

2003 年，河南 X 县用于职业高中发展的经费占经费总数的 24.6%，山东

P县用于职业高中发展的经费占经费总数的15.6%,吉林S县用于职业高中发展的经费占经费总数的9.3%,吉林F县用于职业高中发展的经费占经费总数的6.2%。2004年,河南X县用于职业高中发展的经费占经费总数的29.1%,山东P县用于职业高中发展的经费占经费总数的15.2%,吉林S县用于职业高中发展的经费占经费总数的3.3%,吉林F县用于职业高中发展的经费占经费总数的8.5%。

显而易见,相比于河南X县,山东P县、吉林S县、吉林F县对于职业教育的重视程度和投入是远远不够的。河南X县对于职业教育的投入保持稳步增长,山东P县对于职业教育的投入能够保持稳定,而吉林S县、吉林F县对于职业教育的投入一直未能超过10%。

(五)农村职业教育投入严重不足,缺乏制度保障

衡量职业教育战略地位是否得到落实,一个重要的标志就是职业教育发展的经费是否得到保障。研究表明,职业教育培养成本是同级普通教育的2.6倍,主要用于实训基地建设和学生技能训练。但是近几年我国职业中学生均预算内事业费支出和公用经费支出与普通高中大体持平,无法体现出培养应用型人才的要求,与普通高中教育持续受到关注相比,中等职业教育的总体投入要少得多,导致农村职业学校办学条件较差,教学质量不高,社会影响和吸引力不大,自我发展能力弱,为农业和农村经济服务的能力不强,不能有效发挥职业教育的作用。

根据《中国统计年鉴》,国家财政性投入在中等职业学校的经费投入在职业中学的经费一直远低于普通中学的经费。可是,从2001年起,投入在高等院校及小学阶段的经费逐年大幅增加,表明中等职业教育的发展受到制约(见表7)。

表7 2001年、2002年、2003年国家财政性经费使用情况表 （单位：万元）

年份	全国	中专	普通中学	职业中学	普通高校	小学
2001	46 376 626.2	2 526 961.3	13 863 722.1	1 303 159.5	12 475 481.3	12 746 891.5
2002	54 800 278	2 505 374	16 682 290	1 470 024	15 832 129	14 485 878
2003	62 082 653	2 592 065	19 120 716	1 727 892	18 736 788	15 754 519

（资料来源：根据《中国统计年鉴》数据整理）

由于来自国家和各级政府的投入远远不能满足职业学校办学的需要,学生的学杂费顺理成章地成为学校办学经费的重要来源,直接导致农村职业学校学生接受职业教育的成本居高不下。

在我们调研所选取的县域,农村职业学校的学费一般在1500元/年左右。如果按照2003年农村居民年均收入2622元计算,三年的机会成本近8000元;如果按照流动人口每年收入3400元计算,三年的机会成本大约10 000元。从整个职业教育来看,全国接受职业教育的学生中,相当大一部分是来自农村和城镇低收入家庭的子女,比如2004年,30%左右的学生来自经济困难家庭。高昂的受教育成本抑制了低收入群体的教育需求,庞大的潜力没有转化为现实的有效推动力。

(六)专业设置僵化,师资实践技能缺乏,人才培养水平低

从产业结构升级的需要来看,我国目前在工业生产一线的劳动者素质偏低和技能型人才紧缺问题十分突出,"2004年底全国城镇从业人口中技能劳动者仅占32.9%,劳动者技术等级偏低,初级工占43%,中级工占36%,高级工占17%,技师和高级技师仅占4%"[①]。现阶段,国家对职业教育的迫切需要是培养高技能人才,重点是高级技工和技师的培养。"要提高我国的制造业水平,必须培养大批掌握新技术、能操作最新的机床、有创新精神的高技能人才。"[②] 由于我国处于加速实现工业化的发展阶段,伴随着现代制造业的蓬勃兴起,近年来,人才市场对一线工程技术岗位应用型人才的需求加大,但相关专业规模发展缓慢,机械仪表、电气电子、能源动力、土建等应用面广的大宗工科类专业规模增长大多低于平均增长率,所占比重也有所下降,导致近年来国家应用技术人才严重短缺。我们在调查中发现,许多职业学校的专业设置对劳动力市场缺乏敏感性,不能前瞻性地进行专业调整,所开设的专业大多成本低、对实习基地要求不高,专业结构与产业、行业人才结构不协调。

农村职业学校教师队伍总体上数量不足,学历达标率偏低,素质不高。按照《2004年全国教育事业发展统计公报》,2003年职业高中专任教师学历达标率仅为63.77%。我们在调查中发现,许多职业学校缺少专业课教师。专业课教师和普通文化课教师的比例失调,文化课教师的比例普遍偏高。教师的知识结构与职业教育所要求的知识结构不相适应,缺乏必要的工作实践能力和专业实践技能。职业教育教师参与继续教育机会少、层次低、培训形式单一、培训内容与教育教学实际脱离,追求学历达标而忽视内在质量。在我们调查的五省八县中,近两年内,只有26.7%的职高教师参加过地(市)级

---

① 陈至立. 全面落实科学发展观 努力开创职业教育工作新局面:在全国职业教育工作会议上的讲话 [J]. 中国职业技术教育,2005 (34):8-13.
② 温家宝. 大力发展中国特色的职业教育:在全国职业教育工作会议上的讲话(2005年11月7日)[N]. 人民日报,2005-11-14 (2).

以上的教师继续教育培训，30.3%的职高教师从未接受过任何培训。

  吉林省 F 县职高教师：我们进修存在的一个劣势就是我们不能提高专业技能，只能提高学历。这个学历教育专业与所教专业以及过去所学专业还未必对应。所以，职业类学校教师的进修多为"提高学历"，而不是提高"专业技能"。从理论上来说，我们更需要的是提高专业技能。例如，我教汽车修理，但从来没有过修理汽车的经验。此外，我们实习基地缺乏，离国家在此方面的要求差距较大，所以，授课只能是纸上谈兵。

  课程实施中实践课程占总课程的比例偏低，培养人才类型与市场需求存在结构性错位。以我们调查的五省职业高中为例，文化课、专业课与实践课的比例为 1.7∶3.2∶1，实践课仅占总课时的 17.0%。显而易见，课程设置过于强调理论的学科系统性和完整性，实践课地位低下，实践课成了理论课的补充，甚至许多学校将实践课当作理论课来上，学生的知能结构严重脱离了现实的需要，25.8%的被调查学生对课程设置不太满意。

  调查表明，职业学校学生家长对子女所在学校的教学质量评价在其余四省多为"一般"，仅有山东 P 县选择教学质量"好"的家长较多。联系我国传统文化分析，学生家长选择"一般"是对高中阶段职业类教育质量不满的一种隐晦表达。

二、农村职业教育的困境分析

  在实现我国庞大人口压力转化为巨大人力资源的目标的过程中，职业教育将作为一个重要的教育类别，承担培养高素质劳动者的重任。而且由于其职业技能培养的特点，职业教育的成本要远高于普通教育。但是从全国的统计数据及调查的情况来看，职业教育经费投入较普通教育相差悬殊，与其承担的任务极不相称。另外，政府还不适应市场经济条件下职业教育管理的要求。在发展市场经济的进程中，我们实行了过度市场化的政策，造成了用市场调节替代政府责任的现象，使职业教育缺少公共支持。这不但难以解决农村职业教育筹资和服务成本控制的困难，而且造成资源配置和使用效率低下，导致资源分配更大程度的不公平。

（一）国家对职业教育比普通教育成本高这一事实没有给予充分重视，没有相应的政策补偿，政府功能发挥不足

  从经济角度讲，职业教育具有"准公共产品"的性质，既具有"私人产品"的性质，又具有"公共产品"的性质。除受教育者本人外，职业教育最大的受益者是社会和企业。从投入角度讲，按照"谁投入，谁受益"的原则，应该实行学生受益、学生缴费，企业受益、企业出资，社会受益、政府投入的政策，合理分担职业教育成本。下面我们详细分析一下我国的职业教育成本分担情况。

根据世界银行1988年的一项研究，发展中国家职业和技术学校生均成本通常比普通中学生均成本要高153%[①]，但有关数据显示，2000—2002年全国职业中学、普通高中生均预算内事业费支出相差并不多，和153%还有很大差距（见表8）。

表8 2000—2002年全国职业中学、普通高中生均预算内事业费支出统计

单位：元

年份	职业中学	普通高中	两者生均预算内事业费支出差额
2000	1349.45	1314.99	34.46
2001	1547.32	1471.12	76.20
2002	1664.06	1565.25	98.81

（资料来源：根据《中国统计年鉴》数据整理）

另外，中等职业教育的个人直接成本偏高。据统计，1997年，以学杂费为主要形式的教育个人投资，全国中等职业教育人均为672.67元，普通高中人均为383.00元，中等职业教育学杂费人均高于普通高中289.67元[②]。西方人力资本理论认为，在其他条件不变的情况下，个人教育需求与教育价格成反比。价格高，则需求受到抑制；价格低，则需求膨胀。在中国，对于广大中低收入家庭来说，较高标准的职业教育学杂费必然对职业教育的有效需求产生抑制影响。从个人收益选择来看，选择普通中学就有了经济上的合理性，加上1998年高等教育开始扩招，人们普遍预期在个人收益上中等职业教育不如普通高中，在这种情况下，职校向学生高收费不现实。正是基于职业教育的这种特殊性，世界各国在发展职业教育的过程中，都是由政府加大投入，支持职业教育的发展。而我国没有充分考虑发展职业教育需要对职业教育成本较高的差值进行补偿，不少学校的政府经费资助不足一半，其余要靠招生收费和校办企业创收来解决，这使职业教育发展在多数时候表现出相对弱势。

而对企业来说，由于技术在相关行业的普适性，职业教育具有一定的

---

① 牛征. 中国职业教育投资的问题与对策 [J]. 山东教育科研，2002（8）：8-12.
② 转型期中国重大教育政策案例研究课题组. 缩小差距：中国教育政策的重大命题 [M]. 北京：人民教育出版社：2005：314.

外溢性，一些企业以学徒式培养的方式补充劳动力，缺乏足够的投资中等职业教育的激励。现行职业教育法也并未规定行业、企业办职业教育的义务，使企业作为重要的受益方没有承担应负的中等职业教育成本的义务和责任。

（二）产业结构发育不健全，对所需劳动力技术水平要求低

现在我国的产业结构，特别是欠发达地区农村产业结构，仍然以传统农业为主，对职业教育毕业生吸纳能力低。至2003年，我国三个产业就业结构比重为49.1∶21.6∶29.3，无论与发达国家、新兴工业化国家还是与发展中国家相比，我国第一产业从业人员的比重都明显偏高，第三产业从业人员比重又相对偏低。在我们调查的五省中，只有浙江省和山东省两个县域的工业产值超过了农业产值（贵州P县因境内有几家大型三线企业，工业产值较高），吉林省和河南省两个县域的工业产值占国内生产总值的比重均较低（见表9）。

表9　2004年农业、工业、第三产业产值比

县域	浙江C县	山东P县	贵州P县	河南X县	吉林D县
三产比率	12∶54∶34	19∶48∶33	16∶61∶23	47∶42∶11	40∶24∶36

最主要的是，我国劳动力市场准入机制不够健全，大批未经接受职业教育培训的廉价劳动力进入第二、三产业，使得从欠发达地区转移出来的劳动者认为，接受中等职业教育似乎多余，缺乏接受职业教育的动力机制。对大多数劳动密集型企业来说，由于技术要求低，几乎存在劳动力的无限供给。因此，劳动力市场准入机制不够健全致使人们接受中等职业教育的必要性显著降低。

（三）制度建设严重滞后，职业教育发展缺乏软环境支持

虽然国家颁布了多部职业教育相关法律法规，但在调研中我们发现，由于制度建设滞后，执行不力，职业教育运行仍然缺乏软环境支持。比如在企业用工时，存在"就业陷阱""虚假订单"等失范现象，一些用人单位存在用人欺诈行为，以虚假订单把学生骗去，却不按事先的承诺兑现待遇，或者在试用期结束后，以种种理由把人辞退，等等，而相关的法律约束还没有形成，许多外出务工的学生上当受骗后有冤无处申，给学生造成了很大损失，也使职业学校对外边的订单望而却步，增加了职校学生就业的难度。这也严重影响了家长、学生与学校对职业教育环境的信心。

河南 X 县职业高中校长：几年前，我们和外面联系好"订单"后由我校培训，对方负责安排工作。但是派老师把培训好的学员送达的时候，对方却毁约，取消"订单"。因为我们已经和家长承诺过为孩子们找工作，不能把孩子们领回来。万般无奈之下，我们派老师和学生一起租房子、买锅灶，为学生在当地找到合适的工作创造条件。

对职业教育的办学者来说，来自政策和制度的一些不公平更让他们的积极性严重挫伤。职业学校教师晋升职称难度较大，接受继续教育与培训的机会也远远不如普通高中教师多，这让职业学校教师感到职业教育不受国家重视。

河南 X 县职业高中教师：从宏观上来说，社会对职业教育不重视。从职称评定系统来说，职业高中教师和普通高中教师的评定标准一样、评委一样。在评定过程中，几乎没有懂职业教育的人参与其中。由于职业教育的特殊性，我们和普通高中的教师在业务上表现差异很大。但是正是这些差异，造成了我们在职称评定中的困难。大部分职业学校教师的职称是"中级"，极少数教师才能达到"高级"，而且工资水平并不高，对于我们这些辛辛苦苦耕耘在一线的教师来说，付出是远远大于收获的。我们学校有一位教师从事职业教育工作二十余年，职称仍为中级。从他的教龄及教学水平上看，如果在普通高中早就是"高级"了，可是在职业高中他一直是"中级"。

（四）面向市场办学，学校缺乏服务与支持

面向市场办学，是职业教育发展的方向，但市场信息、中介服务、研究机构尚未跟上职业教育发展的需要。就业市场信息不透明与职业学校办学的盲目性，对就业市场信息不敏感与职业教育发展惯性、周期较长相互因应，造成就业市场人才需求与职业学校人才培养脱节。这样一来，一方面，一些专业的职业技术人才短缺；另一方面，一些专业的职业技术人才过剩，造成职业技术人才结构性不合理。

现在全国约 1/3 的省和大部分地市尚无专门的职业教育教学研究机构，学生就业靠的是民间组织或自我服务。职业学校毕业生劳动市场正处在发展阶段。由于体制分割，有的地方劳动部门只面向技工学校提供劳动市场信息。以供求信息为主要内容的地方职业教育统计、调查资料奇缺，职业教育的发展规划和调控方案缺乏相应的基础数据支持。政府还不适应市场经济条件下职业教育管理的要求，没有把政府调控与市场机制很好地结合起来。

三、农村职业教育的困境破解

如前文所述,职业教育在面临美好机遇的同时,实际处境非常严峻。有关研究表明,教育差距的严重程度和拉大的速度在许多方面比经济的差距更大,更明显[①]。这也有力地说明政府在教育发展中发挥着极为重要的作用。职业教育发展的相对弱势,是教育差距的重要内容之一。职业教育困境形成的原因有多种,但破解职业教育困境的首要责任在政府,制定完善的教育政策是构建发展职业教育策略的核心。

(一)转变政府职能,调整越位,弥补缺位,明确发展农村职业教育主要是政府的行为

从计划经济向市场经济的转变,是一个内涵丰富、任务艰巨的过程,管理体制和管理方式的转变是关键要素。在社会主义市场经济条件下,利益多元化和微观主体分散决策的普遍要求与现行教育体制中政府治理缺位与越位并存的矛盾,要求以完善学校法人治理结构为核心,以教育资源的公平配置为原则,政府加强宏观调控,放松管理教育活动的微观领域。学校和行政部门能做的事,坚决由学校去做;地方和中央能做的事,坚决由地方去做;市场和政府能做的事,坚决由市场去做。政府做学校和市场不愿做和没有能力做的事。从目前来看,职业教育作为一种弱势教育类别,需要国家大力扶持,从受益与投入主体的一致性原则来看,从产业结构升级与农村劳动力转移对人力资源培训的巨大需求来看,从消除教育差别与合理发挥政策的公共性来看,大力发展职业教育都应主要是政府的行为。应在明确这一宗旨的前提下,实施各项策略。

(二)按照我国产业结构发展的需求,重新定位农村职业教育目标

1. 从教育分类来看,应用性专业教育是职业教育的基本特性。职业教育作为整个教育系统的一个组成部分,是与普通教育、特殊教育相对的,有着自己特殊的地位和任务。在我国工业化进程不断加速的情况下,培养大量的中高级应用型人才,为产业结构升级和不同产业类型提供高素质的人才支持,是职业教育的基本任务。

2. 从人才需求结构来看,技术—业务型岗位是职业教育的基本定向。目前我国最缺乏的人才就是精于技术和业务的人才,如业务员、高级工、技术

---

① 转型期中国重大教育政策案例研究课题组.缩小差距:中国教育政策的重大命题[M].北京:人民教育出版社,2005:3.

维护和应用开发人员等。这说明不是不需要职业教育，而是需要瞄准技术性、业务性的岗位，抓紧改革办学模式，提高教育质量，培养出符合企业需要的技术型与业务型人才。

3. 从工作分析的角度来看，职业实践能力的培养是职业教育的实施重点。如果说当前职业教育水平不高的话，那么首先表现为实践和业务能力不高。究其原因，主要是没能摆脱学科性教育的框框，没有形成一种高效的、有职教特色的、能够强化技术与业务能力训练的教育模式。因此，全面强化职业实践能力，培养出能够充分胜任技术—业务岗位的人才，是今后职业教育的发展方向。

（三）建立中等职业教育成本补偿机制，要加大对职业教育的投入，对企业征收职业教育税

县域高中阶段职业教育是成本高、收益率相对较低的教育类型，非国家投入，则难以为继。因此，国家应该成为职业教育办学的投入主体，职业教育投入要单独预算，并对职业发展做出连续性的规划，以便职业教育投入有一个持续的政策保障。

政府应大力推行职业教育券制度。发行职业教育券是市场经济条件下公共教育财政新的运行模式，有利于整合县域高中阶段职业资源，有利于为贫困地区学生接受职业教育提供经济保障，有利于调动职业教育举办者的办学积极性和提高办学质量。这不仅体现了政府引导教育需求、调整教育结构、保证教育公平的宏观调控功能，还能够有效引导民间资金进入教育领域。

根据教育成本分担的能力原则和受益原则，企业也应有分担职业教育成本的义务。政府可以通过对企业征收职业教育税的形式让企业合理分担职业教育成本。法国1971年通过的《职业继续教育法》规定："凡雇员超过10人的企业主必须拿出工资总额的1.1%以上作为继续教育的费用。"1976年又将此比例上升到2%，并要求各企业交纳"成人职业培训税"和"学徒税"，对办学和接纳学徒的企业，减免培训税和学徒税[①]。为了使职业教育获得充足的资金，我国应尽快通过立法对企业征收职业教育税。根据效率原则和财政原则，职业教育税的课税对象应指向企业的工资支出，并参照职业教育的经费需求来确定合适税率。课税权主体应为中央政府和地方政府，即职业教育税是中央和地方的共享税。这样既能调动地方政府的积极性，满足地方职业教育发展的基本需求，又能强化中央政府的宏观调控。在此基础上，建立职

---

① 王晓辉. 变革中的法国职业教育[J]. 外国教育研究，2000（1）：57-64，56.

教育的转移支付制度，对欠发达地区的职业教育实施成本补偿机制。

县级职业教育中心建设要有重点、分区域、按批次地进行。国家计划在近几年内对职业教育投入100亿，对1000个县级职业教育中心进行重点扶植，重点建设400个装备水平较高的实训基地。这对职业教育发展无疑是具有促进作用的。但是资金有限，对1000个职业教育中心和400个装备水平较高的实训基地而言，无异于杯水车薪。建议国家在"十一五"期间进一步大幅度增加对职业教育的投入，优先投入中心城市的优质职业学校和一批有发展潜力、基础好的县域职业学校，在资金使用上要有重点、分区域、按批次。此外，还能对职业学校的就业前景、转移农村人口、为农村经济发展的贡献等方面情况做绩效评估，把投入与绩效挂钩。

（四）完善就业市场准入制度，充分发挥行会作用，建立有效的人才培养和需求之间的信息沟通机制，形成"信息透明，供求有序，质量优先，平等进入"的就业机制

国家应完善就业市场准入制度，充分调动和发挥行会的作用，把职业技能资格认证权限授予行会。职业技能资格具有严格的行业特点，由行会组织对职业技能资格进行认定，可以更好地贯彻行业标准，可以使职业学校毕业生获得的职业技能资格证书成为就业市场认可的专业与权威凭证。

政府应建立有效的信息沟通机制，加大对职业教育的宏观调控力度，以促进形成"信息透明，供求有序，质量优先，平等进入"的就业机制。保证职业学校有效获得劳动力市场信息，帮助职业学校明确办学方向和人才培养计划，促使职业学校不断有针对性地提高教学质量。此外，政府应该定期发布劳动力市场信息，并对劳动力市场信息进行全面分析、科学预测，从而使职业学校了解到有价值的信息。

（五）建立健全有效的职业教育评价机制，形成富有地方特色的职业教育办学格局

职业教育与普通教育的培养目标和评价标准是两个不同的维度，而不是水平的高低。只有按照各自的规律和要求办学，才能各显其能，均衡发展[①]。国家要通过建立和完善有效的职业教育评价机制，发挥评价机制的宏观调控和政策导向作用，引导职业类学校根据本地生源特点，结合市场需求，深化办学体制改革，发挥学校优势，打造富有地方特色的职业学校品牌。

国家应给予中等职业学校开放、自主的优惠政策，深化办学体制改革，

---

① 牛征. 中国职业教育投资的问题与对策[J]. 山东教育科研，2002（8）：8-12.

向多元化、多样化方向发展。除大力提倡民办学校外，还可以实行国有民营、民办公助、合资办学或捐资办学等多种办学形式，引入市场经济的运行机制，确立"谁投资办学谁优先受益"的原则，调动社会各界投资办学的积极性，形成政府宏观调控、社会广泛参与、学校面向市场自主确定招生规模、自行录取学生的体制。

同时，应在评价指标体系中突出技能培养，引导职业类学校以技能培养为主线设计课程，确保课程变动基于企业与市场取向。在开设专业和设计课程时，也以技能培养为主线。要通过有效的职业教育评价机制，引导有条件的地区整合校际优势教育资源，充分挖掘企业中潜在的教育资源，适度提高兼职教师的比例，实现师资同享。同时，应以"双师型"教师培养为导向，加强师资队伍建设，不断提高教师素质，以适应经济社会发展对教师提出的高要求。

（六）"以就业为导向"，革新人才培养模式

在学校办学中，我们应"以就业为导向"，实行多种人才培养模式，大力推行工学结合、校企合作的人才培养模式，进一步推动职业学校与企业建立紧密的联系，改革以学校和课堂为中心的传统人才培养模式，实行工学结合、校企合作的职业教育人才培养模式。比如，变"输出地"培养为"输入地"培养，依托企业发展职业教育，可以有效增强职业教育的针对性，使职业学校学生更多地了解企业生产情况，职业学校毕业生的出路将更加有保障。同时，企业能够更加关注并参与职业教育人才培养，有利于增强职业教育的实践性和针对性。另外，职业学校学生可以更加熟悉所在地生活情况，缩短适应企业所在地生活的周期。

提出"以强化政府行为为核心，加大职业教育投入为保障，完善就业市场准入制度和改革人才培养模式为突破点"的中等职业教育发展策略，既是从政府功能的公共性出发的，也是扭转我国职业教育发展不力的需要。我国中等职业教育尤其是农村职业教育现实存在的问题和困境，已经严重影响到产业结构升级和社会主义新农村建设，严重影响到我国现代化进程。为了保持地区之间、城乡之间、教育与经济之间、人与社会之间的和谐发展，实行上述策略，大力发展职业教育，是我国社会良性发展的必然选择。

（本文原载于《东北师大学报（哲学社会科学版）》2006年第4期）

新时期农村职业教育的办学路向调整和农民工培训的城乡联动体系构建[①]

【摘要】 20世纪90年代中期以来，我国农村职业教育发展持续低迷，面临为升学服务还是面向就业、为城市输送劳动力还是就地转化、培养农民子弟还是农民本身等多重困境。按照新时期国家的战略规划和职业教育自身发展的要求，农村职业教育应积极调整办学路向，以减少农民和富裕农民为本，通过创办有农村特色的职业学校对留在家里的农民开展与其发家致富相关的实用技术推广，通过与城市职业教育构建联动体系对农民工开展农村劳动力转移培训。

【关键词】 农村职业教育；办学路向；城乡联动体系

在社会主义新农村建设的战略规划中，农村职业教育被定位为提升农村人力资本的主要途径，社会尤其是政府对农村职业教育在转移农村富余劳动力、培养现代型农民方面抱有很高预期。但从现状来看，以县域中等职业学校为核心的农村职业教育规模萎缩，就业不畅，与社会的巨大需求形成强烈反差。究其原因，除去教育体制外的因素，我们认为在办学路向上农村职业教育没有找到自己真正的"主顾"——农民，失去了主流市场的支持；同时没有得到自己在城市里的盟友——城市职业教育的接应，培养的毕业生包括职高生和农民工在城市里水土不服。农村职业教育在办学路向上应该做出与时俱进的调整，并以政府统筹为主，构建城乡联动的职业教育办学体系以应对困境。

一、农村职业教育发展的方向困境

中国职业教育有"普教化"的毛病，职教特色不明显，农村职业教育又加上了"都市化"的毛病，农村特色不明显。在经历过20世纪90年代前后

[①] 本文作者为东北师范大学于伟教授，博士生张力跃。

的发展高峰后,1998年高校扩招以来农村职业教育的发展直线下滑,在两难的抉择中艰难前行。

(一) 为升学服务还是面向就业

从以往的文凭导向、学科导向和升学导向发展到现在的就业导向,可以说理论界和政府对职业教育本质属性的认识越来越清晰。根据我国当前的社会经济发展需求,答案毋庸讳言,职业教育最紧迫的时代任务就是面向就业,重要的是面向企业,培养企业需要的人才①。2004年4月,教育部发布《关于以就业为导向深化高等职业教育改革的若干意见》,明确提出高职应以就业为导向。其后,在全国职业教育工作会议上,教育部部长周济反复强调,职业教育要以服务为宗旨,以就业为导向,并提出三个转变和两个加强,进一步明确职业教育的办学思想、办学模式和办学机制要实现以就业为导向②。但在实际办学中,县域农村职业高中的办学目标定位与国家的产业结构发展需求和城镇化战略严重错位,对口升学成为许多职业学校办学的主要目的,更是相当数量学生接受职业教育的直接目的,与国家和社会发展赋予职业教育的任务严重背离。

根据我们的调查,大部分农村职业中学都将对口升学作为办学的主要支柱。像河南新县职业高中的许多优秀学生都参加了对口升学考试,2005年升学率高达77.2%。新县的两所综合高中也在探索对口升学的路子,把对口升学作为学校的支柱之一。山东平度技工学校高考部的学生经过3年的文化课学习,也是以升学为主要目的,只有升学无望,才依靠中级工资格去市场就业。③

职业中学把升学作为办学主要方向,其直接动因在于,一是家长在高校扩招背景下,认为接受高等教育的可能性提高了,从生涯发展角度来看,接受高等教育后的个人持续收益较接受职业教育更大;二是职业教育自身的教育质量不能满足农民及其子弟进入城市职业圈的需求。以就业为导向更多的是来自产业界和政府的要求,是政策导向,远及不上受教育者需求对职业学校的影响来得直接。

但是对口升学的学校水平和数量远不能满足家长和学生的需要。职业学校以此作为办学定位,不仅无法发挥转移农村富余劳动力、促进产业结构升

---

① 温家宝. 大力发展中国特色的职业教育:在全国职业教育工作会议上的讲话(2005年11月7日) [N]. 人民日报,2005-11-14 (2).
② 石伟平. 时代特征与职业教育创新 [M]. 上海:上海教育出版社,2006:109.
③ 于伟,张力跃,李伯玲. 我国农村职业教育发展的困境及对策 [J]. 东北师大学报(哲学社会科学版),2006 (4):116.

级的功能，也给自己的办学带来了极大的负面影响。

1. 影响专业设置与教学模式。吉林 F 县某职高校长：近几年来，主要是依据吉林省对口升学计划和学生的要求，学校设置了医学、计算机、财经、旅游管理、种植 5 个专业，根据省颁纲要，选定教材、学习和考核与普高班一样，重视文化学习，是地道的应试教育，没必要开展实践教学。

2. 影响实训基地的建设。吉林 F 县某综合中学校长：我们曾建有四个示范性实训基地，最近几年基地建设下滑，主要原因是我校职高班的对口升学率很高，对口升学招生上有一个弊端，就是很少考查学生的实际技能，总分 750 分，其中语数外三科就占 450 分，因此直接影响了我们建设实习基地的投入和热情。

由于注重对口升学的学校就业情况艰难，农民及其子女对农村职业教育的信心严重不足，人们对职业教育的有效需求没有被激发出来，极大影响了对职业教育的选择。农村职业学校办学在就业与升学之间困惑着、在积极的政府号召和低迷的百姓反应间徘徊。

（二）为城市输送劳动力还是就地转化

"三农"问题的根本症结在于庞大的农村人口和有限的土地资源的矛盾，转移农业人口是改变现有农耕制度、破解"三农"问题的主要思路。改革开放以来，我国已经把约 2.5 亿农村劳动力转变成非农产业从业人员。其中，乡村工业和其他乡村非农产业的发展吸纳了约 1.5 亿农村劳动力，进城的农民工有 1 亿多人。与这种历史进程相应，20 世纪 90 年代前的这一时期，我国的农村职业教育主要立足于为当地经济建设服务，"离土不离乡，进厂不进城"，专业设置和教学内容多与农业和乡镇企业的需求相关。由于当时的计划经济体制能够保证毕业生充分就业，那时的职业学校（主要为中等专业学校和技工学校）受到了广大农村家长和考生的追捧，就地转化是农职学校安排毕业生的主要途径，培养质量也与用人单位的要求基本契合。

20 世纪 90 年代中期以后，由于乡镇企业的产业结构升级，资本和技术增密，吸纳农村劳动力的能力有所下降，农民进城打工成为转移农村富余劳动力的主渠道。2006 年 2 月 28 日，教育部部长周济在答中外记者问时指出："我们今后一段时间发展职业教育一个很重要的方面，主要对象就是农民工。一方面，现在进城农民工已经有 1.4 亿，还有 1 亿的农村劳动力等待着转移。要提高农民工的素质，就要通过职业教育。"[①] 既然市场这么大，

---

① 徐长发. 新乡村职业教育发展预期［M］. 北京：教育科学出版社，2006：11.

需要接受职业教育的人口这么多,毫无疑问,农村职业教育应该积极参与到这项宏大工程中来,按照第二和第三产业的需求来引导农民走向城市职业人。政府尤其是农村职业学校一度对这一历史机遇抱有很高期望,但事实证明,农村职业教育基本没有享受到这块蛋糕——大量农民工没有经受任何培训进入城市低端劳动市场,而农村职业学校辛苦培养的毕业生受到企业界的冷遇。

国务院研究室发布的《中国农民工调研报告》显示,目前我国农村劳动力中,接受过短期职业培训的有20%,接受过初级职业技术培训或教育的有3.4%,接受过中等职业技术教育的有0.13%,没有接受过技术培训的高达76.4%。建筑行业的3200万名农民工中参加过培训的仅占10%[1]。原因很明显,置身农业地区(包括城镇),师资、设施条件连县域普通高中都比不上的农职学校,在远离城市用人单位的情况下,如何能培养出适合城市产业需求的人才?尽管存在庞大的潜在需求,但事实是,这块蛋糕农村职业教育无法独自吃下,现实条件决定其承担为城市输送合格劳动力的重任力不从心。

(三) 培养农民子弟还是农民本身

目前,农村职业中学招生对象一般为初中毕业生,而作为农村人口主体的大多数成年劳动者并没有被列入招生对象。我们调查发现,进城打工前,只有7.4%的农民工接受过进城打工培训,12.0%的农民工接受过种植养殖培训,而绝大多数守家在地的农民几乎谈不上职业培训。进城农民工已接受的培训方式构成见表1。

表1 进城农民工已接受的培训方式构成[2]

大学职业教育	职校、技校	政府举办的农业技术推广培训	社会举办的短期技能培训	民间师徒培训	岗前培训
1.2%	6.4%	28.4%	12.8%	42.7%	8.5%

农民未接受和不接受农村职业技术教育的首要原因是时间冲突。当前农村职业技术教育供给方在教育时间安排上对农民的特点考虑不够,或没有充分考虑农民的作息规律。正规教育培养周期较长,一般在两年以上,且开班时间比较死板,一般在秋季开学,而此时正是农忙季节。在农村,由于受目

---

[1] 徐长发. 新乡村职业教育发展预期 [M]. 北京:教育科学出版社,2006:11.
[2] 邵志国. 农民素质变化与农村职业技术教育发展对策的研究 [D]. 长春:吉林农业大学,2005:31.

前农业生产规模和农业生产力水平的限制,农民对农业技术的需求随意性较强,并且随着市场和农业技术的发展而不断变化,长学制教育很难适应这一需要。

另外,很多职业技术学校的教学与当地经济社会需求脱节,与农民生活脱节,教学内容无法满足农民多样化的需求。对农民的职业技术教育需要讲实际、实用、实效和可操作性,在农业技术层次的需求上,农民首先最关注有关"名、特、优、新技术知识",其次分别为最新农业科技成果和农业信息;在农业技术类别的需求上,农民需要新技术、新工艺、新品种、新材料、现代农业经营管理以及农业现代化生产设备等,尤以新技术、新品种最受欢迎。由于农村职业学校长期沿袭普教模式,师资队伍实践技能差,实习基地缺乏示范性和推广性,根本无法让农民学以致用,因而大多数农民选择与工作结合紧密的民间学徒式训练,没有在职业学校接受教育。

尽管存在数量巨大的潜在目标群体,但作为制度化教育一员的农村职校,一时还无法在学制、师资及教学内容和方式上进行大的变革来应对这种既是机遇也是挑战的迷局。

二、农村职业教育发展的国际经验及启示

从国际范围来看,20世纪六七十年代不少国家和地区根据当地的经济模式、经济制度、文化基础、教育条件等形成了一系列农村职业教育发展模式,这期间著名职业教育学家福斯特的思想发挥了重要作用。现在看来虽然时过境迁,但这些思想和经验对我们仍然有着不可忽视的借鉴意义。

(一) 世界著名职教专家福斯特的观点

福斯特是当今国际职业教育理论界最具影响的学者之一,他的许多观点成了当前世界银行指导各国职教发展的政策性文件的核心。虽然他"职业学校谬误"论的观点未必符合我国国情,但他基于发展中国家农村状况的考察所提出的面向农民进行农业教育的思想,对我国农村职业教育立足"三农"具有重要的启迪和借鉴意义。

1. 农业教育的对象是农民而非学生。福斯特认为农业教育应立足农民,学生是农村职教中不稳定的对象,强制性的职教,最终导致职教学生选择与农业无关的职业,他的理由是,如果一个来自农村的孩子的求学目的是离开乡村的话,那么任何学校中的农业课程对他来说都是毫无意义的[①]。他主张尊

---

① FOSTER P J, SHEFFIELD J R. (Eds) Education and Rural Development [M]. London: Evans Brothers limited, 1973.

重农村家庭子女的个人意愿,为了避免浪费,没有必要让不愿从事农业的农村家庭子女接受农业教育。农村职教对象应定位在农民身上。

2. 农村职教的主要任务是向农民推广农业生产的新知识、新技术。福斯特认为农业教育是农村职教的重点,"因为农业是农村发展中的一个关键领域,也是最难以变革的领域"[①]。福斯特提出,农业教育的主要任务是新技术、新作物的推广和应用,以及当地市场信息和生产新知识的传播。

3. 农村职教必须注重农民的求知积极性。福斯特认为,单靠农业技术培训是不会对农业生产者有明显影响的。农民最注重实际,只有当他们看到科学技术带来的实际收益时,他们才会有学习这种科学技术的愿望。因此,农村的农业和其他职业教育的展开,必须考虑到这种来自农民的学习积极性以及职教计划可能给他们带来的实效。农村职教只有与当地的发展和农民的收益直接相关,才有可能获得成功。

4. 正规的学校教育在农村发展中的作用有限。福斯特认为,虽然正规学校教育在农村发展中发挥着十分重要的作用,但是单靠学校教育是不可能影响任何重大的乡村变革的。教育只是影响农村发展众多重要因素中的一个,其他重要因素还包括当地的自然资源、交通条件、产品市场情况等。他认为学校教育对农村发展的影响,主要是通过基础教育而非学校形态的职业教育。研究证明,具有一定文化知识的农民比文盲农民更愿意和更容易接受新的生产知识和技术。

(二)世界农村职业教育的共同经验

农村职业教育的关键:To Motivate Farmers(激发农民的学习动机);

农村职业教育的对象:Educated Young Farmers(受过一定教育的年轻农民);

农村职业教育的内容:Relevant(与他们发家致富的生产经营活动相关);

农村职业教育的形式:Easy to Access(便于参与或易于接受这种教育或培训);

农村职业教育的结果:Effective(有效);

农村职业教育的抓手:Master-Farmer Programs("能人"带动);

农村职业教育的战略:Mobilize All the Resources Available(动用一切可用的社会资源)。

---

① FOSTER P J,SHEFFIELD J R.(Eds)Education and Rural Development[M]. London:Evans Brothers limited,1973.

（三）国际社会达成的三点基本共识

1. 农村职业教育的重点对象应该是农民。
2. 农村职业教育的开展必须与农民的发家致富相结合。
3. 农村职业教育形式应该是非正规、短平快、与推广实用技术相结合。

三、农村职业教育的路向调整

我国农村职业教育陷入困境，首先，深层根源在于办学路向与真实的社会发展需求错位，没有找到自己应该做而且能做好的分内之事，其办学路向不清主要包括招生对象以农民子弟为主，忽略了最大的目标群体是农民本身；其次，在农村劳动力转移培训中没有与城市职业教育联动，培养质量受与用工单位隔膜、师资水平低、实习条件差等的影响，在入口与出口受到了城市用人单位与潜在受教育群体的联合抵制。

"乡村职业教育的发展，本质的问题在于农民的受教育权是否得到了真正的尊重。"① 农村职业教育的对象要不断扩展，农村职业教育的对象主体最终要落实在农民教育层面上。农村职业教育的主要办学路向应该是：对留在家里的农民——开展与其发家致富相关的实用技术推广；对欲离乡离土到城市的农民及其子女——开展农村劳动力转移培训。

与办学路向相应，农村职业教育的培养目标应该是：培养具有创业意识与创业和经营能力的新型农民；有针对性地培养技术型、技能型的城市新型民工；有针对性为当地第二、第三产业发展培养合格的劳动者；为高一级学校培养与输送合格的新生。

（一）通过建设有农村特色的职业学校为农业生产者服务

尽管政府包括学界不断倡导转移农村富余劳动力，尽管农业的产值在国内生产总值中占的比重不断下降，尽管农民收入增长缓慢，但最终农业的战略地位不会改变，农业的重要性不会下降，"无论社会怎样发展，无论乡村怎样变化，农民不会无限地减少，作为基本生活必需品原料的生产供应者——农业的从业者——也不会消失"②。从国际经验来看，在工业化初期阶段，许多国家和地区都曾出现农业劳动力向非农产业的流动，相应地区出现了农业职业教育的下滑。为缓解农业后继乏人的问题，日本、韩国和我国台湾地区都曾鼓励农民子弟学农，回乡经营农业。对守家在地的农村剩余劳动力开展

---

① 徐长发. 新乡村职业教育发展预期［M］. 北京：教育科学出版社，2006：17.
② 孟德拉斯. 农民的终结［M］. 李培林，译. 北京：社会科学文献出版社，2005：2.

现代农业教育是现在我国农村职业学校应该重振的本业。

我国现行的农民教育还不能称为现代意义的农民教育，只能叫作小农教育。农村职业教育只有通过突出农村特色，才能在职业教育的形式、内容、时间、效益、效率上赢得农民的承认或认同。

构建具有农村特色职业学校应遵循以下原则：

1. 以农民和准备就业的农村学生为主要培训和教育对象。让仍以农业为生的农民走向富裕是农村职业学校的主要办学旨归。

2. 以农业新科技为主要培训内容。以我国目前的土地承载量，要使农业生产者致富，必须推广以新科技为代表的实用技术，使技术应用者能立竿见影地感受到接受职业教育的成效。

3. 以实践为主要培训手段。农业技术的推广最有效的场所应该是在田间、养殖场、大棚、花房等生产现场，示范操作应是主要教学手段。

4. 以正规和非正规化结合的方式实施培训。农民的作息特点决定了职业教育不能以全日制为主，应避开农忙时节和白天主要工作时段，以分散和灵活多样的方式安排教学。

5. 学校的功能多样化。作为农村教育的中心，农村职业学校应与农村成人教育、文化教育统筹，成为农村社区的技术和技能培训中心、农业科技研究推广中心、创业和就业指导中心、市场信息中心兼实训基地（校办农场、工厂）。

（二）农民工培训的城乡联动体系

农民工问题是我国新旧"三农"问题的焦点所在，为了使农民工更好地融入城市产业，过渡为都市人，国家极为重视农民工培训。但现在看来，培训效果有限。原因主要在于城乡二元结构的教育体制使得教育资源的分配严重失衡，不利于农民工培训的有效开展。作为优势教育资源的占有者，城市倾向于把农民工培训视为"分外事"，没有认识到农民工作为社会的一个庞大群体将在城市长期存在，农民工的素质已经直接影响到城市产品的质量与声誉，农民工的素质直接影响到城市市民的生活质量。而农村职业教育限于长期沿袭的普教模式，加上与社会化大生产的隔绝和用人信息不灵，根本无法培养出适应企业现代化、社会化大生产需要的农民工。

我们认为，虽然农村职业学校距离农民工的来源地较近，但又距离农民工的输入地太远，无法独自承担农民工培训任务，农民工培训要通过城乡联动的体系来完成：农村职业学校主要承担农民工（进城前）的职前教育与培训；城市职业学校主要承担农民工（进城后）的继续教育与培训。具体措施包括：

1. 保证培训经费。农民工没有"钱"也没有"时间"来参加培训，因此，可以采用用工所在地政府与用人单位共同按比例分担培训费用的方法，当地政府可以通过立法的方式来确保农民工培训所需的"费用"与"时间"。

2. 整合职业教育资源。打破职业教育城乡分割的局面，将城市职业教育资源与农村职业教育资源统筹利用，资源共享。充分利用城市职业学校师资、设备和实习基地等资源为农村职业学校提供服务。

3. 按照培养流程分工协作。城市职业学校靠近用人单位，掌握较多的就业信息，城、乡职业学校可以以订单、定向培训为中介展开协作，分工合作为农民工提供培训课程。从长远发展来看，农民工培训属于终身教育的范畴。从输出地进入用人单位后，要适应产业结构升级带来的工种变化和升级，农民工必须接受企业或城市职业学校进行的培训；而都市社会对农民工提出的市民化要求，也必然要求农民工不断进行就业技能以外的更广泛意义的学习，这一进程应然地要求由城市职业教育积极参与的城乡联动体系来完成。

（本文原载于《国家教育行政学院学报》2008年第2期）

农民工教育培训状况及对策研究[①]

【摘要】 以户籍制度为基础的城乡二元结构和低质量、低层次农村教育积累的复杂背景，使农民工面临很多问题。农民工素质低下，教育培训困难重重，城市生活的经济社会排斥，权利意识淡薄。基于背景研究和问题的探讨，可以找到一些应对之策。从弱势关怀到强国关注，从提升人力资本和综合国力的高度关注农民工问题，应该成为解决农民工问题的战略基点；通过长线教育与短线培训，提高农民工的素质；通过制度调整，从法律制度消除歧视农民工的法律政策制度，平等对待农民工；通过社会氛围的营造和相关条件的创设，让农民工对城镇生活产生认同感成为操作方略。

【关键词】 农民工；状况；调查；对策

在新时期国家农民工政策的引导和支持下，农民工成为推动我国经济社会发展的重要力量，农民工的工作无论对解决"三农"问题，还是改变城乡二元结构，都做出了重要贡献。但在农民工向城市转迁和在城市生活中仍然存在一些需要进一步研究的问题。解决好这些问题，对于改革发展稳定的全局和顺利推进工业化、城镇化、现代化进程具有重要意义。而这些问题的有效解决在于对当前中国农民工状况了解的基础之上。为此，2006年10月至2007年2月，我们就农民工问题进行了调查。本次调查根据经济发展水平和受教育程度排名，并适当考虑农民工聚集城市、省份，在上海、北京、深圳、江苏、辽宁、山东、吉林、河南、四川、安徽、贵州进行农民工调查，共发放农民工问卷7000份，收回问卷6500份，共有6001份有效问卷；调查形式上我们主要采取问卷和走访。

一、农民工教育培训状况的背景分析

中国农民工教育培训问题的形成有着深刻的社会背景。研究这些背景，有利于我们深入认识和把握农民工教育培训的问题。当前在城市工作的农民

[①] 本文作者为东北师范大学于伟教授、秦玉友教授。

工面临高校毕业生就业、城镇新增人口就业高峰、农民工进城高峰、城市下岗再就业高峰就业市场的"四峰"交叠，而且第二产业吸纳劳动力的能力减弱，农民工就业压力很大。城乡二元结构和农民工的低质量、低层次教育培训加大了农民工在平等进入城市就业市场上的压力，他们面临在就业市场的不平等竞争，多数都被挤入低端劳动力市场。除了在法律上平等对待农民工之外，还要从观念上、心理上理解农民工，让农民工能够形成对城市的认同感，促进有条件留在城市的农民工市民化，以改变城乡人口结构。

（一）社会背景：劳动力过剩与就业市场竞争

随着农业机械化程度的提高，农村劳动力不断从农村和农业中转移出来，这些顺利转移的劳动力需要接受必要的教育培训，这给农村教育培训带来了相应的压力。大量农村劳动力转移到城镇后，也面临严酷的就业市场竞争。根据中国农民工问题研究总报告起草组的研究结果，目前中国外出农民工数量为1.2亿人左右[1]。这种大规模转移是伴随高校毕业生就业高峰、城镇新增人口就业高峰、城市下岗再就业高峰完成的，中国农村劳动力市场呈"四峰"交叠，加剧了城市劳动力市场压力。根据统计，1990年、1995年、2000年、2003年、2004年、2005年中国普通高等学校毕业生分别为61.4万人、80.5万人、90.5万人、187.7万人、239.1万人、306.8万人[2]。1980年、1985年、1990年、1995年、2000年、2005年中国城镇人口分别为19 140万人、25 094万人、30 195万人、35 174万人、45 906万人、56 212万人[3]，城镇人口中一定比例的新增劳动力也面临就业。农民工由于自身素质低，只能进入次级劳动力市场，而且许多岗位还不能胜任，这也带来了相应的教育培训压力。

（二）制度背景：二元结构与贫困积累

20世纪70年代以前，户籍制度及相应配套制度对普通中国公民改变永久居住地进行严格限制。1958年，《中华人民共和国户口登记条例》正式确立户口迁移审批制度和凭证落户制度。1963年，依据是否吃国家计划供应的商品粮，公安部把户口划分为"农业户口"和"非农业户口"。1975年，修正的《中华人民共和国宪法》中取消了关于公民迁移自由的法条。1977年11月，国务院批转《公安部关于处理户口迁移的规定》，确立了从农村迁往城市、从

---

[1] 国务院研究室课题组. 中国农民工调研报告［R］. 北京：中国言实出版社，2006：3-4.
[2] 中华人民共和国国家统计局. 2005中国发展报告［R］. 北京：中国统计出版社，2005：345.；中华人民共和国国家统计局. 2006中国发展报告［R］. 北京：中国统计出版社，2006：391.
[3] 中华人民共和国国家统计局. 2006中国发展报告［R］. 北京：中国统计出版社，2005：344.

小市迁往大市的控制原则。从 20 世纪 80 年代开始,以"全国城市规划会议"为标志,国家对进入中小城市的限制开始放松。到 20 世纪 90 年代后期,户籍限制进一步放松。1997 年,小城镇户籍制度改革试点工作开始。以 2001 年 3 月国务院批转公安部《关于推进小城镇户籍管理制度改革的意见》为标志,小城镇户籍制度改革全面推进。2001 年以来,很多省和大城市也开始允许符合某些标准的流动人口在城镇获得户口。很多省市的规定是依照教育或经济标准来决定是否批准落户城镇的。由于这些限制,改革所产生的影响很有限。

2004 年 12 月,国务院要求废除限制农民进城务工的歧视性措施。这一政策已经取得了一定的成效。目前,城乡二元结构的制度壁垒逐渐弱化,农村劳动力流动的制度壁垒逐渐被取消,而市场壁垒仍然存在。在市场经济中,乡村的生产力水平无法与城市的生产力水平相竞争。农民前期家庭经济积累难以支持现代文明对生产效率的要求和现代水平的消费,难以支持现代意义上的教育培训;农民工前期家庭经济积累难以支持现代城市文明下的生活和工作,难以支付相应的城市行业教育培训。

(三)教育背景:质量低下与吸引力不强

今天的农村劳动力知识文化水平落后和技术缺乏与以往农村教育的发展不足和农村职业教育的缺乏有着必然联系。由于农村教育长期以来为农服务的定位和基于户籍制度城乡分割,农村教育出现"精英化"的趋势,而大多数学生没有接受初中和高中阶段教育的积极性,大量辍学。2002 年 9 月到 2003 年 4 月,我们在全国六省六县(每省一县)调查中发现,六县平均辍学率分别为 3.78%、54.05%、28.06%、3.66%、35.55%、20.97%。大量初中学生辍学反映出农村教育吸引力不强。

职业教育质量低下没有为后来农村人口转移准备好技能基础。农村职业教师的情况可以反映出农村职业教育的质量状况。2005 年 10 月至 2006 年 1 月,我们对农村职业教育发展与改革状况的调查发现,许多职业学校缺乏专业课教师。专业课教师和普通文化课教师的比例失调,文化课教师的比例普遍偏高。教师的知识结构与职业教育所要求的知识结构不相适应,缺乏必要的工作实践能力和专业实践技能。职业教育教师参与继续教育的机会少、层次低、培训形式单一、培训内容与教育教学实际脱离,追求学历达标而忽视内在质量。在我们调查的 5 省 8 县近两年里,只有 26.7% 的职高教师参加过地(市)级以上的教师继续教育培训,30.3% 的教师从未接受过任何培训。农村成人教育长期以来以扫盲工作为重心,当多数农村人口都已识字或电信发达后,农村成人教育几乎名存实亡,没有承担起培养农村成人相应技能的任务,也没有这种意识。

二、农民工教育培训的问题分析

(一) 学历较低与文化素养差

必要的文化知识水平是农民工接受教育培训的基础。没有相应的学历基础，没有必要的文化知识储备，会对农民工教育培训造成很大障碍。学历低成为农民工接受教育培训的一个难题。《2003—2010年全国新型农民科技培训规划》指出，目前，我国农民平均受教育年限不足7年，农村劳动力中，小学文化程度和文盲半文盲占40.31%，初中文化程度占48.07%，高中以上文化程度仅占11.62%，系统接受农业职业教育的农村劳动力不到5%。

我们调查发现，农民工的学历比《2003—2010年全国新型农民科技培训规划》中提到的稍高，农民工学历均以初中毕业和初中未毕业为主。其中，农民初中毕业的占31.8%，初中未毕业的占24.3%，农民工初中毕业的占32.7%，初中未毕业的占22.5%。有51.7%的农民认为学历太低，有49.9%的农民工认为学历太低。我们调查发现，25岁以下的农民中，初中及以下学历者占57.0%，25岁及以下的农民工中，初中及以下学历者占30.5%。

(二) 技能起点不同与整体素质较低

接受必要的培训是农民工在城市工作生活所必需的，但是许多农民工在打工前往往没有机会接受培训。研究显示，贵阳市在2001年新转移的劳动力中，接受过短期职业技能培训的人还不足20%，接受过初级职业技能教育的人约占3.45%，接受过中等职业技术教育的人仅占0.13%，没有接受过技术培训的人高达76.4%以上，而参与职业技能培训有序转移者仅占4.3%，这种状况与贵阳市及外省用工企业要求有很大差距[①]。

我们调查发现，只有12.5%的农民接受过进城打工培训，7.4%的农民工接受过进城打工培训。32.6%的农民在家里时接受过种植养殖培训，12.0%的农民工在家里时接受过种植养殖培训。多数农民工接受的培训都是以"边干边学"的形式进行的，接受政府和学校组织的培训的农民工比例较小。缺乏必要的培训预备增加了农民工的跨行业流动和农民向城市流动的难度。

国家统计局统计和有关调查显示，农民的收入水平与其科技文化素质呈明显的正相关。我国农村劳动者科技文化素质不高，不仅直接影响着农民的经济收入，也严重制约着农业劳动效率的提高，影响了国民经济和社会的可持续发展。我们调查发现，43.4%的农民工认为没有一门过硬的技术是打工

---

① 王旭辉. 发展农民工职业技能教育促进农村劳动力有序转移[J]. 卫生职业教育，2006, 24 (21): 46-47.

中遇到的问题。

(三) 收入低与时间缺乏

43.4%的农民工认为，城市生活费用高。农民工收入低是困扰农民工城市生活的一个重要问题。我们调查发现，54.7%的农民工认为"收入低"，36.9%的农民工认为"农资贵，粮贱，不赚钱"。而农民工又要以这样低的收入负担家庭很大的开支。农民工家庭负担都比较重，65.7%的农民工需要供养两个或两个以上的老人，33.7%的农民工需要供养两个或两个以上的子女，16.9%的农民工需要供养一个及以上的兄弟姐妹，他们的收入就显得更加不足。

当前，农民工劳动时间长、劳动强度大，这在一定程度上会影响农民工接受教育培训，使农民工的培训可能性变小。我们调查发现，52.0%的农民工每天劳动8—12小时，12.1%的农民工每天劳动12小时以上；25.1%的农民工认为"工作又脏又累"。有小样本调查显示出同样的问题，农民工每日工作时间超过8小时的有94人，占调查问卷总人数94%，仅有6人的每日工作时间符合国家规定的8小时。并且70%以上的农民工反映他们没有星期天、节假日，尤其是在实行计件工资制的企业上班的农民工，加班加点是家常便饭。在建筑行业和南方的一些装配企业、玩具生产企业中，有时农民工每日工作时间竟然达到14—18小时，甚至更多①。

三、解决农民工教育培训的对策

解决农民工的政策基点应该从传统的对农民工的弱势关注转向强国关注。基于这样的认识，我们应该把提高农民的素质作为解决农民工问题的第一要务，通过长线教育与短期培训，提高农民工的文化素质和职业技能。

(一) 视野转换：从弱势关怀到强国关注

人力资本理论的国家主义追求的是国家利益最大化。在激烈的国际竞争面前，一个国家要对自身总体发展速度保持高度关注。现在各国对国家综合实力排名越来越关注，我国作为发展中国家对国家的综合实力也是相当关注的。从国家整体利益最大化的角度看，我国的发展战略应该从优先发展转向均衡发展。因为，国际研究表明，相对而言，发展中国家和贫困人口中的人

---

① 澹台思鑫. 农民工生活现状调查 [J]. 中国农学通报，2005 (9)：443-445，455.

力资本的重要性高于发达国家和富裕人口①。

实现小康的一个重要指标就是城镇人口占总人口的比重。农村劳动力能够成功有效地向城市转移,这关系到小康社会的最终实现。中国全面建成小康社会,需要有效降低农村人口的比重,快速提高人们的收入和生活质量。近年来,中国城镇人口比例有所提高。据《2005年全国1%人口抽样调查主要数据公报》,全国人口中,居住在城镇的人口56 157万人,占总人口的42.99%;居住在乡村的人口74 471万人,占总人口的57.01%。与第五次全国人口普查相比,城镇人口占总人口的比重上升了6.77个百分点。

如果中国长期存在大量传统意义上的农民,中国以农业文明占主体的经济和生产力水平就很难在与发达国家工业文明占主体的经济发展水平进行的国际竞争中处于优势。因此,从综合国力提高的角度来看,我们需要促进农村人口向城市转移,农业人口向其他行业转移,提高农业生产率,努力使农民成为人口所占比例较小的一个阶层。我国应当从国家发展角度,而不是仅仅是从公平角度关注农村人口转移和农民工教育培训问题。

(二) 长线教育:学力提升与素质培养

解决农民工的最终办法是农民工的市民化。目前许多农民工有长期留在城市发展的愿望。我们调查发现,62.7%的农民认为,假如打工者学了一技之长或打工赚了很多钱,打工者应该留在城市继续发展,55.1%的农民工认为,假如打工者学了一技之长或打工赚了很多钱,打工者应该留在城市继续发展。由此,各农民工流入地区应该创造条件尽快让有能力长期居留在城市的农民工市民化。

农民工的市民化和城市生存与发展必须有相应的知识水平和城市适应能力。农民工教育是在了解农民工现有文化知识水平的基础上,以提高农民工知识水平和城市适应能力为主要任务的教育。因此,要对现在的农民工通过成人教育进行补偿教育,让他们学习必要的文化知识。

对于新生代农民工而言,要提高农村教育的质量,为他们未来向城市转移打下良好的知识文化基础。农民工教育对农民工城市生存、生活与发展具有长远而宽泛的意义,各地要重视农民工教育,积极有效地开展农民工教育。

(三) 短线培训:技能获得与市场定向

应根据农民工的兴趣和从业情况进行职业技术培训。我们调查发现,目

---

① PSACHAROPOULOS G. Contribution of education to economic growth: international comparisons [M] // KENDRECK J W. ed. International comparisons of productivity and causes of the slowdown Cambridge Ballinger, 1984:335-360.

前大多数农民和农民工都有接受培训的愿望。81.2%的农民认为,如果出去打工,应该接受打工前的就业培训;74.6%的农民工认为,应该接受打工前的就业培训。他们倾向于针对自己可能从事的行业进行培训。在接受培训的具体模式上,29.2%的农民认为,如果外出打工,用人单位先集中培训考核,然后就业较为理想;34.2%的农民工认为,用人单位先集中培训考核,然后就业较为理想。相当数量的农民工认为,按个人爱好接受培训,然后自主寻找待遇好的单位就业比较理想。当前,农民工的行业需求表现出一种想转出现在主流打工行业的倾向。

另外,要大力发展职业教育[①],提高职业教育质量,增加职业教育吸引力,在义务教育或高中教育之后可以增加职业教育,使学生在毕业时不仅有过硬的文化知识,而且有一技之长,为新生代农民工在农村劳动和向城市流动打下技能基础。

(四)经费保证:多元承担与制度支持

长时期以来,农民工培训经费承担主体比较模糊,农民工教育培训工作难以落到实处。2006年国务院发布的《关于解决农民工问题的若干意见》指出,充分发挥各类教育、培训机构和工青妇组织的作用,多渠道、多层次、多形式开展农民工职业培训。建立由政府、用人单位和个人共同负担的农民工培训投入机制,中央和地方各级财政要加大支持力度。

政府部门要努力改变目前农村劳动力的"投亲式""靠友式"流动,让农村剩余劳动力理性选择流动去向,减少不必要的大跨度流动,降低打工成本和打工投入的风险。为此,政府应督促权威媒体和职业中介机构发布全面就业相关信息,使农村劳动力在打工前获得较为可靠的信息。各个大中城市要建立农民工流入登记制度和各用人单位雇工登记制度,让向城市流动的农村人口及时了解各大中城市的劳动力需要与供给情况,理性选择打工去向。

国家要制定政策,保证农民工基本利益。由于农民工数量过剩,出现农民工工资低、工作时间长的问题,国家应该制定各行业农民工的最低工资标准和最高工作时间标准,以有效增加农民工单位时间内的打工收入和为更多的农民工提供打工机会,同时可以让农民工有时间接受必要的培训。为了实现这些目标,政府要对违反标准的企业和个人追究相应责任,如果某地出现普遍违反标准的现象,追究当地相应行政部门和主管领导的责任。

---

① 于伟,张力跃,李伯玲.我国农村职业教育发展的困境与对策[J].东北师大学报(哲学社会科学版),2006(4):116-124.

城市社区应该营造认同农民工的社会氛围。农民工是城市经济发展和中国当前经济发展的重要力量。农民工承载着城市的建筑业、加工业和服务业等支柱性产业，现在城市对农民工有相当大的依赖性。因此，城市当局要为农民工提供宽容和理解的环境，要求各种组织机构无歧视地平等地对待农民工，必要时为农民工提供法律援助，为农民工提供制度和政策支持。

（本文原载于《东北师大学报（哲学社会科学版）》2007年第4期）

基础教育服务乡村振兴：功能预期、矛盾分歧及实践路径①

【摘要】 乡村教育振兴既是乡村振兴的必要环节，也是实现乡村振兴的重要抓手。乡村基础教育在服务乡村振兴上预期能够发挥经济、文化、社会、象征四重功能。然而，在功能实效上，基础教育与乡村经济社会发展的因果关系有待实证检验；在理念选择上，个体本位与社会本位的教育功能存在现实冲突；在目标指向上，地方性和全球化的乡村教育发展取向存在价值博弈。这些矛盾分歧可以通过建立优质基础教育与乡村振兴的互促循环，以"儿童为中心"实现基础教育个体功能与社会功能的耦合，以及以"全球在地化"理念促成地方意识与全球视野的辩证统一等方式化解。在此基础上，依托国家中小学智慧教育平台的资源优势，基础教育有望在打造优质特色教育品牌以提升乡村社区吸引力、开展适合儿童发展和社区需要的社会服务以及培育心系乡村发展的"全球社会有根人"等方面助力乡村振兴。

【关键词】 基础教育；乡村振兴；乡村学校；教育功能

习近平总书记强调："建设教育强国，是全面建成社会主义现代化强国的战略先导，是实现高水平科技自立自强的重要支撑，是促进全体人民共同富裕的有效途径，是以中国式现代化全面推进中华民族伟大复兴的基础工程。"②建设教育强国和以教育"强"国是辩证统一的，服务现代化强国建设是教育的重要使命。而全面推进乡村振兴是全面建设社会主义现代化国家的内在需要。为此，教育强国理应包含以教育促进乡村振兴。2021年5月，教育部等四部门印发的《关于实现巩固拓展教育脱贫攻坚成果同乡村振兴有效衔接的意见》提出，要提升教育服务乡村振兴的能力和水平，"促进振兴乡村教育和

---

① 本文作者为东北师范大学李涛教授、邬志辉教授。
② 人民网. 习近平在中共中央政治局第五次集体学习时强调加快建设教育强国 为中华民族伟大复兴提供有力支撑［DB/OL］.（2023-05-29）［2023-07-12］. https://www.xinhuanet.com/politics/2023-05/29/c_1129654921.htm.

教育振兴乡村的良性循环"。对此,有学者提出乡村教育是推进乡村经济社会可持续发展、优化乡村文化生态、增强乡村发展综合能力、最终实现乡村现代化的关键一环①。然而,当前学界对教育服务乡村振兴的研究,或侧重通过教育提升乡村人力资本从而促进乡村经济社会发展的间接功能,或侧重农村成人教育、职业教育以及高等农业教育等对乡村振兴的作用,或从乡村教师作为新乡贤、乡村学校课程内容纳入乡土文化元素等单一视角探讨教育助力乡村振兴的可能路径。比如有研究者认为,通过人才培养以及文化传承和社会服务,乡村教育系统提供了乡村振兴所需的人力、文化资源及智力支持。乡村教育的可持续发展,特别是通过乡村职业教育和社区教育,在振兴乡村社区方面发挥着至关重要的战略作用②。但是,对于在社会主义现代化建设中具有全局性、基础性和先导性作用的基础教育尤其是义务教育如何服务乡村振兴却语焉不详,存在争议。那么,基础教育阶段的乡村中小学校及其师生,到底能够在服务乡村振兴中发挥怎样的作用?这一议题背后有着怎样的理论争议、逻辑矛盾和现实阻碍?又该如何化解矛盾分歧?对以上问题的回应有望为教育振兴乡村的实践路径提供指引。

一、基础教育服务乡村振兴的功能预期

乡村振兴意味着增进乡村地区的各类资本要素。研究发现,乡村学校对社区的非教育功能主要体现在就业、消费、基础设施、社会融合、身份认同以及提供各类资源及服务等方面。这恰好对应了皮埃尔·布迪厄(Pierre Bourdieu)对经济、文化、社会和象征四种形式资本的分类。因而,乡村基础教育有望在振兴乡村方面发挥上述四重功能。

(一)乡村基础教育的经济功能

乡村基础教育通过直接和间接方式发挥经济功能。一方面,乡村学校以消费者和生产者的身份参与经济活动。首先,乡村学校及其师生作为消费群体通过购买产品和服务对当地经济产生直接贡献。比如,学校雇佣当地劳动力从事后勤、安保等工作能够提升当地的就业水平。其次,部分学校通过创立校办企业等为社区提供产品和服务。比如,挪威政府曾经发起过"地区积极学校"(District Active School-project)项目,通过鼓励乡村学校与社区合

---

① 顾建军. 让乡村教育与乡村振兴良性循环 [N]. 光明日报, 2022-04-08 (7).
② XUE E, LI J, LI X. Sustainable Development of Education in Rural Areas for Rural Revitalization in China: A Comprehensive Policy Circle Analysis [J]. Sustainability, 2021, 13 (23): 1-17.

作创办企业，培养当地年轻人的创业态度、知识和技能①。另一方面，乡村学校通过吸引和培育人力资本，实现其间接经济功能。首先，优质的乡村学校能够为有子女的居民提供便利，从而吸引和留住更多年轻家庭，具有引才、留才功能。其次，乡村基础教育可以通过培养具备乡土情怀的儿童，为乡村未来培育新人，发挥育才、储才功能。

（二）乡村基础教育的文化功能

乡村学校作为乡村地区的文化高地，能够发挥乡风文明建设的功能。一方面，城镇化发展冲击了乡村地区的文化传统。乡村学校担负着挖掘、传承乡土文化的职能。乡村学校通过吸纳当地的自然、产业、文化和社会生活等知识资源，再生产了当地的文化和社会资本②。比如，瑞典的一些乡村学校将当地的产业、自然、历史、文化等内容要素纳入乡村学校课程③。国内学者也认为，乡村教育通过知识的传递、文化的传承、思想的改进、价值的生成，进行人文价值的传递及转换，达到乡村振兴中的绿色人文生态等高质量价值要求④。另一方面，学校既能够促进社区的文化发展、创新和繁荣，也能弥合乡村传统文化与城市现代文化的隔阂，形成既保持传统乡土风貌又融合现代性特质的文化样态。乡村学校可以作为体育、戏剧、音乐等文体活动的场所。学校自身的历史和特色也丰富了当地的文化象征。通过学校的文化活动所产生的经验和知识以不同方式规范和构建了地方文化身份。

（三）乡村基础教育的社会功能

乡村学校既能够为乡村社区提供交往的场所和资源，也可以主动参与乡村社会的交往活动。一方面，乡村学校可以通过提供资源和平台，成为举办各类社会交往活动的场所。比如，乡村学校可以为社区提供教室、体育馆、图书馆、礼堂等公共基础设施，使乡村学校成为当地社区的服务中心、社会团体的活动场所、家庭和社区的枢纽以及具有重要意义的文化载体⑤。同时，在乡村地区缺少商场、银行和其他公共服务机构的情况下，学校可以扮演当

---

① SOLSTAD K J, ANDREWS T. From rural to urban to rural to global: 300 years of compulsory schooling in rural Norway [J]. Journal of Rural Studies, 2020 (74): 294-303.

② VILLA M, KNUTAS A. Rural communities and schools valuing and reproducing local culture [J]. Journal of rural studies, 2020 (80): 626-633.

③ BEACH D, JOHANSSON M, ÖHRN E, et al. Rurality and education relations: Metrocentricity and local values in rural communities and rural schools [J]. European Educational Research Journal, 2019, 18 (1): 19-33.

④ 贾琳琳, 张姝玥. 教育服务乡村振兴的逻辑与路径 [J]. 现代教育管理, 2022 (4): 12-19.

⑤ VILLA M, KNUTAS A. Rural communities and schools valuing and reproducing local culture [J]. Journal of rural studies, 2020 (80): 626-633.

地社会资本的生产者和维护者的角色,成为家长和儿童构建社交网络的平台①。另一方面,乡村学校可以通过组织各类社区服务活动,加强学校与社区的联结和互动。其中,乡村教师可以通过提供知识资源和身份资源增进乡村地区的社会资本和文化资本,并参与乡村社会治理②。这与我国学者提出的乡村教师成为新乡贤的观点类似③。

(四) 乡村基础教育的象征功能

乡村学校象征着乡村的地位、情感、尊严、幸福、自信、回忆和想象。乡村学校的象征功能赋予乡村以希望和声望,并能够增进乡村各类资本。其一,乡村学校是乡村历史和未来的象征。学校的存在不仅代表了村庄历史和文化传统的延续,维护了当地独特的社会生活和文化样态④,而且象征着乡村的地位和未来的发展潜力。尤其是在人口流失和社会萧条的背景下,作为国家机构的学校本身就传递着强烈的地方认同感,并暗含着国家重视村庄未来的隐喻。其二,乡村学校是个人情感依托和身份认同的象征。学校的存在增强了社区凝聚力以及村民和儿童的幸福感、自尊和自信。对于很多村民而言,在乡村上学是一种跨越代际的共同经历。这种围绕着在社区中生活和上学的家庭及朋友之间长期且紧密的联系而形成的社会资本,提升了当地居民的认同感和归属感,以及对"来自乡村"的强烈自豪感⑤。此外,乡村学校作为村庄的象征资本,能够促进知识的传播、人力资本的形成、文化资本的增值、社会地位的稳固以及个人机会的提升。

二、基础教育服务乡村振兴的矛盾分歧

尽管国内外学者对基础教育促进乡村发展问题进行了诸多研究,但仍然存在一系列尚待化解的矛盾分歧。有学者认为,"乡村学校—社区关系的假定紧密性是一个现代神话","乡村学校和社区之间的关系是一个悬而未决的重要研究问题"。而且在各种关于学校服务乡村社区的研究中,大多以轶事为佐

---

① VILLA M, SOLSTAD K J, ANDREWS T. Rural schools and rural communities in times of centralization and rural-urban migration [J]. Journal of Rural Studies, 2021 (88): 441-445.

② HARGREAVES L, KVALSUND R, GALTON M. Reviews of research on rural schools and their communities in British and Nordic countries: Analytical perspectives and cultural meaning [J]. International Journal of Educational Research, 2009, 48 (2): 80-88.

③ 李广海,杨慧.乡村振兴背景下乡村教师治理角色的重塑 [J].中国教育学刊,2020 (5): 75-79.

④ VILLA M, KNUTAS A. Rural communities and schools valuing and reproducing local culture [J]. Journal of rural studies, 2020, 80: 626-633.

⑤ BAGLEY C, HILLYARD S. Rural schools, social capital and the Big Society: a theoretical and empirical exposition [J]. British Educational Research Journal, 2014, 40 (1): 63-78.

证，缺少确凿证据以及围绕相关主题的系统研究①。乡村基础教育服务乡村振兴的逻辑桎梏和争议焦点主要围绕三个问题：乡村基础教育是否真的能够对乡村地区发展发挥充分的作用？乡村基础教育是否对乡村发展负有天然使命？乡村基础教育服务乡村振兴的目标指向是什么？

（一）效能异见：基础教育与乡村发展的因果关系争议

乡村学校是面向乡村儿童提供基本公共教育服务的机构，有着基础性、公共性、公益性、服务性等诸多特征。乡村学校对乡村经济社会发展的实际效果存在两方面的矛盾和争议。

其一，乡村学校对乡村地区经济社会发展的实际效果存疑。现有研究仅能证明学校的存在与乡村地区人口、经济、基础设施等优势呈相关性，并不能确证是学校的存在使得乡村地区的经济和社会效益得以改善，还是经济和社会效能较高的地区本身更容易保留优质学校。一项对苏格兰乡村的研究发现，没有可信证据表明学校对乡村发展产生了重大影响。对乡村经济发展而言，坚实的就业基础和负担得起的住房比有无学校更重要②。葛新斌梳理了我国自古至今乡村社会发展的历史脉络后也认为，教育并非乡村衰落的主要推手，乡村发展受多重因素影响，乡村教育仅为其一而且作用有限③。同时，学校雇佣服务对当地就业的影响也存在争议。学校是服务部门而非生产部门，雇佣当地员工只是其间接效用之一。不可能仅仅为了提高当地的就业水平而建立或保留学校。对商业选址和企业投资决策的研究也表明，决定企业选址的区位因素包括靠近市场、充足的劳动力、完善的公共基础设施和服务以及住房等。仅有好学校并不足以吸引或加大企业对当地的投资④。

其二，人力资本投资回报最大化与乡村就业机会和前景狭小的矛盾。教育确实能够提高个人经济成就从而促进乡村社区的发展。但就个人收入和职业潜力而言，乡村地区教育投资的经济回报相对大城市较弱。有数据显示，乡村地区的教育回报不到城市地区的三分之一。因此，通过人力资本投资促进乡村经济社会发展存在矛盾：一方面，乡村人口教育水平的提升有望促进

---

① HARGREAVES L，KVALSUND R，GALTON M. Reviews of research on rural schools and their communities in British and Nordic countries：Analytical perspectives and cultural meaning [J]. International Journal of Educational Research，2009，48（2）：80-88.

② SLEE B，MILLER D. School closures as a driver of rural decline in Scotland：A problem in pursuit of some evidence？[J]. Scottish Geographical Journal，2015，131（2）：78-97.

③ 葛新斌.乡村振兴战略：农村教育究竟能做些什么？[J].华南师范大学学报（社会科学版），2018（2）：82-87，192.

④ BARKLEY D L，HENRY M S，BAO S. The role of local school quality in rural employment and population growth [J]. Review of regional Studies，1998，28（1）：81-102.

地区经济发展。另一方面，乡村地区缺少需要高水平教育的工作岗位，这又会降低教育的回报率，自然不能给乡村社区带来更大繁荣。而且，与人们通常所认为的乡村教育灌输"离开乡村"的观念导致年轻人"逃离"乡村不同，在选择定居地方面，预期的就业机会和收入潜力以及生活质量的影响力远远大于教师的建议。很多乡村青年即使对家乡有着强烈的依恋，并且有意愿带着技能、经验和社会关系回到乡村，也会因为机会的缺乏而却步[1]。

综上所述，乡村地区经济和产业衰败导致有学龄子女的年轻人口流失，进而导致教育资源投入减少，加速了学校的衰落。学校的衰落进一步导致更多人口流失。所以"学校衰落—人口流失"的恶性循环是经济和产业衰退的衍生后果。仅靠乡村学校的复兴很难扭转这一颓势。同时，由于乡村地区产业不兴，高质量就业机会不足，乡村地区的教育回报率偏低，这反而不利于乡村家庭通过教育实现经济回报。此外，强行维持一所规模过小的学校的投入，可能会占用本应投入医疗卫生、社会保障等其他公共领域的资源，因此实际上可能会降低乡村地区的总体福祉。

（二）理念抵牾：个体本位与社会本位的教育功能冲突

基础教育的本体功能是促进个体发展，包括个体的社会化和个性化。社会发展功能是本体功能的派生。学界对基础教育本体功能和社会功能的关系问题存在长期争论。

首先，从理论层面看，20世纪末以来，受到新自由主义思潮的影响，市场化和全球化成为世界经济发展的重要趋势，也使得个体本位的教育目的论占据上风。迈克尔·彼得斯（Michael A. Peters）认为，市场化的教育政策指导原则依赖于两个基本假设。其一，自由市场是分配稀缺公共资源更有效率的手段，学生及其家长有权利合理利用最好的教育机会。其二，个人有权进行自主决策，并对自身发展和社会进步负责[2]。在此背景下，强调基于考试的问责制、竞争、自由选择以及通过提升个体人力资本增强国家经济竞争力成为各国教育改革的通行做法。比如，挪威在1987年国家义务教育课程计划中强调，"学校作为社会机构，有责任发展和保护儿童成长的良好环境。学校的场所和设施，学校自身的文化活动，应作为当地社区的共同资源。学校在教学中必须利用家庭环境和当地社区，学校必须鼓励学生积极参与当地社区

---

[1] SCHAFFT K A. Rural education as rural development: Understanding the rural school-community well-being linkage in a 21st-century policy context [J]. Peabody Journal of Education, 2016, 91 (2): 137-154.

[2] PETERS M A. Neoliberalism, education and the crisis of western capitalism [J]. Policy futures in education, 2012, 10 (2): 134-141.

的实践、社会和文化活动"。但2006年和2017年相继推出的国家课程计划没有再提及上述内容。这种国家政策的转向，反映了新自由主义只关注个人利益而无视个人所属的社会环境利益的倾向①。在学校层面，教育改革的市场化趋向缩小了基础教育工作者理解学校角色的方式。为了减轻对学生成绩的影响，学校会犹豫是否该承担当地的经济社会发展角色。有研究发现，国际学生评估项目（PISA）和国际数学和科学趋势研究（TIMSS）等全球化市场驱动的考试制度，降低了学校领导和教师积极参与当地社区活动的意愿②。

其次，对乡村基础设施的使用权限问题可能激化乡村学校与社区之间的矛盾。对英国一所乡村学校的调查发现，当地居民为满足学校扩建礼堂的需要而放弃了自筹资金建设新礼堂的计划。但是村民想要使用学校的礼堂受诸多限制，这引起了当地居民的不满③。同时，尽管很多研究表明乡村学校充当了社交枢纽功能，但这种功能并非不可替代。随着乡村基础设施的完善，学校的社会交往功能将被淡化。儿童和家长能够通过其他场所组织和参与社会交往活动。

最后，乡村基础教育本体功能和社会功能的争论引发乡村教师社区发展角色的争议。一方面，乡村教师是学校的雇员，乡村教师的社区角色受到乡村学校社区角色的规制。另一方面，尽管乡村教师是乡村地区为数不多的知识资源持有者，但在不同国家、地理、文化的背景下，乡村学校和乡村教师扮演的社区发展角色不尽相同。例如，挪威的研究表明，教师角色正在从当地的文化领袖转变为合同制员工，因此较少参与当地事务。但在英格兰，越来越多受过教育的城里人在退休后进入乡村学校，加强了学校与社区的联系④。

（三）目标模糊：本土化与全球化取向的培养目标博弈

乡村基础教育个体本位和社会本位功能分歧背后，隐藏着对乡村自身经济社会发展理念的争议，尤其是代表乡村独有特征的"乡村性"与代表自由主义、市场经济的"全球化"之间的发展理念博弈。而这背后是基础教育应

---

① SOLSTAD K J, ANDREWS T. From rural to urban to rural to global: 300 years of compulsory schooling in rural Norway [J]. Journal of Rural Studies, 2020 (74) 294-303.

② VILLA M, SOLSTAD K J, Andrews, T. Rural schools and rural communities in times of centralization and rural-urban migration [J]. Journal of Rural Studies, 2021 (88): 441-445.

③ HILLYARD S. The enduring insignificance of a school for its village: An English case study [J]. Journal of Rural Studies, 2020 (80) 618-625.

④ HARGREAVES L, KVALSUND R, GALTON M. Reviews of research on rural schools and their communities in British and Nordic countries: Analytical perspectives and cultural meaning [J]. International Journal of Educational Research, 2009, 48 (2): 80-88.

该培养什么样的人的问题。

全球化、市场化、信息化时代，包括乡村在内的"地方"（place）是否仍将留存尚有争议。有学者认为，我们正在目睹由迅捷的通信技术构成的"流动空间"对"地方"的毁灭，"网络社会展示了网络中介的抽象无地点性和人类将生活嵌入特定地点的顽固愿望之间的深刻张力"。随着社会流动性的增加，地方、邻里和界限的概念被削弱。但是也有人对地方的消失提出疑问，他们认为即使在一个流动性极强的时代，地方仍然非常重要[1]。同时，全球化、市场化自身也带来诸多问题，迫使人们将目光转向代表自然、传统和历史的乡村以寻找医治现代化痼疾的良药。于是"乡村性"重新进入人们的视野，并催生了地方性知识、乡土文化、农耕文明等话语，但乡村性的回归同样面临诸多问题。

首先，地方性知识本身可能存在与现代化理念相冲突的地方。通过学校活动传承传统文化的做法可能会促进当地的身份认同和知识传承。但这一过程如果再现了乡村传统的关于性别和阶级身份的意识形态，则反而可能促使乡村地区的人口外流[2]。有学者认为，研究乡村的人面临一个尴尬而关键的问题："乡村性本身如何成为增加和再制不平等的工具，并因此成为代际传递的工具。"[3] 因此，需要厘清乡村优秀传统文化的内涵，同时对地方性知识和传统文化中与现代化观念不符的内容保持高度警惕。其次，乡村地区的文化并非固定不变。乡村无法置身全球化、市场化浪潮之外。乡村自身的生活样态、文化习俗、生产关系甚至自然风貌都或多或少地受全球化、市场化和网络化的影响。那么，真正的乡村文化是什么？乡村学校应该传承怎样的乡村文化？这些实践层面的现实问题又将回到乡村性的本质内涵、乡村性与全球化的关系以及乡村在现代化建设中的定位等基本问题。

三、基础教育服务乡村振兴的实践辩证

面对基础教育服务乡村振兴的矛盾分歧，需要从价值、理念和目标层面厘清基础教育服务乡村振兴的实践路径。

（一）限度与超越：基础教育振兴乡村的价值辩证

基础教育服务乡村振兴，需要在认识到基础教育功能限度的基础上，建

---

[1] SHUCKSMITH M. Class, power and inequality in rural areas: beyond social exclusion? [J]. Sociologia ruralis, 2012, 52 (4): 377-397.

[2] VILLA M, KNUTAS A. Rural communities and schools valuing and reproducing local culture [J]. Journal of rural studies, 2020, 80: 626-633.

[3] HILLYARD S. The enduring insignificance of a school for its village: An English case study [J]. Journal of Rural Studies, 2020, 80: 618-625.

立教育与社区互惠互促的良性循环。一方面，需要理性看待基础教育的经济社会发展功能及其限度，"必须正视农村教育对推动乡村振兴作用相对有限这一基本论断"①。这样的功能论断既有利于重新确证基础教育为乡村儿童发展服务这一本体功能，也有利于避免乡村基础教育成为乡村地区基础设施和公共服务等投入不足的挡箭牌。另一方面，需要建立基础教育与乡村发展的良性互促循环，以有效激发基础教育振兴乡村的潜能。研究表明，教育功能的发挥依赖于乡村经济社会整体的发展。只有在拥有高质量的公共服务、基础设施和生活水平的地区，学校教育才能显著增强乡村的发展态势。因此，需要在优化乡村地区产业结构、经商环境、基础设施、公共服务的基础上，建立优质基础教育与乡村社区互惠互促的良性循环②，使乡村教育与乡村地区其他发展要素形成合力，以"优质教育—可持续发展社区"模式构建乡村学校—社区发展共同体，通过优质教育带动社区发展。

（二）儿童为中心：基础教育振兴乡村的理念辩证

尽管基础教育存在个人本位和社会本位的功能定位争议，但从儿童发展的视角出发，乡村基础教育的个人本位和社会本位分歧是可以调和的。荷兰教育哲学家格特·比斯塔（Gert Biesta）认为，教育具有资格化、社会化和主体化三重功能。资格化是指向受教育者提供知识、技能等，是制度化教育的主要功能。社会化是指通过教育使受教育者成为特定社会、文化和政治"秩序"的一部分。主体化是指使受教育者成为独立于秩序之外的主体的过程。教育的三重功能互相影响且存在交叠③。因此，从"儿童为中心"即乡村基础教育主要为乡村儿童身心发展服务的理念出发，应该同时增加乡村儿童的文化（包括科学文化知识和地方性知识）、社会（如人际网络和社会情感能力）和象征（如自尊、自信）资本。换言之，乡村基础教育不仅要夯实乡村儿童的知识和技能基础，还要在社会交往和社会情感等方面将乡村儿童培养成面向未来社会的整全人。同时，乡村儿童的成长离不开乡村的具体场域，因此为乡村儿童营造一个有益身心成长的和谐社会环境至关重要。在这三个层面，乡村基础教育的个体功能有望与服务乡村振兴的社会功能实现耦合。

---

① 葛新斌. 乡村振兴战略：农村教育究竟能做些什么？[J]. 华南师范大学学报（社会科学版），2018，（2）：82-87，192.

② SCHAFFT K A. Rural education as rural development: Understanding the rural school-community well-being linkage in a 21st-century policy context [J]. Peabody Journal of Education，2016，91 (2)：137-154.

③ 格特·比斯塔. 测量时代的好教育：伦理、政治和民主的维度 [M]. 张立平，韩亚菲，译. 北京：北京师范大学出版社，2018. 20-23.

(三) 全球在地化：基础教育振兴乡村的目标辩证

人类社会将越发呈现出融合传统与现代、地方与全球、自然与社会、现实与虚拟等复杂关系与特征的跨域化生存样态。跨域化的生存方式可能带来多重角色冲突、多元文化区隔、多源流信息冗杂、多线程时空交汇等诸多挑战。比如，在空间层面，有学者认为行动者需要将传统的"地方空间"和全球化所促成的"流动空间"统一为由实践所形成的"行动者网络空间"，并日益走向融合[1]。但是，作为具有物理实体的存在，人类又时刻处于具体的时空中。正如曼纽尔·卡斯特（Manuel Castells）所言，绝大多数人，不论是在先进或传统社会都生活在地方里，并且感知到他们的空间是以地方为基础的空间[2]。除非技术的发展能够达到进行全景、全息、全感模拟现实的程度，否则身体在场的真实感和经验感是无法替代和消弭的。为此，需要以"全球在地化"理念实现基础教育中地方意识与全球视野的辩证统一。1992年，罗兰·罗伯逊（Roland Robertson）率先提出"全球在地化"（Glocalization）的概念，指全球化（globalization）与在地化（localization）相互作用所构成的双向促进过程[3]。这一概念同时蕴含着"思考全球化，行动本土化"（Think global, act local）或"思考本土化，行动全球化"（Think local, act global）的意涵。在这一理念引领下，乡村教育既要强调乡村性，将教育重新嵌入社区和地方，又要强调全球文化视野，确保驾驭复杂、不确定和全球互联世界所需的创新和灵活性[4]。

四、基础教育服务乡村振兴的助力路径

基础教育能够在提振乡村社会吸引力和自信心、组织适合儿童和社区发展需要的社会服务以及培育心系乡村发展的"全球社会有根人"等方面助力乡村振兴。

(一) 打造亮点：通过发展优质且有特色的乡村基础教育为乡村振兴聚力

基础教育振兴是乡村振兴的内在要求，也是促成乡村振兴的重要力量。

---

[1] 艾少伟, 苗长虹. 从"地方空间"、"流动空间"到"行动者网络空间"：ANT视角 [J]. 人文地理, 2010 (2): 43-49.

[2] 曼纽尔·卡斯特. 网络社会的崛起 [M]. 夏铸九, 王志弘, 等译. 北京：社会科学文献出版社, 2006. 394.

[3] ROBERTSON R. Glocalization: Time-Space and Homogeneity Heterogeneity [M]. Global Modernities, London: Sage Publications, 1995. 25-44.

[4] SCHAFFT K A. Rural education as rural development: Understanding the rural school-community well-being linkage in a 21st-century policy context [J]. Peabody Journal of Education, 2016, 91 (2): 137-154.

优质基础教育能够为乡村留住儿童、教师和劳动力，也是传承乡村文化、促进乡村认同的重要途径。为此，需要在为每位儿童提供公平而有质量的教育基础上，突出乡村教育的地方特色。在补齐乡村教育短板的同时，将乡村学校打造成有质量、有特色、有吸引力的亮点。

一方面，需要继续加强乡村学校基础设施建设和优质资源及服务供给。在继续加大中央与地方统筹，整体推进县域内城乡基础教育融合发展的基础上，探索利用国家中小学智慧教育平台等途径，实现城乡学校之间、乡村学校之间优质教育资源和优秀师资共享①。以往的优质资源共享以"由城入乡""以城带乡"模式为主。这可能导致城市化取向的教育资源在乡村地区面临"水土不服"的问题，也可能固化"城优乡劣"的城乡观，让乡村成为被动接受的客体，也难以激发城区学校的积极性。为此，需要加强乡村学校之间优质资源共建共享。由于有着相似的文化背景和学校特征，乡村学校之间的资源共建共享可能更为适切并可复制。为此，可以重点打造部分乡村优质学校，探索建设适合乡村地区人文地理、文化样态、学生特征的课程教学资源。

另一方面，随着基础教育资源短板的不断补齐，乡村教育的重点应转向突出地方特色。探索"低成本、可复制、有特色、高成效、可持续、生态化的农村教育道路，让农村学生有实实在在的学习获得感、幸福感和力量感"②。为此，乡村基础教育要充分利用乡村的自然、社会、文化和产业等特色资源，改善校园环境布局、学校课程设计和内容安排，探索符合乡村地区实际和儿童特征的乡村教育模式和基于乡土文化的乡村学校课程体系。具体而言，在校园环境建设方面，营造体现历史传承、产业特色、绿色环保又兼具现代性特质的校园环境和文化氛围。在特色课程开发方面，利用当地产业、文化、地理资源，开发独具地方特色的乡土教材，以及音体美等学科的特色课程。在教学模式方面，探索小班教学、项目式学习、探究式学习等符合乡村学校规模和乡村儿童特征的教学模式，尤其是探索以在地化教育促进儿童知识技能学习。在地化教育，即依托地方开展学校教育，强调个体、地方、学校之间的联结③。将地方性知识与学校课程相结合，有利于打破乡村儿童生活世界和学校课程科学世界的知识藩篱。在这一过程中，乡村社会的历史传统、文化知识等也得以挖掘、传承和发扬。

---

① 杜江，韩锡斌. 国家中小学智慧教育平台赋能农村义务教育高质量发展［J］. 中国电化教育，2023（8）：7-17.
② 邬志辉. 中国农村教育发展的成就、挑战与走向［J］. 探索与争鸣，2021（4）：5-8.
③ 王红，邬志辉. 国外乡村教育生态转型的在地化实践［J］. 比较教育研究，2019（9）：98-105.

(二) 合理参与：通过开展有益儿童身心发展的社会服务为乡村振兴出力

鉴于乡村地区人力、资源相对不足的事实，需要充分利用基础教育的设施设备和人力资源，为乡村振兴提供实质性支持。

一方面，建立学校和社区之间的资源共享机制。让乡村学校和社区实现物质资源和人力资源互补。当前我国乡村学校基础设施日趋完善，尤其是教学点和村小已经成为乡村当地体育、文艺等设施设备最为丰富、齐全和先进的单位。为此，需要建立健全申请、使用、监督、管理等资源使用程序和机制。在不影响教育教学活动的前提下，为确实有需要的居民合理有序地开放学校各类资源。乡村教师也可以根据自身意愿，通过加入当地乡贤会等方式，参与当地乡村的社会治理。

另一方面，开发、组织适切乡村教育实际和地区现实需求的社会服务项目。鼓励、支持、组织学生参与文艺宣传、关爱老人、义务劳动、环境保护等社区实践活动，让儿童有机会通过学校接触更广泛的社会现实。在这一过程中，丰富乡村儿童的生活世界，培养劳动意识，强化服务精神，锻炼社交能力。首先，需要针对不同学段和年龄的儿童设计形式和内容多样的社会服务项目。让不同年龄的儿童在认识社区、服务社区、发展社区的递进式、系列化的社区服务项目中强化乡村认知、丰富乡村体验、厚植乡土情怀。其次，在社区服务形式和内容设计上，也要充分考虑乡村社区的实际需要。要让社区服务真正使乡村社区及其居民获益，而不是被动配合完成任务。比如，针对乡村老年人群"数字鸿沟"问题，可以组建"数字帮扶小队"，帮助老年群体解决使用家用电器和智能设备时遇到的各类问题。最后，需要建立多部门协作机制，确保儿童参与社区服务的长效性、安全性。同时，要积极利用国家中小学智慧教育平台等平台和媒介，宣传和推广典型社区服务案例和实践经验。

(三) 人才筑基：通过培养"亲农"的"全球社会有根人"为乡村振兴蓄力

全面推进乡村振兴，需要懂农业、爱农村、爱农民的"三农"人才支撑。为此，需要从基础教育着手，培育儿童的乡土情怀。这包括乡村儿童在内的所有儿童成为亲农、爱农的全球社会有根人[1]，为乡村发展振兴奠定人力资本基础。

首先，在乡村教育理念上，乡村教育者要以"价值无涉"立场，跳出传统城乡二元"优势—劣势"对立思维。基础教育阶段的儿童正处于世界观、

---

[1] 邬志辉，张培. 农村学校校长在地化教育领导力的逻辑旨归[J]. 教育研究，2020 (11)：126-134.

人生观、价值观形成的关键时期。乡村学校及教师应该秉持客观中立立场，向儿童呈现城市和乡村各自的本真特质，避免对城乡特征进行优劣比较和价值判断。要让儿童在亲身经历、真切感受中，形成价值无涉的生活经历、生命体验。在生成客观中立的城乡观的同时，增进身份认同和文化自信。

其次，在课程教学和课外实践方面，要通过日常教学、校本课程、参观考察、社会实践等活动，让乡村儿童亲身了解、体验家乡的历史、文化、地理等方面的地方性知识。同时，让乡村儿童在其生长的土地及其独有的文化中，生成属于自己的乡村记忆、乡村认知、乡村情感和乡村想象，增强对家乡的认同感和自豪感的同时，勾勒出内心独特的乡愁。

最后，乡村不仅是乡村人的乡村。仅仅依靠乡村儿童不足以为乡村未来发展提供足够的人力资本支持，乡村振兴要在城乡融合发展的大格局下实现。为此，要让城乡所有人都丰富乡村体验、健全乡村认知、感受乡村魅力、厚植乡土情怀，形成亲农、识农、爱农的社会氛围。具体而言，可以通过加强城乡儿童交流互动等方式，让城乡儿童加深了解、促成理解。比如，基于国家中小学智慧教育平台，设立城乡儿童交流分享栏目，让各地的城乡儿童分享各自社区的生活样态、文化氛围、风俗习惯等。通过展示乡村地理和文化的独特魅力，每一位中华儿女都能建构属于自己的乡情乡愁，也能为乡村未来发展积蓄更为多元的力量。

（本文原载于《中国电化教育》2023年第12期）

基础教育促进共同富裕：内涵诠释、价值意蕴与作用机制①

【摘要】 在朝着第二个百年奋斗目标迈进的时代背景下，共同富裕成为重要的发展追求。基础教育作为社会公共服务体系的核心要素，能够在实现共同富裕进程中呈现出社会性强、覆盖面广、动态化推进以及高质量发展等基本特征，同时能够积极回应人民对美好生活向往，持续巩固教育脱贫的宝贵成果，不断推动构建人类命运共同体，并切实提升共同富裕的文化安全。为促进实现共同富裕，基础教育需要在"补短板、促公平、强支持"上下功夫，切实推进优质教育资源的优化配置，打通社会公平的"最后一公里"，并着力破解精神贫困的现实困境。

【关键词】 共同富裕；基础教育；教育改革；精神贫困

习近平总书记在党的二十大报告中明确指出，"中国式现代化是全体人民共同富裕的现代化。共同富裕是中国特色社会主义的本质要求，也是一个长期的历史过程。我们坚持把实现人民对美好生活的向往作为现代化建设的出发点和落脚点，着力维护和促进社会公平正义，着力促进全体人民共同富裕，坚决防止两极分化。"② 党的二十大报告深刻阐述了"中国式现代化"的基本格局与实现机制，深度解析了坚持以人民为中心、走向共同富裕的发展思路与发展方案，同时深入诠释了人类社会发展进程中实现现代化的中国模式与中国道路。从人的成长与社会发展的角度来看，中国社会主义现代化的发展进程正是"依靠教育实现人力资源全面开发支撑下的共享发展的现代化模式"③。本质上，"共同富裕，是马克思主义的一个基本目标，也是自古以来我

---

① 本文作者为东北师范大学张聪教授。
② 高举中国特色社会主义伟大旗帜为全面建设社会主义现代化国家而团结奋斗：在中国共产党第二十次全国代表大会上的报告［N］. 人民日报，2022-10-26（1）.
③ 刘复兴. 教育与共同富裕：建设促进共同富裕的高质量教育体系［J］. 教育研究，2022（8）：149-159.

国人民的一个基本理想"①。实现共同富裕是中国共产党矢志不渝的发展目标，引领着国家经济社会发展全局。实现共同富裕，不仅要进一步解放和发展生产力，而且要积极回应人民群众对于美好生活的新期待②。这就要求新时代的共同富裕，既要注重物质生活的极大丰富，又要实现民生保障能力、公共服务水平、教育治理水平等多方面的有效提高③。基础教育作为一项关乎民生的普惠性、兜底性、战略性事业，理应通过建构高质量的教育体系积极促进实现共同富裕。缘此，在共同富裕已经成为全社会奋斗共识的时代背景下，深度聚焦基础教育促进实现共同富裕的内涵、价值以及作用机制，具有重要的学理价值与实践意义。

一、内涵诠释：基础教育促进共同富裕的学理释义

相关研究发现，基础教育在从低收入阶段向中等收入阶段的发展过程中发挥了重要作用，而在迈向中高收入国家行列的进程中，教育质量比教育数量、高等教育比基础教育、高技能水平比基础技能水平更重要④。然而，面对受教育人口多、教育发展根基仍然不稳固的现实，我国仍然需要基础教育"促进人的全面发展和社会全面进步"⑤，持续巩固教育高质量发展的宝贵成果。事实上，通过基础教育促进共同富裕，既是基础教育高质量发展的本体诉求，也是实现共同富裕的内在要求。

（一）社会性：基础教育深具实现共同富裕的社会责任

共同富裕不仅是一个经济概念，而且是一个社会概念。财富和收入的快速增长虽然能够在短期内破解物质贫困问题，但随之而来的基尼系数提高、贫富差距扩大等又在一定程度上影响了财富和收入的可持续增长，快速发展中的社会心态也容易诱发多元危机。面对由经济发展而衍生出的社会性问题，基础教育在普惠发展的过程中，担负着面向成长中的青少年科学阐释、引导认同共同富裕的社会责任。

---

① 习近平. 在省部级主要领导干部学习贯彻党的十八届五中全会精神专题研讨班上的讲话[N]. 人民日报, 2016-05-10 (2).
② 刘培林, 钱滔, 黄先海, 等. 共同富裕的内涵、实现路径与测度方法[J]. 管理世界, 2021 (8): 117-129.
③ 李景治. 共同富裕是中国特色社会主义现代化建设的根本奋斗目标[J]. 党政研究, 2021 (1): 5-13.
④ 李立国. 共同富裕视野下的高等教育[N]. 光明日报, 2022-01-04 (15).
⑤ 中国共产党第十九届中央委员会第五次全体会议文件汇编[M]. 北京: 人民出版社, 2020: 56.

(二) 覆盖面：基础教育深具实现共同富裕的共享理念

共同富裕不是针对某一群体而言，而是强调一定的覆盖面，是共享理念的深化和拓展。"共同"和"富裕"亦不是此消彼长的对立关系，而是能够相辅相成的关系——"共同"是为了更可持续的富裕，而"富裕"提供了更高层次的共享水平[①]。共同富裕关乎全体人民的福祉，是惠及亿万人民的发展取向。而基础教育是一项备受社会关注的重要领域，具有较强的社会覆盖面，关涉我国几亿青少年的全过程成长，在有效提高人的素质过程中能够深度推动共同富裕的有效实现。

(三) 动态化：基础教育深具实现共同富裕的迭代特征

共同富裕本身既是奋斗目标，也是动态实现的具体过程，是一个融过程和结果于一体的动态性概念[②]。这就意味着新时代所面对的发展阶段不能直接延续以往的发展模式，而是需要理性认识到这种发展模式已然进入"迭代"的新阶段。基础教育面向未来，培养着未来社会发展所需要的时代新人，在逐渐实现关于共同富裕的教育过程中持续提升着育人成效，从更深层次体现共同富裕的迭代性特征。

(四) 高水平：基础教育深具实现共同富裕的质量意识

共同富裕不是低水平、浅层次的富裕，而是一种高水平、高质量的富裕过程。共同富裕是价值追求与发展趋向，而基础教育是实现共同富裕的重要战略支撑；共同富裕的最终实现不仅需要基础教育的积极助力，而且能够为基础教育高质量发展提供重要保障，从而进一步提升基础教育发展水平。基础教育发展的"高质量"不仅要有"量"的增长，还要不断实现"质"的提升；不是亦步亦趋地追逐其他国家的发展过程，而是要为实现我国人民群众对美好生活的需求而持续超越、主动跨越。这就在客观上要求我国基础教育遵循高质量的价值追求，特别是要融入共同富裕的重要理念。

二、价值意蕴：基础教育促进共同富裕的意义阐明

基于当前经济社会发展的宏观样态，以基础教育的深度变革来推动实现共同富裕，有着重要的实践价值。

---

① 钟春平，魏文江. 共同富裕：特征、成因及应对措施 [J]. 特区实践与理论，2021 (6)：38-45.
② 唐任伍，李楚翘. 共同富裕的实现逻辑：基于市场、政府与社会"三轮驱动"的考察 [J]. 新疆师范大学学报（哲学社会科学版），2022 (1)：49-58.

(一)变革趋向：积极回应人民对美好生活的向往

《中共中央关于党的百年奋斗重大成就和历史经验的决议》明确指出，要始终"坚定不移走全体人民共同富裕道路"。党的十八大以来，随着我国社会发展的主要矛盾已经转化为人民日益增长的美好生活需要和不平衡不充分的发展之间的矛盾，实现共同富裕正成为人民群众对美好生活追求、奋斗的重要内容。在研制"十四五"规划过程中，习近平总书记明确指出："共同富裕是社会主义的本质要求，是人民群众的共同期盼。我们推动经济社会发展，归根结底是要实现全体人民共同富裕。"①"实现共同富裕不仅是经济问题，而且是关系党的执政基础的重大政治问题。"② 能否实现共同富裕，直接关系到以人民为中心的根本立场问题，也深刻影响到广大人民群众的获得感、幸福感和安全感③。可以说，中国共产党和人民已经在推进共同富裕的现代化进程中，逐渐结成了命运相依、休戚与共的"人民共同体"④。这种共同富裕，究其实质而言，是在中国式现代化的追求过程中，由全体人民共同创造日益发达、领先世界的生产力发展水平，共享日益幸福而美好的生活⑤，同时在本质上指向了人在物质生活、精神生活等多个维度上实现的丰裕。基础教育与实现共同富裕在同频共振中具有高度统一的内生逻辑，就在于基础教育处于教育体系中的兜底性、普惠性阶段，覆盖面更广、关涉力度更强，能够以其自身的深度变革回应人民群众对更高水平、更高质量教育的现实需求。

(二)消除贫困：持续巩固教育脱贫的宝贵成果

消除贫困是人类共同理想，而教育正是医治贫困的根本良方，"是阻断贫困代际传递的治本之策"⑥。从全球扶贫的基本经验来看，"教育的缺失是比经济贫困更深层的贫困，是引发贫困代际传递的主要原因"⑦。因为教育"不仅直接发挥着启智益民的知识传播推广功能，而且具有扶贫济困的经济发展助

---

① 习近平.关于《中共中央关于制定国民经济和社会发展第十四个五年规划和二〇三五年远景目标的建议》的说明[N].人民日报，2020-11-04 (2).
② 深入学习坚决贯彻党的十九届五中全会精神确保全面建设社会主义现代化国家开好局[N].人民日报，2021-01-12 (1).
③ 艾四林.坚定不移走共同富裕道路[N].人民日报，2021-04-09 (9).
④ 李友梅.全体人民共同富裕与人民共同体建设[J].探索与争鸣，2021 (11)：8-10.
⑤ 刘培林，钱滔，黄先海，等.共同富裕的内涵、实现路径与测度方法[J].管理世界，2021 (8)：117-129.
⑥ 中共中央党史和文献研究院.十九大以来重要文献选编(中)[M].北京：中央文献出版社，2021：784.
⑦ 谢君君.教育扶贫研究述评[J].复旦教育论坛，2012 (3)：66-71.

推效应"①。尤其对于中国这样一个后发国家来说，基础教育辐射面广、基数大，深度涉及人民群众的切身利益，是充分反映、见证脱贫攻坚成效的重要领域。贫困地区的教育发展水平相对滞后，成为实现共同富裕必须主动回应、积极破解的焦点。党的十八大以来，教育扶贫与农村留守儿童、乡村教师支持、对农村义务教育阶段贫困家庭学生实行"两免一补"等相关政策有机融合，通过建档立卡贫困家庭辍学学生的动态清零等多项精准扶贫政策，最终实现了教育脱贫的实践成效。正如习近平总书记所指出的那样："我们紧紧扭住教育这个脱贫致富的根本之策，强调再穷不能穷教育、再穷不能穷孩子，不让孩子输在起跑线上，努力让每个孩子都有人生出彩的机会，尽力阻断贫困代际传递。"② 通过实施教育脱贫攻坚，实现了"千百万贫困家庭的孩子享受到更公平的教育机会，孩子们告别了天天跋山涉水上学，实现了住学校、吃食堂"。在完成绝对性贫困之后的后扶贫时代，乡村教育振兴在目标、对象、方式及评价机制等方面都出现了新变化、新特征，正积极推动着新时代的共同富裕。

（三）凝聚共识：不断推动构建人类命运共同体

实现高质量的教育发展是一项直面全人类的事业。联合国教科文组织2015年发布的《反思教育：向"全球共同利益"的理念转变》中明确指出要"倡导世界各国将教育和知识看作全球共同利益"。面对人类社会的急剧变革，教育和知识仍然在促进人类进步这一关涉全球共同利益的问题上发挥着积极的推动作用。"共同利益既不是单个个人所欲求的利益的总和，也不是人类整体的利益，而是一个社会通过个人的合作而生产出来的事物价值的总和；而这种合作极为必要，其目的就在于使人们通过努力和劳动而能够建构他们自己的生活，进而使之与人之个性的尊严相一致。"③ 基础教育学校正是借助"公共利益"而服务于人类命运共同体。实现基础教育学校的高质量发展，特别是基础教育在启蒙开智、凝魂聚气、强基固本过程中的根基性功能，需要以学校教育为中心深度汇聚家庭、社区协同育人的教育共识，积极促进家庭、学校和社会的文化发育。这是现代基础教育在朝向共同利益过程中所渐趋生成的独特功能，凝聚共识的同时推动着教育自身的进步和深化，提振着人类社会的革新与迭代，而这也正是实现共同富裕的内在要求。

---

① 覃红霞，李政. 高等教育扶贫与人类命运共同体建设［J］. 苏州大学学报（教育科学版），2021（4）：1-7.
② 习近平. 在全国脱贫攻坚总结表彰大会上的讲话［N］. 人民日报，2021-02-26（2）.
③ 池勇海. 共同利益论：基于国际经济视角［D］. 上海：复旦大学，2011：15.

（四）风险防范：切实维护共同富裕的文化安全

虽然"益贫增长、共享发展是世界性难题"[①]，富裕始终是世界各国现代化追求的共同目标，然而中国式现代化追求的是共同富裕[②]。这不仅涉及何以审视共同富裕的观念问题，而且涉及如何维护共同富裕的文化安全问题。"教育犹如一条大河，文化就是河的源头和不断注入河中的活水，研究教育而不研究文化，就只知道这条河的表面形态而摸不着它的本质特征。"[③] 作为一种重要而独特的文化力量，基础教育涉及面广，社会影响力大，容易受诸多域外文化的不同影响。因此，基础教育促进共同富裕，能够从根本上防范来自精神层面的风险，在很大程度上保障共同富裕的文化安全。

一方面，基础教育在为实现共同富裕提供精神动力的同时，始终严格维护政治安全。基础教育在改革与发展的过程中，始终高度重视意识形态问题，防止在基础教育发展过程中出现政治风险的变异与升级，防范国外不良教育思潮对中国基础教育系统的传导与灌输[④]。

另一方面，基础教育始终坚持马克思主义指导地位，从为党育人、为国育才的高度为学生成长树立正确观念。2022年1月，中共中央办公厅印发的《关于建立中小学校党组织领导的校长负责制的意见（试行）》明确强调了坚持和加强党对中小学校全面领导的重要价值。基础教育始终将社会主义核心价值观融入学校教育教学全过程，在提高人才培养质量的过程中，能够为实现共同富裕提供强大的思想武器。同时，基础教育以多种方式为共同富裕的最终实现持续提供有效的人才支撑。

三、作用机制：基础教育促进共同富裕的实践探索

基础教育促进共同富裕，需要充分发挥基础教育的独特优势，在"补短板、促公平、强支持"等多个维度上进行积极探索。

（一）补齐发展短板：促进优质教育资源科学配置

虽然中国基础教育在总体上已经取得了长足发展，然而仍然有很多发展短板制约着教育质量的整体提升。缘此，补齐发展短板、优化优质教育资源

[①] 黄承伟. 论乡村振兴与共同富裕的内在逻辑及理论议题［J］. 南京农业大学学报（社会科学版），2021（6）：1-9.
[②] 艾四林. 坚定不移走共同富裕道路［N］. 人民日报，2021-04-09（9）.
[③] 顾明远. 中国教育的文化基础［M］. 太原：山西教育出版社，2004：前言.
[④] 柳海民，邹红军. 高质量：中国基础教育发展路向的时代转换［J］. 教育研究，2021（4）：11-24.

配置成为促进实现共同富裕的必然要求。

1. 乡村学校振兴：完善乡村教育发展弱项

在后扶贫时代，基础教育亟须深度融入共同富裕的实现过程之中，提升乡村振兴质量，以科学的教育理念、工作机制，进一步巩固好脱贫攻坚成果，积极实现基础教育在乡村振兴中的"造血"功能。

一方面，强化乡村教师专业发展。乡村教师是提高乡村教育质量的基础，也是推进乡村文化发展、促进乡村振兴、实现乡村富裕的关键主体。为进一步强化乡村教师专业发展能力，应在《乡村教师支持计划（2015—2020年）》的基础上，进一步谋划乡村教师发展的顶层设计，在乡村学校教师队伍的规模、结构、素养、编制、职称、待遇等方面开展更富有针对性的部署，特别要关注西部地区、脱贫时间较短地区乡村学校教师的专业发展问题，建设一支"下得去、留得住、教得好"的乡村教师队伍，在改变乡村教育的同时为广大乡村实现共同富裕提供人才保障[1]。同时，要强化师范院校与乡村教师培养的有效衔接。2022年4月，《教育部等八部门关于印发〈新时代基础教育强师计划〉的通知》明确提出，"实施中西部欠发达地区优秀教师定向培养计划"，"支持部属师范大学和高水平地方师范院校，根据各地需求，每年为中西部欠发达地区定向培养一批高素质教师，发挥示范带动作用，推进各地进一步加大县域普通高中和乡村学校教师补充力度"。这就要求师范院校进一步承担起推动乡村教师职前职后专业发展一体化建设的重任，强化乡村教师专业发展水平。

另一方面，推动乡村文化生活嵌入。本质上，乡村基础教育根植于本乡、发轫于本土，是一种独特的文化建构过程，同时天然带有乡村文化的泥土气息，多维度折射出本土的乡村生活。乡村学校镶嵌在乡村生活之中，而乡村生活所具有的文化传统深刻地影响着乡村儿童。乡村生活与乡村学校所建构起的"实践共同体"，成为实现共同富裕过程中一笔宝贵的文化财富。乡村教师要积极关注所在的乡村生活，将乡村建设中的宝贵教育资源引入学校之中，在校本课程开发中要有针对性地开发新乡土教材，充分反映新时代的乡村生活。同时，在乡村校园生活建设中，不能以城市取代乡村、以工业现代化替代乡村现代化，特别要警惕"城市丑陋化，乡村田园化"的文化畸形逻辑[2]，

---

[1] 袁建涛. 乡村教师队伍建设助力共同富裕：理论逻辑与实践路径 [J]. 湖南行政学院学报, 2022（2）：67-76.

[2] 陈超. "乡愁"的当代阐释与意蕴嬗变：中国当代文学乡土情结的心态寻踪 [J]. 当代文坛, 2011（2）：78-81.

以乡村振兴为主题开展好"留住乡愁"的系列活动,让乡村孩子关注乡村,树立发展乡村的美好愿望。同时,通过乡村教育现代化推动乡村教育本土化、乡土文化传承①,重塑乡村振兴过程中的文化自信和文化自尊,而绝不是远离乡村、背离乡村②。

2. 优质学校反哺:实现教育资源精准帮扶

2021年12月,教育部等九部门联合印发的《"十四五"县域普通高中发展提升行动计划》明确提出,要"实施县中托管帮扶工程",通过"举办附属中学的部属高校""对口支援关系"等不同关系主体,切实帮扶较为薄弱的县域高中。这种"反哺"的精准帮扶方式发挥了基础教育学校"先优带动后优"进而走向"共同卓越"的发展路径,也充分彰显了"'先富带后富、帮后富'的逻辑正当性、合理性和有效性"③。为此,优质学校应通过教育资源的辐射带动,实现薄弱学校的精准帮扶。

实际上,要充分重视基础教育学校与区域发展总体水平的"同频共振"特征,即基础教育的发展质量始终与区域经济社会发展水平总体上呈正相关的关系。这是反思并推进实现共同富裕的基础性路径。为此,要率先发挥基础教育学校在区域发展中的文化优势和资源优势,不仅要依靠基础教育培养人才,而且要充分发挥基础教育学校自身的社会组织属性,在提高学校教育治理能力的过程中主动协同乡村振兴机构、校友群体、新乡贤等,积极推动基础教育学校在乡村振兴中的独特优势,鼓励并推动更多教育资源向乡村地区、薄弱环节以及弱势群体倾斜,提升教育资源帮扶的精准度④。

同时,就教育发展质量而言,在基础教育推动实现共同富裕的过程中,务必克服通过生硬"拉低"优质学校、"拔高"薄弱学校的"拉齐扯平""削峰填谷"等平均主义方式抹平校际差异、发展差异。由共同富裕目标带来的基础教育变革,需要在警惕平均主义等错误倾向的过程中,推动基础教育学校特色化、差异化建设,切实提高基础教育发展质量。

(二)匡正教育失衡:打通社会公平的"最后一公里"

"教育公平是社会公平的重要基础。"⑤当前,我国基础教育发展的供给侧

---

① 马一先,邓旭. 乡村教育助力乡村振兴的价值意蕴、目标指向与实践路径[J]. 现代教育管理,2022(10):50-57.
② 张聪. "留住乡愁":当代乡村班级生活建设的文化面向[J]. 中国教育学刊,2020(8):77-81.
③ 杨小微. 基础教育推进共同富裕的应为与可为[J]. 人民教育,2021(21):1.
④ 高书国. 教育将为促进全体人民共同富裕提供强劲动力[J]. 人民教育,2021(Z2):55-58.
⑤ 中共中央党史和文献研究院. 十九大以来重要文献选编(中)[M]. 北京:中央文献出版社,2021:784.

仍面临很大压力，优质教育资源相对有限、分布不均，实现基础教育高位均衡发展仍然任重道远。因此，在实现共同富裕的进程中，基础教育应进一步匡正教育失衡，打通社会公平的"最后一公里"。

1. 推动教师交流：缩小基础教育资源发展差距

联合国可持续发展峰会通过的《变革我们的世界：2030 年可持续发展议程》，明确提出了"确保包容和公平的优质教育，让全民终身享有学习机会"应成为可持续发展教育目标。对于基础教育而言，教师是教育的第一资源、促进可持续发展的关键动能，师资力量的显著差异会直接导致区域之间、城乡之间、学校之间教育发展的失衡。因此，推动实现共同富裕，打通社会公平的"最后一公里"，必须切实强化基础教育师资队伍交流。这就需要通过教师轮岗、校际交流、名师送教以及援派帮扶薄弱学校等多种方式，促进教育公平。对于乡村地区、西部地区，要在持续增强投入力度的同时提高对教师教育教学能力的有效培训，加大"国培计划""省培计划"等对欠发达地区教师培训的专项支持力度，激发教师积极投身欠发达地区发展的教育情怀。

2. 优化公共服务：实现基础教育均等化与可及化

实现共同富裕，需要切实优化公共服务。而基础教育作为公共服务的重要基础，要进一步疏通发展失衡的现实堵点，充分发挥基础教育作为公共产品的重要属性，切实提升基础教育的均等化与可及化。要在《关于进一步减轻义务教育阶段学生作业负担和校外培训负担的意见》（以下简称"双减"）实施的基础上持续发力中小学生核心素养提升，切实推动家庭教育、学校教育与社会教育的有效联动。积极探索强校带弱校、强区带弱区等促进教育公平的新举措，切实保障弱势群体在享受基础教育方面所应有的权利，着力推进教育公共服务均等化，进而在高位均衡发展的过程中实现基础教育的高质量发展，提升人民群众对基础教育高质量发展的获得感。为此，应着力提升基础教育对实现共同富裕的贡献度，夯实基础教育的"兜底"能力，全面掌握处境不利青少年发展状况并精准构建动态追踪、持续帮扶新机制①，巩固并提高教育基本公共服务的能力与水平，实现基础教育的均等化与可及化。

3. 坚持公益发展：防范基础教育过度市场化

预计到 2035 年，在实现共同富裕发展目标之际，需要"实现更高水平的

---

① 刘复兴. 教育与共同富裕：建设促进共同富裕的高质量教育体系［J］. 教育研究，2022（8）：149-159.

全民普及教育"①。而"解决教育问题的政策设计不能仅从教育端入手，应充分考虑这些问题内嵌的社会性因素以及可能引发的社会经济后果"②。当前，基础教育领域中的"内卷""拼爹""择校"等社会高度关注的教育现象仍然折射出优质教育资源获取机制的不公平，过度市场化正成为拉大基础教育多重差距的重要根源③。而基础教育所具有的兜底性、普惠性特征，需要基础教育在改革和发展过程中坚持公益性的基本原则，这也是实现教育公平的底线。为此，要重申基础教育立德树人的初心使命，严格管控课外培训机构对校内学科教育所带来的冲击，以科学的入学招生政策整顿"学区房""择校"等过度炒作的教育现象，防范基础教育过度市场化运作、成为争夺社会资源的工具，堵住教育基本公共服务体系的可能盲点。

（三）强化智力支撑：着力破解精神贫困的现实困境

实现共同富裕不仅是摆脱物质贫困的过程，而且是治理精神贫困的过程。前者需要大力解放和发展生产力来解决，而后者主要依靠教育等方式加以有效解决④。为此，基础教育应充分发挥自身在树立文化自信、教育自信等方面的独特优势，着力破解精神贫困。

1. 坚守"知识改变命运"：提升精神富裕的价值追求

改革开放40多年来，我国发展的实践经验已然证明知识能够改变人的精神面貌，特别是欠发达地区的人口素质，实现人生命运的强力逆袭。这主要得益于基础教育系统性传授的知识，能够提高受教育者的文化素养，夯实其人生发展的基础。面对市场经济的快速发展，"知识没有用了""赚钱才是真理"等种种谬论、假象甚嚣尘上。这些错误言论正是精神贫困的现实表现，容易给一些青少年带来负面影响。为此，基础教育学校要引导青少年，始终发扬学知识、爱知识、运用知识的科学风尚，扎实学好文化知识，着力扩充知识储备，在逐渐学会科学认识世界的过程中增强改造世界的本领。

2. 防止"新读书无用论"：破解精神贫困的现实梗阻

高考是完成基础教育的最后一道门槛。然而，近些年来，我国个别地区出现高三学生放弃高考的现象，引发了强烈的社会关切：一些欠发达地区的

---

① 王洪川，胡鞍钢. 建设教育强国的战略趋势与路径选择：基于第七次全国人口普查数据的分析 [J]. 教育研究，2021 (11)：17-26.
② 杨成荣，张屹山，张鹤. 基础教育公平与经济社会发展 [J]. 管理世界，2021 (10)：152-166.
③ 李春玲. 教育发展的新征程：高质量的公平教育 [J]. 青年研究，2021 (2)：1-8.
④ 贾磊. 共同富裕的时代内涵、现实挑战和实践路径 [J]. 西华师范大学学报（哲学社会科学版），2022 (3)：10-18.

青少年想早点出去打工赚钱,一些高校在市场经济条件下遭遇着"就业难"的现实困境,而一流大学中"寒门贵子"的比重并不高。由此引发的"新读书无用论"正成为社会生活中精神贫困的重要表现。为此,基础教育要推动青少年深刻理解读书的深远影响与延迟效用,进一步改善欠发达地区青少年的精神生活,以生动、鲜活的案例引导青少年重塑坚持读书的信心和勇气,以实际行动阻断精神贫困的代际传递,防止"新读书无用论"思潮所引发的负面影响。

3. 防范"贫困文化":疏解精神贫困的文化障碍

1966年,美国学者刘易斯针对美国贫困人口提出了著名的"贫困文化"概念,认为那些身处贫困之中的人一旦形成了"贫困文化",就会适应其社会边缘地位,甚至在心理上已经放弃了那些可能改变生活、命运的契机。在我国,"贫困文化"也仍然存在:"破罐子破摔"的消极情绪,持续贫困与生存压力双重影响下的人生宿命论,目光短视、不思进取的慵懒生活态度……重审精神贫困的文化根源,从根本上治理"贫困文化",应充分发挥基础教育的独特功能。一方面,为中小学生夯实知识基础,完成必要的文化资本积累,"扶智"更要"扶志",正视"贫困文化"的消极影响,实现世界观、人生观、价值观的科学转变。另一方面,推动中小学生实现对家庭生活的文化反哺,向更多的成年人普及文化知识、克服认知偏差,自觉摒弃"贫困文化",提高家庭精神生活质量。同时,充分发挥基础教育学校对家庭教育指导的服务功能,在家校合作育人的过程中,不断实现家庭精神面貌的持续改善,并从文化观念上逐渐根除个别家庭的"贫困文化"观念。

4. 实现"两手抓":优化精神富裕的舆论氛围

党的二十大报告高屋建瓴,将"丰富人民精神世界"作为中国式现代化本质要求的核心构成,充分体现出"精神世界"在实现中国式现代化进程中的独特价值。事实上,高度重视人民群众"丰富的精神世界",始终是理解人民群众共同富裕的重要维度。在实现共同富裕的过程中,要始终坚持物质文明与精神文明"一起抓",促进人民群众在精神生活领域实现共同富裕,破解物质富裕而"精神贫困"的发展陷阱。这就需要在教育发展观念上理性认识到,推动实现共同富裕与促进人的全面发展的高度统一。"从某种意义上说,精神富裕是比物质富裕更重要的,是人的自由全面发展的要件。"[1] 为此,在基础教育阶段,要加强实现共同富裕的舆论引导,澄清对共同富裕的诸多模

---

[1] 韩保江. 实现全体人民共同富裕:逻辑、内涵与路径 [J]. 理论视野,2021 (11):61-67.

糊认知，切实强化社会主义核心价值观的教育和引领功能，不断加强爱国主义、集体主义、社会主义教育，发挥中小学生在家庭生活、社会生活中独特的参与优势；充分利用周末、节假日等时间，有条件地向周边社区居民开放中小学体育馆、图书馆、艺术馆等相关场馆，切实发挥基础教育学校在满足人民群众多方面、多层次、多样化精神文化需求方面的重要功能。

2020年12月15日，联合国开发计划署发布主题为"下一个前沿：人类发展与人类纪"的《2020年人类发展报告》认为，教育的目的是变革性的：以人类价值观和批判性思维能力激发每一个人。基础教育能够从根本上培养人的价值观和批判性思维。而由此培养出的受教育者，正以巨大的力量突破传统人力资本提升的现状，从思维观念上提升人的创新创造能力，而这能够为实现共同富裕带来观念更新以及行为方式革命，形成促进共同富裕的强大思想动能。

（本文原载于《中国教育学刊》2023年第1期）

农民教育期望
——高等教育改革一种可能的阐释①

【摘要】 随着高等教育的不断发展，人们对它的作用与价值有越来越清醒的认识。但在其发展过程中，存在诸多的问题使一些人尤其是农民对其抱有怀疑甚至是否定的态度。因此，从农民教育期望的视角，在对农民教育期望的客观现实、影响因素以及特征的理性分析下，对高等教育改革进行重新审视。

【关键词】 高等教育；农民教育期望；社会分层

高等教育的大众化，使人们认识到其在促进社会经济增长、国民素质的提高以及人的可持续发展中不可或缺的重要作用。但与之相悖的是，即便对其作用与价值有着十分清醒的审视，高等教育的发展也不尽如人意，尤其在农村，很多家长对高等教育并不认同，还会出现考生放弃高考的现象。除了表面上的家庭困难、高等教育费用攀升等因素外，是否还有深层的原因？农民教育期望作为一个可能的阐释会给高等教育改革带来什么？

所谓期望，亦称期待、预期、希望。美国心理学家维克多·弗隆姆（Victor Vroom）于1964年在他的经典著作《工作与激励》一书关于期望理论的论述中认为，人总是渴求满足一定的需要并设法达到一定的目标。这个目标在尚未实现时，表现为一种期望。由此，教育期望也就是主体在设定了一定的教育目标情况下，在目标尚未达到时所具有的一种期待或期望。本文所指的教育期望主要是指家长对教育满足其一定需要或需求的一种期待，也是家长把对子女的期望转嫁到教育上的一种体现。

一、农民教育期望的解读：社会分层与社会流动的视角

社会分层理论最早由德国社会学家韦伯提出，他认为划分社会层次结构有三重标准，即财富—经济标准、威望—社会标准、权力—政治标准。韦伯

---

① 本文作者为东北师范大学于伟教授、博士生李姗姗。

认为，这三条标准既是互相联系的，又可以独立作为划分社会层次的标准。此后，西方社会学家对社会分层的研究工作，大多按照韦伯的社会分层标准，即社会分层是依据一定的标准把人们划分为各种不同的社会集团或阶层。社会分层的存在，必然导致社会流动。社会流动是指社会成员从某一种社会地位迁移到另一种社会地位的现象。社会分层是从静态的角度，对社会阶层结构分化内容、形式、形成的层次和分布形态进行描述，它是社会阶层结构分化的一种质变过程。而与之相对，社会流动是从动态的角度，分析描述社会阶层结构分化中各层次间的互动、动力机制、时空范围、方向和速度，是研究社会阶层结构分化的量变过程。由于社会分层的存在，处于社会底层的人会为自我社会地位的改变而努力谋求自身更好的发展，而处于上层的人除了在自保其现有的社会地位外，还会不断地谋求更高层次的发展。社会分层是社会发展的客观现实，而社会流动促进了社会的发展。

科举制度是教育期望在社会分层与流动中的一种体现，它划分了人们在教育阶梯中的等级地位，又与权力、财产的等级地位合而为一，构成当时社会阶层地位划分的标准，也是社会下层向上流动的主要方式。由于硬性的城乡二元结构的长期化，软性的教育制度是改变农民社会底层地位的有效手段，是实现向上流动的主要途径。因此，农民家长这种内在求生存、求发展的教育期望成为一种推动社会阶层流动的驱动力，成为促使其子女获得理想的社会角色、实现社会流动的一种内在的影响力量。

二、农民教育期望的诠释

（一）农民教育期望的制约因素

1. 家庭教育的投资

家庭教育投资包括家庭对子女的金钱投入、文化投入及时间投入等。在这三种主要的教育投入中，金钱投入占最主要的地位。其主要表现在家庭所承担子女的学费、生活费等方面。而对于农村家庭来说，对子女的金钱教育投入主要集中在学杂费用。在完成义务教育后，学生的学费主要由家长来承担，尤其是进入高等教育阶段，家庭所承担的费用是相当高的。从1999年高校扩招开始，收费并轨制度的执行对我国农村家庭的冲击很大，地处农村的家庭大部分依靠单纯的劳动力来维持生存。教育收费的提高从根本上瓦解了家庭生产、消费的自足链，家庭经济生活一下子陷入困境。《中国统计年鉴》的数据显示，1998—2002年我国高校学杂费5年增长5.34倍。在高昂的教育成本的挤压下，许多家庭不堪重负。尽管我国政府在坚持不懈地实行农民扶贫、脱贫的社会政策，但高等教育的学费使农村家庭返贫现象不断发生。

2. 家庭的教育收益

在教育经济学中,教育收益亦称"教育投资效益",是指通过教育获得教育利益与付出的教育成本相比较所获得的报酬①。包含货币收益和非货币收益两个层面。货币收益直接表现为社会为教育培养的人才所确定的薪酬,而非货币收益与教育培养出的人才所获得的社会身份、地位以及他人的认可等相关。教育收益具有高效性、长期性、社会性等优点,对教育的投资要大大高于其他任何物质资本投资的收益,这也是我国高度重视并且不断加大教育投资的原因。但教育投资具有滞后性与间接性,它的收益没有其他投资明显。农民家庭所获得的教育收益最直接的体现为货币收益,即子女在接受教育后所获得的薪酬。这一方面可以体现出其教育投资的价值,另一方面从现实来考虑可以缓解家庭重负,提高家庭消费水平。在货币收益与教育投资维持基本平衡的基础上,非货币收益才会得以顾及。

(二) 农民教育期望的立足点:实用理性

实用理性是人类的生存之本。马克思哲学认为,人们首先必须吃、喝、住、穿,然后才能从事政治、科学、艺术、宗教等。韦伯曾经指出,处于"传统主义"下的农民追求的并不是得到最多,而只是追求为得到够用而付出的最少,即追求利益最大化,但期望代价最小化②。社会学中的基本假设是把人定义为"理性人",即"对于行动者而言,不同的行动会产生不同的效益,而行动者的行动原则就是为了最大限度地获取效益"③。农民是具有理性的,尽管这是一种"有限理性"。由于现实的政治、文化、物质的局限,农民自身的价值取向带有一定的限定。其有限性最直接表现在农民的理性是一种实用理性。在这种理性的作用下,农民的教育期望是基于现实的,相比较其他群体而言更具有满足其基本生存之需的强烈诉求。马克思说:"个人怎样表现自己的生活,他们自己就是怎样。因此,他们是什么样的,这同他们的生产是一致的——既和他们生产什么一致,又和他们怎样生产一致。因而,个人是什么样的,这取决于他们进行生产的物质条件。"④ 从农民对子女的教育期望来看,由于对自身阶层劣势的清醒认知以及社会资源占有不足,农民的教育期望是立足生存之需这一最直接最现实的基础之上的。因此,在这种实用理

---

① 李继峰. 论贫困家庭的高等教育投资与收益 [J]. 高等教育研究,2005 (4):37-42.
② 马克斯·韦伯. 新教伦理与资本主义精神 [M]. 于晓,陈维纲,译. 北京:三联书店,1987:42.
③ COLEMAN J S. Foundation of Social Theory [M]. Cambridge: Belknap Press of Harvard University Press,1990:15.
④ 中共中央马克思恩格斯列宁斯大林著作编译局. 马克思恩格斯选集:第1卷 [M]. 北京:人民出版社,1995:67-68.

性下，农民的教育期望指向首先是避害，其次是趋利。在避免遭遇生存困境下，在教育期望的基本诉求得到满足的情况下，农民才会趋向更高的教育期望等级，也就是让子女能够实现社会流动，获得合适的社会身份，实现身份的最终改变。

（三）农民教育期望的分化

在目标指引下的行为是有步骤性的，每一阶段都是朝着目标不断递进。因此，在不同阶段也相应产生不同的期望。教育期望亦是如此。在这里，教育期望是有着个体差异的。但这种差异并不表现为教育期望的高低，人们不论其社会地位以及职业阶层有何区别，对教育都抱有很高的期望。对此，一些学者认为社会阶层的差异决定了教育期望的高低，认为农民由于所处的社会阶层及文化等差异，并不会对子女抱有很大的教育期望。但是，农民恰恰是对教育抱有很高期望的群体。这是因为，一方面来自农民自身的经历，他们认识到了自身对教育的缺乏所导致的社会地位的差距，因此，他们不希望这种差距再次延伸到后辈身上。农村的家长更是深切地期望通过教育不仅可以改变子女的命运与社会地位，更可以改变其自身的生存状态。另一方面与传统的文化中崇尚知识有关，"学而优则仕"的观念在人们的思想中根深蒂固，因此，对于身处农村的人们来说，他们更是深刻认识到自身所处地位的劣势，在占有社会文化、物资资源相对较少的现实条件下，读书、接受教育是让子女改变命运的重要途径。

因此，在教育期望无高低之分的情况下，教育期望的分化有着不同的等级，也就是它可以发生在不同的教育阶段。在我国，社会经济的高速发展导致职业结构的重新组合和新的职业阶层的出现，由此引起了社会阶层的急速分化并带来了社会资源占有与利用上的差别。学者在对中国社会阶层的分析中，划分出"十大阶层"，其中农民劳动阶层处于第九位[1]。在这种现实状况下，生存的教育期望处于农民教育期望的第一等级。其后可能是地位获得的教育期望，但是在生存取向与地位取向的教育期望中，农民依据自身的客观条件，如经济、文化程度等差异，其教育期望会发生分化，在认为生存的教育期望得到满足的情况下，如果地位取向的教育期望过于渺茫，超出其实际能力范围，教育期望必然分化。而其他阶层的群体，在占有社会资源相对优越的条件下，可能不会仅仅满足于生存期望，并且随着阶层的提高，其实现地位取向的教育期望值也在不断增长，因此，其教育期望的分化可能会发生在地位教育取向的中高级阶段。

---

[1] 陆学艺. 当代中国社会结构阶层研究报告 [M]. 北京：社会科学文献出版社，2002：9.

三、农民教育期望视域下的高等教育改革

(一) 对高等教育的再认识

1. 高等教育是满足农民教育期望的首选

社会分层理论认为,社会的分层是社会层级的一种表现,不同层级的人群享有不同的经济收入和社会声望。而人们对行业和职业的选择正基于此。行业和职业不同,面临的社会情境也有所不同。研究表明,依据整体地位对行业进行排序,党政机关、卫生和文教等行业的位置在全部行业中明显靠前,其中党政机关行业位列第一。按照整体地位对职业进行分类,政府机关工作人员的地位处于各阶层的顶端,个体工商户则处于职业分类中的较后位置。这种情形表明,不同行业和不同职业在社会上所享有的声望存在明显的差异。而这种职业与行业的差别在很大程度上取决于人们的教育程度。如果希望进入理想的行业,或者希望进入收入较高的行业,就必须具备与该行业要求相应的教育程度。因此,在农村,农民的教育期望是子女获得较高的社会地位,能够进入收入高、声誉好的行业,这就需要子女接受相应的教育,以满足不同行业与职业对教育程度的要求。无疑,让子女接受高等教育是农民的首选。

2. 高等教育在满足农民地位教育取向上的弱化

在高等教育机会获得上,可以说随着 20 世纪 90 年代后期高校扩招,农村学生在高等教育机会绝对量的获得上有所改善,与 80 年代和 90 年代中期以前的农村学生相比,高等教育从过去显著的地位取向逐步走向生存取向。这种变迁的原因,一方面,与社会总体教育程度提高和职位需求上涨有关;另一方面,基础教育和高等教育的市场化使农村学生在高等教育获得类型和层次上处于更加不利的地位。因此,在高校招生规模扩大的背景下,农村学生的教育机会有所增加,但是这种量的增加在一定程度上又伴随一种地位取向教育的质性的削弱。

3. 高校的扩招从宏观上促使农民教育期望分化等级的提高

在教育期望无高低之分的情况下,教育期望的分化发生在不同的教育阶段。农民教育期望的最主要的分化阶段是在生存教育与地位教育之间。由于在教育投资与教育收益的利弊权衡下,农民会选择在不同的阶段终止对子女在今后教育上的期望。随着农民意识的提高,以及教育在社会、个人发展中的重要性越发凸显,农民也充分意识到教育对人生存与发展的重要作用;在高等教育机会的获得上,随着 20 世纪 90 年代后期高校的扩招,农民子女接受高等教育机会不断增加,农民生存教育取向在强化的同时,教育期望的分化等级也必然从原来的初中、高中提高到大学。农民教育期望分化的等级随

着获得高等教育机会的增加而不断提高，这样有利于我国国民素质的整体提高，促进农村经济的发展。

（二）高等教育的改革

在高校扩招及地位教育不断弱化的情况下，教育机会在数量上的增加确实为农民子女提供了更多接受高等教育的机会。这有利于提高国民整体素质，完善劳动力结构，实现人力资本的转化。另外，在国家和谐社会的倡导下，农民子女接受高等教育不仅有利于自身的发展，还会间接影响整个家庭成员，提高家庭成员的意识，进而有利于繁荣农村的经济与文化，加快新农村建设的步伐。由此，高等教育改革需要从以下几方面不断推进：

1. 尊重农民的教育期望

教育决策者在制定政策时，要深刻了解并体会农民的教育期望，了解农民教育期望的这种立足现实、基于实用理性、在避害前提下趋利的特征。在这些前提下构建的真正从农民切身利益出发的教育政策，尽管是制度性的，但有着人性化的一面。因此，高等教育改革要真正得到农民的认同，政策制定者就要设身处地地站在农民的立场，让农民真正从内心认同教育政策与改革，使国家的理性符合农民的理性，只有这样才不会使政策执行浮于表面、流于形式。

2. 把农民的教育期望转化为教育机会的获得

农民对高等教育抱有期望这是不争的事实，但是如何把期望转化为现实是改革的关键。在农村子女获得高等教育机会方面，在高校招生规模扩大的背景下，一方面要扩大高中阶段教育学位，缓解因大学机会总量增加而激发的教育需求。由于高校扩招，形成了对高中教育机会的激烈竞争。在我国，由于城乡差距以及历史、社会等客观因素，重点学校在硬件设施及升学等方面占有优势，而这种现象在短期内不会消除，但是我们可以通过重点高中对于农村学生的政策倾斜，如对农村学生收取较低赞助费或学费，建立针对农村初中生的次级补偿性机制，使农村学生有更多的机会进入重点高中。另一方面当努力把农民教育期望分化的层级提高到高等教育时，要保证农民子女在获得教育机会的同时，农民能够支付得起这种教育成本。国家在助学贷款、国家奖学金方面的政策推行要不遗余力地对农村贫困学生进行倾斜，保证其学业的顺利完成。

3. 保证农民教育期望分化的等级阶段

高等教育目前在农民生存教育取向上的发展趋势，必然弱化了先前地位教育的取向，那么如何使农民接受这种高一级的生存教育呢？如何使农民教育期望分化的等级提高到高等教育阶段，而不至于发生在高中或初中呢？这就要求高等教育必须保证质量,并培养不同层次的技术技能人才来实现农民的教育期望。

高等教育在身份给予的同时,要努力提高办学质量,完善相关的基础设施,保证师资的充足。在不断对高等教育加大投入,努力改善教育发展硬性条件的同时,要保证教育质量,打消农民对高等教育的质疑。当前我国高等教育已经实现大众化,这就要求我们从传统单一的知识与思辨能力培养的高等教育体系向多样化转变,建立一个多样化的高等教育体系,尤其要注重对实务型技术人员的培养,培养不同层次的技术技能人才,满足社会发展的需求。同时,要推动职业教育及技术性院校的发展,满足农民不同层次的教育需求。农民在实用理性的基础上,对于一些技术性、专业性很强的学校有很高的教育期望,期望自己的子女精通一两门专业技术,提高生存技能。因此,要极力促进高等教育类型的多样化,建立灵活的高等教育体制。

(本文原载于《河北师范大学学报(教育科学版)》2010年第1期)

第二篇

县域教育优质发展的政策观察

XIANYU JIAOYU YOUZHI FAZHAN DE
ZHENGCE GUANCHA

教育强国建设背景下县域普通高中发展的战略定位[①]

【摘要】 教育强国建设背景下，县中要充分发挥在高质量教育体系中的"腰身"作用，积极助推我国跨越中等收入陷阱，为我国县域学生发展提供多元选择通道。在加快建设教育强国过程中，县中发展要进一步凸显教育的政治属性，勇担为党育人、为国育才的使命；要进一步凸显教育的人民属性，推进普及普惠优质县中建设；要进一步凸显教育的战略属性，积极为人才强国建设奠基。服务教育强国建设，推动县中发展，需要及时建立同人口变化相适应的县中教育发展规划，统筹规划县中与中等职业教育发展，通过吸引并稳定优质师资与生源提升县中质量竞争力。

【关键词】 教育强国；县中；教育属性；战略定位

建设教育强国是中华民族伟大复兴的基础工程。当前，我国正处于加快建设教育强国的重要历史阶段，党的二十大报告提出，到2035年建成教育强国[②]。习近平总书记在2024年全国教育大会上强调："紧紧围绕立德树人根本任务，朝着建成教育强国战略目标扎实迈进。"县域普通高中（简称"县中"）在教育强国建设中具有重要战略地位。明确县中发展战略定位，需要充分认识县中发展的重要性，进一步凸显县中教育的三大属性，科学规划县中发展。

一、教育强国建设背景下县中发展的重要性

县中是县域基础教育的最高段，与高等教育距离最近，在教育强国建设中具有重要作用。《"十四五"县域普通高中发展提升行动计划》提出："县域

[①] 本文作者为东北师范大学秦玉友教授、博士生王玉娇、博士生高凯歌。
[②] 习近平. 高举中国特色社会主义伟大旗帜，为全面建设社会主义现代化国家而团结奋斗：在中国共产党第二十次全国代表大会上的报告［N］. 人民日报，2022-10-26（1）.

普通高中在推进教育高质量发展和乡村振兴战略中承担着重要使命，寄托着广大农村学生对接受更好教育的美好期盼。"教育强国建设背景下，县中发展可以强健高质量教育体系"腰身"，助推我国跨越中等收入陷阱，并为我国县域学生提供多元发展选择。

（一）县中在高质量教育体系中发挥"腰身"作用

建设教育强国要加快建设高质量教育体系，要把高质量发展作为各级各类教育的生命线[①]。建设教育强国，基点在基础教育，龙头是高等教育[②]，高中阶段作为基础教育的"最后一公里"，是学历教育与终身教育的一个重要阶段[③]，是高质量教育体系的重要组成部分。如果把义务教育比作"腿脚"，把高等教育比作"头脑"，那么高中阶段教育无疑就是连接上下的"腰身"，腰身强则立人稳[④]。县中，与其他普通高中一样，是教育强国建设背景下建设高质量教育体系的"腰身"支撑，肩负着巩固、稳定县域义务教育和为高等教育输送人才的重任。

县中是连接县域义务教育与高等教育的"腰身"，在高质量教育体系中发挥承上启下的关键作用。一方面，县中承接县域义务教育阶段优质生源，可以满足县域义务教育阶段毕业生接受高中教育的需求，巩固义务教育的普及成就。另一方面，县中是高等教育的生源"蓄水池"，为高等教育培育、输送优质生源，支撑高等教育高质量发展。当前，我国高等教育毛入学率达60.2%，进入普及化发展阶段，亟须县中有效供给充足的优质生源支撑其高质量发展。

（二）县中是我国跨越中等收入陷阱的"助推器"

建设教育强国是促进全体人民共同富裕的有效途径[⑤]。我国要跨越中等收入陷阱，迈向高收入国家，实现全体人民共同富裕，必须重视教育的作用，通过教育提升人力资本。2010年，我国成功跨入中等偏上收入国家（Upper middle income countries）行列，也面临跨越中等收入陷阱的挑战[⑥]。从历史上看，人力资本不足的经济体很容易陷入中等收入陷阱，而人力资本发展的

[①] 习近平. 论教育［M］. 北京：中央文献出版社，2024：230.
[②] 习近平. 论教育［M］. 北京：中央文献出版社，2024：230.
[③] 秦玉友. 普及高中阶段教育的几个问题［N］. 光明日报，2016-08-23（14）.
[④] 赵婀娜，丁雅诵. 普及高中教育："腰身"强则立人稳［N］. 人民日报，2015-11-05（18）.
[⑤] 习近平. 论教育［M］. 北京：中央文献出版社，2024：228.
[⑥] 秦玉友. 新发展阶段教育促进共同富裕的目标定位与战略布局［J］. 人民教育，2022（5）：33-39.

相关衡量标准是一个国家劳动力的平均受教育程度①。教育收益率研究发现，中等收入国家教育的社会收益率呈现出"初等教育＞中等教育＞高等教育"的特点②。2023 年，我国劳动年龄人口平均受教育年限为 11.05 年③。近年来，我国高中阶段教育得到较快发展，2023 年高中阶段毛入学率已达 91.8%④。然而，高中阶段教育发展中仍存在城乡差距，要充分发挥高中阶段教育在提升我国人力资本、助力我国跨越中等收入陷阱中的重要作用，就需要关注县中发展，不断提高县域学生的高中入学率。

教育强国建设背景下，县中教育可以为我国跨越中等收入陷阱提供更强大的人力资本支撑。县中教育可以促进学生素养发展，提升国民整体素质，为国家长期繁荣提供有力的人才支撑。当前，我国进入人口负增长时代，人口数量红利逐渐退却，加大高中教育投资，推动县中发展，将成为我国跨越中等收入陷阱的强大"助推器"。

（三）县中是县域学生多元选择的"立交桥"

在我国义务教育全面普及后，教育发展的任务重心上移到高中阶段。在高中阶段教育走向全面普及的过程中，高中教育发挥着人才"立交桥"的作用，接受完整、有质量的高中教育可以为个体的未来发展提供具有多元可能性的出口。县中作为学生接受完整、有质量高中教育的重要载体，是县域学生多元出口的"立交桥"，寄托着广大县域学生对接受更好教育的美好期盼。

教育强国建设背景下，县中教育为县域学生提供了多元发展选择，将县域学生输送到"上大学""转职业教育""就业"等的"立交桥"。高中教育阶段是学生世界观、人生观、价值观形成的重要时期，高质量的县中教育有利于县域学生形成正确的认知与思维，提升学生理性选择自己发展通道的能力，为县域学生多元发展奠定素养基础。

---

① KHOR N, PANG L, LIU C et al. China's looming human capital crisis: upper secondary educational attainment ratesand the middle-income trap [J]. The china quarterly, 2016, 228: 905-926.

② GEORGE P, ANTHONY P H. Returns to investment in education: a decennial review of the global literature [J]. Education Economics, 2018, 26 (5): 1-14.

③ 国家统计局. 教育改革发展扎实推进教育强国建设行稳致远：新中国 75 年经济社会发展成就系列报告之二十 [R/OL]. （2024-09-24）[2024-11-01]. https://www. gov. cn/lianbo/bumen/202409/content_6976123. htm.

④ 教育部. 2023 年全国教育事业发展统计公报 [R/OL]. （2024-10-24）[2024-11-01]. http://www. moe. gov. cn/jyb_sjzl/sjzl_fztjgb/202410/t20241024_1159002. html.

二、县中发展要进一步凸显教育的三大属性

建设教育强国必须推进县中高质量发展。2024年全国教育工作会议强调，锚定2035年建成教育强国目标，必须跳出教育看教育，聚焦推进中国式现代化这个最大的政治。县中教育要在充分凸显教育本体属性、积极促进人的发展基础上，将建设教育强国与通过教育促进强国建设统一起来，进一步凸显教育的政治属性、人民属性和战略属性，丰富县中发展的教育功能内涵，以县中发展助力教育强国建设和社会主义现代化强国建设。

（一）凸显教育的政治属性，勇担为党育人、为国育才使命

教育强国建设背景下，县中发展要进一步凸显教育的政治属性。教育的政治属性在于回答"培养什么人、怎样培养人、为谁培养人"的教育根本问题，这是县中发展的出发点与立足点。党的二十大报告提出"全面贯彻党的教育方针，落实立德树人根本任务，培养德智体美劳全面发展的社会主义建设者和接班人"[①]。县中教育要凸显教育的政治属性，时刻秉持"培养德智体美劳全面发展的社会主义建设者和接班人"的责任意识，将立德树人根本任务融入日常教育教学全过程，勇担为党育人、为国育才的使命，实现"育人"与"育才"的统一。

县中要积极培植学生坚定的理想信念，培养立志为中国特色社会主义奋斗终生的有用人才，绝不能培养社会主义的破坏者和掘墓人，绝不能培养出一些"长着中国脸，不是中国心，没有中国情，缺少中国味"[②]的人！德才兼备是我国对人才的内在要求。县中教育要注重培养德才兼备的人，避免重智轻德，不断提升学生的道德素养，才能使县中"真正成为化育为人的天地，而不仅仅是教授技能、发放文凭的场所"[③]。

（二）凸显教育的人民属性，推进普及普惠优质县中建设

教育强国建设背景下，县中发展要进一步凸显教育的人民属性，大力推进教育普及普惠优质发展，不断提高人民群众对教育的满意度。当前，我国教育发展的主要矛盾已经由人民对"有学上"的需求与教育机会供给不足的矛盾转变为人民对优质教育的需求与教育不平衡不充分的发展之间的矛盾。

---

① 习近平. 高举中国特色社会主义伟大旗帜，为全面建设社会主义现代化国家而团结奋斗：在中国共产党第二十次全国代表大会上的报告［N］. 人民日报，2022-10-26（1）.
② 习近平. 培养德智体美劳全面发展的社会主义建设者和接班人［J］. 求是，2024（17）：4-10.
③ 习近平. 培养德智体美劳全面发展的社会主义建设者和接班人［J］. 求是，2024（17）：4-10.

县中作为县域学生多元发展选择的"立交桥",承载着县域人民群众对普及普惠优质高中教育的需求。县中发展要积极回应人民群众对高中教育的时代需求,保证人民群众"上好学"。

此外,要在保证人民群众"有学上"的基础上,大力推进县中普惠优质发展,以普惠的高中教育促进相对贫困家庭孩子高中教育普及,以免学杂费、提供助学金的方式帮助家庭经济困难学生就学。国家发展改革委等部门印发的《国家基本公共服务标准(2023年版)》在"学有所教"部分提出,"免除符合条件的普通高中家庭经济困难学生学杂费""为普通高中在校生中的家庭经济困难学生提供国家助学金"等,让学生"上得起学"。县域学生接受高中教育有机会成本。如果县中教育是低质的,从长远来讲就会影响人民群众接受高中教育的积极性。县中发展要凸显教育的人民属性,不断提升教育质量,保证人民群众"上好学"。

(三)凸显教育的战略属性,积极为人才强国建设奠基

教育强国建设背景下,县中发展要进一步凸显教育的战略属性,以教育强国建设推进人才强国建设,服务社会主义现代化强国建设。党的二十大报告提出,"教育、科技、人才是全面建设社会主义现代化国家的基础性、战略性支撑"[1]。党的二十届三中全会进一步强调了教育的战略地位,提出"必须深入实施科教兴国战略、人才强国战略、创新驱动发展战略,统筹推进教育科技人才体制机制一体改革"[2]。当前,我国已经建成世界规模最大的教育体系,建设教育强国,充分发挥教育的战略作用成为我国教育发展中的重大战略议题。高质量的县中教育为高等教育提供优质生源,在人才强国建设奠基中发挥中坚作用,建设高质量县中是加快建设教育强国的战略任务。

人才强国的实践逻辑是通过高质量教育培养各级各类人才尤其是拔尖创新人才,实现党的十九大提出的"人人渴望成才、人人努力成才、人人皆可成才、人人尽展其才的良好局面"[3]。当前,我国正由人口资源大国向人力资本强国转型,必须着力培养一大批一流人才,特别是拔尖创新人才。接受高质量的高中教育是拔尖创新人才培养的关键。县中教育,特别是优质县中教育需要切实培育学生的学习力,激发学生的学习兴趣与学习动力,提升学生

---

[1] 习近平. 高举中国特色社会主义伟大旗帜,为全面建设社会主义现代化国家而团结奋斗:在中国共产党第二十次全国代表大会上的报告[N]. 人民日报,2022-10-26(1).
[2] 中共中央关于进一步全面深化改革 推进中国式现代化的决定[N]. 人民日报,2024-07-22(2).
[3] 习近平. 决胜全面建成小康社会夺取新时代中国特色社会主义伟大胜利:在中国共产党第十九次全国代表大会上的报告[J]. 求是,2017(21):3-28.

的学习能力与学习策略，培养学生的学习毅力与学习习惯，为个体终身学习奠定良好基础。一流的县中教育会为高等教育输送高质量生源，为解决我国"卡脖子""哑嗓子"问题提供战略支撑。

三、服务教育强国建设的县中发展战略规划

服务教育强国建设，县中发展应从学龄人口规模变化、普职协调发展和质量竞争力提升方面统筹推进。

（一）建立同人口变化相适应的县中教育发展规划

县中发展是伴随着学龄人口变动趋势进行的，未来县中教育发展需要基于学龄人口总体变动趋势与普职教育需求进行统筹，从短期、中期、长期建立与人口变化相适应的县中发展规划。

从短期教育发展规划看，我国普通高中在校生数将于2029年达到短期内高峰，峰值预计为3947.11万人①。为更好地应对短期内普通高中在校生高峰，县中需要做好教育扩容准备，统筹利用高中阶段和义务教育阶段资源，保证短期内普通高中学位相对充足。

从中期教育发展规划看，普通高中在校生数将于2032年达到短暂下降后的第二次高峰，预计达3941.83万人，略低于普通高中短期在校生高峰。如果短期教育扩容任务全面完成，只要充分、高效利用已有教育资源，就可以应对中期高中教育需求，保障县中学位相对充裕。

从长期教育发展规划看，普通高中在校生数将于2035年达到中长期的最低值，预计为3265.82万人。伴随着普通高中在校生数量"先增后减"，从长期教育发展看，县中需要及时抓住在校生数量减少、班级规模缩小的窗口期，积极推行小班化教学，挖掘小班教学优势，提高教育质量。

（二）统筹规划县中与中等职业教育发展

习近平总书记在2024年全国教育大会上指出，"构建职普融通、产教融

---

① 普通高中2029年、2032年、2035年在校生数为预测数据。按照《2023年全国教育事业发展统计公报》中高中毛入学率91.8%，根据《"十四五"县域普通高中发展提升行动计划》《中国教育现代化2035》提出的高中毛入学率2025年达到92%、2035年达到97%的要求，设定2023—2025年、2026—2035年时间区间毛入学率呈线性增长，根据第七次全国人口普查数据和各年份毛入学率测算值，得到高中阶段在校生数量。通过对2010—2023年普通高中和中等职业学校在校生数比例进行拟合，得到2024—2035年普通高中教育和中等职业教育比例。东北师范大学中国农村教育发展研究院张雪副教授在2024—2035年普通高中教育和中等职业教育比例预测方面参与了讨论，给予了专业建议，特此感谢。

合的职业教育体系，大力培养大国工匠、能工巧匠、高技能人才"。教育强国建设背景下，需要从多维度统筹规划县中教育与中等职业教育的发展。首先，要统筹县中教育与中等职业教育发展的规模。在深化"职普融通"的背景下，县中教育与中等职业教育的关系会发展到新阶段。为更好地规划二者规模关系，除在招生入口不简单限制普职规模比例外，需要充分考虑在未来社会职业布局与个体理性选择的基础上，高中生在普通高中与职业高中有序流动的微观职普融通政策设计。

其次，要统筹配置县中教育与中等职业教育的学校教育资源。当前，县域高中阶段学龄人口数量变化正处于"先增后减"趋势的上升阶段。县域高中阶段教育在扩容压力下，必须统筹配置县中教育与中等职业教育的资源，防止产生因生源升学偏好导致的县域中等职业教育学校学位空置、教育资源严重浪费与县中学位紧张、优质教育资源被稀释并存的资源浪费悖论。

最后，要统筹规划县中教育与中等职业教育的教育活动。有条件的地区可以探索实行普通高中教育与中等职业教育间的课程互选、学分互认、学籍互转，实现普职教育活动融合设计。从普职教育活动端打破学生流动与统筹配置资源的路径不畅通问题，从学生兴趣领域分化、能力基础分化、责任承担分化方面考虑，统筹设计普职教育活动。

（三）吸引并稳定优质师资与生源提升县中质量竞争力

服务教育强国建设，县中要进一步提升质量竞争力。需要正视县外优质高中虹吸效应，防止县中优质师资和优质生源外流，遏制"县中塌陷"现象。提升县中教育质量竞争力、振兴县中发展需要吸引并稳定优质师资和优质生源，以质量优势破除"县中塌陷"困局，激发县中教育发展活力。

优质生源是提升县中质量竞争力的核心指标。稳定优质生源可以从两方面入手。一方面，地方各级教育行政部门和学校要严格执行"规范普通高中招生秩序""坚决杜绝违规跨区域掐尖招生"[①] 相关政策，通过政策调控稳定生源。另一方面，实施基于输入—输出型的教育评价制度，把优秀生源不仅作为输出性指标、作为办学成绩，也要作为输入指标，从评价政策设计逻辑上改变个别学校通过跨区域掐尖招收县中优质生源表现自己教育质量优势的不当做法，从评价环节遏制县域优质生源"被掐尖"。

---

① 具体见《教育部等九部门关于印发〈"十四五"学前教育发展提升行动计划〉和〈"十四五"县域普通高中发展提升行动计划〉的通知》（教基〔2021〕8号）。

优质师资是提升县中质量竞争力的第一资源。吸引并稳定优质教师可以从两方面入手。一方面，要实行基于学生素质起点的增值教育评价制度，肯定教师的教育努力，激发教师的工作积极性。另一方面，要建立区域一体化教师劳动力市场。通过直接利益损失补偿、间接利益损失补偿、激励性补偿等有力措施，并适当和适度配合以行政与道德动员，形成市场与道德力量相向合力，建立区域内教师特别是优秀教师无利益障碍流动的一体化教师劳动力市场[①]。

（本文原载于《人民教育》2024 年第 21 期）

---

① 秦玉友. 共同富裕语境下义务教育服务均等化概念重构与战略转型［J］. 教育研究，2023，44（3）：87-101.

县中兴衰与主体理性、制度规范①
——基于理性选择理论的视角

【摘要】 县中振兴是"十四五"时期党中央、国务院的重大决策部署,是建设高质量教育体系和实施乡村振兴战略的关键支撑之一。有效推进县中振兴需要从主体理性和制度规范的双重角度揭示县中发展的微观逻辑、剖析县中塌陷的制度成因,并探索长效振兴的可行路径。运用理性选择理论分析发现,在升学逻辑指导下,学生家长、行政部门与普通高中三大主体会主动做出生源流动、生源留住与生源竞争的理性行动。制度漏洞是县中塌陷的关键原因:社会力量办学的制度尝试与规范不力导致市场逻辑冲击县中;"以县为主"的经费投入体制导致县际高中教育经费差距巨大;生源保障制度缺失导致县中在生源竞争市场中处于弱势地位。历时性视角下,主体理性与制度规范之间呈现出"不同步变化的双向互动"关系。为尊重主体理性选择规律并有效弥补制度漏洞,需要引进、留住和培养一批优秀的县中教师,健全、落实和用好一套有效的县中制度,改革、构建和打造一个良好的县中生态。

【关键词】 县中塌陷;县中发展;主体理性;制度规范

教育部等九部门联合印发的《"十四五"县域普通高中发展提升行动计划》(以下简称《计划》),明确了县中提升的总体要求、重点任务和主要措施,做出了"深化招生管理改革、加强教师队伍建设、改善办学薄弱环节、提高教育教学质量"的具体部署,形成了"保生源、强师资、补短板、提质量"的提升体系。县域普通高中承载着1400多万名县域学子的梦想,是我国普通高中教育的半壁江山,但由于优质生源和优秀师资的流失,县中面临"塌陷"的风险。为了有效实施"县中提升计划",必须从学理上厘清县中发展的微观逻辑,剖析县中塌陷的制度成因并探索长效振兴的可行路径。

---

① 本文作者为东北师范大学邬志辉教授、博士生王秦、博士生梁号。

一、问题提出与分析视角

学界对县中研究的历史较长,中间经历了两个高峰期,一是超级中学现象引发的"县中模式"讨论,二是"县中提升计划"引发的"县中振兴"讨论。"县中模式"或"县中现象"指的是集中全县最好的教育资源于一所高中学校,并对学生实行封闭式管理、全力追求高升学率的一种教育现象。研究者对该模式持两种不同的观点。一方持批判态度,认为县中教育压抑人性,对教师和青少年的身心健康造成不利影响,忽视对学生个性的关注[1]。另一方持保守态度,认为在经费和师资等投入既定的条件下,只能以这种方式提高教育质量[2];县中模式回应了政府对于教育政绩的需求以及农民家庭希望通过教育进行阶层流动的诉求[3]。随着县中师生流失、成绩下滑,振兴县中的声音开始出现,在"县中提升计划"发布后,相关讨论达到顶峰。学者们指出:生源是影响县中生存和发展的核心资源,县中塌陷具有区域异质性[4];原先县中具有完整的生态,即符合自身发展的师生结构和制度结构[5];在公共教育政策"市场化偏好"、快速城镇化和教育规范化的影响下,县中教育活力欠缺、发展能力匮乏、育人能力式微[6];振兴面临"生源之困、师资之困、硬件之困、保障之困、质量之困"五大困境[7]。北师大"县中教育问题研究"课题组基于实证调查认为,经济发展水平制约、城镇化进程不断加速、区域教育公共政策失衡、优质教育资源流失与教育质量不断下滑的"负循环"导致县中衰弱[8]。"以效率优先的等级化学校管理制度"[9]"优质高中招生计划分配"变相成为重点高中"掐尖"[10]等制度安排,使得教育资源逐步向中心城市聚集,造成优质师生资源无序流动,最终导致县中衰弱。也有学者认为我国高等教育结构过于陡峭是"县中困境"的深层原因[11]。

---

[1] 王淦生. 不发达地区教育的"县中模式"必须改革[N]. 中国改革报, 2008-08-19 (6).
[2] 续梅. 县中教育谁承其咎[N]. 中国教育报, 2005-06-25 (1).
[3] 齐燕. "县中模式":农村高中教育的运作与形成机制[J]. 求索, 2019 (6): 118-25.
[4] 汪栋, 王子威, 殷宗贤. 县中塌陷的区域异质性、成因与政策治理路径擘画[J]. 教育发展研究, 2023, 43 (2): 20-27.
[5] 雷望红. 我国县中发展的运行逻辑与振兴道路[J]. 湖南师范大学教育科学学报, 2021, 20 (6): 14-21.
[6] 王坤. 从知识贫困中突围:论县域普通高中的塌陷与振兴[J]. 中国教育学刊, 2022 (2): 1-7.
[7] 邱晨辉. 从"塌陷"到"振兴"县中困境如何破解[J]. 中国青年报, 2022-03-02 (1).
[8] 张志勇. 国家教育治理视野下的县中教育振兴路径[J]. 教育学报, 2022, 18 (5): 72-83.
[9] 王新凤. 高等教育机会获得视角中的县中困境及其应对[J]. 教育学报, 2022, 18 (5): 95-105.
[10] 周秀平, 杨玉春. 县中振兴中的跨区域中考招生治理[J]. 教育学报, 2022, 18 (5): 84-94.
[11] 胡娟, 陈嘉雨. 怎样理解高等教育普及化进程中的"县中困境"[J]. 教育发展研究, 2023, 43 (2): 1-10.

为解决以上问题，学者们考察了高考专项计划的改善作用[①]，提出了政策干预、制度安排、资源结构性调整等质量提升路径。有学者提出实施"县中振兴行动计划"以促进县中振兴[②]，具体包括提升县中教育统筹管理层级、建立中央地方合理分担机制、实施县中教育标准化建设工程、实施县中人才强校工程、推进县中育人方式变革、深化高等学校招生改革等[③]。有学者以托管改革的"P中"为个案，详细考察了县政府与教育局、托管方和学校管理团队、教师及学生家长等各利益主体的行动，认为"以县为主"的行政放权、"条块分割"的政府行政架构、生源的可流动性及生源竞争市场的形成是县中衰败的原因，而地方政府探索的学校托管改革有助于破解县域教育困局[④]。

已有研究关注到了造成县中塌陷的师资生源问题、制度规范问题以及政策的"市场化偏好"和城镇化带来的影响，揭示了县中振兴面临的活力难题、保障难题和质量提升难题，但是对县中问题中的主体行动、制度规范及二者之间的交叉影响关注不足。县中问题有两大特点：一是在优质学校资源有限供给条件下必然导致学位竞争，而竞争就涉及选择；二是县中兴衰是不同时期众多主体在一定制度框架内理性选择的总体后果。因此，本文运用理性选择理论来厘清县中问题中复杂交织的个体行动和制度规范之间的结构关系。

理性选择理论是在经济学家亚当·斯密（Adam Smith）"理性人"假设的基础上经批判改进形成的，以社会学家詹姆斯·科尔曼（James S. Coleman）为主要代表。理性选择理论有四个前提：一是个人是自身最大利益的追求者；二是在特定情境中有不同的行为策略可供选择；三是人在理智上相信不同的选择会导致不同的结果；四是人在主观上对不同选择的结果有不同的偏好排列[⑤]。最初的"理性"指的是解释个人有目的的行动与可能达到的结果之间联系的工具理性[⑥]。赫伯特·西蒙（Herbert A. Simon）修正了完全理性假设，提出了有限理性理论[⑦]。马克斯·韦伯（Max Weber）提出四种决定社会行为的情况，即目的合乎理性的、价值合乎理性的、情绪的和传统的，

---

① 吴秋翔.从"县中塌陷"到县中振兴：高考专项计划如何改变县中困局[J].2022,中国教育学刊，2022（2）：8-14.
② 张志勇.确立县中在我国教育改革发展中的战略地位[J].中国教育报，2021-03-11（7）.
③ 张志勇.国家教育治理视野下的县中教育振兴路径[J].教育学报，2022,18（5）：72-83.
④ 林小英，杨蕊辰，范杰.被抽空的县级中学：县域教育生态的困境与突破[J].文化纵横，2019（6）：100-108,143.
⑤ 丘海雄，张应祥.理性选择理论述评[J].中山大学学报（社会科学版），1998（1）：118-125.
⑥ 李培林.理性选择理论面临的挑战及其出路[J].社会学研究，2001（6）：43-55.
⑦ 西蒙.现代决策理论的基石：有限理性说[M].杨砾，徐立，译.北京：北京经济学院出版社，1989：45.

并强调现实的社会行动并不是完全理性的,而是相互交织的①。维尔弗雷多·帕累托(Vilfredo Pareto)把同事实相符并能在事实中证实的知识称为"客观的知识",把同某些人的认识一致的知识称为"主观的知识",同时把手段同目的有逻辑地连接起来的行为称作"逻辑行为",其他的行为称作"非逻辑行为",从而构成了两类十种行为(见表1)②,并指出公共选择要以"共同体作为个体聚合的效用最大化"即"帕累托最优"状态为目标。杰弗里·霍奇逊(Geoffrey M. Hodgson)提出文化和制度影响着个人的认知结构和行为抉择,以模仿等方式养成的习惯性行为会使人们的头脑摆脱理性考虑的范围③。总的来说,有限理性、制度规范与文化传统、习惯与模仿、"非逻辑行为"以及公共选择中的整体最优等观点均对理性选择理论的丰富完善做出了贡献。

表1 帕累托的逻辑与非逻辑行为分类表

	行为有逻辑目的吗?	
	客观上	主观上
第一种逻辑行为:客观目的与主观目的同一	有	有
第二种非逻辑行为:客观目的与主观目的相异		
第一类	无	无
第二类	无	有
第三类	有	无
第四类	有	有

在此基础上,科尔曼致力于统合宏观与微观的关系,认为解释宏观现象涉及三种现象之间的关系:宏观到微观的转变、个人有目的的行动以及微观到宏观的转变。具体地说,宏观到微观的转变是个人行动的结果影响着他人的行动,微观到宏观的转变是个人行动的结合产生宏观水平的结果④。可以发现,科尔曼的理性选择理论形成了行动系统、行动结构、行动权利、社会最优等概念体系,有学者概括为以宏观的社会系统行为为研究目标,以微观的个人行动为研究起点,以合理性说明有目的的行动。通过研究个人行动的结合如何产生制度结构以及制度结构如何孕育社会系统行为,实现微观—宏观

---

① 韦伯.经济与社会:上卷[M].林荣远,译.北京:商务印书馆,1987:152.
② 帕累托.普通社会学纲要[M].田时纲,译.北京:生活·读书·新知三联书店,2001.
③ 霍奇逊.现代制度主义经济学宣言[M].向以斌,等译.北京:北京大学出版社,1993.
④ 科尔曼.社会理论的基础[M].邓方,译.北京:社会科学文献出版社,1992:20-21.

的连接①。泰勒（Michael Taylor）的条件化理性理论认为，人的理性要满足四个条件：第一，行动者可做出的选择是有限的，既不是多到无从选择，也不是少到无可选择；第二，诱因是清楚的和实质性的；第三，行动的选择对个人非常重要；第四，有别人曾在类似情境下做出的选择可供参考，有前人镜鉴②。

以上理性选择观点对分析县中问题是极富解释力的。我们发现，县中塌陷和振兴问题与社会系统中的个人和制度均有密切的联系，理性选择理论强调的个人行动、制度结构和社会系统行为的关系在大原则上也是适合中国的。但同时我们注意到，县中问题是具有中国特色的问题，中国人既重理性也重情感，即使从理性上看，中国人还具有鲜明的"家庭理性"和"东方理性"特点，如果抛弃了中国特有的文化和特定的情境，理性选择理论是不可能有真正的解释力的。我们现在好奇的是，县中各利益主体在微观层面是如何采取理性行动的？这些有目的的理性行动在宏观水平上产生了怎样的结果？社会的制度规范是如何通过奖惩机制来引导各利益主体行为的？这样的制度结构又孕育了怎样的社会系统行为？

二、升学逻辑与主体理性行动

有学者指出，优秀师生流失与重点大学升学率下滑，是备受关注的"县中困境"的主要特征③。但据报道，南通7个市县区没有一所县中塌陷，因为南通一直严格禁止跨县（区）招生，不会出现一所名校"扫荡优生"、其他学校"泯然众人"的局面。由此可见，县中的兴衰与区域内优质生源的流动密切相关。优质生源流动是学生家长、行政部门和普通高中三大主体理性选择的结果。换言之，以生源流动为观察点，可以透视三大主体理性行动的过程，可以揭示县中兴衰的微观逻辑。

（一）学生家长的理性选择与生源流动

子女上什么高中、在哪里上高中是重要的家庭教育决策议题。家长的决策会受外部条件的限制和价值理念的规约。家长发挥自己的主观能动性，为孩子做出最符合家庭期望的教育决策的过程，在本质上是一个理性选择过程，孩子能够取得好的升学结果是家长的最终目的和期望。然而，经济理性、制度限制等客观条件，文化传统、邻里经验等环境影响，以及由此形成的独特

---

① 丘海雄，张应祥. 理性选择理论述评[J]. 中山大学学报（社会科学版），1998（1）：118-125.
② TAYLOR M. Structure, culture and action in the explanation of social change [J]. Politics & Society, 1989, 17(2): 115-162.
③ 周秀平. 跨越"县中困境"的路径研究[J]. 中国教育学刊，2022（2）：15-21.

个体理解都影响着家长的实际行动。概言之，学生家长的理性选择是在升学逻辑指导下，综合考虑经济、制度、传统经验和个人理解等因素做出的一种抉择。尽管所有的家长都清楚"上好高中才能考上好大学"，但并不是所有的家长都有能力达到这种"最优状态"。大多数家长会在自己可选择的范围内追求"满意状态"。

基于"好学校—好成绩"的升学逻辑，如果当地中学不符合家长的教育期望，他们将主动选择流动。尽管客观上流动的第一限制是制度规范，但市场条件为有经济实力的家长提供了可选择的道路，不论是正式的还是非正式的。因此，就学选择的首要条件还是经济能力。家长的经济理性包含了当下支出能力和未来收益期望两个方面，对教育这项"投资事业"来讲，对未来收益期望的考虑甚至会占据首位。当前升学—就业领域出现的两条支出—收益轨道会进一步影响家长的选择，即"重点高中—重点大学高薪工作"和"普通高中—普通大学—普通工作"，分别呈现"高支出—低支出—高收益"和"低支出—高支出—低收益"的特点。这说明现实中的诱因是实质性的，也是比较清楚的，即尽管在初升高时付出了较多甚至是超额的经济代价，但是从整体的支出和整体的收益对比来看依然是符合经济理性的。

当然，这种经济思维是建立在文化观念和信息获取范围基础上的。值得注意的是，在儒家主流文化情境中，教育文化观念超越了物质差异、职业差异和民族差异，呈现出较为统一的特点，甚至可以说"望子成龙""望女成凤"是每一位家长天经地义的想法。我们能在诸多历史记忆中找到这种"重视下一代教育"的影子，譬如"性相近、习相远""有教无类""万般皆下品，唯有读书高"等儒家思想，孟母三迁、断杼择邻、《劝学》、《诫子书》等耳熟能详的历史典故和教训，以及"再苦不能苦孩子，再穷不能穷教育""读书改变命运"等现代教育口号，等等。从信息获取范围看，信息差异在很大程度上影响着家长的就学选择。尽管信息传播技术丰富了不同阶层获得信息的渠道，但"信息茧房"的存在仍然筑起了差异化的壁垒。能够获得有价值信息的家长可以找到更合理的选择依据和更多的选择方向，而处在"信息茧房"或"信息沙漠"中的家长可能对招生政策、培养特点、专业选择等关键信息毫不知情，进而导致他们在选择中处于劣势。

（二）行政部门的理性选择与生源留住

在开放的生源竞争市场中，市县两级教育行政部门也面临被选择的境地。留住本地优秀生源，不仅对守住当地高中教育阵地有利，而且对维护地方政府的高考升学率颜面和教育政绩有利。因此，地方教育行政部门常常会通过教育宏观规划、重点高中发展等行政手段调控生源流动和招生秩序。换言之，教育行政部门的理性选择是控制和塑造一个区域的教育生态。

一般来讲，县级高中归县教育局直接管辖，同时接受市教育局的考核与监督。县级教育行政部门既要确保高中教育活动有效开展，还要面临上级管理部门的教育考核压力，存在行政目的和教育目的的双重考虑。高中教育尤其是高考升学，既是百姓关切的大事，又是上级考核的要事，在行政工作中必然占据主导地位。因此，让本县更多的学生考出好成绩、升入好大学是市县教育行政部门的"中心工作"。在升学逻辑的驱动下，加大教育资源投入力度、提升本县高中教育质量成为必然的选择。然而，受区域经济发展水平和教育城镇化发展程度的影响，提升本县所有高中的教育质量且确保市县两级高中质量均衡是一个难题。在有限条件约束下，市级教育行政部门不得不采取集中投入的手段来确保有限的资源能发挥关键的效用，即实现升学考核目标。由于可盘活的资源有限，县级教育行政部门还采取鼓励民办高中发展的策略，因为县域民办高中既能弥补县域公办高中的质量缺陷，又能满足县域家长的择校需求，同时能减轻县级政府的财政压力，毕竟高中教育是非义务性的，把办学成本转移给社会大众面临的政策压力会较少。

但并不是所有的县级公办高中都呈现塌陷的态势，在县中获得较好发展的地区，行政部门的文化理性也起到了重要作用。一般来说，县域公办高中办学经费主要来自财政拨款，部分学校仅象征性地收取少量学费，这是"政府办教育"的制度规约行为。办好"上得起，教得好"的县中不仅是教育制度的规约行为，还是做好民生实事的政治要求。比如，会宁教育提出领导苦抓、家长苦供、社会苦帮、教师乐教、学生乐学的"三苦两乐"教育精神①。这就是支撑着会宁一中成为远近闻名的优质县中的主要秘诀。总之，地方教育行政部门，一方面整体规划县域"普通高中—职业高中—特色高中"布局，规范社会力量办学，使本县高中阶段教育形成良性生态；另一方面积极保护本地优质生源，努力培养并引进优质高中师资。

从上述两种县中管理模式看，尽管市县两级教育行政部门都不同程度地面临财政资源有限的压力，但是形成了两种不同的发展逻辑，前者多以经济理性为首位原则，而后者多以社会理性和政治理性为核心原则。

（三）普通高中的理性选择与生源竞争

普通高中是县中振兴的目标对象，最能体会到优质生源的重要性，因此

---

① 岳峰伟，鲁瑶. 甘肃丰富而宝贵的精神财富［J］. 党的建设，2021（7）：155-157.

必然会从本校利益出发做出理性的生源选择。在"好生源—好成绩"的逻辑下，不同类型的学校会采取不同的生源竞争策略，而这些策略反映着处在不同境遇下的普通高中的不同理性倾向。

从外部环境看，虽然普通高中升学率逐年提高，但重本率大致恒定。各市县教育行政部门为了获得更多的优质生源，主动采用"吸引策略"，在县域内甚至跨县域开展优质生源的争夺，塑造了优质生源在高考市场中的重要地位。从内部环境看，普通高中一线教师和校长普遍信奉"优质生源等于优异升学成绩"的生源哲学，相信优质生源可以降低管理成本和教学成本。在优质生源信念和升学评价激励的双重作用下，一些普通高中主动走上了唯生源、唯升学、唯分数的功利主义的生源竞争歧路。长期以来，屡禁不止的"高考喜报"频飞和"中考优秀生奖励"不断攀高现象，本质上还是在片面追求高考升学率和重本率。因为宣传优异的高考成绩形成对优质生源的虹吸效应或集聚效应，有利于进一步吸引优质生源，进而形成生源与升学的良性循环。

普通高中的优质生源争夺主要发生在市县两级高中和公民办两类高中之间，主要的手段包括给予经济奖励、提前批次录取、行政强制争夺、提前熟悉环境等。在普通高中的生源竞争关系中，共同的逻辑是，强者通过骄人的升学成绩击败弱者，成功地吸引或抢到优质生源。不同的逻辑是，在市县两级高中体制下，市级高中依托隐性的文化力量和变相的制度优势，特别是教育城镇化造成的"市比县好"的定式思维和城乡"质量差异"的客观事实，使学生家长对市县两级普通高中产生了认同落差，处于弱势一方的县中较难获得优质生源的认可，而行政管理的"无为"和制度执行的"无力"，使得市级高中获得了变相的制度优势。在公办与民办两类高中格局下，部分民办高中鼓吹教育消费主义思想，并依托资本的力量大力开展"违规"竞争。资本的逐利性决定了民办高中对"优质原材料"——优质生源的疯狂争夺，民办高中大力使用物质激励手段，不断向优质生源家长灌输"花钱的教育才是好教育"的教育消费观念，民办高中的体制外行为在一定意义上也是一种制度优势。可见，尽管各级各类高中处于共同的制度环境，但又都能找到共性优势之外的个性优势并依托自身的综合优势开展生源竞争，显然这是一种在各自环境约束下求得"满意效果"的理性决策行为。

总的来说，三大主体均有追求优质升学成绩的共同目标，但是在优质生源市场竞争的大逻辑下，他们站在自身立场、为了自身利益、克服不同限制、采用不同手段做出了不同的主体理性选择。需要注意的是，现实中各主体很难做到完全理性，他们是在自身价值观念倾向和信息处理能力，以及外部制度环境和市场环境的共同约束下做出的有利于自己的有限理性抉择。

三、生源无序流动与县中塌陷

制度具有指导约束、鞭策激励及行为规范等作用。相应地，教育制度也应为教育发展提供良好的规范与指导，以促进教育活动的有序开展和良性运行。如果市县各主体都完全按照自己的利益行事，不断扩大自己的边际收益，高中教育整体秩序就会陷入混乱的旋涡，进而导致县中塌陷。那么，县中塌陷的制度逻辑是什么呢？

（一）社会力量办学的政策促进与市场逻辑的冲击

20世纪90年代末期，中国特色社会主义市场经济的快速发展推动了其他领域的市场化进程。以公共部门为提供主体的、稀缺的公办高中教育也逐步展开了市场化改革探索。在经过一系列实践探索和学术讨论后，以1997年发布的《社会力量办学条例》为标志，社会力量办学正式成为社会主义教育事业的组成部分，获得了制度合法性。在"积极鼓励、大力支持、正确引导、加强管理"的方针指引下，民办教育获得了快速发展，民办高中也从这一时期开始逐步发展。

建立民办高中主要是为了缓解当时公办学校的办学压力并满足人民群众多样化的就学需求，背后代表的是教育选择逻辑的一种"破冰"尝试。民办高中在办学初期采取了多种创新形式，为不同的学生家长提供了个性化的选择，譬如为在外务工子女提供住宿看护服务、为希望出国深造家庭提供外语培训服务等，这种个性化的、服务式的和选择式的尝试在制度和群众支持下获得了快速发展。受市场逻辑的推动，民办高中逐步向规模化办学转变。为了扩大规模，民办高中投入了相当多的财力引进优质师资，而优秀生源往往是追随优质师资流动的，对于那些特别优秀而又不愿意流动的生源给予生源奖励等物质诱惑，从而形成了优质师资和优质生源的叠加效应和示范效应，由于这样一系列的操作，非优质生源（每一位家长都认为自己的孩子是优秀的，只是没有遇到好老师而已）则以交择校费（"公办不择校，择校到民办"是当时官方认可的口号）的方式到民办学校就读。由于民办学校没有政府拨款，在市场上的生存压力是巨大的，这种压力转变成了民办高中的应试教育动力，从而形成了民办高中内部的"压力旋涡"和外部的"虹吸引力"。本来，在市县教育规划框架中，民办高中只是公办高中的有益补充，然而在市场选择逻辑下，民办高中逐步由"补充"地位演变为"对分"地位，甚至在一些地区还喧宾夺主地演变为"主体"地位。

民办高中政策在取得一定效果的同时，引发了一些不规范的行为，主要体现在公办与民办高中的竞争关系上。由于国家对民办教育持积极支持的政策取向，民办高中为了获得在师资、硬件、资金等方面的竞争优势，受资本逐利本性的驱使，有时会采取不当的教育竞争方式。毕竟民办高中是靠持续性的优质"产出"来维系的，而优质产出的关键变量是稀缺的优质教师。为了尽快提升高考业绩表现，民办高中或者"高薪抢挖优质师资"，或者通过公办民助和民办公助等形式"变相获得优质师资"。而体制内公办学校没有民办学校那么大的自主权给高业绩教师以高工资，在普通高中"工资势能位差"下，公办高中首先流失的是优质师资，随之而来的则是追随优质师资的优质生源也流失了。随着民办高中高考业绩的显现和宣传策略的实施，尽管民办高中花费不菲，但在"好货不便宜"和"一切为了孩子"的理念驱动下，越来越多的学生家长开始倾向于选择民办高中，从而铸就了民办高中的卖方市场地位，为了抑制学生"排队求学"和所谓的"公平录取"压力，民办高中通常采取或明或暗、或公开或隐蔽的提高学费方式来进一步集聚资源，为后续再度扩大办学规模和引进优秀师资提供物质基础的准备。经过一段时间的发展，一些地区的普通高中教育已呈现出"民强公弱"和"上好高中花费多、上差高中花费少"的局面，从而导致百姓对部分公办高中的教育质量失去了信心。教育政策本应及时约束并规范这种不正当竞争行为，但均因地方政府财力和公办高中身份的限制，既无力大规模投资于公办高中，又不能让公办高中无序收费，因此才纵容了民办高中的失序发展。国家已于2016年和2021年分别出台了《中华人民共和国民办教育促进法（2016修正）》和《中华人民共和国民办教育促进法实施条例》，对这种不规范的办学行为进行了政策约束。

（二）"以县为主"的经费投入体制与经费差距的挑战

教育决策问题的背后在很大程度上是经济问题。从经济的视角透视我国县中塌陷的制度成因，需要重点关注普通高中教育经费体制的演变逻辑及当前省际与省内县际的经费差距。

有研究指出，我国公办普通高中的经费投入体制经历了从多渠道筹资到逐渐加大财政保障力度的发展过程，普通高中的经费筹措体制是高度分权和多元化的，地区间乃至同一地区内学校间的差异是非常明显的[①]。我国的普通高中经费投入体制与普通高中教育规模、经济发展水平及国家教育财政战略紧密相关。据统计，1990年到2020年我国财政性教育经费占国内生产总值的

---

① 赵俊婷，刘明兴. 我国普通高中经费筹措体制回顾与评析：1980—2016[J]. 教育学报，2017，13（3）：69-78.

比重由3.04%增长到4.22%，高中阶段毛入学率由21.9%增长到91.2%。从普通高中教育生均一般公共预算教育经费看，全国平均数由2011年的5999.60元增加到2020年的18671.83元，十年间增长了3.11倍，但在全国31个省份（未包括港澳台）中有17个省份低于全国平均增幅。2019年，国务院办公厅印发的《教育领域中央与地方财政事权和支出责任划分改革方案》规定，普通高中教育"实行以政府投入为主、受教育者合理分担、其他多种渠道筹措经费的投入机制，总体为中央与地方共同财政事权，所需财政补助经费主要按照隶属关系等由中央与地方财政分别负担，中央财政通过转移支付对地方统筹给予支持"。可以看出，普通高中教育获得的财政支持随着经济的发展是不断扩大的，但省域之间的普通高中教育投入差距较大，2020年普通高中教育生均一般公共预算教育经费省际的最大差距达6.97倍。对于普通高中在学人口较多而公共财政水平一般的省份和县市来说，县域公办普通高中面临的财政困境可想而知。

20世纪90年代，地方财政对县域公办普通高中的支持较少，因此在政策上赋予学校一定的经费筹措自主权，譬如收取学杂费、学生择校费及校办产业收入等。但随着教育部治理乱收费政策的陆续出台，比如2003年《教育部办公厅关于公办普通高中严格执行招收"择校生""三限"政策的通知》、2012年《教育部等七部门关于2012年治理教育乱收费规范教育收费工作的实施意见》等，县域普通高中办学经费受到极大压缩，因此不得不高度依赖地方财政的支持。在"基础教育以政府办学为主"的办学体制格局下，"普通高中教育在继续发展公办学校的同时，积极鼓励社会力量办学"成为当时的政策选择。由于各地政府的经济状况不同，县中所获得的经费支持也不同[1]。据调查，经济欠发达地区县中"勉强可维持，发展就缺钱""收入没变化、支出年年涨"的情况较为普遍，部分地区甚至出现县中负债运行的情况[2]。同样有研究发现，我国普通高中生均教育事业费的空间分布呈现出"东西高，中部低"的空间非均衡特征，全国及各地区普通高中生均教育事业费的绝对差异明显扩大，呈现出两极或多极分化特征[3]。即使在省域内，不同县区之间的经济发展状况也直接影响县中的教育经费投入，并间接地影响着县中的教育质

---

[1] 国务院. 国务院关于基础教育改革与发展的决定[J]. 人民教育，2001（7）：4-9.

[2] 任丽颖，魏婧宇，艾福梅. 想要"添砖加瓦"，就得自找钱花：公办高中经费投入机制亟待健全[J]. 半月谈，2021（14）：49-51.

[3] 于璇. 我国普通高中教育经费投入的地区差异及分布动态演进：基于2005—2018年省级面板数据的实证研究[J]. 华东师范大学学报（教育科学版），2021，39（2）：115-126.

量。以 S 省为例，Y 县生产总值在全省 118 个县区中排名第 18 位，Y 县的县中也排名前 20 位；而 W 县生产总值排名只有第 86 位，W 县的县中因本科率仅 20% 到 24% 未进入网上所公布的排名中。再以 W 县所在 X 市下辖的 14 个县为例，其中 YP 县与 HQ 县生产总值名列第 1 位和第 2 位，其县中在 14 个县里名列第 2 位和第 1 位。县中教学质量与县区经济发展水平之间的密切关系可见一斑。

总而言之，公办县中想要留住好教师、追求高质量发展的目标与难以获得相应的财政支持之间形成了矛盾，这种不均衡的经费投入体制导致县中损失了部分优秀教师，失去优秀教师和发展主动权后的县中一蹶不振，面临塌陷的风险。

（三）县中生源保障的制度缺失与弱势地位的形成

生源流动的制度规范是县中优质生源保障的最后一道屏障。从县中角度看，不论是生源保障、升学考试还是应变机制都存在一定的缺陷。

20 世纪八九十年代，特别是 1986 年《中华人民共和国义务教育法》的颁布，国家以法律的形式对义务教育的跨区择校行为进行了严格规范。但是由于普通高中属于非义务教育，对高中择校行为采取了默许的态度，由此引发了基于权力和金钱的择校风潮，严重破坏了县中教育生态。为了抑制这一风潮，一些地区陆续在市域范围内采取了以分数为标准的入学招生制度，以消除基于经济实力和社会关系的择校行为和普通高中入学的不公平。原则上，公办普通高中是不得跨县和跨市招生的，但由于优质普通高中区域分布不平等，学生家长们普遍有跨区流动的诉求，一些地区迫于压力不得不拿出一定比例的优质普通高中招生计划向本县（市区）开放。按规定，民办普通高中虽然要按主管部门批准的审批地范围招生，但享受一定比例的审批地外招生的权利。在这一招生制度缝隙下，一些优质市级重点高中或县优质高中开始挥舞"高分镰刀"将教育落后地区的优质生源全部"割走"。在省市级统一的高中招生制度规定下，处于中等及以下办学水平的县级普通高中只能在"弱肉强食"的分数竞争旋涡中被吞噬，造成"高分生被收割—优质生源流失—优秀教师流失—县中塌陷"的结果。

此外，城镇化进程加快导致的人口和生源的双重流失，对县中带来的客观影响也是不容小觑的。据《2020 年中国儿童人口状况：事实与数据》，2020 年受流动人口影响的儿童合计 1.38 亿人，占中国儿童总人口的 46.4%。随着"两为主"政策的实施，随迁子女在流入地公办高中就读的机会逐步增多。一方面，学生数量的变化与生均经费的划拨有着直接关系，在普通高中生源持续流失的背景下,县中所能获得的生均拨款也开始减少;另一方面,县级教育行政部门没有很好的办法抑制高中生随迁所导致的生源流失。加上一些高中生源大省高考竞争压力的加大,一些有能力的家长采取了高考移民的策略,甚至一些高中直接采取跨省对口招生的策略,这些都对县中塌陷产生了一定的影响。

(四)主体理性与制度规范间的关系:不同步变化的双向互动

总的来说,县中塌陷的制度原因是社会力量办学不规范导致的民办学校冲击、经费投入不均衡带来的普通高中办学水平差异以及生源保障制度缺陷造成生源底线失守。如果要透过当下的表面现象去剖析县中衰弱的本质,我们必须从历时性的角度去认识主体理性与制度规范的互动关系。

首先,主体理性与制度规范之间并不是相互割裂的,而是密切联系的。主体理性大致由两部分构成:一是以主体价值追求所驱动的稳定理性,如人的自我效益最大化追求等;二是极易受到外界影响的易变理性,如人们在面对选择时不自觉地受到社会价值观念、他人选择建议、先前选择结果的影响。前者是主体理性的稳定部分,是主体思考问题和做出决策的出发点;后者是主体理性中的变动部分,极易在选择时受到扰动。制度作为政府权力意志的体现,既要反映普通百姓的呼声,又要解决特定时期的社会问题。换句话说,制度既不能完全违背主体理性,也不能完全支持主体理性,而必须在个体最优和整体最优之间寻求平衡。所以,一方面,主体理性影响并塑造着制度;另一方面,制度又规范并塑造着主体理性。

其次,主体理性与制度规范的变迁并不是完全同步的,而是错落发展的。大众的社会观念并不是一成不变的,而是随着生产力的发展不断变化的,现代传媒技术的发展又加剧了观念的多元化、传播的加速化和影响的扩大化。观念的巨变必然引发主体理性变化。与观念的快速变化相比,制度的变迁相对而言是较为滞后的,这导致二者之间的关系呈现出"不同步变化中的双向互动"的特点。

基于以上理论分析可以发现,21世纪以来的普通高中教育制度,诸如鼓励社会力量办学、实行"以县为主"的经费投入体制、采取较为宽松的生源流动政策等教育改革,既反映了当时的社会生产力水平,也呼应了当时的社会总体观念。然而,这种制度安排为少数学生家长率先进行择校提供了合法性,从而引发社会整体观念的重大转变。这种理性行动不断扩大,导致规模化的生源无序流动并引发种种公平问题,滞后的制度不得不去规范不合理的主体行动,进而产生我们今天所看到的县中振兴政策。

四、良性生态构建与县中振兴

为确保县中振兴取得实效、促进县中可持续发展，需要从制度创新和生态构建着手，运用制度的力量引导主体理性的健康发展。

（一）引进、留住和培养一批优秀的县中教师

好的机制既尊重主体的自由选择，还能促进市县两级和县际之间高中的均衡发展。稳定生源最直接的办法是限制生源的流动，但是这并不能从根本上留住生源。如果提升教育质量只是强行限制生源流动，只会逼迫学生家长提前购置学区房。这除了进一步加重家庭经济负担外，并不会从根本上解决问题。学生流动本质上是为了择师，建设优质教师队伍才是遵循家长理性选择逻辑下的解决问题之道。因此，稳定生源最有效的手段是先稳定优秀教师，防止优秀教师的无序流动。

教师流动的原因是复杂的，但市县之间、县与县之间、公民办高中之间教师流动，首要的原因是待遇差距。因此，在市域范围内要均衡各区县高中教师的基本工资收入，保证县际差距不能过大，让同一区域内不同学校之间同一层次的教师待遇达到基本均衡。民办高中享有一定的办学自主权，可以对本校优秀教师给予更高的业绩奖励，但这种更高的工资待遇是有风险的，也是有前提的，如果民办高中不能做到规模化招生和持续性业绩，或者说不能获得持续性学费收入的话，那么高工资就难以为继。同时，政府物价部门要对公办和民办高中的合理收费价格进行限定，对民办高中实施分类管理。教师流动的次要原因是个人职业发展和组织尊重认可。

尽管个人职业发展和组织尊重认可相对处于次要地位，但并不意味着不重要，相反，微环境的累积作用足以抵得上高工资待遇的诱惑。在县际工资收入基本均衡的前提下，县中优秀教师想离职的真正原因往往是糟糕的职业发展环境和学校组织生态，因此除了用待遇留人外，还要多为教师发展着想，多提供能体现教师自身价值的教学展示机会、外出培训机会、获得荣誉机会等，让留下来的县中优秀教师切实感受到自身的价值、学校的认可和社会的尊重，激发他们把个人价值和学校价值的实现统一起来。在留住一批优秀教师的同时，要不断引进和培养新一代优秀教师，只有源源不断地涌现一批又一批好教师才是县中振兴的希望之源。

（二）健全、落实和用好一套有效的县中制度

前文指出，造成生源无序流动的制度漏洞是县中塌陷的根本原因。良好的生源是县中振兴的基础，而建立健全、落实落细和激活用好县中管理制度

是县域普通高中持续发展的动力源,是构建县域高中良性教育生态的起点,也是尊重主体理性选择的出发点。

首先,建立健全"经费省级统筹制度"。充足的教育经费投入是县中教育健康、可持续发展的前提与基础。目前,我国以县为主的财政投入模式导致因地方财政能力差距而形成的县际普通高中教育投入不均衡,在一定程度上加剧了高中"择校热"和生源的"非理性流动"行为。因此,省级政府应加大教育财政统筹和转移支付力度,根据本省各区县间的经济发展水平、普通高中教育发展实际,本着公平、公正、公益的原则,科学测算各地县中的教育经费需求,缩小县际高中教育发展水平差距,回应县域学生家长追求优质高中教育的合理诉求。

其次,落实落细"禁止跨区招生政策"。省市县各级政府要切实履行主体责任,科学制定公平的普通高中招生政策,对学校恶意掐尖、以不正当手段抢夺优质生源的行为采取"零容忍"态度,对纵容生源无序流动的管理行为进行督察纠正,合理引导生源的显性和隐性流动行为,切实促进县际普通高中教育均衡发展。

最后,激活用好"强校带弱校机制"。建设"优生、优师、优校、优绩"的优质均衡县中发展机制是破解"县中塌陷"难题的根本之道。一方面,要加大县中投入、保住优秀生源、留住优秀教师,力争每县都能办成一所优质高中;另一方面,要发挥省域统筹或市域统筹机制,对振兴难度较大的薄弱县中给予积极的财力支持和政策倾斜①。同时,要重视并处理好市县乡三级普通高中,尤其是市县两级普通高中的关系,在加强合作交流的基础上,要充分挖掘自身特色优势,主动探索县中振兴的长效机制。

(三)改革、构建和打造一个良好的县中生态

县域普通高中面临招生、培养和高考三大挑战。三大挑战归结为一点还是高考问题。高考成绩是吸引生源、留住教师和发展自身的关键。无论从生源、教师、家长等主体还是从考试、评价、投入等制度看,当前县中塌陷问题在本质上是县中教育发展生态沦陷的问题,而良好的教育生态能够潜移默化地影响主体的理性选择,因此治本之策是建构良好的市县高中教育生态。

首先,要突破应试教育生态怪圈,创出"三新"改革新路。当前,全国范围内正在推行普通高中教育的"三新"(即新课程、新教材、新高考)改

---

① 许程姝,邬志辉. 城乡义务教育一体化视阈下的教育治理研究:来自"成都经验"的制度分析模型[J]. 广西社会科学,2020(1):165-171.

革，这是县中教育发展的一个新趋势，也是一个新机遇。如果县中能率先改革、主动迎接新挑战，就会在未来新的竞争赛道上赢得先机；相反，如果县中继续抱残守缺、因循守旧，那么不仅赢不了当下，而且会输掉未来。实际上，素质与升学之间并不矛盾，"三新"改革的基本方向是促进学生全面发展，但同时能提升学生的升学竞争力。因此，要办真正有意义的普通高中，就必须主动契合国家的办学方向和要求，不走先前的应试老路，而是办成适合未来发展趋势的有远见的未来高中，力争在新赛道上赢得先机，实现弯道超车。

其次，要继续推行招生指标到校，构建"育人"生态格局。好的高考成绩不完全是教师教出来的，更是学生学出来的。从一定意义上说，是优秀学生成就了教师和学校，这或许就是所有的学校都想尽办法争夺优质生源的原因。所以，评价一所普通高中的办学水平与教育质量，不能简单地看结果——高考成绩，更要看过程——学力增值，即在中考成绩排位基础上的提升幅度。因此，将重点高中部分招生指标下达到生源区所有学校，既有助于均衡义务教育生源，更有助于让所有学校都回归到育人的轨道上来，而不是把大部分的精力都用到争夺生源上，毕竟中考成绩不佳的生源进步的空间更大。因此，完善重点高中指标到校制度，有助于抑制民办高中无序招生，也有助于促进区域内初中校的生源公平，促进义务教育均衡发展。

最后，要依托国家县城发展战略，实施"县中"提升计划。2022年5月，中共中央办公厅和国务院办公厅联合印发了《关于推进以县城为重要载体的城镇化建设的意见》，为进一步补齐增强县城短板弱项提供了良好的发展机遇。2021年12月，教育部等九部门联合印发的《"十四五"县域普通高中发展提升行动计划》提出"公民办普通高中招生全面规范，县中生源流失现象得到根本扭转；教师补充激励机制基本健全，县中校长和教师队伍建设明显加强；教育经费投入机制基本健全，县中办学经费得到切实保障；薄弱县中办学条件基本改善，学校建设基本实现标准化；教育教学改革进一步深化，县中教育质量显著提高"的发展目标。县域普通高中要依托国家有利于县中发展的政策红利，并在高考综合改革和普通高中育人方式改革的探索中实现自身的涅槃重生。

五、结　语

县中振兴是"十四五"时期教育领域的重点任务之一，它有助于乡村振兴战略和以县城为重要载体的城镇化战略的实施。运用理性选择理论分析县中问题，可以发现主体理性和制度规范在县中塌陷和县中振兴中所起的作用，也可以从学理上审视主体理性与制度规范是如何相互制约、相互影响、相互改变的。这种交织的关系是一个从微观到宏观再到微观的动态交互过程。

首先是县中内部三大主体基于自身实践理性做出的选择，即学生家长为了子女升学主动地选择流动、当地教育行政部门为了提升本区域升学率主动地留住或聚集优质生源、普通高中为了提升本校升学率和扩大学校影响主动地进行生源竞争。

其次是宏观教育行政部门基于特定社会背景所做的制度设计，包括在深化教育体制改革中做出的发展民办教育的尝试，适应早期教育城镇化和分税制改革实施的"以县为主"的经费投入体制，适应市场配置要素背景下务工人口快速流动和满足随迁子女就学需要而默认的进城就学与择校行为。但这些适应特定背景的有益制度尝试，随着时代变迁和主体逐利性优先的实践倾向在发展中产生了一些意外性后果，譬如部分民办教育的教育性与市场性失衡，地区经济发展差距带来了教育经费与教育质量的差距，致力于教育公平的生源保障规范与市场化思维下择校合理性之间的激烈冲突等，这种受到微观行动影响的制度变迁再次作为外部环境去影响主体下一阶段的行动。

简言之，不论当前教育规范甚至教育惩戒的力度有多大，只要没有达到各主体对教育质量与教育公平的期待，他们就会基于自身理性去寻找制度漏洞以达成自己的期望。需要注意的是，仅从制度规范或主体理性的单一视角去观察无法看清县中塌陷的本质，更无法找到既能提高县中教育质量又能促进县中均衡的县中振兴道路。

（本文原载于《华东师范大学学报（教育科学版）》2023年第12期）

我国农村义务教育教师队伍的结构问题与对策[①]

目前,我国农村中小学教师队伍的整体状况存在区域数量短缺、学科结构失衡、年龄分布不均、学历层次偏低和职称比例失当等诸多结构性问题,为此,需要通过加大对农村教育的投入,建立倾斜农村的教师人事管理制度,以及改革农村教师的培养体制和加强对农村教师的培训等途径来优化农村教师队伍的结构,提高农村教师的整体素质。教师是教育的第一资源,建设一支数量适当、结构合理、富有活力的高素质、专业化的农村中小学教师队伍,不仅对实施基础教育新课程改革、普及和巩固农村九年义务教育起基础性和关键性的作用,而且对建设社会主义新农村和提高全民素质具有积极的、深远的战略意义。但是,目前我国农村中小学教师队伍的整体状况仍存在许多亟须解决的结构性问题。

一、区域数量短缺

随着学龄儿童人口总量的持续减少,以及中央和各级政府对农村教师队伍建设的日益重视,从全国的整体情况来看,长期困扰农村基础教育发展的教师数量不足问题基本得到解决。如2004年我国农村小学生师比为20.3∶1,初中为19.4∶1[②],都低于2001年国家颁布的《关于制定中小学教职工编制标准的意见》中规定的生师比标准,这说明全国农村教师队伍数量从总体上来看是适当的。

但是,我国农村教师的区域性短缺问题依然十分严重。经济发达的东部地区以及经济发展状况相对较好的中西部城郊和平原地区教师数量基本平衡,局部地区还存在超编的问题;而中西部的很多省区以及山区、林区、牧区和湖区等交通不便、经济欠发达地区依然存在农村教师数量严重不足的问题。

[①] 本文作者为东北师范大学于伟教授、李广平教授、秦玉友教授、李伯玲教授。
[②] 各项具体统计数据参见:教育部发展规划司. 中国教育统计年鉴(2004)[Z]. 北京:人民教育出版社,2005.

国家教育督导团于 2005 年 10 月对江西、河南、海南、广西、四川和青海六省的基础教育进行督导检查时发现，六省普遍存在城市教师超编，农村教师缺编的问题；中国教育在线网 2007 年 5 月 30 日的报道说，重庆市农村中小学教师缺编 1.2 万人，甘肃省中小学教师缺编 2.9 万人，贵州省中小学教师缺编人数达 1.64 万，主要都是农村教师短缺；安徽、湖北等经济状况相对较好的省份也程度不同地存在农村教师数量不足的问题[1][2]。

二、学科结构失衡

农村教师的另一重要问题是学科结构失衡问题。在农村小学中，音乐、体育、美术、外语、信息技术等课程没有教师教是十分普遍的现象。如湖南省平江县 2006 年有 303 所小学、352 个教学点。2007 年仅对全县所有三年级小学生开设英语课，就需要 300 余名专职英语教师，但现实状况是全县所有小学连 30 个专职英语教师都没有，小学信息技术、音乐、体育、美术等新课程同样缺乏教师[3]；我们对吉林省东丰县、广西壮族自治区隆安县和宁夏回族自治区中宁县调查的情况也是如此，要么学校干脆不开设这些课程，要么让其他学科的教师现学现教，应付了事。

在农村初中，音、体、美、劳动等艺体类、职业技术类和综合活动课学科教师很少，很多学校要么不开设这些学科，要么由其他学科的教师兼任；语文、数学、英语、物理、化学等文化基础知识学科虽然基本都能开全，但"教非所学"现象比较普遍，教师的学科知识与教学能力还达不到新课程改革的要求。

三、年龄分布不均匀

教师的年龄结构本应呈现均衡分布的态势，但目前我国农村小学教师的年龄结构则呈现出两种形态。一种是两边高、中间低的"驼峰形"分布，即 45 岁以上的教师多，25 岁以下的教师多，而 30 岁至 40 岁这个骨干年龄段的教师数量较少。经济较为发达的农村小学教师大多呈现这一态势，其主要原因是，中年骨干教师不是被"提拔"到初中任教，就是被层层抽调到城里的学校或经济较发达地区任教，还有一部分教师因前几年教师工资得不到保障而离开了教育系统。另一种是单边倒的老龄化倾向，即 45 岁以上的教师所占比例很大，中青年教师较少。如湖南省平江县 2006 年全县 3460 名小学教师

---

[1] 代群，熊润频. 教育部调研安徽课改 [N]. 江淮晨报，2004-12-13.
[2] 汪伟. 乡村教师：重压下的生存 [J]. 教师博览，2005 (1)：9-10.
[3] 陈黎明，田刚. 农村"走教"现象暗含危机 [J]. 瞭望，2007 (7)：19-20.

的平均年龄接近50岁，其中50岁以上的占1800余名，而30岁以下的青年教师相对很少，其中有一个乡，除了中心小学外，22所村小学中竟没有30岁以下的青年教师[①]。2007年5月，我们在对吉林省东丰县、广西壮族自治区隆安县和宁夏回族自治区中宁县的调查中发现，很多乡镇小学教师平均年龄都在45岁以上，有些甚至达到50岁以上。这主要是因为农村教师调转和流失严重，而新教师又因各种原因难以补充进来。

我国农村初中教师的年龄结构主要呈现两边高、中间低的"驼峰形"分布，老教师和青年教师较多，30岁至40岁这个骨干年龄段的教师数量较少，他们要么被"提拔"到高中任教，要么想方设法调转到城里的学校或经济较发达地区任教。

四、学历层次偏低

近年来，随着各级政府对教师素质的重视，作为教师素质提高的重要指标之一的教师学历也有了显著提高。2004年，我国农村义务教育阶段教师学历已经基本达到国家规定的标准：农村小学教师学历合格率为98.08%，农村初中教师合格率为92.81%。但是，由于我国中小学教师的学历标准要求较低，农村小学教师以高中阶段学历（53.84%）为主，专科及以上学历的教师的比例仅为44.25%，而城市小学里专科及以上学历的教师的比例为71.34%，两者相差27.09个百分点；农村初中里大学本科及以上学历的教师的比例为22.73%，而城市初中里大学本科及以上学历的教师的比例为55.03%，两者相差32.3个百分点，而且，初中学历不合格的教师主要集中在农村[②]。

另外，现在的农村中小学教师中有很多是民转公的教师，还有大部分教师的第一学历是中师或高中毕业，虽然很多人通过各种渠道获得了大专或本科学历，但事实上并没有真正接受大专或本科的教育，可以说是有其名而无其实；而且，不少教师是为了应付职称评聘或提职而进修学习的，他们选择学习的方式和专业的依据是通过考试的难易程度，而很少考虑与其所任教学科有多大关联性，这样的学历提升学习对于提高教师的业务水平不会起到应有的作用。比如，清华大学史静寰等于2004年对广西、福建、湖北、江苏、吉林和甘肃六省区农村教师取得最高学历途径状况进行了调查，有71.1%的小学教师所拥有的最高学历是通过非全日制学习途径取得的，其中仅函授和自考两种方式就占到58.9%；中学教师虽然有47.2%的人是通过全日制途径

[①] 陈黎明，田刚. 农村"走教"现象暗含危机[J]. 瞭望，2007（7）：19-20.
[②] 教育部发展规划司. 中国教育统计年鉴（2004）[Z]. 北京：人民教育出版社，2005.

获得最高学历的,但以函授和自考两种方式获得最高学历仍占 45.5%①。

五、职称比例失当

教师职称结构在一定程度上代表了教师队伍素质的高低。从当前专任教师职称构成情况来看,农村中小学教师职称构成重心普遍低于城市和县镇水平,尤其是具备高级职称的农村中小学专任教师所占比例更低。2004 年,全国农村小学教师中具备副高级职称(中学高级)的教师的比例只有 0.21%,而城市小学教师中具备副高级职称(中学高级)的教师的比例为 0.69%,前者仅为后者的三分之一;农村小学教师中具备中级职称的教师(小学高级)的比例为 35.73%,而城市小学教师中具备中级职称的教师(小学高级)的比例为 46.44%,两者相差 10.71 个百分点。农村初中的中学一级及以上职称教师的比例为 32.83%,而城市初中的中学一级及以上职称教师的比例为 55.86%,两者相差 23.03 个百分点。

面对当前我国农村教师队伍中所存在的各种结构性问题,亟须各级政府研究与制定切实有效的措施,以保证师资的供给,优化教师队伍结构,从而提高教师队伍的整体素质。第一,要研究制定农村教育经费的投入保障制度,只有增加对农村教育的投入,才能提高乡村教师的工资与生活福利待遇,才能吸引人,留住人;同时能避免很多地区所存在的"有编不补"的现象。第二,要建立有助于农村教师队伍建设的人事管理制度,要根据农村的实际来规划与制定农村教师的聘任制度、工资福利制度、职务晋升制度和编制管理制度,通过制度的倾斜与调节,不仅要挽留住已经在农村任教的教师,还要鼓励与吸引优秀教师到农村,尤其是到偏远贫困地区任教;同时能通过适当的途径分流目前既占用教师编制,但又不能胜任教学工作的教师,使他们倒出来的编制能够吸引来合格的新教师,从而优化农村教师队伍的结构。第三,要改革农村教师的培养体制,既要采取措施吸引有志于服务农村教育的优秀青年来读师范,又要改革师范教育的模式与方法,从而培养出能够适应农村教育需要的优秀毕业生,并把他们及时补充到农村教师队伍中,切实保障农村教师的有效供给。第四,加强对农村教师的在职培训,使他们能够结合工作而不断学习与提高。

(本文原载于《中国教师》2007 年第 7 期)

---

① 史静寰,延建林. 聚焦农村中小学教师关注农村基础教育的可持续发展[J]. 教育发展研究,2006(1):8.

加强农村教师队伍建设亟待建立
进出有序、供求平衡的管理机制①

【摘要】 发展农村教育的关键在教师。调研发现,我国广大农村存在普遍的教师"超编"现象,部分不合格教师占据着教师岗位,优质师资进不去,导致高学历达标率与合格教师缺乏、大学生难进与骨干教师流失、老龄化倾向与教学效果降低等几组相倚共生、互为因应的矛盾。阻碍农村教师队伍素质难以提高的真正原因在于,在农村教师队伍的入口、出口及在岗教师内部存在多重障碍。建议国家在吸引优秀师资、淘汰不合格教师、促进在岗教师专业发展等方面进行重大改革,培养和造就一支充满活力、优质高效的农村教师队伍。

【关键词】 农村教师;管理机制;困境;原因;政策建议

建设社会主义新农村,农村教育是重中之重。进一步全面实施素质教育、促进义务教育的发展、提高农村教育质量,关键要提高师资质量。从某种意义上说,教育的差距就是教师的差距。我国城乡教育水平的差距说到底是师资水平的差距。近年来,农村教育出现的许多问题,包括有关部委和高校所进行的系列大型调查都反映出了农村师资问题的严重性和复杂性。如何能"引活"这一汪"静水",通过建立健全一种进出有序、供求平衡的教师流通机制,破解农村师资困境,提升农村教育的品质,是教育理论和实践提出的迫切要求。2006年5月至7月,东北师范大学农村教育研究所深入黑龙江、吉林、四川、广西、甘肃、宁夏6个省(区)12个县,调查走访了70所学校、2008名农村教师,结合东北师范大学农村教育研究所近年来,尤其是2003年下半年以来的相关调查研究(本文所采用的调查数据和访谈资料除特别注明外,均来自东北师范大学农村教育研究所农村教育调查报告(七)《我国欠发达地区农村教师队伍建设问题咨询报告》)和政府发布的统计资料,对我国农村教师现状和问题进行了深入分析,并立足国情提出了相关策略。

---

① 本文作者为东北师范大学于伟教授、博士生张力跃。

一、困境——多组矛盾相悖并存

我们在考察中发现，农村教师问题中的许多矛盾呈现出一种悖论性的并存，比如超编与缺编、优秀人才缺乏与骨干教师流失、教师素质低下与优质师资入口不畅、老龄化倾向与教学效果降低等，几组现象看似背离逻辑，却相倚共生、互为因应，使农村教师问题充满了复杂性、历史性、深刻性。

1. 超编与缺编共存

近年来，由于义务教育阶段学龄人口低峰的出现以及高等教育的急剧扩张，长期以来困扰农村基础教育的教师数量短缺状况发生了根本变化，教师供需状况由供不应求变为结构性过剩，大部分地区义务教育阶段教师严重超编。

2004 年，我国农村小学共有专任教师 3 637 873 人，在校生 73 785 984 人，师生比为 1∶20.3，如果与教育部《关于中等师范学校和全日制中小学教职工编制标准的意见》（以下简称《意见》）规定的小学教职工编制标准（师生比）（城市 1∶19，县城 1∶21，农村 1∶23）做对照，目前小学在编教职工超编 700 692 人，而小学专任教师超编 429 787 人。由于在一个县内农村教师与县镇教师统一管理，如果把县镇教师也统计在内，则全国县镇与农村小学专任教师超编 513 647 人，而在编制教师之外有 378 614 的小学代课教师（其中主要是农村教师）。

为什么农村小学教师总体超编如此多，而在编制教师之外有 378 614 的小学代课教师呢？经过调研我们发现，由于教师分布不均衡，出现了不同地区乡村小学教师"超编与缺编"同时存在的状况，缺编的地区必然会聘请代课教师，所以代课教师虽然是编外教师，但他们实际上占有教师岗位，这样实际上在许多地区存在十分严重的超编现象。另外，在农村许多偏远山区，学校布局分散，适龄教育人口不足，在全国中小学布局调整彻底完成前，农村小学的生师比不可能短时间内提高。

全国农村现有初中专任教师 1 632 994 人，在校生 31 682 659 人，师生比 1∶19.4，师班比为 2.98∶1；高中专任教师 135 806 人，在校生 2 551 326 人，师生比为 1∶18.8，师班比为 3.14∶1[①]，高于《意见》所规定的初中每班配备专任教师 2.5 人、教职工 3.5 人，高中每班配备专任教师 2.8 人、教职工 4.0 人的标准。从表 1 可以看出，现有在编教职工与按基本编制标准应配的教职工相比，初中专任教师超编 264 584 人，高中专任教师超编 14 532

---

① 各项具体数据参见：教育部发展规划司. 中国教育统计年鉴（2004）[Z]. 北京：人民教育出版社，2005.

人，但教职工总体缺编57 096人。

表1 我国农村初中、高中教师超编与缺编情况

项目	现有				测算数				超编、缺编	
	班数（个）	现平均学生数（人）	教职工（人）		每班标准（人）		应配编		教职工	专任教师
			计	其中专任教师	教职工	教师	教职工	其中专任教师		
初中	547 364	57.88	2 031 926	1 632 994	3.5	2.5	2 089 022	1 368 410	−57 096	+264 584
高中	43 312	58.91		135 806	4.0	2.8		121 274		+14 532

注："＋"表示超编，"－"表示缺编。

资料来源：根据《中国教育统计年鉴（2004）》整理。

为什么专任教师超编，而总教职工数又缺编呢？其原因主要是近年的评聘教师职务和工资政策使得学校内的各类人员向教师靠拢，于是在统计上将凡属兼任教学工作的人员甚至非教学工作人员都划入了教师的范畴，实际上教职工数的统计除专任教师以外，还包括行政人员、教辅人员、工勤人员和校办工厂及农林场职工四个部分，农村中小学实际上常常是由教师兼做学校的各项管理工作，统计反映的专任教师已经超编、教职工数缺编的情况，实际反映出农村中学教职工在总体数量上略显不足。同时，我们应该看到一个趋势：从现在（2008）到2010年，由于人口变化趋势与农村城市化运动，农村小学和初中的学龄人口将会一直保持下降趋势。由于小学总体上已经从学龄人口高峰降下来了，今后下降幅度会小一些，但初中的学龄人口高峰期刚刚结束，有些地方目前可能还没有完全结束，以后几年下降的幅度可能较大，因此，农村初中教师可能重蹈小学超编与缺编的覆辙，面临繁重的教师调减任务。

2. 高学历达标率与合格教师缺乏共存

近年来，随着国家大力推进教师资格证书制度，农村中小学教师的学历达标率迅速提高，截至2001年，农村小学和初中专任教师的学历合格率分别达到了96.04%和84.74%，与城市分别相差2.2和7.6个百分点[①]，尽管还存在一定的地区差异和城乡差异，但从数字来看，农村教师的学历水平基本达到了国家规定的要求。

需要说明的是，农村中小学教师学历提高的情况比较复杂。在我们调研

---

① 中国教育与人力资源问题报告组. 从人口大国迈向人力资源强国［M］. 北京：高等教育出版社，2003：317-318.

的 2008 名教师中，22.7%的农村教师第一学历为中师或高中以下，他们大多是通过所谓的"五大"（电大、函授、自考、卫星电视教育、党校）取得了中师及以上的文凭。我们在调研中发现了诸如"二次专科学历""三次专科学历""二次中专学历""三次中专学历"的提法，即指第一学历为中专或以下的教师通过若干次的进修方式取得学历。鉴于目前国内针对教师学历达标进行的各类培训在质量保障上尚有缺陷，因此，对于通过培训或进修等方式来实现的农村教师学历提高现象，我们需要保持清醒的认识。这种"有学历无水平"的实情，造成了在实际农村教育中合格教师欠缺的状况。

总体来讲，目前农村中小学合格教师缺乏与以下问题的存在相伴相生。

现状一：由高中阶段教师缺乏引发的农村教师逐级"拔高"使用。根据有关研究，"十五"期间我国高中阶段教育毛入学率要达到 60%，也就是说需要补充专任高中教师 116 万人左右，即平均每年需补充 24 万人，而 2001 年仅补充了 8.3 万人，相当于需要的 1/3。由于在一个县（区）内教师"超编"与"缺人"的矛盾突出，高中扩招导致的教师数量缺口无法弥补，农村学校层层"拔高"使用教师的局面成为必然。资料显示[①]，在农村地区，"拔高"使用的教师大约占 30%至 50%，在山东宁阳县，近两年高中扩招导致缺教师 170 人，只好从初中挑选优秀骨干教师补充到高中，几乎每个乡镇初中的优秀教师都被挖走，平均每所学校每年被抽调两三名教师，这样一来，就造成初中教师紧缺，只好从小学教师中选拔。层层"拔高"使用使教师队伍的整体素质下降，一大批学历不合格的小学教师补充到了初中教学岗位，一大批初中未毕业的代课教师走上小学的讲台。"拔高"的结果是，原来合格的小学和初中教师分别成了不合格的初中和高中教师，对于农村小学来说，这无异于釜底抽薪。

现状二：部分学科教师数量短缺，学科结构失调。教师超编必定影响优秀师资的引进，当所需要的教师进不来时，必然会影响不同学科师资在校内的合理调配，教师与学科比例不配套问题突出。调查发现，有 32.04%的农村教师所学专业与任教学科不一致，与 2003 年东北师范大学农村教育研究所调查的结果基本一致。六县调查显示，农村教师所学专业与任教学科不符，比如河南新县的小学、中学音体美专业的教师教中文和外语各占 50%；四川井研的小学教师中，50%体育专业、66.7%美术专业、66.7%教育专业的教师教数学，甚至 100%历史专业的教师教外语；黑龙江兰西的小学有 70.9%的教师同时教语文和数学。这些现象都说明，农村学校许多学科缺乏专业教师，

---

① 中国教育与人力资源问题报告组. 从人口大国迈向人口资源强国［M］. 北京：高等教育出版社，2003：317-318.

而又有许多教师所学非所教①。

根据《中国教育统计年鉴》的数据分析,2001年全国农村中小学最缺乏教师的科目依次是音、体、美、信息技术和劳动技术5科。其中,劳动技术科最为严重,高中每名教师要负责教授8577名学生,而初中每名教师要负责教授2099名学生。其他几科除体育以外,每名教师大多要教授1000至4000名学生不等。

现状三:合格教师超负荷工作。由于学科结构失衡,必须在局部范围内抽调教师顶替,而顶替的结果不仅使一些学历合格的教师在兼教的科目上成了不合格教师,而且合格教师超负荷工作,必然会影响本学科的教学。一些生源少、师资缺乏的农村小学中,有相当一部分教师基本上是包班任教,无论语文、数学还是其他科目,都由一位教师担任,甚至存在一位教师担任几个年级课程的现象。在我们的调查中,有23.7%的农村教师任教科目在3门以上,25.7%的农村教师周课时在18节以上。从生班比与生师比可以看出,我国城市、县镇和农村三类地区的小学生班比分别为42.14:1、41.54:1和31.13:1,其生师比反而是19.21:1、19.90:1和22.78:1。在我国农村,小学平均班额只有31.13名学生,25人以下班级个数占比达37%,而城市25人以下班级个数占比只达8.5%②。有些山区和落后地区的班级平均学生就更少,如我国还有一师一校点约11万个③,占全校点的80%以上,很多山区学校只有几十名甚至几名学生,但在这种情况下,全国农村的师生比一直稳定在1:20以上是很不容易的,这从一个侧面反映出广大农村特别是偏远山区教师长期超负荷工作的状况。在这么沉重的工作压力下,教师应付正常教学尚且力不从心,更谈不上素质教育了,教学质量可想而知。

3. 大学生难进与骨干教师流失共存

随着高校扩招,近几年尤其是2002年以来,大批高校毕业生涌向就业市场。奇怪的是,无论从学识还是年龄上都占优势的"骄子"们却陷入了一个尴尬的境地:他们很难进入教师系统,包括农村教师队伍。与此相悖的是,大量的农村骨干教师却同时在流失,使本已薄弱的农村教育雪上加霜。

现状一:师范大学毕业生"进不来"。近年来,高等师范院校毕业生的就业形势发生了很大变化,由原来的供不应求渐变为"供大于求"。就小学教师供应量而言,2004年师范类中专毕业生23.18万人,师范类专科毕业生

---

① 东北师范大学农村教育研究所. 农村教育调研报告(二)(附件)[R]. 2003:4.
② 各项具体数据参见:教育部发展规划司. 中国教育统计年鉴(2001)[M]. 北京:人民教育出版社,2002.
③ 黄黔. "十一五"农村小康社会基础设施建设项目建议书[Z]. 国务院发展研究中心,2004.

20.07万人,但小学教师需求量仅为11.33万人,这就是说有73.8%的师范中专和专科毕业生进不了小学教师队伍;就初中教师供应量而言,2004年师范类本科毕业生18.59万人,初中教师需求量仅为9.39万人,高中教师需求量仅为1.68万人,这就是说40.5%的师范本科毕业生进不了中学教师队伍。另外,非师范类待就业的毕业生人才资源潜力非常巨大,国家权威部门统计数据显示,2006年的大学毕业生比2005年增长20%左右,全国普通高校毕业生达413万人[①]。随着我国高等教育大众化的实现,师范教育毕业生的数量不断增加,教师的人才市场出现了一定程度的饱和。在农村教师封闭僵化的管理体制和部分地区农村教师资源分配不公平的背景下,大学毕业生很难进入农村教师队伍。

现状二:农村骨干教师流失严重。广大农村学校骨干教师流失,一直是农村教师队伍建设面临的一个突出问题。近年来,由于城乡经济和收入水平的差距持续拉大,生活条件悬殊,各地尤其是经济相对发达地区用各种优惠政策吸引骨干教师,造成教师逐级向上流动,中西部城市的教师向东部沿海城市以及北京、上海、深圳等大城市流动,县城教师向中心城市流动,乡镇教师向县城流动,而流失的都是骨干教师。这种现象被称为"教而优则进城"。湖北罗田一个暑假流失100多人,河南信阳流失300多人,湖北襄阳则流失教师600多人[②]。据调查,在半年的时间里,湖北省蕲春县教师流失就达800多人[③]。我们在调查中也发现,当前农村教师流动呈现出流动人数比例大、流速快以及流动去向的单向性等特点。在流动教师群体中,青年教师多于中老年教师,骨干教师多于一般教师。

农村学校骨干教师流失,更加扩大了城乡教育发展水平的差距,许多落后地区学校全是由民转公教师与代课教师把持着。一边是优秀大学毕业生进不来,一边是在岗优秀教师大量流失,形成了普遍的农村教师"虚心化"局面。

4. 老龄化与教学质量下滑共存

由于总量超编,结果是教育行政部门不敢进新教师,在我们的调研中有4个县至少5年内没有引进一名大学生,有些县即使有了编制,但由于预期的学生数的持续减少,加上财政支付困难,地方政府和农村中小学宁愿用代课教师也不用师范学校的毕业生(一名公办教师的工资相当于五六名代课教师

---

① 参见:《2006年大学生就业形势分析及预测报告》。
② 吴若岩. 帮助农村义务教育"脱贫"[N]. 中国教师报,2003-03-12(A01).
③ 周东爱,刘紫凌,田建军. 农村义务教育调查:乡村教师为何大量流失[J]. 基础教育,2004(2):49-50.

的报酬），"有编不补"，造成了农村中小学教师中年轻教师偏少的现状。

在农村教育中，教师队伍老龄化并没有体现出经验丰富的优势，却更多地表现为对教学改革的淡漠、知识老化和教学质量下降。很多多年从教的农村教师职业理想缺乏、工作倦怠、漠视学校的教学管理。据有关调查，在部分农村中学不带教案上课的教师占72.1%，其中中年教师（25—45岁）占20.5%，有的教师多年重复用一本教案[①]。他们捕捉现代信息不够、涉猎领域不宽，几十年来已经形成的一些习以为常的观念、思想、方法与现代科学信息技术发展、教育科学发展的要求相距甚远，严重影响了当前素质教育和新一轮基础教育课程改革的推行。比较明显的表现是教育信息化程度低及科学技术素养差。在我们的调查中，只有7.6%的农村教师能够熟练使用多媒体进行教学，绝大部分教师不用或很少使用多媒体。教育学者孟凡平在对5120名中小学教师进行的专项调查中发现，只在写论文时阅读使用书刊资料的仅有810人，能熟练或基本熟练使用电脑的有962人[②]。唐松林的调查显示，有31%和38.9%的人对"我对教育实践和周围教育现象具有反思的习惯"问题持否定和模糊态度，有87%以上的人未达到平均每年写一篇教学论文的指标，分别有27.4%和60%的人对"我具有对新的教育思想和方法的探索和创造能力"表示否定和模糊[③]。

二、原因——入口、出口、内部的多重障碍

农村教育不只是教育的事，社会、政治、经济诸方面的许多问题都可能集中到这一点并反映出来。通过对上述诸对相悖共存矛盾的认真分析，我们发现，在农村教师队伍的入口、出口及在岗教师内部都存在多重障碍，这些障碍滋生的深层原因，既有历史遗留问题，也涉及政府责任的缺失、机制的不健全等。对问题的归因分析，有助于我们直面问题产生的症结，为破解农村师资的困境提供确切的着力点。

1. 民转公教师——农村教师队伍整体素质提升的严重障碍

农村教师队伍整体素质难以提高的真正原因在于教师"超编"，部分"不合格"教师占据着教师岗位，导致优秀教师进不去。在我们调查的12个县中，有11个县的教育局局长（黑龙江省在2004年进行了中小学人事制度改革，大批编余不合格教师已被分流）认为，不合格教师主要是民转公教师。许多中小学校长在访谈中直陈其事，认为现在的民转公教师处于"学生不欢

---

① 余永德. 农村教育论[M]. 北京：人民教育出版社，2000：355.
② 孟凡平. 农村教师与农村教育的问题与对策[N]. 中国教育报，2004-03-19.
③ 唐松林. 中国农村教师发展研究[M]. 杭州：浙江大学出版社，2005：72.

迎、自身难进取、悠然等退休"的状态。这部分不合格教师占被调查教师总数的23.8%，其中民转公教师占18.5%，代课教师占5.3%。民转公教师在人才培养中产生了很多附带问题，成为新时期农村教师队伍建设与发展的制约因素。

农村教师中的民办教师大致有如下几个方面的来源：①20世纪五六十年代，为了弥补农村中小学教师数量的不足，吸收了一批小学和初中毕业生到小学或初中任教，这一举措在当时可谓是不得已而为之；②"文革"中后期，由于盲目办学，出现了县办大学、公社办高中、村办初中和小学以及教师层层拔高升格如小学教师教初中、初中教师教高中的局面；③20世纪80年代落实政策，一批原来从事过教育工作的退伍军人、落选的乡或村干部、企事业单位辞退的合同工等重返教师队伍，这些人大多因间断教学工作多年或文化素质本来就低而不适应教学工作；④20世纪90年代，一些地方政府制定土政策，将一些不具备资格的干部家属、子女以合同制工人的名义吸收进教师队伍。20世纪90年代，为解决大量农村学校民办教师问题，国家对民办教师采取"转一批、退一批、辞一批"的办法，让民办教师告别历史舞台。实际上是大批民办教师因有较长的工龄而免试转正。当年免试转正的民办教师到现在最年轻的也有40多岁了，也步入中老年阶段。现在乡村小学大都是转正的老民办教师在挑大梁，很多农村小学没有40岁以下的教师。

事实上，由于这部分人文化基础知识太差，虽然身份变了，但素质并没有提高，因而教育教学水平与实际要求有很大差距。他们普遍缺乏现代教育知识与理念、教育信息化程度低、科学技术素养差、创新意识不强、科研能力弱，他们的素质已经严重影响到了农村教育质量的提高。

2. 地方财政尤其是县级财政极为薄弱，致使农村教师待遇低下，不能真正吸引优秀师资

工资待遇偏低是农村教师职业缺乏吸引力的重要原因。以同届毕业、同职称的教师为例，农村教师的工资与本地区城镇教师差距为300多元，与发达地区差距达1000多元，而工资以外的福利差距更大。在我们的调查统计中，有32.3%的农村教师月工资在800元以下，49.6%的农村教师对自己的收入"不满意"。自国家实行教师工资归县管以后，教师工资拖欠现象有很大改善，但仍然存在不能按时足额发放的现象。此外，农村教师（尤其是县城以下的山区教师）的医疗保险、住房公积金、班主任津贴等政策性福利普遍得不到很好的保障。在我们的调查统计中，22.4%的农村教师无房，42.8%的农村教师近五年没有进行过一次体检，83.8%的农村教师认为工作压力大，这直接导致教师职业吸引力下降、骨干教师外流，严重影响了农村教师队伍的稳定和教育教学质量的提高。

我国实行农村税费改革后,为了解决农村教育经费紧缺的问题,中央于2001年、2002年相继召开了全国基础教育工作会议和全国完善农村义务教育管理体制电视电话会议,颁布了《国务院关于基础教育改革与发展的决定》和《国务院办公厅关于完善农村义务教育管理体制的通知》,明确了农村基础教育实行新的管理体制,农村义务教育管理体制实现了由"农民为主"转为"政府为主"、由"以乡镇政府为主"转为"以县政府为主"。截至2003年4月底,全国已有98%的县将教师工资管理、94%的县将教师人事管理上收到县,效果和影响非常明显,尤其是有效解决了拖欠教师工资的顽症。

即便如此,单方面的管理体制改革也难解义务教育投入总量不足和结构失衡之结,"小马拉大车"局面没有根本性变化,县级财政难当重任。20世纪90年代中期以来,县级财政赤字面一度高达40%以上,县级统筹尽管可以在一定程度上使县内的贫富差距得以平衡,但仍无补于一个县财政的绝对匮乏。许多县级政府已经成为教育政府,教育投入占县财政的40%以上,负担围着教育转,早已不堪重负,因此,以县为主只能是管理体制的要求,投入体制还必须是政府为主各级分担[①]。

3. 社会保障体系极其脆弱,农村教师无法承担失去公职的后果,致使教师人事制度改革推进迟缓

由于农村社会保障体系极其脆弱,农村教师队伍长期形成了一种"只进不退"的用人体制,一大批年龄大、基础差的"民转公"教师占着教师编制,而新教师没有编制进不来。由于我国在新中国成立以后实行长期的计划经济模式,农村教师与"国家户口"、教师终身制度联系在一起,教师成为"吃皇粮"的国家干部。这一制度虽然表面上提高了教师地位,在一定历史条件下对教师发展起到了积极作用,但随着社会经济结构的急剧蜕变与高等师范教育的快速发展,其弊端日益明显。

"教师吃皇粮"的体制强化了农村教师群体的超稳定结构。由于在一个行政区域之内教师编制是刚性的,当"民转公"教师享有老教师威望而把持着农村学校或教育并且短期内不能从教师岗位退出时,新的教师就难以进来,即使进来了也会受到旧有教育观念的制约而无法发挥所长,这就不可避免地导致"超编与缺人""人才溢流"等问题的产生。我们在调查中了解到,越是落后地区教师队伍越稳定,越是发达地区教师流动性越大,越不稳定;相反,教师队伍越稳定的地区教师素质越低,而教师队伍越不稳定、流动性大的

---

① 曾天山. 完善农村教育管理体制是发展农村教育的治本之策[J]. 教育研究,2003(8):8-9.

地区，教师素质越高。

因此，原来在历史上起过积极作用的"教师吃皇粮"的传统，在一个教师数量相当缺乏的时代曾经显示出其优越性。但是在当今高等教育蓬勃发展、教师资格证书制度普遍施行及教师人才资源越来越丰富的情况下，它无疑已成为农村教师队伍建设的严重障碍。但在当前我国农村社会保障体系极度脆弱的情况下，对农村教师实行优胜劣汰的人事制度改革，显然还缺乏现实条件的支持。

三、对策——实施以政府行为为核心的多渠道的、有力的措施

1. 退养不合格教师，为教师流动疏通出口

在广泛调研、征求意见的基础上，本文建议国家出台政策让全国所有民转公教师一次性退出教师岗位，国家按其现有工资水平提供退养补贴，以彻底解决这一历史问题。这样做的感情基础在于，我们尊重历史，尽管民转公教师大多是不合格教师，但他们以非常低的工资承担了别人不愿意承担的责任，在很长一段时间内支撑着基础教育最艰难的部分——农村基础教育的发展。因此，从情感上、从历史贡献上我们要感谢他们，在我国农村的社会保障体系还基本没有建立起来时，让退养教师获得稳定的工资收入，能够切实解决他们的后顾之忧；从现实的财政支出情况来看，让民转公教师提前退养并没有增加国家更多的负担，是务实的。

让这部分人退养起来，在很大程度上也符合高龄农村教师的心态。在我们的调查中，44.0%的45岁以上农村教师在回答"您是否想过提前退休"时选择"太累了，现在就想退"。大部分民转公教师都是20世纪60—80年代参加工作的，年龄大多在40岁以上或接近退休，给他们满意的工资，让其提前退养，可以避免激化矛盾，减少政策操作风险，为优质师资的进入疏通出口。

2. 建立以中央和省级财政为主的义务教育支付体制，健全农村生活保障体系，使农村教师成为真正有吸引力的职业

我们建议以省为主，确保教师工资按时足额发放。要明确中央、省两级政府分担教师工资的比例，建立相应的监督报告和责任追究制度，保证农村教师工资标准不低于国家标准、地方性津贴补助不低于当地国家公务员水平，尽快做到城乡教师执行同一工资标准，真正解决教师工资拖欠问题。在此基础上，加大投入，不断提高农村教师待遇，由中央和省级政府拨款建立贫困和边远农村地区教师特殊津贴制度，根据农村学校边远偏僻的情况，提高一到两级工资（或工资上浮10%—20%），这对于稳定农村教师队伍、吸引合格师资到农村任教具有重要意义。

当前，除了要提高教师待遇外，还有一项重要任务就是建立健全农村生活保障体系，使包括农村教师在内的广大农村居民能够享有最低生活保障、养老保险和必要的医疗服务。在广大农村地区，同农民相比，教师是收入较为稳定的职业，一些在"合乡并镇"及相关改革中精减下来的行政或其他行业人员想方设法挤入教师队伍，为教育教学质量的提升埋下隐患。通过建立健全农村生活保障体系，让这部分人在即使不拥有教师身份的情况下也可以平安生活，这样就能够减少来自基层的农村教师入口竞争，使我们在提高农村教师职业吸引力的同时，尽量减少和杜绝非专业人员进入，以保证农村教师的专业品质。

农村教育是社会诸多方面问题的集中反映，加强农村师资队伍建设，不是教育系统一家就可以做到的，需要各级政府、各有关部门的支持和配合。

3. 形成合理的城乡教师交流制度，为农村教师发展注入活力

教育部 2006 年 2 月 26 日下发了《关于大力推进城镇教师支援农村教育工作的意见》，号召各地的城镇教师支援农村教育，并出台了六项举措：第一，大中城市中小学教师到农村支教；第二，组织城镇中小学教师定期到农村任教；第三，探索实施农村教师特设岗位计划；第四，鼓励并组织落实高校毕业生支援农村教育；第五，组织师范生实习支教；第六，组织多种形式的以骨干教师为主的智力支教活动。这说明国家正在采取有效激励措施，引导和鼓励合格教师到农村中小学任教，从制度上探索解决合格农村师资紧缺问题。

但是我们在调查中也听到了其他一些声音，对这种短期轮换的效果提出质问。比如宁夏×县一中学校长认为，年轻教师对于轮换制很赞成，尤其是城乡轮换，而很多教育局承诺在偏远山区工作两年或三年后即可调回到县或县郊区学校任教，却大部分没有实现，使得很多年轻老师流失到其他地方或行业。而且偏远山区的家长和学生不喜欢这些从城里轮换来的教师，一是因为城里学校不会把骨干教师定为轮换对象，所以轮换来的教师业务能力不怎么样；二是因为这些轮换来的教师的责任心不强，根本没有扎根偏远山区教育的心思，这使得当地的学生和家长非常反感，所以他们宁愿要那些业务能力不强而责任心强、具有敬业精神的当地教师。这使得轮换制无论在教师派出地还是接受地都成了一件尴尬的事。

面对城乡交流制度的现状和存在的问题，各级教育管理部门一方面要多方努力，通过多种渠道、整合多种资源促进和推动城乡教师的合理流动；另一方面更要注重实效，避免走过场，使城市中的先进教育理念、时代精神和现代教育教学理论、信息技术能真正"下乡"。

4. 严格农村教师准入制度，健全和完善评价机制，提高教师资格制度的政策效力

要建立严格的教师职业准入制度，严把教师入口关和质量关，这样才能从源头上阻止不合格教师进入农村教师队伍。为了持续提高教师教育质量，必须改变我国一次教师资格认证定终身的状况。本文建议废除教师资格证书终身制，实施中小学教师资格证书的更新制度。农村教师发展除了当前清退"民转公教师"外，还要有一个长效的"不合格教师退出规则"。对于教师资格证书即将到期的教师，为使他们取得新的教师资格证书，要尽量为他们提供不断学习的条件和机会。对于不学习、不进取或不能继续取得教师资格证书的教师，自然流入人才市场，以后与其他人一样，可以重新取得相应证书后进入教师岗位，也可以进入其他行业。这样，一个"铁饭碗"式的教师终身制被彻底废除。国家可以通过提高教师资格制度的政策效力，对农村中小学教师的专业发展产生长效的激励作用。

（本文原载于《国家教育行政学院学报》2008年第5期）

城乡义务教育教师交流轮岗政策演进：
问题审思与优化路向[①]

【摘要】 教师交流轮岗政策是促进义务教育均衡发展和实现教育公平的重要举措。教师交流轮岗政策经历了鼓励引导为主的起步探索、规范初步建立的制度形成、强化政策落实的制度完善三个发展阶段。目前，政策设计依然存在一些问题，主要包括：重政策制定轻政策执行，导致各地教师交流轮岗实践进度不一，实施力度有强有弱；交流轮岗教师的选拔标准较为笼统，"谁去交流"的随机性较大；激励保障机制不健全，教师主动交流轮岗的意愿较弱；重流动轻流动后的管理，降低了教师交流轮岗政策的最终成效。未来，须加强政策执行力度，明确各地教师交流轮岗制度化、常态化的时间表和路线图；明确全员流动的轮岗规则，建立科学合理的交流轮岗教师选拔机制；健全激励保障机制，提高教师主动交流轮岗的意愿；加强教师流动后的监管工作，切实提高教师交流轮岗成效。

【关键词】 义务教育；教师；交流轮岗；教育均衡

教师交流轮岗政策自出台之初便被赋予重要的价值和使命，它是缓解我国农村边远地区师资短缺、质量不高问题，促进义务教育均衡发展和实现教育公平的重要举措。国家既希望通过教师的流动解决农村学校尤其是农村小规模学校师资不足的问题，也期许通过优质轮岗教师专业能量的扩散带动农村学校的发展变革和整体改进，最终实现义务教育的优质均衡发展。2021年，我国2895个县级行政单位全部实现县域义务教育基本均衡发展[②]。在此背景下，义务教育优质均衡发展成为新的发展目标，全国多地也开启了新一轮的教师交流轮岗改革热潮。我国教师交流轮岗政策已经历了近30年的发展历程，这项事关学校、教师和学生发展的紧要政策是如何演变至今的？在全国各地的落实状况如何？政策设计还存在哪些问题和不足？新时期又该如何进

[①] 本文作者为东北师范大学杨卫安教授。
[②] 赵婀娜. 2895个县级行政单位实现县域义务教育基本均衡发展 [N]. 人民日报，2022-05-07（1）.

一步优化改进？这些都是未来深入推进教师交流轮岗政策改革亟须探究的重要问题。

一、城乡义务教育教师交流轮岗政策的演进历程

随着城乡教育发展战略的不断调整和乡村教育生态环境的不断变化，我国教师交流轮岗政策也经历了一个不断发展、修正和完善的过程，政策实施不断由"鼓励引导"走向"规制约束"，旨在引导城乡教师合理流动，均衡城乡师资配置，促进城乡义务教育均衡发展和质量公平。

（一）鼓励引导为主的起步探索阶段（1996—2005 年）

1996 年，原国家教育委员会在《关于"九五"期间加强中小学教师队伍建设的意见》中明确指出："要积极进行教师定期交流，打破在教师使用方面的单位所有制和地区所有制，促进中小学教师在学校和地区之间的交流。"[①]教师"定期交流"的主张首次出现在国家教育政策中，鼓励教师从城市到农村、从强校到弱校任教。1999 年，《中共中央、国务院关于深化教育改革全面推进素质教育的决定》强调，"各地要制定政策，鼓励大中城市骨干教师到基础薄弱学校任教或兼职，中小城市（镇）学校教师以各种方式到农村缺编学校任教"，"城镇中小学教师原则上要有一年以上在薄弱学校或农村学校任教经历，才可聘为高级教师职务"[②]，教师的职业发展生涯开始与交流经历相挂钩，以职称晋升来激励城镇教师到农村任教。

2003 年，《国务院关于进一步加强农村教育工作的决定》提出，要建立"城镇中小学教师到乡村任教服务期制度"，"区域内城乡'校对校'教师定期交流制度"[③]。教师交流政策得到国家进一步的重视和支持，逐渐向制度化、规范化迈进。2005 年，教育部在《关于进一步推进义务教育均衡发展的若干意见》中提出，"采取各种有效措施，建立区域内骨干教师巡回授课、紧缺专业教师流动教学、城镇教师到农村学校任教服务期等项制度，积极引导超编学校的富余教师向农村缺编学校流动"[④]。政府开始探索更加灵活的教师流动方式，在编制总量紧缺的情况下统筹协调区域内现有的教师资源，着力解决

[①]《关于"九五"期间加强中小学教师队伍建设的意见》，《中华人民共和国国务院公报》1997 年第 6 号，第 242 页。

[②]《中共中央、国务院关于深化教育改革全面推进素质教育的决定》，《中华人民共和国国务院公报》1999 年第 21 号，第 876 页。

[③]《国务院关于进一步加强农村教育工作的决定》，《中华人民共和国国务院公报》2003 年第 31 号，第 9 页。

[④]《教育部关于进一步推进义务教育均衡发展的若干意见》，《中华人民共和国教育部公报》2005 年第 7/8 号，第 55 页。

农村学校教师数量短缺、结构失衡和质量不高的问题。

这一时期是我国城乡义务教育教师交流政策的起步阶段,重在帮扶农村学校和薄弱学校的发展,强调通过倾斜性举措来吸引、调动城市教师到农村任教,但有关教师流动的具体规定和安排不够系统和规范,多零星分散于各种教育政策文件之中。

(二)规范初步建立的制度形成阶段(2006—2014年)

2006年新修订的《中华人民共和国义务教育法》第三十二条规定,"县级人民政府教育行政部门应当均衡配置本行政区域内学校师资力量,组织校长、教师的培训和流动,加强对薄弱学校的建设"①。教师流动上升为强制性要求,被纳入我国的法律条文之中,从此获得了合法地位和法律保障。与此同时,在法律上明确了县级教育行政部门对教师流动的统筹管理,确立其政策执行的主体地位和相关责任。同年,《教育部关于大力推进城镇教师支援农村教育工作的意见》指出,为不断优化和提高农村教师队伍的结构和素质,开展"'校对校'对口支援""县域内城镇教师定期到农村任教""特设岗位计划""高校毕业生支援农村""师范生实习支教""走教""联聘"等支教活动②。教师流动的形式越来越多元化,全国各地也开始纷纷探索并付诸实践。该文件还对城镇教师支援农村教育的具体工作进行了详细部署,相较于之前的政策法规,是一个全面系统化的指导性文件。

2010年出台的《教育部关于贯彻落实科学发展观进一步推进义务教育均衡发展的意见》强调,要"健全城乡教师交流机制","完善城镇教师到农村学校任教服务期制度"③。该文件不仅注重城镇教师到农村学校交流,而且对流动后应发挥的作用和效果做出规定,期望通过优秀校长和骨干教师的示范、辐射和带动作用引领农村学校的发展。同年7月,中共中央、国务院印发的《国家中长期教育改革和发展规划纲要(2010—2020年)》提出,"建立健全义务教育学校教师和校长流动机制"④。城乡教师交流工作出现在国家教育改革和发展的战略性文件中,表明国家通过城乡教师交流均衡配置区域师资、实现教育公平的重大决心和长远规划。

2012年,《国务院关于深入推进义务教育均衡发展的意见》提出,建立县

---

① 《中华人民共和国义务教育法》,《中华人民共和国国务院公报》2006年第23号,第10页。
② 《教育部关于大力推进城镇教师支援农村教育工作的意见》,《中华人民共和国教育部公报》2006年第7/8号,第27页。
③ 《教育部关于贯彻落实科学发展观进一步推进义务教育均衡发展的意见》,《中华人民共和国国务院公报》2010年第20号,第27-28页。
④ 国家中长期教育改革和发展规划纲要(2010—2020年)[N].人民日报,2010-07-30(15)。

域内公办学校校长、教师交流制度,建设农村艰苦边远地区教师周转宿舍,完善相关政策措施以促进县域内校长、教师交流①。该文件除了规定教师流动的方式和职称评审约束之外,还对教师流动的生活保障条件做出相关安排,从流动前的激励和流动后的保障两方面着手来推动城镇教师流动,确保政策执行的有效性。

这一阶段出台的最全面具体的文件是2014年颁布的《教育部 财政部 人力资源和社会保障部关于推进县(区)域内义务教育学校校长教师交流轮岗的意见》(以下简称《交流轮岗意见》)。该文件对校长教师交流轮岗的工作目标、人员范围的确定、具体的方式方法、激励保障机制、工作落实的责任主体及义务教育教师队伍"县管校聘"管理改革等进行了系统规划,是直接针对教师交流轮岗工作的专门性文件,目的是通过顶层制度设计推进交流轮岗工作的制度化、规范化和常态化。

总之,我国城乡义务教育教师交流轮岗制度在这一阶段得到正式确立,政府将其视为促进义务教育均衡发展的重要抓手,并对各个方面进行通盘设计,政策执行也逐渐由鼓励引导转向规制约束。

(三)强化政策落实的制度完善阶段(2015年至今)

2014年《交流轮岗意见》颁布以后,教育部多年来的工作要点和其他许多重要教育政策文件都把"推进教师交流轮岗"作为重要工作内容。2015年,《乡村教师支持计划(2015—2020年)》指出,"全面推进义务教育教师队伍'县管校聘'管理体制改革,为组织城市教师到乡村学校任教提供制度保障"②。该文件是对乡村教师进行支持的专门性文件,提出对乡村教师进行支持的八大措施,这些措施有利于发挥协同效力,促进教师交流轮岗政策的执行。文件还首次提到"县域内重点推动县城学校教师到乡村学校交流轮岗,乡镇范围内重点推动中心学校教师到村小学、教学点交流轮岗"③。教师交流开始呈现分层次、分片区逐步推进的特征。2016年出台了《国务院关于统筹推进县域内城乡义务教育一体化改革发展的若干意见》,除了全面推进教师"县管校聘"改革,统筹调配编内教师资源,推动城乡教师交流外,还鼓励和

---

① 《国务院关于深入推进义务教育均衡发展的意见》,《中华人民共和国国务院公报》2012年第26号,第41页。
② 《乡村教师支持计划(2015—2020年)》,《中华人民共和国国务院公报》2015年第17号,第8页。
③ 《乡村教师支持计划(2015—2020年)》,《中华人民共和国国务院公报》2015年第17号,第8页。

引导乡村志愿支教活动①。区域教师资源的统一调配,是保障城镇优秀教师向农村学校流动的关键,能够有效缓解乡村教师结构性缺员的问题。

2018年,《中共中央 国务院关于全面深化新时代教师队伍建设改革的意见》颁布,强调"实行义务教育教师'县管校聘'。深入推进县域内义务教育学校教师、校长交流轮岗","推动城镇优秀教师、校长向乡村学校、薄弱学校流动。实行学区(乡镇)内走教制度,地方政府可根据实际给予相应补贴"②。国家在秉持义务教育均衡发展的前提下针对交流轮岗实践中的具体问题不断修正和调整政策。该文件强调在评职评优之外还应给予轮岗教师一定的经济补贴,以提升城镇教师到农村学校交流轮岗的动力。

2019年,《中共中央、国务院关于深化教育教学改革全面提高义务教育质量的意见》提到,"加大县域内城镇与乡村教师双向交流、定期轮岗力度,建立学区(乡镇)内教师走教制度"③。与以往重点推动县城学校教师到乡村学校交流轮岗不同,这一文件强调了加大县域内城镇与乡村教师双向交流、定期轮岗力度。2020年,《教育部等六部门关于加强新时代乡村教师队伍建设的意见》提出畅通城乡一体教师配置渠道,重申要采取多种途径和方式,重点引导城镇优秀校长和骨干教师向乡村学校流动。城镇教师、校长在乡村交流轮岗期间,按规定享受当地相关补助政策。同时,城镇学校要专设岗位,接受乡村教师入校交流锻炼④。

2023年,中共中央办公厅、国务院办公厅印发《关于构建优质均衡的基本公共教育服务体系的意见》,强调"实施校长教师有序交流轮岗行动计划","完善交流轮岗保障与激励机制"⑤。同年,《教育部国家发展改革委财政部关于实施新时代基础教育扩优提质行动计划的意见》强调,"推动教师有序交流轮岗","对培养、输送优秀骨干教师的学校给予奖励支持,对作出突出贡献的校长教师在各级评优表彰工作中予以倾斜,按照国家有关规定予以表彰奖

---

① 《国务院关于统筹推进县域内城乡义务教育一体化改革发展的若干意见》,《中华人民共和国国务院公报》2016年第21号,第8-9页。
② 《中共中央、国务院关于全面深化新时代教师队伍建设改革的意见》,《中华人民共和国国务院公报》2018年第5号,第20页。
③ 《中共中央、国务院关于深化教育教学改革全面提高义务教育质量的意见》,《中华人民共和国国务院公报》2019年第20号,第8页。
④ 《教育部等六部门关于加强新时代乡村教师队伍建设的意见》,《中华人民共和国教育部公报》2020年第9号,第32-33页。
⑤ 《关于构建优质均衡的基本公共教育服务体系的意见》,《中华人民共和国国务院公报》2023年第18号,第5页。

励"①。

这一时期的交流轮岗政策不断趋于完善,教师交流的方式和途径也日渐多元化,并以经济补贴、评优表彰等多种方式不断激励城镇教师到农村任教,同时强调持续推进"县管校聘"改革,为交流轮岗政策的深入开展扫清了障碍。

二、城乡义务教育教师交流轮岗政策的问题审思

我国城乡义务教育教师交流轮岗政策虽不断趋向完善,政策实践也取得了初步成效,但 2014 年《教育部 财政部 人力资源和社会保障部关于推进县(区)域内义务教育学校校长教师交流轮岗的意见》规定的"用 3 至 5 年时间实现县(区)域内校长教师交流轮岗制度化、常态化"的目标还远远没有达成。政策的制定和总体设计仍存在一些漏洞和缺陷,阻碍了教师交流轮岗政策的深入推进,影响了政策执行的最终效果。

(一)重政策制定轻政策执行导致各地交流轮岗实践进度不一,实施力度也有强有弱

多年来我国教师交流轮岗政策的内容和条目虽依据实践中出现的问题不断得到修正和充实,但国家对各省各地的政策落实情况缺乏具体要求和硬性规定。从全国来看,目前教师交流轮岗政策整体实施进度不一,实施力度上也强弱不齐。从实施进度上看,在《交流轮岗意见》出台之前,一些省份就已经开始探索并推行教师交流政策。如浙江省嘉善县在 2010 年就率先开展义务教育学校校长教师交流改革,2013 年省教育厅便正式出台指导性文件并扩大改革试点。这些地区起步早并积累了一些实践经验。部分省份在教育部出台政策之后也开始积极跟进,逐步建立制度化、常态化的教师交流轮岗政策,并在县域范围内全面推行。但也有一些地区近几年才认识到推进教师交流轮岗政策的迫切性,着手制定政策文件并启动教师交流轮岗工作。在实施力度上,根据我们的调研,部分省市的教师交流轮岗工作已取得了较好的成效,不仅缓解了当地农村学校师资紧缺的难题,还有力促进了县域师资的均衡配置,但也有一些地区的政府和教育行政部门虽然很认可该政策的价值所在,但在实际执行时仍然有所保留,担心交流轮岗会降低全县整体教育水平,不敢大幅度调动重点学校的优质师资,而往往采取保守策略,选择在较小范围内推行,甚至个别教育行政部门官员对交

---

① 《教育部、国家发展改革委、财政部关于实施新时代基础教育扩优提质行动计划的意见》,《中华人民共和国国务院公报》2023 年第 27 号,第 47 页。

流轮岗政策持观望态度，认为这种做法是"削峰填谷"，不符合市场竞争法则①。交流轮岗政策的实施还潜伏着一些风险，如频繁地更换教师会引发学生的成长和适应问题，优质师资的流动会招致城镇家长的不满和反对，经常更换任教学校会降低教师的归属感并对其安心从教造成一定影响。以上问题若得不到妥善解决，便会导致新的冲突和矛盾。面对公信力可能会下降的风险，部分主管领导会退而求其次，选择维持现状或形式化执行，即在校长教师交流轮岗政策执行中，仅是发文件喊口号，不制定切实方案，导致政策流于形式，未能深入执行②。

（二）交流轮岗教师的选拔标准较为笼统，"谁去交流"的随机性较大

对于交流轮岗对象的选拔，国家和地方政策文本仅将轮岗比例、在同一学校任教年限作为筛选交流轮岗教师的条件，而在这些符合条件的教师中如何进一步确定具体人选，遴选的标准、操作流程和详细规则等都没有明文规定，导致政策执行的操作空间较大。根据2023年11月东北师范大学中国农村教育发展研究院的调研数据，有40.51%的教师选择主动自愿参加交流轮岗，原因多是为了评职称加分、轮岗学校离家近、方便照顾子女等，其交流轮岗选择是由教师个体需求逻辑而非政策需求逻辑决定的，他们考虑更多的是个体利益与发展，而非出于帮助农村学校和薄弱学校发展的责任感和使命感。当主动自愿参加交流轮岗的教师人数达不到国家规定的轮岗比例时，地方教育行政部门和学校便采取多种方式加以干预。调研发现，由教育行政部门或学校直接派出的教师占46.14%，经学校动员后参加轮岗的教师占13.34%③。由于交流轮岗教师的选拔缺乏统一、明确的标准，"谁去交流"的问题最终便取决于学校领导的权力，从而为"权力寻租"埋下潜在风险④。校长或学校领导不仅能够决定派谁去参加轮岗，还能操控具体轮岗到哪所学校。如此，便引发暗箱操作、末位淘汰等一系列不良行为。教师为了逃避交流或被安排到条件好一些的学校交流，就可能会通过不正当的手段拉拢学校领导来达到自己的目的。而校长也很有可能利用手中的权力来经营自己的关系网，帮助一些教师摆脱被交流的困境，或给他们安排好的相对便利的学校。

另外，交流轮岗政策的初衷是均衡城乡师资力量，鼓励并要求城镇学校

---

① 司晓宏，杨令平. 西部县域校长教师交流轮岗政策执行中的问题与对策[J]. 教育研究，2015（1）：74-80.
② 石火学. 教育政策执行偏差的表现、原因及矫正措施[J]. 教育探索，2006（1）：51—53.
③ 2023年11月，课题组依托东北师范大学中国农村教育发展研究院采用自制问卷对全国东、中、西部地区5省6县（市）做了县域交流轮岗教师在流入校教育教学状况的调查。
④ 黄启兵. 教师轮岗制度分析[J]. 中国教育学刊，2012（12）：23-26.

派出一定数量的骨干教师，但在重点学校建设和追求升学率的背景下，"派谁去交流"成为困扰校长的一大难题。学校为了维护自身的发展和利益，通常不会把耗费多年时间和精力培养出来的骨干教师、优秀教师交流出去，而那些教学水平一般、不好管理和富余的学科教师便成了交流轮岗的人选。一些地区在实际执行交流轮岗政策时采用的就是末位淘汰制。部分接收学校也反映交流过来的教师不是他们所需要的，不仅专业不对口，水平上还不达标，既难以解决他们师资紧缺的燃眉之急，又为学校的教育教学和日常管理带来了麻烦和问题。

（三）激励保障机制不健全，教师主动交流轮岗意愿较弱

从制度设计的理想状态来看，城乡教师交流轮岗制度应以教师自愿为基本原则[①]。但我们调研发现，教师虽普遍对交流轮岗政策持肯定的态度，认为推行得好能推动区域内教师资源均衡配置和促进教育公平。但是，仅有40%左右的教师选择主动自愿参加交流轮岗，一半以上的教师交流轮岗意愿较弱。这与教师交流轮岗激励保障机制不健全密切相关，76.05%的教师认为交流轮岗后的收入、福利待遇等变化会影响自身的轮岗意愿。城镇教师到农村学校交流意味着将面临工作环境、生活质量、工资福利、团队力量等方面的一系列变化，并且这种变化多为负向的。在政策成本由教师个体承担的情况下，教师并不会主动选择到其他学校进行交流轮岗[②]。

在我国城乡教师交流轮岗政策实际执行的过程中，轮岗教师的主体意愿、个体需求和个人利益在一定程度上受到忽视。调研数据显示，58.84%的教师反映所在地区并未给予交流轮岗教师优惠待遇，59.14%的校长和50.96%的教师认为当前交流轮岗政策实施的主要问题是缺乏有效的激励机制。在访谈中，教师也提到从家到轮岗学校的路程太远，每月交通费用很高，又没有相应的经济补贴，而且早出晚归很难照顾子女、老人等。虽然部分地区会在教师职称晋升等方面给予加分政策，但是目前这种补偿无法抵消交流轮岗教师的实际损失，并且它不能完全替代经济补偿。即使一些地区城镇教师在乡村交流轮岗期间，按规定享受当地相关补助政策，也会因为交通等额外支出成本增加和"双减"政策实施后在乡村工作课后服务费远低于城镇而总收入并没有增加，甚至有些地方教师的收入反而减少了。这造成交流轮岗教师的剥夺感增加，交流意愿和工作积极性都随之降低。

除此之外，激励保障机制不健全，以评优表彰、业绩考核、职称晋升等

---

① 叶飞. 城乡教师交流的"异化"及其对策分析[J]. 中国教育学刊，2012（6）：17-20.
② 袁媛. "县管校聘"体制下教师交流轮岗的机制建构[J]. 四川师范大学学报（社会科学版），2021（3）：127-132.

作为激励教师到乡村交流轮岗积极性的手段，对于职称晋升无望或者无欲无求的教师，以及从乡村调入城镇任教，或者已经有过到乡村交流轮岗经历的教师，就难以起到激励作用。

（四）重流动轻流动后的管理，降低了教师交流轮岗政策的最终成效

科学完善的监管机制有助于交流轮岗教师的价值和效能发挥到最大化。我们的调查结果显示，34.29%的校长和30.39%的交流轮岗教师认为当前的交流轮岗政策缺乏严格的监督体系，政策执行中存在"重过程轻结果、重派出轻监管、重到岗轻使用"等问题，现实中教师交流的浅表化、形式化和功利化现象普遍存在。45.5%的教师在交流轮岗期间更换了原来的授课学科，教非所学，新学科授课需要从头探索；部分教师还被当成教学"苦力"，承担多门学科的教学任务，难以保证各科的教学质量。86.49%的教师指出交流轮岗学校的文化氛围会影响他们交流轮岗的意愿，一些骨干教师反映轮岗学校整体缺乏教研氛围，也未能给他们提供发挥指导、引领和带动流入校教师发展作用的平台和机会，专业能量得不到完全发挥，造成优质教师资源的浪费，同时会影响到其他骨干教师的轮岗积极性。此外，政策文件中缺少对教师流动后的教育教学行为进行监督评价的规定，交流轮岗教师应达到怎样的教学质量并没有明确要求，41.15%的交流轮岗教师指出所任教的学校未针对交流轮岗教师制定相应的考核标准或考核标准流于形式。我们在调研中发现，交流轮岗教师未到岗，原单位和轮岗学校两边跑的现象也存在，流入校甚至安排本校教师和交流轮岗教师同上一门课，轮岗教师不到岗时便由本校教师来接替任教，这样的交流轮岗俨然已流于形式，达不到政策目的。同时，一些地区的政策文件规定教师交流轮岗的期限为三年，但不少教师只在流入校任教一年便回原单位了，流入校对此表示无奈。还有一部分教师因交流结束后自己的去向不确定而缺乏归属感，影响其在流入校的工作状态和工作投入。

三、城乡义务教育教师交流轮岗政策的优化路向

为破解教师交流轮岗政策设计及实施中的难题，持续推进县（区）域内教师交流轮岗政策改革，未来应从政策执行力度、教师交流轮岗选拔机制、激励保障机制和流动后的管理四个方面进行改进和优化。

（一）加强政策执行力度，明确各地教师交流轮岗制度化、常态化的时间表和路线图

加强政策宣传和引导，切实让各级政府认识到教师交流轮岗制度是落实国家共享发展理念，合理配置教师资源，实现县（区）域内义务教育均衡发

展的必由之路。应明确将教师交流轮岗确定为我国教育发展的一项长期政策，要求各省必须严格执行。落实地方政府责任，分省份制定教师交流轮岗政策实施规划，进一步明确各省推进教师交流轮岗制度化、常态化的时间表和路线图，确定可操作、可达成的渐进性阶段发展目标，并签订义务教育教师交流轮岗政策实施备忘录，形成中央部门和地方政府共同推进的新机制。鉴于不少省份各县（区）基础不同，实施水平参差不齐的状况，各省可采取分层分批次的推进策略，分层施策，分类指导，分批达标。同时，由教育部会同各部委成立专门的教师交流轮岗政策实施情况的督导机构，对县级政府的实施情况进行督导检查，督导检查结果作为对县级政府奖惩、问责的依据。要对义务教育教师交流轮岗政策落实情况好、成效显著的县，予以奖励；对工作执行不力、成效不大的县，进行问责，追究责任。

（二）明确全员流动的轮岗规则，建立科学合理的交流轮岗教师选拔机制

将交流轮岗确定为全体教师的法定义务和基本职责，要求除特殊情况之外所有教师必须流动，同时各地应根据教师队伍结构和教师资源分布的实际情况合理测算每轮教师的轮岗比例。全员定期轮岗意味着参与交流的教师人数最多，政策执行的成本均摊到每位交流轮岗教师身上，可以减少教师的抵触情绪和派出学校的观望心理，从而最大限度地保证政策实施的公平性。定期为农村学校提供持续的、能够达到一定规模和结构的城镇教师，还有利于集中改善农村学校的微观教育教学生态，提高农村学校的教育教学和科研水平，增强政策执行的最终效果。同时，应制定清晰的交流轮岗教师选拔流程，保证教师定期流动的公开透明。首先，由县级教育行政部门制定教师定期流动的实施方案、工作方针及细则，包括教师交流轮岗的宗旨和要求、轮岗对象的标准、轮岗范围的划定及具体操作程序等。其次，由全体教师填写并提交轮岗意向调查表，其中包括意向的学校等。最后，在综合考虑学校实际教学需求、教师本人意愿和全员轮岗原则的基础上确定具体的轮岗人选。在具体选派交流轮岗教师时，还应按照地域靠近、人岗相适、专业相近等原则，综合考虑学科、职称、年龄、性别等因素，把握好每年教师交流轮岗的"流量"和"流向"，对教师在全县范围进行科学调配和合理安排[①]，确保派出的教师既能满足农村学校尤其是农村小规模学校课程"开齐、开足、开好"的需求，也能通过优质轮岗教师的示范引领作用带动农村学校的整体改进和发展。

---

① 操太圣，卢乃桂."县管校聘"模式下的轮岗教师管理审思[J]. 教育研究，2018（2）：58-63.

(三）健全激励保障机制，提高教师主动交流轮岗意愿

激励保障机制是交流轮岗制度必不可少的一部分，补偿激励的程度直接影响教师参与交流轮岗的积极性和工作投入程度。除已有政策的激励保障措施外，建议设立教师交流轮岗专项经费，对交流轮岗教师进行补偿激励。首先，补偿标准的制定应综合考虑交流轮岗教师的实际经济损失、轮岗学校的艰苦偏远程度、学科教师紧缺程度和教师教育教学水平等。实际经济损失应包括两部分：一是交流轮岗所导致的交通、食宿等实际增加的生活成本；二是交流轮岗所带来的间接损失，如因交流期间不能履行赡养老人、照顾子女等而产生的额外支出。实际补偿还应根据轮岗学校的艰苦偏远程度区别对待，轮岗教师流动到的学校条件越艰苦，距离城镇越偏远，面临的损失和挑战也会越大，相应地给予轮岗教师的补偿也应增加，避免单一化补偿带来的学校选择性偏好。另外，农村学校急需的是一批高水平教师和紧缺学科教师，补偿标准也应与教师个体的教学能力、学科专业发展成本相匹配，相应提高骨干教师、学科带头人、外语音体美等学科教师的补助，增强政策补偿对这部分教师的激励作用。其次，设立专门的交流轮岗教师贡献奖励金，除基本的政策补偿之外，根据教师在轮岗学校的教育教学质量、工作投入程度和实际贡献分等级发放奖励金，激励教师"轮有所为"，并确保轮岗教师"劳有所得"。最后，以职称晋升和评优表彰等专业或荣誉方面的激励作为经济补偿的补充，多管齐下，共同提高教师参加交流轮岗的意愿和积极性[①]。

(四）加强教师流动后的监管工作，切实提高教师交流轮岗成效

交流轮岗政策的最终成效不仅在于教师"流得动"，更在于轮岗学校"怎么用""怎么管"，对交流轮岗教师科学合理的使用有助于带动流入校教师的发展，激发学校内部的发展潜力。因此，首先应深入推进"县管校聘"改革，将交流轮岗教师的使用、管理和考核权力转移到轮岗学校，并要求轮岗学校出台详细的交流轮岗教师管理和使用办法，具体应包括轮岗教师所承担的职务、工作内容、专业培训和考核评价等。其次，县乡两级教育管理机构要对流入校管理和任用交流轮岗教师的状况进行监督，摸清其对轮岗教师的工作支持情况，如为轮岗教师提供的专业培训和发展机会，为优质教师发挥引领带动作用而提供的职位和权力等，同时将交流轮岗教师的评价和满意度作为考核流入校的重要依据。最后，交流轮岗教师"教得好"是衡量交流轮岗成

---

① 袁媛."县管校聘"体制下教师交流轮岗的机制建构［J］.四川师范大学学报（社会科学版）2021（3）：127-132.

效的根本指标，应制定明确的交流轮岗教师工作评价标准，涵盖学生成长、教学质量、流入校教师带动等维度，由流入校校长、教师和学生基于各项评价指标对轮岗教师进行多元评价，并将考核结果与评优评先、职称晋升相结合，对消极怠工、不能履行轮岗职责的教师取消评优评先的资格，对在农村学校做出突出贡献的轮岗教师给予物质和精神奖励，并将其树立为先进典型供其他交流轮岗教师学习和借鉴。

（本文原载于（《四川师范大学学报（社会科学版）》2024年第3期）

从"基本均衡"到"优质均衡":
义务教育办学条件均衡发展水平测量

——基于全国东中西部五省份的实证调查①

【摘要】 2021年底,我国已从义务教育基本均衡阶段正式迈入优质均衡发展阶段。在两个阶段的均衡评估中,办学条件指标改善历来都是重中之重,准确及时监测办学条件指标动态变化对于教育均衡发展具有重要意义。本研究发现:办学条件基本均衡在实现总体巩固的同时需警惕差异系数小幅上涨态势;"乡弱于城"和"东强西弱"的基本特征及格局需要持续改善;"师生比""生均高于规定学历教师数""生均中级及以上专业技术职务教师数"三项指标差距最明显;办学条件优质均衡总体处于初级阶段,城乡、区域等指标呈现"弱均衡性"特征,"每百名学生拥有县级以上骨干教师数""每百名学生拥有体育、艺术(美术、音乐)专任教师数"两项新指标均衡性最弱。应高度重视社会舆情关注的其他敏感办学指标,如住宿、卫生、安全和医疗、交通、心理健康、数字化建设、破解大班额等方面的改善,着力解决上述指标数量供给不足、配备质量不佳、更新维护不到位等问题。鉴于此,建议优化均衡指标评估与监管体系、优化"城—镇—乡"教育资源配置、开展义务教育强校提质增供优配行动、科学规划城镇乡学校布局、增加西部薄弱学校教育经费投入,持续推动义务教育办学条件均衡高质量发展。

【关键词】 办学条件均衡;优质均衡;基本均衡;县域义务教育均衡

一、问题提出

2024年7月,中国共产党第二十届中央委员会第三次全体会议通过的《中共中央关于进一步全面深化改革、推进中国式现代化的决定》明确提出,"完善义务教育优质均衡推进机制,探索逐步扩大免费教育范围"。

---

① 本文作者为东北师范大学李涛教授,博士生黄嘉欣、王娜、陈泓宇。

义务教育均衡发展是促进基本公共服务均等化、实现教育公平和社会公正的重要途径,也是建设教育强国的重大基础性工程。2023年6月,中共中央办公厅、国务院办公厅印发的《关于构建优质均衡的基本公共教育服务体系的意见》提出全面保障义务教育优质均衡发展,进一步明确"促进区域协调发展""推动城乡整体发展""加快校际均衡发展""保障群体公平发展"等重要工作要求。推动义务教育优质均衡发展是中国教育事业发展的重大议题,办学条件提升历来是义务教育均衡发展的工作重点。通过实施"全面改善贫困地区义务教育薄弱学校基本办学条件"这一重点工程,中央财政累计投入4000多亿元,带动地方投入超1万亿元,不断缩小城乡学校办学条件差距,有效推动教育均衡发展,确保实现教育公平。义务教育均衡发展取得了历史性的显著成效与进展,形成了系列性政策工具,积累了丰富的经验,明确将全面推进义务教育均衡发展作为国家法定责任,在义务教育均衡发展目标上由基本均衡向优质均衡接续推进(见表1)。因此,在义务教育基本均衡发展纵深推进的关键阶段,探清义务教育学校办学条件均衡发展程度,对于教育政策的精准制定意义重大。

表1 我国义务教育均衡发展的进程①

进程	年份	事件	决策文件
起步阶段	2002年	提出"积极推进义务教育阶段均衡发展",教育自此向均衡发展转变	《教育部关于加强基础教育办学管理若干问题的通知》
	2005年	教育部明确将"均衡"作为义务教育发展的指导思想和发展方向	《教育部关于进一步推进义务教育均衡发展的若干意见》
法律确立	2006年	提出各级政府应合理配置教育资源,促进义务教育均衡发展,将均衡发展上升为政府的法定义务	《中华人民共和国义务教育法》

---

① 表格为作者自绘。来源:义务教育均衡发展的历史新征程——从基本均衡到优质均衡的推进之路[N].中国教育报,2019-12-18.

续　表

进程	年份	事件	决策文件
理念深化	2007年	提出"促进义务教育均衡发展",将均衡发展的理念进一步强化	《高举中国特色社会主义伟大旗帜,为夺取全面建设小康社会新胜利而奋斗——在中国共产党第十七次全国代表大会上的报告》
规划发展	2010年	将推动义务教育均衡发展列为重要内容,并明确提出到2020年基本实现区域内义务教育均衡发展的目标	《国家中长期教育改革和发展规划纲要（2010—2020年）》
实施评估	2012年	开展全国县域义务教育均衡发展督导评估认定工作	《国务院关于深入推进义务教育均衡发展的意见》《县域义务教育均衡发展督导评估暂行办法》
系统推进	2016年	着力解决"乡村弱"和"城镇挤"的问题	《关于统筹推进县域内城乡义务教育一体化改革发展的若干意见》
持续深化	2017年	从资源配置、政府保障程度、教育质量、社会认可度等方面,提出31项具体指标	《县域义务教育优质均衡发展督导评估办法》
持续深化	2021年	对标《县域义务教育优质均衡发展督导评估办法》有关标准和要求,明确优质均衡创建工作的基本任务和攻坚清单	《教育部办公厅关于开展县域义务教育优质均衡创建工作的通知》
持续深化	2023年	加快推进国家基本公共服务均等化,构建优质均衡的基本公共教育服务体系	《关于构建优质均衡的基本公共教育服务体系的意见》

在全面实现县域义务教育基本均衡发展后,优质均衡发展目标对义务教育提出了更高层次的要求。然而,办学条件不均衡问题仍是义务教育优质均衡发展的突出障碍,如优质教育资源配置不均、学校硬件设施差距大、教师队伍素质参差不齐等问题亟待解决,并且这些问题在区域与城乡之间呈现出

显著差距①。鉴于区域、城乡、学校、群体之间的差距在现实中依然存在,且面临波动、回弹等潜在风险,因此需进一步持续监测。当前亟待关注回应以下几个议题:自 2020 年以来,受地缘政治危机与新冠疫情等重大事件冲击,我国义务教育办学条件均衡水平究竟如何?其中,基本均衡水平是否巩固?优质均衡水平处于何状?社会舆情关注的其他敏感指标又到了什么程度?这需要通过科学选样并开展较大规模全国性调查以掌握真实状况,进而对义务教育均衡发展政策改进提供合理建议。

二、文献综述

义务教育均衡发展是中国教育发展的核心议题。学界围绕义务教育均衡发展的作用、影响、保障机制等方面开展了系列理论探索和实证研究,进而对相关政策实施效果进行评估并进一步提出改进建议。义务教育步入优质均衡发展阶段后,办学条件均衡性越发成为研究关注的焦点,尤其关注办学条件在区域、城乡、学校、群体间的均衡水平。

以学校标准化建设为着力点,持续改善办学条件均衡水平。在义务教育优质均衡发展阶段,办学标准应更加注重教育质量的提升,包括教育输入、教育过程与教育结果等各环节的质量均衡②。制定办学标准时,应遵循合法性、适中性、现实性和统一性等基本原则③。此外,有学者指出我国在义务教育均衡发展推进中需警惕路径依赖,如偏重改善办学条件、注重追求规模经济、侧重谋求同一发展等④。未来,需进一步培育学校自我发展能力,鼓励学校通过提升校园文化建设水平走多元特色发展之路。

成功研制并确立了我国县域义务教育均衡发展的评估指标体系。学者们围绕如何构建科学合理的县域义务教育均衡评估体系展开了广泛而深入的讨论。目前普遍认为,在选择县域义务教育均衡发展评估维度上,应综合运用多种方法,如结合环境均衡度、城乡均衡度和结果均衡度来考量均衡状况,并整合多个维度的总体均衡情况形成综合均衡度。义务教育均衡发展评估指标体系和标准的设计思路,应在增加教育过程指标、完善教育质量指标的基础上,充分考虑省、市、县均衡发展标准的共性与差异,根据均衡发展的不

---

① 李毅,杨焱灵,吴思睿.城乡义务教育优质资源配置效率的问题及对策:基于 DEA-Malmquist 模型[J].中国教育学刊,2021(1):60-65.
② 冯建军.优质均衡:义务教育均衡发展的新目标[J].教育发展研究,2011(6):1-5.;冯建军.义务教育优质均衡发展的理论研究[J].全球教育展望,2013(1):84-94.
③ 张新平.关于基础教育阶段学校办学标准的若干思考[J].教育研究,2010(6):37-43.
④ 姚永强.义务教育均衡发展的路径依赖及其突破[J].当代教育科学,2018(4):29-32.

同阶段设立相对应的标准基数①,其中教学仪器设备、图书和骨干教师配置等办学条件要素应作为义务教育均衡发展工作评估的重点②。2013年,"义务教育均衡发展标准研究"课题组提出衡量县域内校际义务教育均衡发展水平的八项核心指标,确定以差异系数作为测算义务教育均衡发展水平的方法,并提出义务教育均衡发展的评估标准,从而形成了义务教育均衡发展的国家标准体系③。此后,围绕县域义务教育基本均衡国家标准,在全国范围内先后开展评估督导工作。2017年,教育部印发《县域义务教育优质均衡发展督导评估办法》,进一步明确了县域义务教育优质均衡发展的评估内容与标准、评估程序、评估结果等关键要素,并于2021年底正式完成了评估验收。

办学条件改善提升及其均衡水平直观反映了义务教育均衡发展的实际程度。尽管从总体上看,办学条件呈现出改善态势,成效明显且均衡水平进一步提升,但研究发现,在义务教育优质均衡发展的新阶段,办学条件均衡水平仍有不足。

当前,我国义务教育均衡发展面临的最主要问题体现为区域、城乡差距依然存在,且初中与小学的均衡发展步调不一致。1995年至2010年中国基础教育均衡指数测度研究结果显示,我国教育均衡总指数呈现出均衡发展态势,但区域、城乡均衡指数在此时间内均出现了波动态势,其中区域教育均衡指数在较长时期内波动停滞,凸显出区域均衡发展面临的挑战④。进一步研究表明,近年来我国义务教育教学设施设备和师资配置水平等方面的县际均衡程度虽有很大提高,但区域差距仍较为显著。东部沿海教育资源配置相对充足,学校办学条件均衡性总体较好⑤;中部地区由于经济发展速度相对落后、地方财力不足、中央财政扶持力度偏小、人口压力较大等,出现了"中部塌陷"现象⑥;西部地区由于地理位置、经济发展水平等因素,教育资源配置相对匮

---

① 褚宏启,高莉. 义务教育均衡发展评估指标与标准的制订[J]. 教育发展研究,2010(6):25-29.

② 于发友,赵慧玲,赵承福. 县域义务教育均衡发展的指标体系和标准建构[J]. 教育研究,2011(4):50-54. 任春荣. 县域义务教育均衡发展评估指标的选择方法[J]. 中国教育学刊,2011(9):5-7.

③ 中国教科院"义务教育均衡发展标准研究"课题组. 义务教育均衡发展国家标准研究[J]. 教育研究,2013,34(5):38-47.

④ 翟博,孙百才. 中国基础教育均衡发展实证研究报告[J]. 教育研究,2012(5):22-30.

⑤ 刘菊香. 我国八大区域义务教育办学条件均衡化研究:基于2010—2020年全国义务教育八项指标数据的测度分析[J]. 上海教育科研,2023(12):20-26.

⑥ 张辉蓉,盛雅琦,罗敏. 我国义务教育均衡发展40年:回眸与反思:基于数据分析的视角[J]. 西南大学学报(社会科学版),2019,45(1):72-80.

乏，县域义务教育均衡发展整体较为落后①。城乡义务教育发展不均衡的问题尤为突出，城区学校办学条件优越，教育资源丰富；镇区次之；而乡村地区由于人口流失、经济欠发达等，学校办学条件较差，教育资源配置不足。城乡学校办学条件的显著差距则体现在教师编制、生均用地面积、计算机配置、生均图书册数等多个维度上②。学段上，初中阶段在场地、设施方面的办学条件总体均衡程度高于小学③。

为了进一步促进办学条件均衡，助力实现义务教育优质均衡，现有研究围绕义务教育优质均衡发展的具体路径提出了诸多建议，例如，在管理层面，建议实行省级统筹，强化省级政府在义务教育均衡发展中的财政责任；在资源配置方面，合理向信息化建设倾斜，借助"三个课堂"推动义务教育优质均衡发展；等等④。此外，有学者提出优质均衡发展应进一步突破县域限制，增强省级统筹管理能力，通过加大教育经费投入、合理调整学校布局、打造优质师资队伍、提升教育教学质量等途径，在市域范围内推进义务教育均衡发展⑤。

综上所述，已有研究对"义务教育办学条件均衡发展"这一议题进行了富有成效的探索，对清晰界定问题和干预改善有重要价值。然而，办学条件在区域、城乡、校际、群体等多个维度上的不均衡现象仍较为突出。部分研究虽聚焦于省域或地区层面，描绘了地区性义务教育均衡发展现状，但从全国范围来看，对现状发展的测评仍显不足。因此，亟待在全国范围内选样和深入开展田野调查，对不同发展阶段、不同类型区域的办学条件均衡发展水平进行全面分析，从而准确把握义务教育均衡在实现县域层面基本均衡后的成果巩固情况，进一步摸清当前优质均衡发展所处的阶段，进而为制定有效的政策改进提供基础支持。

---

① 林天伦，吕芹."十三五"到"十四五"：西部地区义务教育从基本均衡走向优质均衡［J］．学术探索，2022（3）：133-139．

② 王广飞，符琳蓉．城乡教育一体化推进义务教育均衡发展的困境与对策［J］．农村经济，2018（3）：112-117．凡勇昆，邬志辉．我国城乡义务教育资源均衡发展研究报告：基于东、中、西部8省17个区（市、县）的实地调查分析［J］．教育研究，2014，35（11）：32-44．

③ 王正青，蒙有华，许佳．义务教育阶段基础性办学条件的区域差异研究：基于义务教育均衡发展评估合格县的数据［J］．西南大学学报（社会科学版），2019（5）：88-95，201．

④ 范先佐，郭清扬，付卫东．义务教育均衡发展与省级统筹［J］．教育研究，2015，36（2）：67-74．郑旭东，饶景阳，贾洋洋."三个课堂"促进义务教育优质均衡发展：演进历史、战略价值、关系解析与概念框架［J］．现代教育技术，2021，31（6）：14-22．

⑤ 樊家凤，李守林．四川省义务教育均衡发展效果与对策研究：以四川省"十二·五"期间义务教育均衡发展情况为例［J］．教育观察，2020（43）：7-10．

三、研究设计

（一）样本来源与工具

本研究的目标是准确摸清我国义务教育办学条件均衡发展变动状况，分基本均衡、优质均衡和其他均衡三个层次，具体表现为三项子目标：一是摸清义务教育办学条件基本均衡巩固情况；二是摸清义务教育办学条件优质均衡发展情况；三是摸清义务教育办学条件其他相关指标变化情况。本研究重点监测了八项义务教育基本均衡发展办学条件指标、七项优质均衡发展办学条件指标和七项其他均衡发展办学条件指标[①][②]。

鉴于此，课题组于2023年11—12月对我国东中西部五省区（浙江省、河南省、四川省、甘肃省、广西壮族自治区）九县（浙江省Z县和K县，河南省X县，四川省S县、A县、B县，甘肃省J县，广西壮族自治区D县、L县）展开田野调查，共选取调查了五省区九县121所义务教育段学校，并依据学校办学水平（优、中、劣）和学校区位类型等条件进行抽样[③]。本次调查共回收问卷51 901份（其中学生问卷43 547份、教师问卷7968份、校长问卷386份）、调查表222份（含教育局、学校两类调查表）[④][⑤]。本次研究还获得了学校实地调研观察表151份（含食堂建设与管理、体育基本建设两类观

---

① 本研究中的办学条件包括办学用地、校舍建筑、教学装备、师资配备等几大维度办学条件，具体包括学校基础设施（通电、供水、厕所、洗手设施等）、校园校舍各类用房、活动场地、仪器设备、医疗安保、教师数量结构及其学历、职称、学科分布等。

② 基本均衡办学条件指标具体包括八项，即生均教学及辅助用房面积、生均体育运动场馆面积、生均教学仪器设备值、每百名学生拥有计算机台数、生均图书册数、师生比、生均高于规定学历教师数、生均中级及以上专业技术职务教师数；优质均衡办学条件指标具体包括七项，即每百名学生拥有高于规定学历教师数，每百名学生拥有县级以上骨干教师数，每百名学生拥有体育、艺术（美术、音乐）专任教师数，生均教学及辅助用房面积，生均体育运动场馆面积，生均教学仪器设备值，每百名学生拥有网络多媒体教室数；其他均衡办学条件指标具体包括七项，即住宿条件、卫生条件、安全和医疗条件、出行条件、心理健康教育设施、数字化设施、大班额治理。

③ 对实地学校的选点兼顾初中、小学，分别选择好、中、差学校，学校类型兼顾义务教育阶段寄宿制学校，其中乡村学校以不足百人的乡村小规模学校为主，乡镇地区选择兼顾好、中、差乡镇。

④ 本次调查问卷含校长、教师和学生三类。校长问卷主要调查学校办学条件改善、教育教学资源获得与使用等情况，教师问卷主要对教育资源的利用情况、教育教学设备适用性与满意度等方面进行调查，学生问卷主要围绕学生的生存保障、能力发展和身心发展三个维度展开。

⑤ 学校调查表主要对学校基础设施、教学设施和生活设施等状况展开评估，包括学校基础设施状况［如学校规模、布局、建筑质量（含安全性）、卫生设施（如厕所、洗手设施等）等］、教学设施状况（如功能教室、实验室、图书馆、体育设施、计算机和互联网设施等）、生活设施状况（如教师周转宿舍、学生宿舍、食堂餐饮、休闲运动设施等）；教育局调查表主要对基础保障和教师队伍状况展开评估，包括基础保障（如信息化建设、校车供给服务、食堂建设改善等）、教师队伍状况（如教师数量、年龄、职称、学历、培训等）。

察表)、文件材料 444 份（含义务教育均衡发展文件、统计表格两类）、访谈材料文字共计 124.3 万字（含县教育局及各科室负责人、学校负责人、科任教师、学生、家长等访谈对象录音 136 段）①②③。

（二）测算方法

本研究采取差异系数测算法。根据教育部《县域义务教育均衡发展督导评估暂行办法》《县域义务教育优质均衡发展督导评估办法》等文件，对样本县义务教育基本均衡、优质均衡发展相关采集数据展开测算，具体测算了指标差异系数和综合差异系数两项，通过差异系数测算结果综合研判义务教育办学条件均衡发展的总体、城乡、区域现状④。具体如下：先对义务教育学校均衡发展指标（包括基本均衡共八项、优质均衡指标共七项）的县域生均值展开测算⑤，再对各项指标的标准差（反映义务教育学校某项指标的数值与该指标县域内所有学校平均值的离散程度）展开测算，标准差计算公式为：

---

① 学校食堂实地调研观察表包括食堂建设（如卫生状况、基本设施、食品供应、储存、加工等）、食堂管理（如人员管理、环境消杀、应急预案等），学校体育基本建设观察表围绕活动场地（室内与室外）、跑道、球场、器材等基本设施设备的数量、面积和使用情况等展开。

② 义务教育均衡发展文件包括地方性文件政策（如地方教育行政部门颁布的关于促进义务教育均衡发展的相关通知、总结、计划）、地方教育年鉴，以及统计表格，如教育均衡发展、地方教育事业发展统计等相关数据表格。

③ 课题组在调研中主要围绕 2020 年至今义务教育学校办学条件使用、变化、满意度、实际困难及核心需求等问题，对教育局负责人、教育局各职能部门负责人、学校管理人员、科任教师、心理教师、后勤服务人员、学生、家长等对象展开了结构式和半结构式访谈。

④ 具体指标测算参照《中国教育监测与评价统计指标体系（2020 年版）》，对义务教育均衡发展的测算方法依据教育部颁布的《县域义务教育均衡发展督导评估暂行办法》《县域义务教育优质均衡发展督导评估办法》。

⑤ 基本均衡八项指标、优质均衡七项指标中有三项指标重合，因此在单项指标测算时将重合指标合并后共测算了 12 项差异指标。具体指标方法测算如下：指标 1. 生均教学及辅助用房面积＝教学及辅助用房面积÷在校生数；指标 2. 生均体育运动场馆面积＝（体育运动场地面积＋室内体育用房面积）÷在校生数；指标 3. 生均教学仪器设备值＝教学仪器设备产值÷在校生数；指标 4. 每百名学生拥有计算机台数＝学生终端总数÷在校生数；指标 5. 生均图书册数＝图书总册数÷在校生数；指标 6. 师生比＝学校专任教师数÷在校生数；指标 7. 生均高于规定学历教师数（小学、初中）＝（专科＋本科＋研究生学历教师数）÷在校生数×100 或（本科＋研究生学历教师数）÷在校生数×100；指标 8. 每百名学生拥有高于规定学历教师数（小学、初中）＝（专科＋本科＋研究生学历教师数）÷在校生数或（本科＋研究生学历教师数）÷在校生数；指标 9. 生均中级以上专业技术职务教师数＝（中级＋副高级＋正高级职称教师数）÷在校生数；指标 10. 每百名学生拥有县级以上骨干教师数＝（县＋市＋省级骨干教师数）÷在校生数×100；指标 11. 每百名学生拥有网络多媒体教室数＝网络多媒体教室数÷在校生数×100；指标 12. 每百名学生拥有体育、艺术（美术、音乐）专任教师数＝（体育＋美术＋音乐专任教师数）÷在校生数×100。

$$S = \sqrt{\frac{\sum_{i=1}^{n}(x_i - \overline{x})^2}{n-1}}$$

其中，S 指的是标准差，x_i 为数据点，n 为数据总个数，$\overline{x}$ 为数据平均值。由于各项指标存在单位差异，无法直接比较，因此需要计算差异系数来统一标准，实现不同指标的比较。基于标准差和平均值，分别测算单项指标差异系数。单项指标差异系数测算公式为：

$$CV = \frac{S}{\overline{x}} \times 100$$

其中，CV 是小学（初中）各评估指标的差异系数，S 是小学（初中）各评估指标的标准差，$\overline{x}$ 是小学（初中）各评估值的县域平均数。

基于标准差和平均值，综合测算所有指标差异系数①。综合差异系数测算方法为对所有八项指标的差异系数进行加权平均，即得出全县（市、区）综合差异系数。

本研究分别测算了样本县域 2020—2023 年期间基本均衡发展的八项办学条件数据和优质均衡发展的七项办学条件数据。基本均衡数据处理方法是先测算综合差异系数，将其作为基本均衡发展巩固情况的基本依据，再测量基本均衡八项指标中的单个指标差异系数，考察其变化趋势。② 优质均衡数据处理方法是对七项指标均值进行达标测算，摸清我国义务教育办学条件优质均衡发展现状。

四、义务教育办学条件基本均衡巩固状况

我国基础教育均衡发展面临的主要任务是不同地区间、同一地区内不同学校间、同一学校内不同群体间存在不均衡③。这一现实问题促使学界进一步思考：义务教育均衡发展模式应如何实现从县域均衡稳步迈向省域均衡并最终达成全国范围内的全面均衡④。本研究对 2020—2023 年期间样本县域义务教育办学条件基本均衡发展趋势进行综合分析，探究其巩固情况。

---

① 综合差异系数是小学（初中）指标差异系数的平均值。综合差异系数值越大，反映均衡水平越低；差异系数值越小，反映均衡水平越高。
② 由于综合差异系数会掩盖各项指标均衡水平的差距，可能会出现部分区县综合差异系数达标而单项指标均衡水平很低的情况，因此课题组以单项指标差异系数辅助判断义务教育学校办学条件基本均衡发展巩固水平。
③ 周峰. 试论基础教育均衡发展的若干问题[J]. 教育研究，2002（8）：70-72, 93.
④ 杨玉春. 我国义务教育均衡发展政策的省思与对策[J]. 中国教育学刊，2024（7）：50-55.

（一）县域内基本均衡发展成果实现巩固

义务教育办学条件基本均衡巩固情况总体良好。2023年，样本县小学段综合差异系数为0.475，初中段综合差异系数为0.354，这两项指标均优于国家对基本均衡巩固状态设定的0.65和0.55的综合规定标准①。所有样本县在2020—2023年连续四年综合差异系数均优于国家规定标准，可见县域义务教育基本均衡发展成果得到了巩固。但从发展样态来看，需警惕小学段、初中段综合差异系数四年来小幅增长、波动增长态势（见图1）。

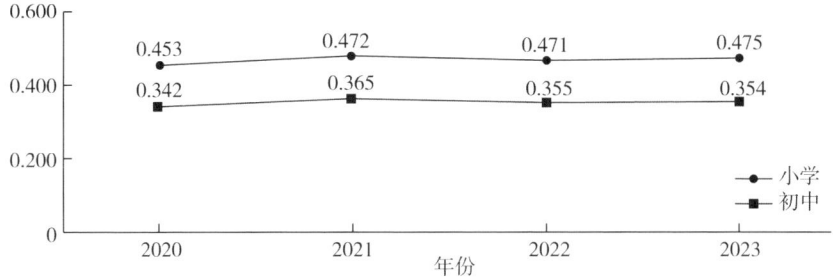

图1　样本县义务教育办学条件基本均衡综合差异系数（2020—2023年）

以J县为例，分析该县小学段、初中段学校的校际指标差异，得以管窥基本均衡校际概貌。

小学段：J县县域内小学办学条件校际资源分指标间存在差异。乡村小学在"生均教学仪器设备值""生均图书册数""生均高于规定学历教师数"指标上差异较大。镇区小学整体分布接近平均值，但资源分布仍有不均，特别是"每百名学生拥有计算机台数"和"生均中级及以上专业技术职务教师数"。在测算的办学条件八项指标中，城区小学资源接近或高于平均值，优质教育资源较为集中，校际差异最小。

初中段：J县县域内初中办学条件校际资源分指标间存在差异。其中，城区初中资源最优，各项指标分布接近平均值，校际差异最小。乡村初中资源分布差异较大，大部分学校资源不足，少数学校优于平均值，体现城乡资源分配差异。镇区初中表现为过渡性，大多数学校接近平均值，但少数资源不足的学校需要关注。综合而言，在"生均教学仪器设备值""生均图书册数""生均高于规定学历教师数""生均中级及以上专业技术职务教师数"四项指标上，乡村初中资源分布的校际差异尤为明显。

---

① 《教育部关于印发〈县域义务教育均衡发展督导评估暂行办法〉》（教督〔2012〕3号）明确要求："小学、初中综合差异系数分别小于或等于0.65、0.55，方能达到国家标准要求。"

（二）基本均衡城乡差异"乡弱于城"

义务教育办学条件基本均衡总体凸显"乡弱于城"的基本特征没有改变，八项单项指标总体上乡村最弱、城区较好、镇区最好。

2023年城区、镇区、乡村小学综合差异系数分别为0.292、0.391、0.382，初中综合差异系数分别为0.288、0.265、0.414。小学段，乡村办学条件综合差异系数显著劣于城区，略优于镇区。初中段，乡村办学条件显著劣于城区和镇区。初中段办学条件城乡差距更大，需警惕城乡差异继续扩大（见图2）

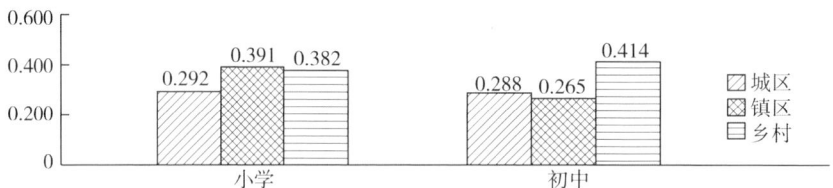

图2 样本县义务教育办学条件基本均衡城乡综合差异系数（2023年）

1. 小学段

小学段，所有单项指标都在国家对基本均衡巩固状态设定的0.65综合规定标准范围内。乡村"师生比""生均高于规定学历教师数""生均中级及以上专业技术职务教师数"三项指标劣于城区、镇区；"生均图书册数""生均体育运动场馆面积""生均教学及辅助用房面积"三项指标显著优于城区和镇区（见图3）。

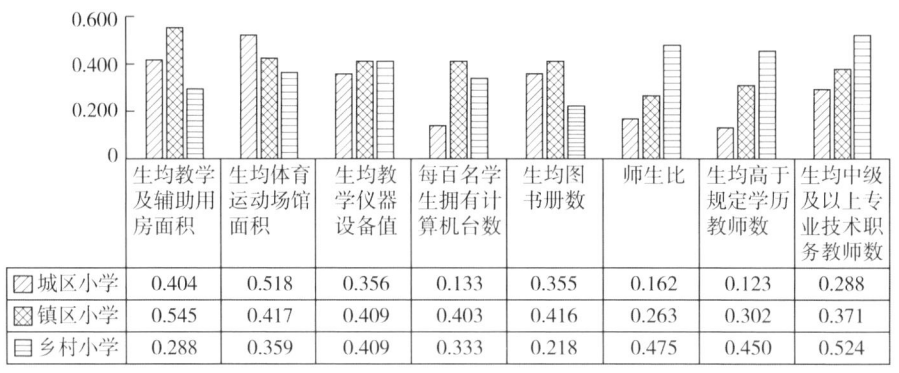

图3 样本县小学段办学条件基本均衡城乡单项指标差异系数（2023年）

2. 初中段

初中段，乡村学校除"生均体育运动场馆面积"这一指标微劣于城区优于镇区外,其他七项指标均显著劣于城区和镇区。在八项单项指标中,乡村、城区"生均图书册数"指标的差异系数最大,分别为 0.737、0.715,均劣于 0.55 的国家综合规定标准,均衡性最弱,亟待重点持续关注(见图 4)。

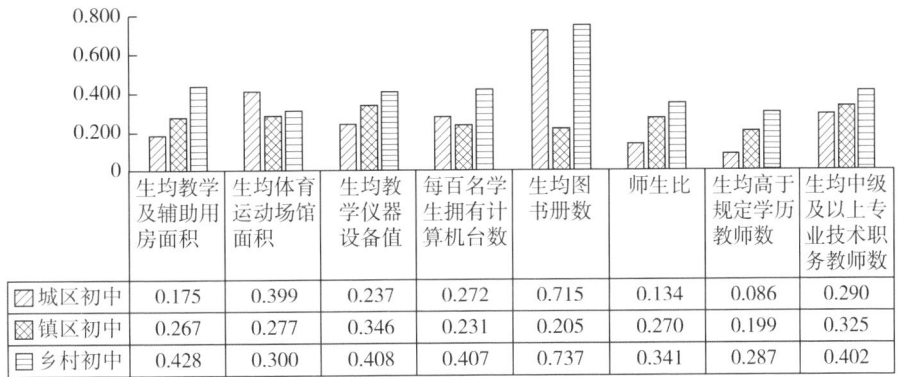

图 4　样本县初中段办学条件基本均衡城乡单项指标差异系数(2023 年)

(三)基本均衡区域差异"东强西弱"

2023 年义务教育办学条件基本均衡"东强西弱"的区域基本格局没有改变①。东部、中部、西部小学 2023 年综合差异系数分别为 0.317、0.517、0.554,初中差异系数分别为 0.196、0.447、0.380。小学段,西部学校办学条件综合差异系数比东部、中部地区大 0.237、0.037;初中段,西部比东部大 0.184,比中部小 0.067。可见,西部地区小学段办学条件综合差异系数劣于东部、微劣于中部,初中段劣于东部、微优于中部。小学段区域差距比初中段区域差距更大,需警惕区域差距扩大(见图 5)。

---

① 东部地区样本县已于 2019 年完成县域义务教育基本均衡达标验收,并于 2020 年始全面进入优质均衡发展阶段,开始新一轮优质均衡达标验收。在义务教育办学条件基本均衡和优质均衡指标体系中,有三项指标完全一致,即"生均教学及辅助用房面积""生均体育运动场馆面积""生均教学仪器设备值";有两项指标基本一致,即由基本均衡指标中的"生均高于规定学历教师数""每百名学生拥有计算机台数"分别变为优质均衡指标中的"每百名学生拥有高于规定学历教师数""每百名学生拥有网络多媒体教室数";另有一项指标实现优化升级,即由基本均衡指标中的"生均中级及以上专业技术职务教师数"变为优质均衡指标中"每百名学生拥有县级以上骨干教师数"。此外,优质均衡指标中已剔除"生均图书册数"和"师生比"两项易于达标的指标项,增加了监测结构性缺编状况这一更为紧迫和现实的"每百名学生拥有体育、艺术(美术、音乐)专任教师数"指标项。本研究东部地区样本县已不再测算县域义务教育基本均衡综合差异系数。故在基本均衡巩固情况分析中,东部地区用"生均教学及辅助用房面积""生均体育运动场馆面积""生均教学仪器设备值"这三项基本均衡和优质均衡完全一致的指标项,以及三项替代性指标项计算差异系数。

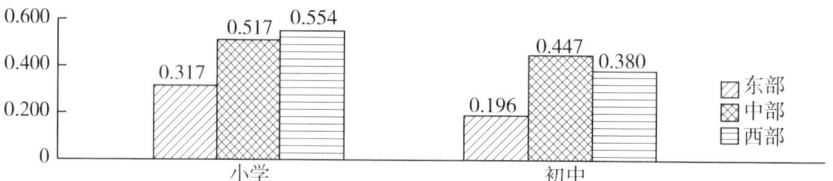

图 5　样本县义务教育办学条件基本均衡区域综合差异系数（2023 年）

1. 小学段

小学段，2023 年西部地区办学条件基本均衡八项指标差异系数均劣于东部，六项指标劣于中部地区。其中，西部地区"生均高于规定学历教师数""生均中级及以上专业技术职务教师数"两项指标的差异系数高达 0.611、0.666，显著劣于东部、中部地区[①]；"师生比"这一指标差异系数为 0.631，显著劣于中部地区；"生均教学及辅助用房面积""每百名学生拥有计算机台数""生均图书册数"三项指标微劣于中部；"生均体育运动场馆面积""生均教学仪器设备值"两项指标显著优于中部（0.798、0.749）（见图 6）。

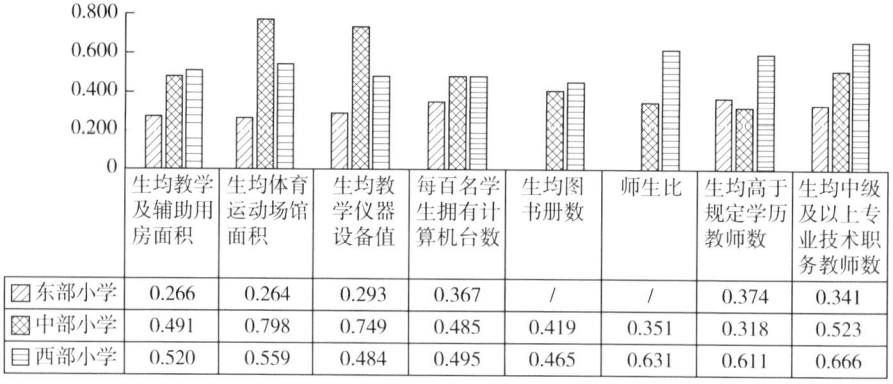

图 6　样本县小学段办学条件基本均衡区域单项指标差异系数（2023 年）

2. 初中段

初中段，2023 年西部地区办学条件基本均衡，全部指标差异系数均显著劣于东部地区，四项指标劣于中部地区[②]。其中，西部地区"每百名学生拥有计算机台数""生均中级及以上专业技术职务教师数"两项指标的差异系数分

---

①　东部地区义务均衡指标替代测算时缺乏"生均图书册数"和"师生比"两项指标差异系数值，故未比较东、西部小学这两项指标的差异系数。

②　东部地区义务均衡指标替代测算时缺乏"生均图书册数"和"师生比"两项指标差异系数值，故未比较东、西部初中这两项指标的差异系数。

别为 0.456、0.458，显著劣于东部、中部地区；"师生比""生均高于规定学历教师数"这两项指标显著劣于中部；"生均教学及辅助用房面积""生均体育运动场馆面积""生均教学仪器设备值""生均图书册数"四项指标显著优于中部地区（见图7）[①]。

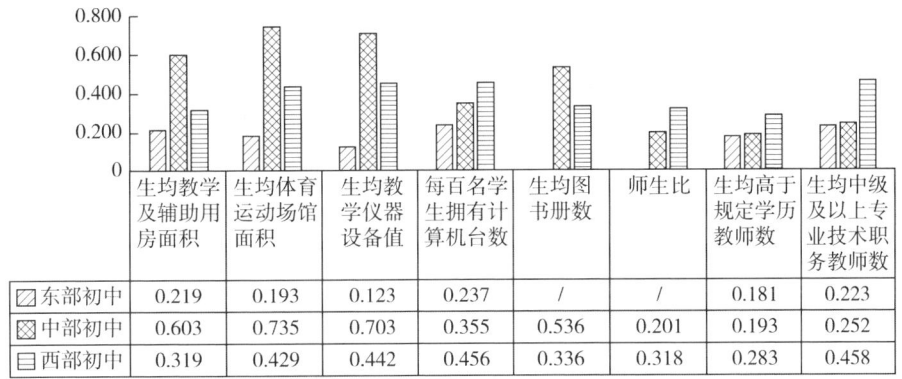

图 7　样本县初中段办学条件基本均衡区域单项指标差异系数（2023 年）

区域间，西部地区多数指标项劣于中部、东部地区，中部地区"生均体育运动场馆面积""生均教学仪器设备值"劣于西部、东部地区，东部地区普遍优于中部、西部地区。

综上所述，办学条件基本均衡在实现总体巩固的同时需警惕小幅上涨态势，"乡弱于城"和"东强西弱"的基本特征及格局需要持续改善，"师生比""生均高于规定学历教师数""生均中级及以上专业技术职务教师数"三项指标差距最明显。

五、义务教育办学条件优质均衡发展摸底

2021 年底，我国 2895 个县级行政单位全部实现县域义务教育基本均衡发展，全面进入优质均衡发展阶段，摸底我国义务教育办学条件优质均衡发展现状，对持续推进义务教育优质均衡建设具有重要价值。

（一）优质均衡总体发展情况良好

义务教育办学条件优质均衡整体表现良好。2023 年，样本县小学段综合

---

① 中部地区初中段 2023 年"生均教学及辅助用房面积""生均体育运动场馆面积""生均教学仪器设备值"指标差异系数分别为 0.603、0.735、0.703，均劣于国家对初中段基本均衡巩固状态设定的 0.55 综合规定标准。"生均图书册数"指标差异系数为 0.536，微优于国家对初中段基本均衡巩固状态设定的 0.55 综合规定标准。

差异系数为0.538，初中段综合差异系数为0.417；小学段指标微劣于国家对优质均衡发展所设的0.50的综合规定标准，初中段优于0.45的综合规定标准[①]。2020—2023年四年间，小学段和初中段综合差异系数总体均呈逐年增加变化特征，初中段增幅大于小学段，需关注小学段指标反弹和初中段增幅较大的状况（见图8）。2020—2023年四年间，义务教育办学条件优质均衡"乡弱于城"的城乡差异有缩小、扭转趋势。

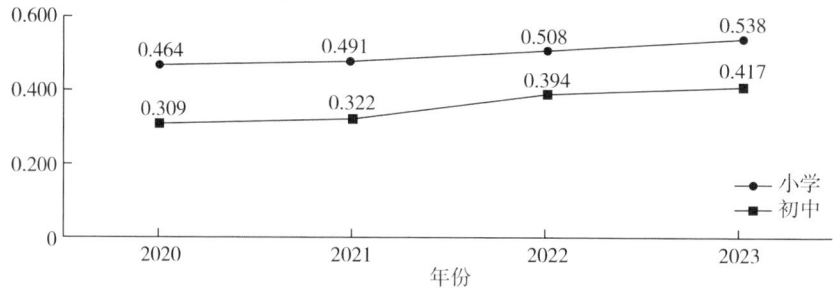

图8 样本县义务教育办学条件优质均衡综合差异系数（2020—2023年）

（二）优质均衡延续"乡弱于城"基本特征

义务教育办学条件优质均衡总体延续"乡弱于城"的特征。2023年，城区、镇区、乡村小学综合差异系数分别为0.409、0.582、0.729，初中综合差异系数分别为0.463、0.399、0.406。小学段，乡村办学条件综合差异系数劣于城区和镇区；初中段，乡村优于城区但劣于镇区。可见，小学段城乡差距比初中段城乡差距更大，乡村小学城乡差距更需警惕（见图9）。

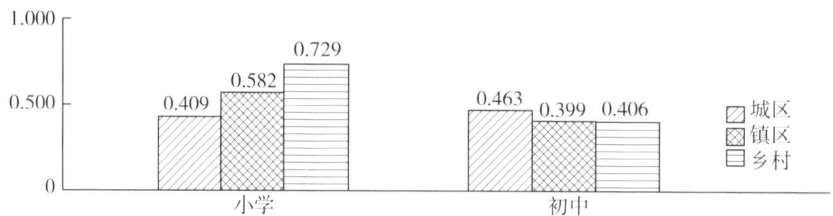

图9 样本县义务教育办学条件优质均衡城乡综合差异系数（2023）

1. 小学段

小学段，2023年乡村"每百名学生拥有县级以上骨干教师数""每百名学

---

① 《教育部关于印发〈县域义务教育优质均衡发展督导评估办法〉的通知》（教督〔2017〕6号）规定县域义务教育优质均衡评估指标，"每所学校至少6项指标达到上述要求，余项不能低于要求的85%；所有指标校际差异系数，小学均小于或等于0.50，初中均小于或等于0.45"。

生拥有体育、艺术（美术、音乐）专任教师数"两项指标差异系数显著劣于城区和镇区，并且前一指标不均衡性具有普遍性，乡村、城区、镇区学校该指标差异系数分别为 1.988、0.711、0.950，后一指标乡村和镇区差异系数分别为 1.111、0.855。这两项指标显著劣于 0.50 的国家综合标准。此外，镇区"生均教学及辅助用房面积"和"生均体育运动场馆面积"差异系数为 0.512、0.572，微劣于 0.50 的国家综合标准，亦需关注这两个指标的变化趋势，以防止进一步增大。增加乡村、城区、镇区小学骨干教师，以及增加乡村和镇区体育、艺术类专任教师数尤为紧迫，扩大镇区教学及辅助用房面积和体育运动场馆面积也较为紧迫（见图 10）。

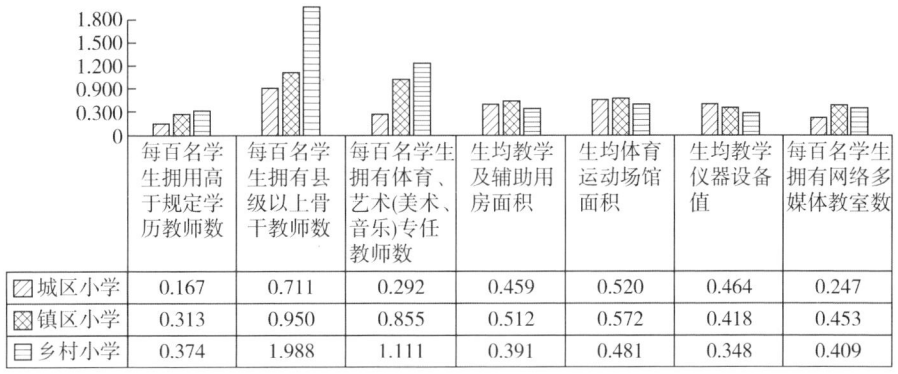

图 10　样本县小学段办学条件优质均衡城乡单项指标差异系数（2023 年）

2. 初中段

初中段，2023 年乡村"每百名学生拥有县级以上骨干教师数"这一指标虽优于镇区但劣于城区，乡村、镇区、城区差异系数分别为 1.030、1.186、0.914，均显著劣于 0.45 的国家综合标准，均衡性极弱。此外，城区"生均体育运动场馆面积"和"生均教学仪器设备值"两项指标的差异系数分别为 0.504、0.667，也劣于 0.45 的国家综合标准。乡村、镇区、城区增加骨干教师数量最为紧迫，城区还需进一步扩大生均体育运动场馆面积并加大教学仪器设备投入（见图 11）。

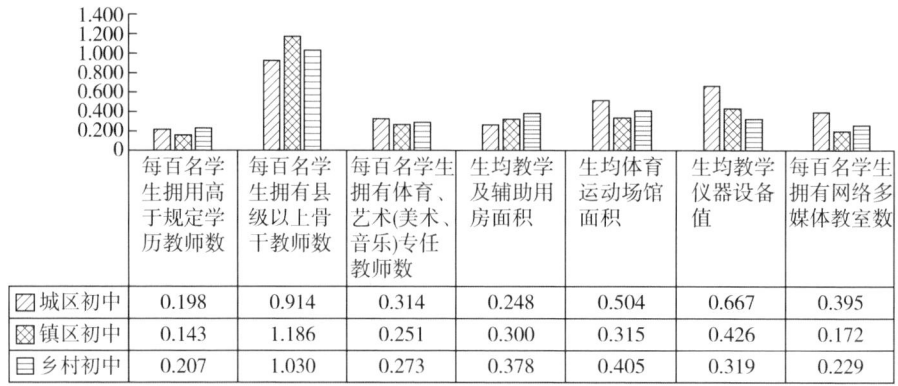

图 11　样本县初中段办学条件优质均衡城乡单项指标差异系数（2023 年）

（三）优质均衡继续"西弱东强"的基本格局

2023 年义务教育办学条件优质均衡"东强西弱"的区域基本格局依然没有改变[①]。东部、中部、西部小学 2023 年综合差异系数分别为 0.314、0.561、0.731，初中差异系数分别为 0.183、0.474、0.624。西部、中部小学、初中办学条件均劣于国家对优质均衡巩固状态设定的 0.50 和 0.45 的综合规定标准。小学段，西部办学条件综合差异系数比东部、中部地区差异系数大 0.417、0.170；初中段，西部地区综合差异系数比东部、中部地区大 0.441、0.150。可见，西部地区义务教育办学条件综合差异系数显著劣于东部、中部，需警惕区域差距扩大（见图 12）。

---

① 中部地区样本县 2020—2023 年间尚未测算优质均衡差异系数，西部地区部分样本县于 2022 年开始测算优质均衡差异系数，因此在计算优质均衡差异系数时，参照东部地区指标替代的办法（优质均衡办学条件指标实质是基本均衡办学条件指标的升级版，在义务教育办学条件基本均衡和优质均衡指标体系中，其中有三项指标完全一致，即"生均教学及辅助用房面积""生均体育运动场馆面积""生均教学仪器设备值"；有两项指标基本一致，即由基本均衡指标中的"生均高于规定学历教师数""每百名学生拥有计算机台数"分别变为优质均衡指标中的"每百名学生拥有高于规定学历教师数""每百名学生拥有网络多媒体教室数"；另有一项指标实现优化升级，即由基本均衡指标中的"生均中级及以上专业技术职务教师数"变为优质均衡指标中"每百名学生拥有县级以上骨干教师数"），故在优质均衡情况摸底调查中，2020—2023 年中部地区样本县、2020—2021 年西部地区样本县的优质均衡差异系数，用"生均教学及辅助用房面积""生均体育运动场馆面积""生均教学仪器设备值"这三项基本均衡和优质均衡完全一致的指标项，以及"生均高于规定学历教师数""每百名学生拥有计算机台数""生均中级及以上专业技术职务教师数"这三项替代性指标计算优质均衡差异系数，"每百名学生拥有体育、艺术（美术、音乐）专任教师数"指标项差异系数按缺失项处理。

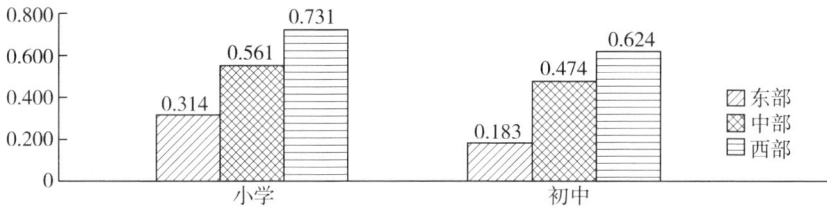

图12 样本县义务教育办学条件优质均衡区域综合差异系数（2023年）

1. 小学段

小学段，2023年西部地区办学条件优质均衡六项指标差异系数均显著劣于东部，四项指标劣于中部地区。西部地区"每百名学生拥有县级以上骨干教师数""每百名学生拥有体育、艺术（美术、音乐）专任教师数"和"生均体育运动场馆面积"三项指标差异系数分别为东部地区的5.17倍、3.17倍、2.52倍，均显著劣于东部地区，唯有"每百名学生拥有高于规定学历教师数"指标略优于东部地区。另外，西部地区"每百名学生拥有县级以上骨干教师数"指标差异系数为中部地区的3.37倍，显著劣于中部地区；"每百名学生拥有高于规定学历教师数""每百名学生拥有网络多媒体教室数""生均教学及辅助用房面积"三项指标微劣于中部地区；"生均体育运动场馆面积"和"生均教学仪器设备值"优于中部地区。须重点监测西部地区小学"每百名学生拥有县级以上骨干教师数"和"每百名学生拥有体育、艺术（美术、音乐）专任教师数"，中、西部"生均体育运动场馆面积"和中部地区"生均教学仪器设备值"等指标（见图13）[①]。

---

① 西部地区小学段"每百名学生拥有县级以上骨干教师数"指标差异系数高达1.762，为所有指标差异系数之最；"每百名学生拥有体育、艺术（美术、音乐）专任教师数"指标差异系数高达0.939；"生均体育运动场馆面积"差异系数为0.665。中部地区小学段"生均体育运动场馆面积""生均教学仪器设备值"两项指标的差异系数分别为0.798、0.749。以上五项指标显著劣于国家对小学段优质均衡发展设定的0.50的综合规定标准。中部地区"每百名学生拥有体育、艺术（美术、音乐）专任教师数"指标差异系数缺失，故未对该指标做东中、中西部区域比较。

	每百名学生拥有高于规定学历教师数	每百名学生拥有县级以上骨干教师数	每百名学生拥有体育、艺术(美术、音乐)专任教师数	生均教学及辅助用房面积	生均体育运动场馆面积	生均教学仪器设备值	每百名学生拥有网络多媒体教室数
东部小学	0.374	0.341	0.296	0.266	0.264	0.293	0.367
中部小学	0.318	0.523	/	0.491	0.798	0.749	0.485
西部小学	0.347	1.762	0.939	0.508	0.665	0.392	0.504

图 13 样本县小学段办学条件优质均衡区域单项指标差异系数（2023 年）

2. 初中段

初中段，2023 年西部地区办学条件优质均衡全部指标差异系数均显著劣于东部地区，两项指标劣于中部地区。西部地区"每百名学生拥有县级以上骨干教师数""每百名学生拥有体育、艺术（美术、音乐）专任教师数""生均教学及辅助用房面积""生均体育运动场馆面积""生均教学仪器设备值"五项指标的差异系数分别为东部地区的 8.80 倍、3.77 倍、1.78 倍、2.09 倍、5.68 倍，均显著劣于东部；"每百名学生拥有高于规定学历教师数""每百名学生拥有网络多媒体教室数"两项指标的差异系数微劣于东部。西部地区"每百名学生拥有县级以上骨干教师数"指标差异系数为中部地区的 7.79 倍，显著劣于中部地区；"每百名学生拥有高于规定学历教师数"指标微劣于中部地区；"生均教学仪器设备值""每百名学生拥有网络多媒体教室数"两项指标微优于中部地区；"生均教学及辅助用房面积""生均体育运动场馆面积"两项指标显著优于中部地区。需重点监测西部地区"每百名学生拥有县级以上骨干教师数"、中部地区"生均教学及辅助用房面积"和"生均体育运动场馆面积"、中西部"生均教学仪器设备值"指标（见图 14）①。

---

① 西部地区初中段"每百名学生拥有县级以上骨干教师数"指标差异系数高达 1.962，为所有指标差异系数之最；"生均教学仪器设备值"指标差异系数为 0.699。中部地区初中段"生均教学及辅助用房面积""生均体育运动场馆面积""生均教学仪器设备值"三项指标的差异系数分别为 0.603、0.735、0.703。以上五项指标显著劣于国家对初中段优质均衡发展设定的 0.45 的综合规定标准。中部地区"每百名学生拥有体育、艺术（美术、音乐）专任教师数"指标差异系数缺失，故未对该指标做东中、中西部区域比较。

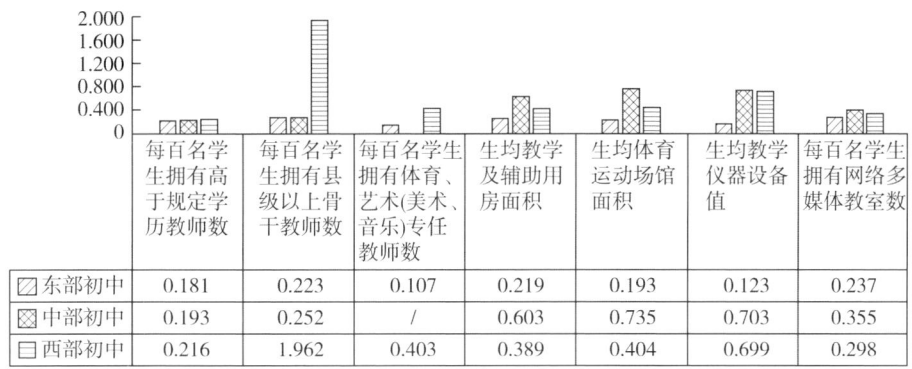

图 14　样本县初中段办学条件优质均衡区域单项指标差异系数（2023 年）

综上可见，办学条件优质均衡总体处于初级阶段，城乡、区域等指标呈现"弱均衡性"特征，"每百名学生拥有县级以上骨干教师数""每百名学生拥有体育、艺术（美术、音乐）专任教师数"两项新指标均衡性最弱。

六、社会舆情关注的其他办学敏感指标发展状况

在深入剖析义务教育办学条件均衡发展现状时，除关注基本均衡和优质均衡的办学指标外，还需回应社会舆情重点关注的其他敏感办学指标，如住宿条件、卫生条件、安全和医疗条件、出行条件、心理健康教育设备、数字化设施、大班额治理等其他办学条件指标，以全面分析义务教育办学条件均衡发展现状。

（一）需完善住宿配套性设施供给

当前，寄宿制义务教育学校存有三项难题，即迫切需要增加床位供给、扩充专职生活教师数量、提升低龄寄宿生心理综合水平。[①]

1. 床位供给。"两人一铺""大通铺"等床位紧张现象仍然存在。21.5%的受访者认为所在学校存在"两人一铺"或"大通铺"现象（"两人一铺"占14.29%、"大通铺"占7.21%）。这种现象主要发生在镇区（"大通铺""两人一铺"比例分别为：镇区58.90%、56.10%，城区29.01%、30.99%，乡村12.09%、12.91%）、西部地区（东部和中部地区为0）。其中，初中段两项比例分别是47.77%和48.45%，小学段两项比例分别是19.34%和21.53%（见

---

① 低龄寄宿学生指的是一至三年级（含三年级）寄宿学生。

图 15)①。

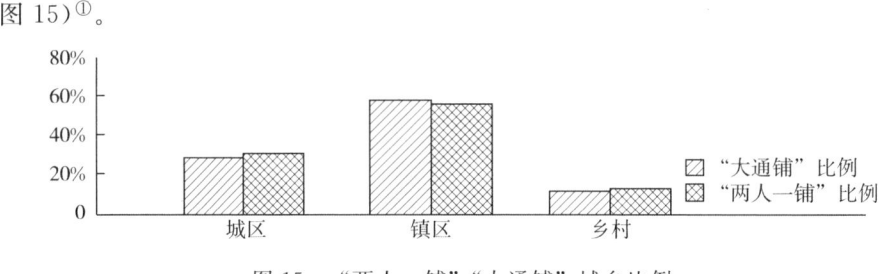

图 15 "两人一铺""大通铺"城乡比例

2. 专职生活教师。调研显示,仅有 58.23% 的样本学校配备了专职生活教师,67.09%、65.19% 和 42.41% 的样本学校中学生寄宿工作由班主任、学校领导、科任教师轮流兼任。48.10% 和 38.61% 的校长认为本校缺少专门的生活教师和宿舍工勤人员,60.76% 的校长认为本校学生寄宿情况明显增加了科任教师的工作量。

3. 低龄寄宿生心理综合状况。本次调查中低龄寄宿生共 908 人,占寄宿生总数的 8.07%。其中,镇区人数最多,共 477 人;其次为城区,共 237 人;乡村人数最少,共 194 人。在 908 名低龄寄宿生中,有 116 名出现感到孤独、没有朋友并思念家人等心理欠佳情况。

(二) 卫生条件大幅改善但需提升细节

近年来,我国义务教育学校基本卫生条件总体得到了明显改善,但仍存在不足,主要体现在水源供给、厕所卫生、洗浴条件三个方面。

1. 有稳定水源供给但需定期专业检测。样本学校均有稳定的生活用水和饮用水来源,能够保障学生在校基本学习和生活需求,但 61.29% 的校长认为本校缺乏专业人员对学校饮用水标准进行定期检测以保证安全。

2. 厕所坑位。样本学校均配置了卫生厕所和洗手设施,但超过 60% 的学生反映本校厕所坑位不足,27.06% 的学生希望厕所能及时冲水。田野调查还发现,小学段有 5.26% 的样本学校洗手设施有水但缺少肥皂,初中段样本学校洗手设施普遍有水并配备肥皂。

3. 洗浴。近 20% 的寄宿生认为洗澡水温度无法满足需求。

---

① 调研样本县中,东部和中部地区学校床位缺口为 0,西部地区缺口较大,其中西部 D 县情况较为典型。该县义务教育阶段寄宿生实有 65 216 人,寄宿制学校实有床位 52 671 个,实有缺口共 12 545 个,占比约 19.24%;但根据学校统计的寄宿生实际需求来看,学校床位缺口达 1511 个(含 2566 个有寄宿需求但未能实际寄宿的学生),缺口占比为 23.17%。

（三）安全和医疗基本满足需求

1. 安保人员配备。81.34%的样本学校配备了专职安保人员。

2. 安全隐患排查。71.14%的样本学校对安全隐患进行定期排查，超过90%的学校采取安全消防演练、应急备案等方式应对突发安全事故。

3. 医疗保障。69.15%的学生自感生病或受伤时可以得到及时处理，但配备校医、医疗室、健康咨询等方面的需求尚未得到满足。

（四）就学交通明显改善

1. 上下学时间。就近入学政策总体得到较好落实，超过84%的学生上下学出行时间可控制在20分钟以内。

2. 上下学距离。超过76%的学生家校距离在3公里以内。

3. 交通方式。上下学首选步行（41.90%）和家长骑车接送（39.57%）两种交通方式，基本能够满足学生日常上下学需求。

（五）心理健康配备水平较低

1. 心理辅导室的使用面积。近年来，各地都很重视学生心理健康设施设备建设，尤其注重对农村学校心理健康设施的配备。西部和中部样本县心理辅导室面积与上年相比平均增加了29%和10%，这些新增心理辅导室面积绝大多数位于农村学校，农村学校心理健康设施不断配齐配好。

2. 心理健康教师配备数量。样本县中，东部地区平均每所农村学校配备的心理健康教育教师不足一人，其中接受过专业教育的仅占72.55%；中部地区14所调研学校中，仅有2所农村学校配备了心理健康专任教师；西部地区4个样本县中，仅有A县平均每所农村学校配备了超过2名心理健康教育教师，能够满足基本需求[①]。样本学校中，专职心理健康教师人数仅占1.92%，绝大部分心理健康教师由其他科任教师兼任，乡村、镇区、城区兼任比例分别是92.13%、87.15%、83.34%。

（六）教育数字化建设成效显著

1. 互联网接入率。样本学校互联网接入率达到100%，数字化教育资源投入与使用得到基本保障。

---

① 2015年，《教育部办公厅关于印发〈中小学心理辅导室建设指南〉的通知》（教基一厅函〔2015〕36号）规定："心理辅导室至少应配备一名专职或兼职心理健康教育教师，并逐步增大专职人员配比。"2021年，《教育部办公厅关于加强学生心理健康管理工作的通知》（教思政厅函〔2021〕10号）中提出："每所中小学至少要配备1名专职心理健康教育教师。"

2. 教育数字化建设水平。近年来，各地投入大量资金加快教育数字化建设、录播教室建设，实施数字化教学，这为学生提供了有效的学业帮助。从样本学校测评数据来看，36.83%的学生认为数字化教学帮助自己直观形象地理解知识，37.22%的学生认为提高了课堂注意力，还有37.53%、37.90%、37.89%的学生认为增强了知识记忆，提高了学习兴趣，提升了学习积极性。但城乡差异较为明显，乡村学生认可数字化教学对自己学习产生帮助效果的仅占52.16%，低于61.33%城区学生和56.41%镇区学生的认可度。

（七）需进一步治理大班额

样本学校中，66人及以上超大班额总数为183个，56—65人大班额总数为152个。

1. 城镇学校较乡村学校严重。样本学校中，56—65人大班额城区、镇区、乡村占比分别为57.89%、34.87%、7.24%；66人及以上超大班额城区、镇区、乡村的占比分别为62.84%、30.60%和6.56%。

2. 中部较东西部突出。样本县中，56—65人大班额主要集中在西部地区[①]，66人及以上超大班额在东中西部区域均有分布，但中部地区占比最高，为95.54%。西部和东部地区占比分别为4.37%和0.09%。

七、义务教育办学条件均衡发展存在的问题与挑战

在推进义务教育优质均衡发展的过程中，由于区域、学校和群体之间的差距仍然存在，县域义务教育基本均衡成果须持续巩固，并以此为基础推进优质均衡发展。根据义务教育基本均衡的成果巩固情况及其发展趋势，结合当前优质均衡发展所处的阶段，以及社会舆情对办学条件关注的其他指标，本研究发现当前我国义务教育办学条件均衡发展存在的问题与挑战可归纳为以下三个维度：一是均衡发展水平，二是均衡发展标准，三是均衡发展结构。

（一）义务教育均衡发展水平较低引发"基本"向"优质"过渡困难

义务教育均衡发展差异系数测算的运用推动了我国教育督导评估更加科学、准确、规范，可以直观反映一个区域教育均衡状态，是研判义务教育办

---

① 以西部B县为例，56—65人大班额在小学段以高学段为主。在四年级中，有2所学校4个班级人数在56—60人之间；在五年级中，有7所学校3个班级人数在56—60人之间，有4所学校17个班级人数在61—65人之间；在六年级中，有9所学校15个班级人数在56—60人之间，5所学校17个班级人数在61—65人之间。初中段以九年级为主，即九年级有5所学校25个班级人数在56—60人之间，1所学校2个班级人数在61—65人之间；八年级有1所学校1个班级人数在56—60人之间。

学条件均衡发展的重要依据。然而，差异系数本身存在一定局限性，它仅反映区域内指标数据的差异程度，无法反映数据本身水平的高低。这就可能出现因差异系数小而看似达成了均衡，但实际情况为区域中所有学校发展水平都很低而导致的"低水平"均衡。义务教育办学条件优质均衡发展以实现基本均衡发展为基础，但目前中、西部地区都不同程度地面临基本均衡巩固和优质均衡发展的双重难题。镇区小学阶段办学条件优质均衡发展面临的困境尤为突出，不仅和乡村学校一样缺少县级以上骨干教师及体育、艺术（美术、音乐）专任教师，还存在教学及辅助用房、体育运动场馆、教学仪器设备等资源短缺的问题。义务教育办学条件均衡发展的内在要求是实现城乡、区域、学校、群体之间的均衡，"低水平"均衡限制了高质量、高水平的均衡发展目标。

1. 缺乏对义务教育基本均衡具体指标的细致观照

对标国家规定的县域义务教育基本均衡综合差异系数的相关要求，本研究发现办学条件基本均衡实现了成果巩固，连续四年达到综合差异系数标准，即在宏观层面上区域间的教育资源配置达到一定的均衡状态，硬件设施、师资力量等办学条件要素实现了均衡分配。尽管在宏观层面上实现了基本均衡，但在具体指标维度上，如"生均体育运动场馆面积""生均教学仪器设备值"等硬件指标，以及"师生比""生均高于规定学历教师数"等软件指标上，仍然存在显著的不均衡性。上述情况将导致教育资源在不同区域、不同学校之间的分配不均，影响教育质量的全面提升。进一步调研发现，西部地区小学段办学条件基本均衡存在反弹趋势，其背后原因为单项指标、某几项指标异常，尤其是"生均高于规定学历教师数""生均中级及以上专业技术职务教师数"两项指标差异系数过高，亟待重点关注西部地区教师队伍建设均衡发展成果。

2. 师资建设是义务教育均衡发展全面提升转型的重大难关

当前义务教育办学条件优质均衡发展面临的重难点问题为师资建设。教师队伍的专业发展指向专业素质和教学能力，但现阶段骨干教师分布不均、体育和艺术专任教师短缺等问题普遍存在。第一，骨干教师分布不均。城区、镇区、乡村小学和初中的县级以上骨干教师配备均存在明显不足。尽管学校在教学用房、仪器配备等多个办学条件均衡发展相关指标上得到了具体改善，但在骨干教师的引进和保留方面仍面临困难，这也是教学质量提升受限的难点所在，难以满足家长和学生对优质教育的期待。第二，体育、艺术（美术、音乐）专任教师短缺。在调研的乡村小学中，艺术和体育课程往往由非专任教师兼任，不仅影响课程教学质量，还限制了学生艺体方面的发展。第三，乡村教师信息化素养能力水平亟待提高。在与教育行政部门座谈、校长访谈、教师交流的过程中，我们了解到许多教师在现代教育技术的应用上存在瓶颈，出现老教师力不从心、新教师"拿来主义"等问题，在一定程度上影响了教学效果和学生的学习体验。

3. 办学条件均衡配置及设备质量维护与作用效果不佳

在优质均衡发展阶段指向学生发展的办学条件质量提升亟待重视。对社会舆论关注的办学条件改善的分析结果发现，办学条件配备质量仍存在以下问题。首先，供给数量不足：一是寄宿制床位供给不足，仍存在"两人一铺""大通铺"的床位供给不足现象，且镇区、城区的情况比乡村更为严峻；二是城区、镇区学位供给不足，当前大班额、超大班额现象仍然存在，其中镇区学校 56—65 人大班额、城区超 66 人超大班额现象最为突出，城镇大班额治理难度依然很大；三是生活教师、心理健康教师配备不足，当前上述两类专任教师配备数量严重紧缺，其他科任教师兼任引发教师工作负担过重、专业性欠缺等情况普遍。其次，配备质量不佳：一是厕所设施配置不佳，学生满意度反映厕所坑位、冲水、洗手设施等方面仍有问题；二是数字化建设存在配备和使用上的差距，尤其是乡村学校所配备电脑的使用情况堪忧，电脑闲置积灰、开不了机、上不了网以及教学一体机设备老化、卡顿、死机等情况制约教育教学数字资源的有效使用。最后，设备维护不到位：一是数字化设备维护不到位，信息化设备的更新需求难满足，设备更新维修存在资金缺口；二是配套设施不到位，导致配备的功能教室使用率不足，如"三个课堂"录播教室中通风、控温等设施设备的投入需要额外资金支持，农村学校面临无力配齐配全的难题，即使勉强配齐，也存在后续维护资金需求，加上季节性以及温湿度变化等因素，录播教室及其相关设备的维护成难题。

（二）义务教育均衡发展的新旧标准接续问题引发现实矛盾

第一，新标准下优质均衡发展指标的达成面临挑战。"每百名学生拥有县级以上骨干教师数"这一指标的达标率最低，乡村、镇区、城区均未完全达成且与规定目标差距较大。"每百名学生拥有体育、艺术（美术、音乐）专任教师数"在小学段出现明显的城乡差距，乡村、镇区、城区的差异系数分别为 1.111、0.855、0.292。乡村小学段"生均教学辅助用房面积""生均体育运动场馆面积""生均教学仪器设备值"明显优于城区、镇区。镇区小学"生均体育运动场馆面积"指标差异系数为0.572，高于0.55的国家标准，且四年来差异系数有进一步扩大趋势。城区小学段"生均体育运动场馆面积"指标未达标，初中段"生均体育运动场馆面积""生均教学仪器设备值"两项指标不均衡性更为突出。

第二，新标准与历史建筑标准的冲突增加达标难度。以音乐功能室为例，大部分乡村学校建设时采取的标准是《农村普通中小学校建设标准》（建标109—2008），其中规定："小学音乐、美术（艺术）专用教室面积各为80 m^2，初中各为93 m^2。"部分地区学校音乐教室普遍低于优质均衡的建设标准，为验收达标，采取过度改造方式，将音乐功能室和与其毗邻的其他功能室隔墙打通共享。

第三，新旧标准转换过程中如何优化资源配置问题。首先，有关资源重新配置的问题。新标准对义务教育均衡发展提出了更高的要求，这不仅涉及硬件设施的升级，还包括软件资源，如教师素质的提升和课程内容的丰富。在新旧标准转换的过程中，如何有效地重新配置有限教育资源以满足新标准的要求成为一个突出问题。其次，政策连贯性与灵活性不足。在新旧标准转换的过程中，需要确保新政策与旧政策之间的平稳过渡，同时保持政策的灵活性，以适应不同地区、不同学校的具体情况。最后，教育财政投入优化的问题。为了适应新标准，需要在尚未达标的领域增加教育财政投入，如重点支持对乡村和镇区学校的发展，以缩小与城区学校的差距。然而，鉴于财政资源有限，如何优化投入、提升效益等问题仍需要仔细考量。

（三）义务教育均衡发展结构存在固化风险

第一，学段差异固化。本研究发现，当前我国义务教育均衡发展水平存在学段差异：2020—2023年样本县小学、初中学段综合差异系数均逐年增大，小学段尚未达到《县域义务教育优质均衡发展督导评估办法》（以下简称《办法》）规定标准，初中段达到了《办法》规定标准。学段差异固化可能导致不同学段的教育质量出现持续的不均衡。小学教育作为"打基础"阶段，其均衡发展水平未达标将会影响学生后续的学习和发展，造成知识与能力断层；而初中教育作为承上启下的阶段，其均衡发展水平虽然达到标准，但若不能与小学有效衔接，也难以实现整体教育质量的提升。

第二，城乡差异固化。一方面，"乡弱于城"的发展特征在小学段维持，在初中段扭转。2020—2023年乡村小学综合差异系数始终显著弱于镇区、城区。初中段，乡村学校办学条件差异系数在波动中增长，2020年显著劣于镇区、城区，至2023年乡村、镇区初中达成优质均衡指标，"乡弱于城"态势出现扭转。另一方面，乡村学校运营成本增加导致经费紧张。乡村学校教学设备和基础设施改善的同时，带来了设施设备维护维修、功能教室耗材增加等支出压力，使得乡村学校经费紧张。随着农村生源缩减，一些农村学校办学场地和教育设施设备闲置，学校后勤保障、食堂宿舍运营和人员成本居高不下，学校经费难以为继。

第三，区域差异固化。东部地区调研样本县小学、中学均实现优质均衡发展目标，中部、西部调研样本县仍然面临不同程度达标困难，优质均衡发展尚未达标。自2020年起，东部样本县小学、初中综合差异系数均已达到《办法》规定标准，波动趋势较平稳；中部调研样本县小学、初中各有四项未达标；西部小学达标率为71.43%，初中达标率仅为14.29%。

可见，义务教育办学条件的基本均衡发展正面临结构性固化的深层问题，特别是城乡和区域差距仍然存在，亟须警惕进一步扩大的趋势。在城乡差距中，乡村普遍弱于城区、镇区。尽管乡村学校办学条件改善取得明显成效，在校舍、教学仪器配备等方面赶上或超过城镇学校，但随着城镇化进程持续，学龄人口大量涌进城区造成乡村生源萎缩，导致县一级教育资源统筹分配中更加侧重城区学校建设，城乡校际差距存在进一步扩大的可能。乡村学校教师队伍建设仍存在教师数量不足、结构失衡等问题，使得乡村义务教育基本均衡发展显著弱于城区和镇区，尤其是乡村小学在基本均衡发展中处于弱势地位，这表明乡村小学办学条件基本均衡发展巩固是需要重点关注的问题。在区域差距中，东部地区优势明显、均衡发展进程较快，全学段、多指标领先于中部和西部地区，亟须关注中部初中、西部小学均衡"塌陷"问题。

八、义务教育办学条件均衡发展的改进建议

义务教育办学条件优质均衡发展是实现教育高质量发展的重要环节。在教育高质量发展的框架下，优质均衡更加注重内涵发展，这不仅要求教育资源在数量上的合理分配，更聚焦于教育质量的全面提升。建立优质均衡的基本公共教育服务体系，要坚持改革创新，持续深化综合改革，破解体制机制障碍，优化资源配置方式，强化教师的关键作用，加强基本公共教育服务标准化、专业化、法治化建设。因此，现阶段需重点关注义务教育基本均衡向优质均衡的平稳过渡，警惕"弱均衡""低水平均衡"问题，着力巩固中部地区办学条件，防范西部地区办学条件反弹风险。此外，需对义务教育均衡发展标准进行动态研判，在推进新旧标准妥善衔接的同时注重评价的多元化取

向。最后，亟待提供办学条件配置"菜单式"精准服务，防止义务教育均衡发展结构固化。

（一）促进均衡发展从"基本"向"优质"稳步过渡

第一，动态监测县域义务教育基本均衡指标巩固情况。尽管2021年底全国2895个县级行政单位已实现义务教育基本均衡，但调研发现，县域内义务教育基本均衡依然存在结构性波动和单项指标的波动。建议在县域范围内加强对义务教育基本均衡八个单项指标的动态性、针对性监测，尤其要加强对"生均体育运动场馆面积""生均教学仪器设备值"等敏感指标的巩固复核，及时发现反弹风险并预警。同时，将监测数据定期向社会公开，通过社会舆情接受公众监督并建立有效反馈机制，不断完善均衡指标监管与评估体系。

第二，优化教师激励和培训机制。一是通过"骨干教师基金"等项目，在保障教师的平均工资水平不低于当地公务员平均水平的基础上，优化长期服务于农村和薄弱地区的骨干教师津补贴，在根据服务年限和教学成效逐步提升补贴标准的基础上，结合学校进步指数给予奖励。二是开源性扩充艺术体育教师。为在任教师提供艺体等领域的专项培训，酌情将艺体教学技能培训与教师职称晋升、绩效考核挂钩，鼓励更多在任教师掌握艺体类教学技能。同时，鼓励艺术和体育专业人才以兼职教师的形式服务乡村学校，并建立县域内艺体教师资源共享平台，定期安排专任教师到薄弱学校支教或巡回授课。

第三，完善设备管理维护的制度措施以推动共享和效率提升。一是结合乡村学校教学、环境特性，选择质量可靠、性能稳定的设备，同时配置防尘防潮设施，减少物理故障。二是建立规范的设备管理机制，明确更新、维护和报废流程，定期聘请专业技术人员进行检查维护，避免设备闲置或浪费。同时，为教师和学生提供技术支持，减少错误操作造成的损坏。三是利用云计算技术降低对本地硬件设备的依赖，通过区域教育云平台实现设备资源共享，优化高性能设备的使用效率。对于资金紧张的学校，可探索校际资源共享模式，推进共建共用，降低设备投入压力。

（二）推动"新""旧"测量指标有序衔接

第一，分类设计评估标准并灵活划分过渡期。针对按原有标准建成的学校建筑实际情况，适当微调建筑面积等硬件指标评估标准，结合学校现状设置分阶段达标要求。在保证正常教学功能的前提下，逐步提升功能教室辅助设施的建设标准。

第二，对临界指标设置差异系数预警机制。对"生均教学仪器设备值""每百名学生拥有计算机台数""生均图书册数"等直接关系教学质量和学生学习效果的指标，构建基于差异系数的动态监测体系。对指标波动较大的县域或区域实施分层分类警示机制，并通过红、黄牌公示制度明确整改要求。对基本均衡指标反弹显著的区域优先关注并予以干预，精准施策以巩固成果。

第三，结合结果性指标和过程性指标实施综合评价。在结果性指标中重点关注学校设施水平、师资质量和资源利用效率，全面反映实际办学水平，同时引入过程性指标，如学校年度进步指数，激励学校将关注点转向持续改进和内在发展，而非单纯追求最终指标的达标。在此基础上，利用大数据和人工智能技术建立精准评估系统，动态捕捉学校实际办学中潜在的问题和提升空间，为政策优化和资源配置提供科学依据。

（三）构建多层次资源协调机制推动办学条件优质均衡精准化配置

第一，精准拨款解决农村学校经费困境。针对经费紧张的农村学校，实施"一校一议"拨款策略，建立涵盖收入来源、支出项目、资产配置、债务情况等方面的财务审计机制，精确量化具体资金需求并量身定制拨款方案。一是采用差异化拨款。根据学校的地理位置、学生人数、教学条件等因素，制定差异化的拨款标准。例如，偏远地区可获得更高补贴以弥补交通等额外成本。二是采用项目化拨款。针对教学设施改善、现代化技术引进、教师培训等特定项目或任务，设立专项拨款。三是采用绩效化拨款。将拨款与学校的管理水平、教学质量和学生发展等指标挂钩。通过奖励优秀学校和督促问题学校整改，提升拨款的使用效益。

第二，优化学段资源以协同促进教育连贯性。当前，由于小学阶段不直接面临升学压力，而初中阶段是中考升学关键期，优质初中无法满足学位供给，而小学的师资配备不足以跟上优质基础教育建设对师资数量和质量的要求。对于小学阶段，可通过教师交流和人工智能教学设备引入等途径弥补小学阶段师资短板。对于初中阶段，可通过利用现有教育教学空间、改建闲置楼宇、联动社会资源等方式实现优质学校学位扩容。此外，建议尝试实施跨学段协调机制。将小学和初中纳入统一政策框架，优化九年一贯制学校的建设模式，优化办学资源的配置，确保学段间教育质量连贯提升。

第三，加强跨县域与区域间协同发展。尽管县域内义务教育基本均衡已逐步走向优质均衡，但依然需要突破县域内视角，强调县域间和区域间视角。调研数据表明，县域间义务教育基本均衡的非均衡性程度远大于县域内城乡、校际义务教育基本均衡的程度,而它们是阻滞当前中国教育公平真正实现的更为顽固的结构性困境。建议制定和完善县域间义务教育均衡发展的政策体系,逐步突破教育均衡发展的"县域"空间,探索偏远地区、薄弱乡村学校教育资源配置统筹适度上移机制,加强省级和市级政府资源跨县域分配中的统筹作用,推动资源跨县域合理分配,协调县域间均衡发展。此外,建议分区域分省份制定实施规划,明确基本均衡达标现状,明确实现优质均衡发展的时间表和责任书,按照3—5年一周期制定新优质学校成长发展规划,落实支持政策和保障措施,加快办好一批条件较优、质量较高、群众满意的"家门口"新优质学校。

(本文原载于《东北师大学报(哲学社会科学版)》2025年第2期)

试析农村小规模学校撤留博弈[①]

【摘要】 农村学校的密集型存在是义务教育总体布局的结果，受计划生育政策和城镇化趋势的影响，农村适龄儿童数量呈现明显减少的趋势，农村小规模学校大量存在。目前，针对农村小规模学校撤留问题的现实博弈，表面上看是主体间信息不对等造成的，实质上是发展认知、教育理念、评价标准的深层次博弈。以留为主的"微改革"方向、以核心为主的关键解决方式和以内部为主的系统完善策略可作为农村小规模学校的发展准则，促进义务教育阶段城乡教育的均衡发展。

【关键词】 农村学校；学校布局调整；小规模学校

农村学校除具备地域类型的基本特征外，随着时代的变迁，其表现形式也呈现出从补偿性保障到常态化建设的功能性转变。农村小规模学校之所以能够获得社会各界的广泛重视并引发争论，其主要原因并非仅仅是其外显的小规模存在方式，而是其内在蕴含的教育理念争端。基于农村小规模学校的存在样态和社会需求，不同权利主体表现出明显的思维冲突和行为碰撞，这便逐渐产生了针对农村小规模学校撤并或保留问题的争议。

一、农村小规模学校的历史使命与现实博弈

农村小规模学校的产生与发展表现出较强的时代特征和政策特点。从产生根源来看，农村小规模学校与农村学校布局中的高密度设置有直接关系，这是"普九"阶段国家为了平衡基础教育供求关系而出台政策的干预结果。伴随着城镇化进程的加快和计划生育政策成效的凸显，农村小规模学校数量增加且问题频发，与此同时社会各界产生了对农村小规模学校存在价值的质疑。基于此，笔者从历史使命和现实博弈两方面对其展开分析。

（一）学校布局的客观要求：农村学校存在的必要性

为了便于扫盲教育和普及九年义务教育的开展，我国从 20 世纪 80 年代

[①] 本文作者为东北师范大学孙颖博士。

起便对中小学的布局进行了规划，其中按村、乡、镇三级教育行政级别对小学、初中、高中阶段分别布局。到20世纪90年代，我国基础教育阶段的学校布局已经基本形成了"村村有小学、乡乡有初中、镇镇有高中"的状况。农村学校的高密度存在具有一定的时代特征，作为重要的教育场所，农村学校的存在价值不仅局限于针对适龄儿童开展教育，还表现出一系列的隐性功能，如社区组织的聚集功能、文化生成与传播功能等。由此可见，农村学校对于所在村落来讲具有多维度的综合现实意义。目前，为了进一步整合教育资源、提升教育质量，以农村学校布局调整为代表的一系列撤并政策的产生，其实是对部分农村小规模学校现实价值的否定。

（二）适龄儿童的发展趋势：农村小规模学校的产生

受计划生育政策和城镇化进程的综合影响，我国义务教育阶段学校总量锐减并向城镇集中。按世界统计惯例和我国政策的规定，在小学阶段少于100名学生的学校便可被划归为小规模学校。目前，我国义务教育阶段经费保障制度是以注册学生数为重要依据进行经费拨付，而当学生数量达到一定水平时，教育经费支出与学生数之间并非呈直线正相关关系。未形成规模发展的小规模学校由于教育资源相对匮乏，很难提供较高水平的教育，而学校合并能够减少学校支出，提高学生入学率，为学生提供最好的教育机会[①]。通过农村小规模学校的布局调整实现教育水平提升是撤并方的重要出发点，但在执行过程中产生许多负面问题，如学生上下学路途安全问题、学生低年龄寄宿问题等，这些问题的客观存在成为保留方的重要现实依据。事实上，政府及教育行政部门对农村小规模学校的态度发生转变是撤并与保留双方进行博弈的重要体现。

（三）主体间信息不对等：农村小规模学校撤留博弈的可能性

农村小规模学校的撤留问题引起社会各界的广泛关注和深度热议，这进一步证明针对此问题的讨论并非对立层面而是协同层面，即多元决策主体重点关注学校撤并的依据、标准等综合因素的科学构建，并非仅仅因为负面问题的存在而简单拒绝。在博弈过程中，各决策主体通常会根据自身认知和所掌握的信息做出有利于自己的决策行为。例如，以教育行政部门为代表的支持撤并方是针对农村小规模学校教育效率偏低的现实而提出的改进策略，其占有的支撑信息具有宏观性和社会性。而以学生家长为代表的支持保留方是针对学校撤并后学生可能遇到的困境而提出的规避策略，其占有的支撑信息具有微观性和个体性。由于博弈双方在信息获取范围、关注主体、发展途径

---

① 杜屏，赵汝英. 美国农村小规模学校政策变化分析［J］. 教育发展研究，2010（3）：66-69.

等多方面均存在差异，社会中出现了农村小规模学校的撤留博弈。

二、农村小规模学校撤留博弈本质

针对农村小规模学校的撤留问题，博弈双方根据自身的社会处境和需求，对农村小规模学校的发展现状和趋势预判表现出不同的选择态度和社会行为。事实上，这些选择只是博弈主体的外显性特征表现，探究博弈双方表面现象中所蕴含的隐性因素能够有效剥离问题的本质，为农村小规模学校的客观现实和未来发展提供可能的途径。

（一）发展认知的博弈：量的普及和质的优化

当人们对基础教育的入学机会基本满足时，社会对学校的功能便不再局限于普及率的简单达标，而是追求更加优质的学校教育。然而，现实博弈存在的关键问题是将量的普及作为发展分目标还是作为发展过程来看待。具体来讲，将量的普及作为分目标来看待的博弈主体，会坚持每名学生就近接受义务教育的权利不容侵犯，对于农村小规模学校持有保留的态度。而将量的普及作为发展过程看待的博弈主体，会因为追求更优质的教育而选择暂时放弃部分学生就近入学的权利，具体表现为支持撤并方。虽然博弈双方同样遵循从量的普及到质的优化的发展转型之路，但认知结构的差异使其产生不同的思维导向和行为选择，最终导致双方博弈。

（二）教育理念的博弈：社会公平和教育效率

针对公平和效率，两个博弈主体表现出不同程度上的认同选择。基于社会公平的教育理念认为，适龄儿童无论所处地域、家庭贫富、民族归属等都应享有平等的受教育权利。考虑到学生的身心发展特征，能够为每名学生提供就近、方便的入学条件被认为是保留农村小规模学校的重要依据。而追求效率的发展理念视教育资源的有效整合为根本，力求使有限的教育资源取得最大的教育效果，其坚持通过对农村小规模学校的撤并实现教育质量的提升。由此可见，支持保留方坚持的社会公平主要集中在学生获得就近入学机会方面的公平，是一种低位发展的可能性关注；而支持撤并方受规模效益理论的影响①，关注教育系统的整体运转状况，是一种高位发展的动力性关注。事实上，基于社会公平的可能性教育理念更多倾向于对弱势群体的"雪中送炭"式保障，而基于教育效率的动力性教育理念更多服务于对非弱势群体的"锦上添花"式推动。

---

① 雷万鹏. 义务教育学校布局：影响因素与政策选择［J］. 华中师范大学学报（人文社会科学版），2010（5）：155-160.

（三）评价标准的博弈：以城为主和以生为本

博弈双方对于农村小规模学校的撤留倾向表现出对教育评价标准的不同意识。支持撤并方秉承着优化教育资源的目标，而目标的存在基础是对农村小规模学校现状缺乏认同，以市标准评价农村学校。对于农村小规模学校来讲，运用城市标准来对农村学校进行评价无疑会降低其现实存在价值，同时容易造成农村学校的同质化发展。针对城乡学校间存在的客观差异，运用城市标准对城乡进行评估本身是对教育发展的向城乡推动，是通过外界力量促进城乡一体化建设的重要表现。而支持保留方主要基于以生为本的发展原则，期望最大限度地满足每名学生就近入学的需求。以学生为根本出发点的教育决策不应遭到质疑，但在教育资源有限的状况下，使教育资源发挥最大效用同样是值得关注的。事实上，以生为本的评价标准增加了对农村小规模学校的价值肯定，同时对教育的总体发展提出了更高的要求。

三、农村小规模学校的发展准则

针对农村小规模学校的撤留问题，无论在表面呈现还是在本质探究方面，两大权利主体都因差异的客观存在而表现出现实冲突。若任由两者顺其自然地发展而不加以干涉，必然会引发问题的进一步恶化。根据农村小规模学校的现实状况和发展趋势，遵循科学、合理、具有指导性的发展准则，有利于现存问题的解决并能促进未来发展的持续化。而发展准则的制定不应仅仅局限于现实问题的折中式解决，应该在理性判断的基础上，体现出一定的倾向性、发展性和可执行性。

（一）以留为主的"微改革"：符合社会发展的主流方向

从客观表现和内在原因来看，两大权利主体对于农村小规模学校的撤留问题表现出较大的差异，但矛盾的本质并非二元的完全式对立。这种差异形成的最主要原因在于双方所代表群体的利益分属关系不同，双方在认识和分析问题的角度和深度方面存在较大差异，最终表现为强烈的现实博弈。然而，双方的博弈能够长时间持续存在，表明双方均不具备完全的合理性，所以完全符合任何一方的发展理念都缺乏现实的可行性。因此，以社会发展的大环境为改革背景，实行"微改革"能够摆脱就事论事的解决方式，促进问题的发展式解决。从问题所涉及的范畴来讲，农村小规模学校的撤留问题受到一系列外界因素的影响，如人口流动、城镇化倾向等，究其根本是一个教育问题，其所发生的场域和所涉及的关键主体都符合学校教育的基本特征。因此，相关部门在制定改革方案时应充分考虑"以生为本"的基本原则，而非简单地受政治、经济、社会和人口因素的影响。以"微改革"基础上的保留策略作为基本的发展准则,有利于为目前农村小规模学校的发展指明方向。

(二)以核心为主的关键式解决:教育质量的全面提升

无论是支持撤并方还是支持保留方,其根本出发点均是为学生寻求更优质的教育质量,这同样是社会各界关注的焦点和发展的关键目标。这里所提及的教育质量是一个相对宏观的概念,既包括内核式的教育教学水平,也包括外延式的教育环境。由于教育教学是学校工作的重中之重,并且其作用方式和效果呈现均表现出较强的显性特质,很容易成为教育质量的代名词。全面提高教育质量是社会对教育发展提出的新要求,而对教育教学水平的片面追求很容易陷入对学生成绩片面关注的误区,这不利于学生的全面发展。虽然教育环境所达到的效果具有较强的隐性特质,但作为保障基础,其应成为教育质量的重要组成部分并引起重视。总之,对于农村小规模学校撤留问题的争论,应放在更广的教育环境中去考虑解决方案,当问题视野得到有效拓宽时,矛盾存在的激烈程度便会明显弱化,甚至可以完全转化为相互促进的发展条件,最终实现学生全面发展的目标。

(三)以内部为主的系统完善:教师队伍合理建设

包括农村小规模学校在内的农村学校教育质量一直遭到社会各界的非议,于是通过学校撤并来优化教育质量便成为重要可选方式。农村小规模学校的撤并是通过外部因素的改善来促进教育质量的提升,而通过系统外部的改变会给教育和社会带来动荡式的改变,这场激烈的撤留博弈则是缺乏稳定性的重要表现。改善教育内部因素,同样可以作为提升教育质量的重要完善方式之一,其中教师队伍的合理化建设就可作为重要的途径[1]。根据生师比的客观规定,对于农村小规模学校,特别是超小规模学校来说,按国家生师比配置教师,一般都会超编,但从学校自身的教学需要来看,仍显得不足[2]。于是,农村小规模学校便出现大量的教师跨学科、跨年级教学的现象。这就要求在农村小规模学校任教的教师不仅具备基本的专业素质和专业能力,还应具备更强的多学科、多年级教学能力。但对于农村小规模学校教师来讲,教师职前教育的专业培养和职后的综合任教存在偏差,这也对教师职后培训工作提出新要求。培养多元复合型人才是教师队伍合理建设的重要途径,也是缓解小规模学校撤留博弈的有效方式。

(本文原载于《中国教育学刊》2013年第4期)

---

[1] 汪明. 关于农村中小学合理布局的几点思考 [J]. 教育研究, 2012 (7): 87-91.
[2] 秦玉友. 农村小规模学校教育质量困境与破解思路 [J]. 中国教育学刊, 2010 (3): 1-4.

第三篇

农村教育综合改革的理论观察

NONGCUN JIAOYU ZONGHE GAIGE DE
LILUN GUANCHA

高质量：中国基础教育发展路向的时代转换[①]

【摘要】 当前，中国基础教育发展已达到历史高位，整体发展水平已跃居世界中高收入国家行列。因应于建设创新型国家提出的创新人才培养的教育新要求，我国基础教育需要实现从有质量到高质量的发展转型。基础教育高质量发展具有更公平、更均衡、更协调、更全面、更创新、更优质、更可持续以及更安全发展的丰富内涵。基础教育高质量发展的时代转换意味着，从当下惠及长远，树立更加优质、可持续的发展理念；从部分推及整体，坚持更加公平、全面的价值遵循；从基本转向高位，盘活更加均衡、协调的体制机制；从追赶走向超越，打造更加创新、安全的路径保障。实现基础教育高质量发展，首先，需要聚焦学理研究，厘清教育高质量发展内涵，加强原生性教育理论研究，创造性转化域外先进经验；其次，需要提质教育实践，构建教育提质顶层设计，创建全国教育质量文化，打造切合实际的办学特色，创新基础教育高质量发展实践。

【关键词】 高质量发展；基础教育；发展路向

当今的中国正处在两个一百年的历史交汇点。国家的未来发展方向在哪里，教育的未来发展道路是什么，已然成为众所关注的焦点。党的十九大报告、党的十九届五中全会公报和《中共中央关于制定国民经济和社会发展第十四个五年规划和二〇三五远景目标的建议》（以下简称《建议》）为全面建设社会主义现代化教育开好局、起好步确立了纲领性引领。《建议》针对教育提出"建设高质量教育体系"。一个振聋发聩的决定开启了中国教育发展的历史新阶段，明确了"十四五"时期教育改革发展的总方向和总要求。无独有偶，2016 年，联合国《变革我们的世界：2030 年可持续发展议程》(Transforming our World: The 2030 Agenda for Sustainable Development)（以下简称《议程》）正式启动，呼吁各国为今后 15 年实现 17 项可持续发展

[①] 本文作者为东北师范大学柳海民教授、博士生邹红军。

目标而努力。其中，目标 4 为"确保包容和公平的优质教育，让全民终身享有学习机会"。中国和世界两个重要文件的主旨交汇，为新时代我国基础教育改革发展路向的战略性调整指明了方向：由有质量发展转向高质量发展。

一、文献综述

对学术界而言，高质量发展可谓是一个全新的领域，尽管世纪之交关于它的思考已初现端倪，但正式起步是在党的十九大以后，属于典型的政策诱发型研究，且主要集中在经济学领域。2017 年，《南方经济》率先以"解读十九大报告亮点"为主题刊发一组文章，《以高质量发展推进新时代经济建设》一文指出，新时期解决好发展不平衡不充分问题的关键在于高质量发展，体现为经济、社会、政治、文化与生态等方面的协同发展[1]。有学者辨析了空间视角下的不平衡发展问题，提出要认识到空间经济不平衡发展的绝对性与相对性，在此基础上做出评估与校正[2]。有学者指出，在经济新常态背景下，要实现"两个一百年"奋斗目标和中华民族伟大复兴，就必须解决好经济发展的可持续性问题，这就要求必须加快我国经济增长方式的转型，坚定不移地走可持续发展之路[3]。截至目前，经济学关于中国经济高质量发展的研究主要集中在以下几个领域：

一是关于经济高质量发展的可能性与必要性研究。研究者们认为，改革开放 40 多年以来，当我们成功地解决了"有没有"的问题，也就自然过渡到"好不好"的阶段，即转向高质量发展阶段。一方面，由于我国社会主要矛盾发生历史性变化，我国经济发展已经迈向高质量发展阶段[4]，突出表现在经济发展质量出现积极变化、发展效率开始改善和发展动力正在转换等趋势性变化[5]。另一方面，国际、国内经济发展环境正在发生变化，以人工智能与先进制造技术深度融合为核心驱动力的新一轮产业革命正在改变全球价值链曲线，为世界经济高质量发展提供了"新车道"[6]。

二是关于经济高质量发展的本质、内涵的研究。根据比较政治经济学和福利国家理论，高质量发展是一类与报酬递增相联系的总括性制度与机制，

---

[1] 王珺. 以高质量发展推进新时代经济建设 [J]. 南方经济，2017 (10)：5-6.
[2] 陈鸿宇. 空间视角下的不平衡发展问题辨析 [J]. 南方经济，2017 (10)：6-8.
[3] 赵祥. 从十九大报告看习近平总书记可持续发展思想 [J]. 南方经济，2017 (10)：17-19.
[4] 迟福林. 以高质量发展为核心目标建设现代化经济体系 [J]. 行政管理改革，2017 (12)：5-14.
[5] 郭春丽，王蕴，易信. 正确认识和有效推动高质量发展 [J]. 宏观经济管理，2018 (4)：20-27.
[6] 刘友金，周健. "换道超车"：新时代经济高质量发展路径创新 [J]. 湖南科技大学学报（社会科学版），2018 (1)：56-64.

并随着特定历史条件变化不断更新和完善①。高质量发展具有很强的动态性，在经济学的基本意义上，是指能够更好地满足人民不断增长的真实需要的经济发展方式、结构和动力状态②。有学者认为，高质量发展是比经济增长质量范围宽、要求高的质量状态。高质量发展的理论导向表现在提高供给的有效性，实现公平性发展、生态文明、人的现代化③。有研究认为，高质量发展的核心内涵是供给体系质量高、效率高、稳定性高。总之，高质量发展具有十分丰富的内涵，可从社会矛盾变化和新发展理念及其问题、投入与产出、宏观与微观等角度理解。

三是关于经济高质量发展的路径研究。有学者认为，要加快产业链条延伸，培育高质量发展的产业链新动力；提升传统产业，培育高质量发展的新兴产业动力；培育创新者，培育高质量发展的企业家新动力；发展数字经济，培育高质量发展的新业态动力；把握新趋势，释放高质量发展的信息化新动力；创新发展方式，培育高质量发展的绿色动力④。有学者认为，应以创新驱动作为推动经济高质量发展的第一动力，以市场化改革作为推动经济高质量发展的主要抓手，以新一轮对外开放作为推动经济高质量发展的重要手段，以提高人民生活质量作为推动经济高质量发展的主要目标。在首届中国发展经济学学者论坛上，学者们一致认为，中国经济高质量发展的动力机制在于构建高质量发展的动力支撑、突破关键核心技术、注重人力资本投资以及实施有效的创新鼓励方式⑤。

对于教育领域而言，早在 2001 年，北京就提出了"高标准高质量发展基础教育"；进入 2010 年以后，学术界陆续关注到高等职业院校、民办高等学校、学前教育、初中教育高质量发展问题。但相比于经济学的研究，教育领域的研究明显滞后，少量研究集中在高等教育领域。有学者对高等教育高质量发展内涵进行了初步探讨，认为高等教育高质量发展是指高等教育系统将高质量发展理念渗透融入教学、研究、服务等各类学术活动，获得了比较平衡、充分的发展，其成果较好地满足了自身需求和外部需求，包含特色强、

---

① 高培勇，袁富华，胡怀国. 高质量发展的动力、机制与治理 [J]. 经济研究，2020 (4)：6-21.
② 金碚. 关于"高质量发展"的经济学研究 [J]. 中国工业经济，2018 (4)：5-18.
③ 任保平. 新时代中国经济从高速增长转向高质量发展：理论阐释与实践取向 [J]. 学术月刊，2018 (3)：68-76，88.
④ 任保平，李禹墨. 新时代我国经济从高速增长转向高质量发展的动力转换 [J]. 经济与管理评论，2019 (1)：7-14.
⑤ 朱紫雯，徐梦雨. 中国经济结构变迁与高质量发展：首届中国发展经济学学者论坛综述 [J]. 经济研究，2019 (3)：196-200.

质量优、满足需求能力强三个特征①。有学者指出了中国高等教育高质量发展的若干问题，如高等教育高质量发展需要特别关注多样发展、创新发展、开放发展、集群发展和智能发展，要坚持正确的办学方向，扎根中国大地，遵循教育规律，以务实的改革行动实现高质量发展的理念②。有学者提出了中国高等教育高质量发展的几大要点，比如，保持适度办学规模，追求卓越教育质量；优化办学结构，提高办学效益；树立前瞻性发展理念，突出办学特色；传承独特优势，实现融合式创新发展；等等③。在基础教育领域，有研究展开了初步探索，认为"优质均衡"应是中国义务教育高质量发展的时代路向，也就是在实现基本均衡的同时鼓励特色发展和优质发展④，其动力机制是"抓两头带中间"，比如，着重抓高等教育和幼儿园及小学教育，带动中等教育发展；做好城市和乡村学校布局，带动城镇教育发展；做好宏观治理与微观教学，带动中观层面质量提升；做好逐优与补差，带动中间可持续发展，促进教育质量整体全面提升⑤。

整体来看，相比于经济学研究而言，教育领域对于高质量发展的反应相对滞后，尚处于起步阶段，甚至从某种程度上而言尚未起步。但是，滞后不意味着必然的否定性；相反，它内蕴着巨大的研究空间，而经济学的先导性研究也为我们关于教育高质量发展的研究提供了一定的理论基础、致思路径与解释框架。因此，本文的目的在于，在吸收、转化经济学已有研究成果的基础上，对中国基础教育高质量发展做出基本的理论回应，主要解决中国基础教育高质量发展的可能性、本体论及方法论问题。

二、转换的可能性与必要性

（一）中国基础教育的发展数量已经达到历史高位

教育部发布的《2020年全国教育事业统计主要结果》显示，2020年，全国共有幼儿园29.17万所，在园幼儿4818.26万人。其中，普惠性幼儿园覆盖率达到84.74%。学前教育毛入学率85.2%。全国共有义务教育阶段学校21.08万所。招生3440.19万人，在校生1.56亿人。小学学龄儿童净入学率

---

① 钟晓敏. 新时代高等教育高质量发展论析 [J]. 中国高教研究，2020 (5)：90-94.
② 赵继，谢寅波. 中国高等教育高质量发展的若干问题 [J]. 中国高教研究，2019 (11)：9-12.
③ 贺祖斌. 论高等教育高质量发展的十大要点 [J]. 高校教育管理，2020，14 (5)：42-48.
④ 杨清溪，柳海民. 优质均衡：中国义务教育高质量发展的时代路向 [J]. 东北师大学报（哲学社会科学版），2020 (6)：89-96.
⑤ 王澍. 抓两头带中间：中国教育高质量发展的动力机制 [J]. 东北师大学报（哲学社会科学版），2020 (6)：105-112.

99.96%，初中阶段毛入学率 102.5%。全国高中阶段共有学校 2.44 万所，招生 1504.00 万人，在校生有 4127.80 万人。高中阶段毛入学率 91.2%。据《2018 年全国教育事业发展统计公报》显示，全国共有幼儿园 26.67 万所，比上年增加 1.17 万所，增长 4.60%。学前教育毛入园率达到 81.7%，比上年提高 2.1 个百分点。全国共有义务教育阶段学校 21.38 万所，招生 3469.89 万人，在校生 1.50 亿人。小学学龄儿童净入学率达到 99.95%，初中阶段毛入学率 100.90%。高中阶段教育共有学校 2.43 万所，招生 1349.76 万人，在校学生 3934.67 万人，高中阶段毛入学率 88.8%，比上年提高 0.5 个百分点。《中国教育统计年鉴 2008》显示，2008 年，全国共有学龄儿童 9772 万人，入学儿童 9727.1 万人，毛入学率为 99.5%。其中，小学毛入学率达到 105.7%，初中毛入学率达到 98.5%。《中国教育统计年鉴 1998》显示，全国共有小学学龄儿童 13369.3 万人，入学学龄儿童 13226.8 万人，毛入学率为 98.93%。《中国教育统计年鉴 1988》显示，全国 7~11 周岁学龄儿童总数 9655.8 万人，入学儿童 9380.4 万人，学龄儿童入学率为 97.15%。而《中国教育统计年鉴 1978》显示，在我国 2221 个县级单位中，入学率在 95% 以上的县级单位为 1362 个，占全国 61.4%。入学率在 90% 以上不足 95% 的县级单位有 544 个，占全国 24.5%。入学率在 85% 以上不足 90% 的县级单位数为 172 个，占全国 7.7%。而剩下的 142 个县级单位入学率则不足 85%。如果以入学率 95% 为标准，则我国有 38.6 个县级单位在标准以下。70 年筚路蓝缕的努力奋斗，推动基础教育由中华人民共和国成立之初的文盲充斥到现在的义务教育，由"能上学"到"有学上"，到 2019 年年底全国有 95.3% 的区县达到了基本均衡县的要求。进入新时代，我国的社会主要矛盾已发生变化。中国的各级各类教育水平显著提高以后，人民对美好教育、优质教育的向往更加强烈。过去要解决的是"有没有""够不够"的问题；现在要解决的是"好不好""优不优"的问题。前者聚焦基础教育的"速度和体量"，追求"速度优势"和"体量优势"；后者聚焦"效益和质量"，追求"效益优势"和"质量优势"。在解决了义务教育"有学上"之后，实现"上好学"已然成为老百姓对我国基础教育的殷切期盼。

（二）基础教育整体发展水平已跃升到世界中高收入国家行列

2019 年是中华人民共和国成立 70 周年。70 年来，我国基础教育取得的成就是全方位的。基础教育经历"改造与探索期""停滞与恢复期""改革与深化期"三个阶段，基础教育办学体制从工具理性向价值理性转变，从政府包揽走向公共治理，随着政治和经济体制的变革发展不断完善①。管理体制历经曲折发展、恢复重建、改革计划管理、统筹推进与逐步完善和全方位系统化改革五个阶段，取得巨大成就，"中国模式"逐渐形成②。义务教育财政投入水平不断提高，原有地区间投入差距问题得到改善，义务教育财政已开始迈入更高水平发展阶段③。学校布局调整不断优化，经历"布点建校期""调整过渡期""规模扩张期""撤点并校期"，已经走向"审慎调整期"。这些举措不仅顺应了经济社会发展、城镇化和人口变化，还在引领城镇化、产业结构调整及教育变迁中发挥着重要的先导作用④。中小学教师队伍建设取得重大进展，数量上从缺乏到满足，质量上从低水平到高水平，培养上从学历、职前培育到职后培训。70 年的不懈努力，我国教育完成了重要转变，探索出一条"中国道路"。无论在推动普及、着力均衡，还是在提高质量、强化保障的伟大实践中，都创造了世所罕见的发展奇迹。我国基础教育整体发展水平已经达到世界中高收入国家平均水平，其中义务教育发展水平已经达到世界高收入国家平均水平⑤。2010 年，上海参加"国际学生评估项目（PISA）"2009 年测试一举夺魁，世界教育的目光自此转向了中国，英国等世界主要发达国家纷纷前往中国"取经"。2019 年，国家市场监管总局开展的 11 个领域公共服务质量监测显示，人民群众对义务教育的满意度名列第一。

（三）因应为建设创新型国家培养创新人才的教育新要求

多年前，美国经济学家舒尔茨（T. W. Schults）研究认为，人力资本是一个国家经济发展的重要因素⑥。近年来，美国斯坦福大学胡佛研究所哈努谢克（E. A. Hanushek）教授及其研究团队提出，知识是一个国家发展的关键，人的认知技能，即一个国家的"知识资本"对经济的长期繁荣至关重要⑦。他们通过实证研究得出一个重要结论：认知技能与经济增长之间具有非常稳健的关系，且这一关系对发达国家和发展中国家同样适用⑧。这个最新的

---

① 张辉蓉，李东香，赵云娜. 新中国基础教育办学体制发展 70 年回眸与展望 [J]. 中国教育科学，2019，2 (6)：39-47.

② 蒲蕊. 新中国基础教育管理体制 70 年：历程、经验与展望 [J]. 中国教育学刊，2019 (10)：48-53.

③ 李波，黄斌，汪栋. 回顾与前瞻：中国义务教育财政体制 70 年 [J]. 华中师范大学学报（人文社会科学版），2019 (6)：35-44.

④ 雷万鹏，王浩文. 70 年义务教育学校布局调整回顾与反思 [J]. 华中师范大学学报（人文社会科学版），2019 (6)：12-24.

⑤ 杨银付. 70 年基础教育发展的"中国道路" [J]. 中国教育学刊，2019 (10)：3.

⑥ 舒尔茨. 人力资本 [M]. 北京：华夏出版社，1990：8-9.

⑦ 哈努谢克，沃斯曼因. 国家的知识资本 [M]. 北京：中信出版社，2017：76，38-39.

⑧ 哈努谢克，沃斯曼因. 国家的知识资本 [M]. 北京：中信出版社，2017：76，38-39.

研究成果提醒我们,学生的受教育年限只是一个量的确证,更重要的是他们在学校学到了什么,学的效果、质量如何,即是否掌握了相关的基础知识与基本技能,尤其是学生创造力的培养已经成为建设创新型国家的迫切需求。早在2005年,我国就提出建设创新型国家的发展战略。2017年,党的十九大要求加快建设创新型国家。2018年,英国科学博物馆学者统计,从旧石器时代到2008年之前全世界共产生1001项改变世界的重大发明,中国有30项,占3%。这30项全部出现在1500年前,占1500年前全球163项重大发明的18.4%,其中最后一项是1498年发明的牙刷。在1500年之后,五百多年全世界838项重大发明中,没有一项来自中国[①]。中国要全面建成创新型国家,就必须用创新的教育培养创新的人才,才会有创新的技术、创新的成果,形成世界竞争力。这就要求我们的教育在解决了基本均衡、基本公平的基础上向更加公平、更有质量的方向发展。

三、高质量发展的核心意涵

据《说文解字》载,"质"即"以物相赘",意即将某物或人作为抵押以换取自己想要的东西,此处"质"为交换之意,由此可引申出作为名词的"交换之物"的用法,如"人质"。《易·系辞》载:"原始要终,以为质也。"南怀瑾在《系辞下传》将其解释为:任何事情都有它的因果,有开始就有结果,这是"不虚假"的,诸如人生、宇宙,是"可以摸得到,是可以求证,可以研究的"[②]。这同孔颖达疏"质,体也"的用法相近,也就是事物本体、本性的意思。事物之本体、本性当然"不虚假",就像"道"一样自在自为,不以人的意志为转移。"质"的英文表达常见的有"nature""matter""quality"等,但一般用"quality"表示,《Collins英汉双解词典》解释为"质量""品质""特性"等。其来源于拉丁语"qualis",意为"种类""类型""要求",引申为"质量""品质"。

以上是"质"的几种常见用法,但随着时代语境及词义本身的历史嬗变,后一种用法成为当今的主要用法,即事物的"本体""本质",包括其"属性""品质""特性"等。

《说文解字》释"量"为"称轻重也",郑玄《注》有:"量犹分也。"这里的"量"即动词意义上的"估量""测度"等义。同时,郑玄《注》有"量,谓豆、区、斗、斛、筐、筥所容受"的说法,这里的量是"容量""体积"的意思。另外,"量"还有"标准""规格"之意,如《管子·乘马》有

---

① 张维迎. 心灵不自由 创新无从谈起[J]. 中国品牌,2017(8):18.
② 南怀瑾. 南怀瑾选集:第三卷[M]. 上海:复旦大学出版社,2003:597.

"黄金者，用之量也"① 的说法。"量"的英文单词有"measure""quantity""capacity"等，动词一般用"measure"，名词一般用"quantity"，意为数量、总量。其来源于拉丁语"quantus"，意为"多大""多少"。

可见，"量"的常见用法主要有两种：一是"估量""衡量"等动词义；二是词源学意义上表示程度"多大""多少"等形容词用法，以及"数量""标准"等名词义。

简单梳理"质"与"量"的含义有助于我们理解何为"质量"。"质量"在不同的学科语境中有不同定义，如古代汉语中质量有资质器量；事物、产品或工作的数量以及优劣程度等意思，如三国魏刘劭《人物志·九征第一》："凡人之质量，中和最贵矣。中和之质，必平淡无味，故能调成五材，变化应节。"② 物理学中指量度物体惯性大小的物理量。哲学的"质量"是物体在相对时空中的一种物理属性，物体所蕴含能量的多少是物体质量的量度。质量管理学语境下"质量"指产品的适用性，即产品特性满足用户需求的程度。

由上可知，质量主要有两种含义：一是事物本身所具有的属性，如事物的形状、颜色、气味等，这是"质量"之"质"的规定性；二是表示由此衍生出的满足特定对象需求的程度，即适用性，如好坏、优劣等，这是"质量"之"量"的规定性。"质量"之"质"的规定性是事物的本体属性，内蕴满足对象程度的可能性，而事物属性作用于不同对象具有不同的适用性，产生不同的质量观。因此，质量是一个事实与价值耦合的概念，不同主体所理解、认可的质量都是事物自身属性与个体合意性的函数。是故，无论是作为认识对象还是认识结果的"质量"之所"是"都不止一种，而是人言人疏。只是随着人们物质获取力的不断提高、对事物认识的不断更新，以及体验丰富性的不断获致，追求高质量成为突出的时代话语，面临着由"量"到"质"的语境转型。如今，质量概念已从符合性质量、适用性质量上升到满意性质量。

那么，什么是教育的高质量发展？高质量发展是对教育发展状态的一种事实与价值判断，意味着教育在"质"与"量"两个维度上达到优质状态，表现为教育享用价值与质量合意性的提升，具有教育供给及产出质量高、效率高、稳定性高等特点。我们认为，基础教育高质量发展是以新发展理念为核心，以"三大变革"为手段，以人民群众对高质量教育需求的满足为导向，不断提高基础教育发展的优质化程度和水平，由规模扩张转向结构升级，由外延式发展转向内涵式发展，实现教育更公平、更均衡、更协调、更全面、更创新、更优质、更可持续及更安全的发展。它们体现在基础教育发展观念

---

① 李山. 管子 [M]. 北京：中华书局，2009：43.
② 梁满仓. 人物志 [M]. 北京：中华书局，2009：11.

与思维的更新，教育增长方式和路径转变，教育体制改革和机制转换的过程中，但各有侧重。

四、四面八维：中国基础教育高质量发展的时代转换

（一）从当下惠及长远，树立更加优质、可持续的发展理念

改革开放 40 多年来，我国基础教育已基本解决"有没有"的问题，但是我们依然面临教育投入粗放，教育要素边际效益尚未充分发挥，对学生个体的全面发展关注不够，甚至在某种程度上付出了以牺牲教育的未来发展换取教育当下发展的代价等问题。未来教育高质量发展首先要实现理念转换，也即需要改变旧有的规模扩张思维，树立提质增效的发展理念，关注个体全面发展，拒绝以牺牲教育的未来发展换取教育的当下优质，也就是在确立基础教育更优质发展理念的同时牢牢树立可持续发展理念。

更优质的发展。优质既是一种教育发展的实然状态，也是一种事实判断。其基本要求是提高基础教育服务以及人才培养的质量与标准。高效、集约地发挥现有教育资源的要素潜力，实现各类教育投入产出效益最大化，使各类教育要素边际生产率与边际收益达到最优，全面促进教育发展制度、发展动能、发展过程、发展方式最优化。从实然状态看，我国东部沿海地区及发达城市，特别是北京、上海等地的教育已经跨入世界先进水平，其他省市和地区也有很多优质教育区和优质中小学校。优质教育区的成熟经验是：立足国家发展与国际竞争需要，创造性地实施教育优先发展的国家战略，为学校发展提供先进的教育理念、良好的教育资源支持、有力的政策安排、有效的过程推进、科学的评估标准和久久为功持续不竭的奋斗努力。这些优质校的共同样态是教育质量高、社会声望好。质量高、声望好的综合构成要素有正确的办学方向、良好的学校文化、系统的课程结构、优质的课堂教学、优秀的教学团队、优异的学生发展、完善的办学条件、精致的学校管理和强有力的学校领导。从事实判断看，由于历史的原因和城乡、区域差距，目前我国教育发展远远没有达到比较均衡的优质发展状态，促进基础质量提升已然成为我国广大中西部地区和众多中小学校的迫切任务。更为优质的教育无疑是一个比较性概念，可以包括以下几方面内容：一是实现现有教育资源配置的进一步优化，使资源效益最大化；二是教师队伍建设取得更为全面性、实质性的进展，教师的师德师风、专业知识与教学能力等达到基本理想状态；三是课程与教学能够满足不同生命特征、个性的孩子需要，可以实现每个人自由而全面的发展；四是具有教育发展所需的良好的环境，既指自然环境优美，也指社会环境和谐。但是，优质不等于高质量，教育高质量发展包括优质但不限于优质,优质是教育高质量发展的最佳状态。

更可持续的发展。更可持续发展的教育指我们必须考虑教育发展的可持续性,以可持续的教育事实观、价值观、伦理观指导教育发展。上一代人发展教育不能以损害下一代人的教育发展为代价,而必须为下一代人的教育奠定绿色、和谐、健康的发展环境。要致力于资源节约型、环境友好型教育,打造基础教育可持续发展新常态,改变过度依赖外部教育治理现状。可持续发展是世界各国教育的发展目标,特别是在历史大趋势、现代文明大背景大转换的当下,我们更应重视教育的可持续发展。自《议程》启动以来,联合国教科文组织已连续发布系列报告。2019年联合国可持续发展高级别政治论坛特别纪念出版物《超越承诺:各国如何实现可持续发展目标 4》(Beyond Commitments-How Countries Implement SDG 4)集中展现了世界各国在教育可持续发展上所做出的努力。大多数国家将可持续发展目标 4 作为本国教育规划框架,各国通过多种方式将本国目标与可持续发展目标 4 联系起来,其中有六个领域能够加速实现目标:超越平均数、超越受教育机会、超越基础知识、超越学校教育、超越教育、超越国家。2019 年,联合国教科文组织第四十届大会确定了全球可持续发展教育框架——可持续发展教育:努力实现可持续发展目标(2030 年可持续发展教育),强调可持续发展教育是"关于优质教育的可持续发展目标的组成部分,也是所有可持续发展目标的主要推进手段",可持续发展教育可以使每个人都能获得可持续发展所需的知识、技能、价值观和态度。大会确定了"变革性行动""结构性变化""技术性未来"的可持续发展技术路线。变革性行动是指可持续发展教育必须更加关注每个学习者的个人转变过程及其发生方式;结构性变化是指可持续发展教育需要更加关注不可持续发展的深层结构性原因,特别是经济增长与可持续发展之间的关系;技术性未来是指技术进步可为某些"旧的"可持续性问题提供解决方案,但一些改变人们行为的可持续发展教育工作可能就不再具有现实意义。实现基础教育可持续发展需要学校前瞻未来,结合学校现有基础和未来构想,构建学校长远发展的顶层设计,制定《学校"十四五"发展规划》,科学谋划推动学校持续发展的重点领域、重要事项的安排和落实。

(二)从部分推及整体,坚持更加公平、全面的价值遵循

在特定时期,为了在短时间内提高教育质量,我们允许一部分学校、一部分地区先发展起来,创办了大批重点中学、示范性中学,虽然取得很大成效,但也以牺牲掉教育公平为代价。时至今日,依然有很多遗留问题,比如教育改革的系统性不够,教育公平依然有待推进,学校发展千人一面,过分拔高智育压倒了学生的全面发展,等等。进入新时代,中国基础教育高质量

发展需实现价值转换，也就是要着力解决历史遗留问题，在巩固教育公平成果的基础上追求更公平的发展，同时，要将高质量发展理念及其发展成果从部分推及整体，实现更全面的高质量发展。

更公平的发展。公平是永恒的价值，教育公平是教育永恒的发展追求。历经扫盲教育、普及教育、全民教育，当前我国教育已迈入优质教育阶段。我们对教育公平的关注，已经从机会公平转向过程公平与结果公平。中国基础教育发展的核心关切是人人共享高质量教育发展成果。党的十九大报告中明确提出，"努力让每个孩子都能享有公平而有质量的教育"。2019年的《政府工作报告》提出，办更加公平、更有质量的教育。"更加公平更有质量的教育"至少包括以下几方面内涵。其一，必须以教育公平为基础，在此基础上实现教育质量的进一步提升。"公平—质量"既是一个语法结构，也是一个发展逻辑，也即基于教育公平底座实现质量追赶，逐步实现基础教育高质量发展从短期到长期、从初级到高级、从物质到精神的结构、内涵升级。其二，此处的教育公平依然需要从宏观与微观两个层面理解，也即从社会与个人的结构性关系去理解。社会意义上的教育公平指区域、城乡、学校之间的教育不公平现象基本消除，特别是我国西部地区与东部地区，这首先意味着教育资源配置的基本均衡。其次要增强教育制度供给的充分性与平衡性，建立健全基础教育高质量发展的"兜底"机制、保障机制，优化改进其分享机制和动力机制。个人意义上的教育公平首先指以人的发展为核心评估域的教育公平，即以实现人的全面发展为核心视点与内在关切。其次要适当突破教育结构惰性对受教育者发展的制约，扩大受教育者的合理有序流动，提升教育获得感。更公平发展的实践体现是，通过全面提高基础教育教学质量，进而实现教育起点的更公平，力争让每一所学校都优质，每一个孩子都能"上好学"；教育过程的更公平，力争让每一位教师都优秀，每一个孩子都能"学得好"；教育结果的更公平，力争让每一名孩子都出彩，每一个孩子都能优异发展。

更全面的发展。全面贯彻党的教育方针，落实立德树人根本任务，坚持"五育"并举，是全面发展素质教育、培养德智体美劳全面发展的社会主义建设者和接班人的根本要求。更全面的发展，既要坚持全面系统的观点，又要蹄疾步稳、抓住关键。既要全面发力深化教育改革，坚决破除各方面体制机制弊端，也要增强改革系统性、整体性和协同性，多点突破、纵深推进，着力拓展改革的广度和深度。更全面发展的宏观着力点是，要全面解决学前教育入园难、入园贵问题，推进学前教育步入普惠、优质发展快车道。要全面巩固义务教育成果，推进义务教育进入优质教育新阶段。要全面普及高中阶段教育，推进高中教育多样化、有特色发展。全面调动教师的积极性、主动性、创造性，健全中小学教师工资长效机制，全面实施绩效管理，落实集中连片特困地区生活补助政策，为教育发展提质、创新人才培养提供人力保障。全面完善教育质量标准体系，制定覆盖全学段、体现世界先进水平、符合不同层次类型教育特点的教育质量国家标准，突出学生发展核心素养与关键能力要求。全面推进依法治教水平，确保各项教育立法稳步推进，为基础教育提供全方位保护。全面提高经费使用效益，保障基础教育办学经费。全面提高国家教育创新能力，既包括基础教育理论创新、体制机制创新，也包括教育实践创新。要推动形成全面教育开放新格局，提升国际交流合作水平，学历互认、标准互通、经验互鉴，扎实推进"一带一路"教育行动。更全面发展的微观着力点是，以高质量的德智体美劳全面发展教育培养全面发展的人。落实立德树人，突出德育实效，完善德育工作体系，深化课程育人、文化育人、活动育人、实践育人、管理育人、协同育人；提升智育水平，着力培养学生的认知能力，促进思维发展，激发创新意识；强化体育锻炼，坚持健康第一，实施学校体育固本行动，严格执行学生体质健康合格标准；加强美育熏陶，实施学校美育提升行动，落实音乐、美术、书法等课程；加强劳动教育，充分发挥劳动综合育人功能，落实劳动教育指导纲要。

（三）从基本转向高位，盘活更加均衡、协调的体制机制

在消除教育发展不均衡，解决教育公平的过程中，教育发展体制机制不断健全，逐渐形成了教育发展的均衡协调机制，基本实现基础教育均衡、协调发展，教育活力不断激发，教育质量显著提升。但与此同时，教育发展总体布局有待优化，资源分配分布不够均衡，城乡教育一体化尚未形成，区域、校际教育联动机制尚未有效建立等问题依然十分突出。因此，新时代基础教育高质量发展需要实现体制机制转换，从基本均衡、协调转向高位均衡、协调，在坚持、巩固业已形成的有效的体制机制的基础上，进一步调整、优化基础教育高质量发展的均衡，协调体制机制，以体制机制的建立健全、全面盘活促进教育高质量发展。

更均衡的发展。教育均衡是新时代教育高质量发展的重要内涵之一。其不仅与教育公平有着千丝万缕的联系，在某种程度上可以说，教育均衡是教育公平的重要条件之一。如果说教育公平更多涉及关系正义的话，那么教育均衡更多指向分配正义。于是，更均衡的教育发展样态可以表现为优质教育资源的公平、有效分配。要立足我国基础教育布局差异和区域发展不均衡现实，科学规划、调整区域教育协调发展空间布局，健全区域教育协调发展体制机制，引导各地因地因时制宜、发挥比较优势、优化教育格局。同时，充

分挖掘基础教育区域间梯次转移的空间潜力，积极培育内陆地区承接沿海地区教育迁移和延伸的能力，推动区域间特别是沿海地区和内陆地区基础教育的协调链接。要以供给侧结构性改革为主线，推动基础教育质量变革、效率变革、动力变革，着力提高供给质量，优化结构调整，矫正资源配置不当，扩大有效教育供给。尤其要扩大有效高质的中高端教育供给，增强教育供给侧结构对人民高质量教育需求变化的适应性。破除阻碍受教育者自由流动的体制机制，尤其是城乡二元体制，建立城乡一体化的公共教育服务制度。在实践操作上，可以将均衡状态概括为全要素均衡、全过程均衡与全方位均衡。"全要素"指教育要素的配置性均衡，公平与利益是核心价值；"全过程"指教育发展过程的受益性均衡，均等与效率是关键指标；"全方位"指教育发展空间上的一体化状态，主要包括均衡与效益等价值考量。三全均衡同时体现了教育均衡的三级水平：公平与正义是义务教育初始均衡水平的价值表征，质量与品质是义务教育均衡化水平的发展旨归，个性与卓越是义务教育后均衡水平的核心诉求[①]，教育高质量视域下的均衡显然追求个性与卓越。

更协调的发展。教育高质量的协调发展意味着紧紧围绕统筹推进"五位一体"总体布局和协调推进"四个全面"战略布局，加强宏观教育政策协调和发展战略对接，确保形成整体顶层合力。深刻理解实施教育协调发展的战略要义，从当前我国区域、城乡与校际教育发展中不平衡、不协调的突出问题出发，坚持总体布局与分领域相结合，集中力量突破教育"卡脖子"环节。各级教育部门要充分发挥制度协调与政策配套优势，打造共建共享的教育协调发展新格局。充分继承教育发展规律与演化模式的匹配路径，协调教育系统内要素配置、运行机制及反馈方式，提高教育内外联动，打造有机组合模式，进一步打破发展桎梏。一是坚决落实区域协调发展战略。充分发挥互联互通对教育高质量发展的辐射和带动作用，充分利用发达地区在历史基础、资源禀赋等方面的优势，构建区域教育高质量发展网络，同时发挥欠发达地区的特色优势，加强东西对话，强化南北合作，创新强弱组合、精准对接、对口拉动机制，构建区域教育高质量发展规划、治理、交换与共享新局面。二是科学构建城乡协调发展新格局。建立更加有效的教育协调发展新机制，如协同规划机制、跨部门统筹协调机制等，促进教育协同联动高质量发展。以城市群为主体构建大中小城市和乡镇教育协调发展格局，不断补齐区域教育发展短板，突破农村教育发展瓶颈。三是努力实现校际协调发展目标。建立强强组合、强弱帮扶的校际发展新格局，充分发挥强校教育高质量发展的

---

① 徐小容，朱德全. 义务教育均衡发展的推进逻辑与价值旨归[J]. 教育研究，2017，38（10）：37-45.

辐射带动作用，建立师资、课程、管理等共建共享新机制，逐步缩小校际差距，动员各方力量协同推进教育高质量发展。需要注意的是，协调既是理念也是机制，既是标准也是尺度，既是手段也是目标，是公平论与重点论、均衡与非均衡、补短板与出新招的统一。

（四）从追赶走向超越，打造更加创新、安全的路径保障

中华人民共和国成立 70 多年特别是改革开放 40 多年以来，我国基础教育发展取得的成就是历史性的。办学规模不断扩大，办学水平不断提高，教育教学质量与日提升，教育经费和资源保障不断巩固加强，办学体制和管理制度日益科学完善，教育国际化水平显著提高。21 世纪以来，中国学生在国际学生评估项目测试中的优异表现更是为中国基础教育赢得了世界美誉。然而，与世界发达国家相比，我们依然面临基础教育创新活力不够、学生创新意识及创造力不强等问题。同时，我们在学习、借鉴西方教育理念与模式的时，对于其潜在的风险意识不足、国家教育安全发展观念不强等问题也越来越突出。因此，中国基础教育高质量发展必须实现路径转换，改变跟跑西方教育的路径依赖，走出一条自我创新的发展之路，并且在国际、国内日益复杂的环境下强调国家教育发展的安全性。

更创新的发展。党的十九届五中全会公报和《建议》提出，展望 2035 年，我国经济实力、科技实力、综合国力将大幅跃升，经济总量和城乡居民人均收入将迈上新的台阶，关键核心技术实现重大突破，进入创新型国家前列。《建议》要求，坚持创新在我国现代化建设全局中的核心地位，深入实施科教兴国战略、人才强国战略、创新驱动发展战略，完善国家创新体系，加快建设科技强国。深化人才发展体制机制改革，全方位培养、引进、用好人才，造就更多国际一流的科技领军人才和创新团队，培养具有国际竞争力的青年科技人才后备军。这些新的要求无疑对教育的创新发展提出了高要求高挑战。更创新的发展意味着始终坚持创新是教育发展的第一动力，着力实施教育创新驱动发展战略，消除一切不利于教育创新的限制因素。突出问题导向，统筹兼顾、综合施策、提前布局，破除制约教育发展的体制机制障碍，补齐制度短板，消除僵化路径依赖，打破固化行为结构，激发教育创新活力，既要不断增强现有体制机制适应性，又要以创新嵌入诱致体制机制革新。鼓励基础教育理论创新、实践创新、制度创新、文化创新以及各方面创新，不断赋予中国教育以鲜明的实践特色、理论特色、民族特色、时代特色，形成中国特色教育道路、理论、制度、文化。加快培育教育创新新动能，充分调动各方面积极性，增强创新意识，培养科学素养，全面激活全民创新精神，提升全民创新能力。以坚持促进创新思维发展为抓手，激发创新意识。基础教育是培养创新人才的重要阶段，只有夯实基础才能孕育创新人才。在办学实践上，要坚持创新引领，以创新的方式、创新的过程、创新的管理，培育学生的创新意识和创新能力，提高人才培养质量。以丰富并创新课程形式为依托，完善创新课程体系、教学方法、学生活动等关键环节改革。创新教材体裁编排及话语体系，紧跟科学研究前沿，回应社会议题，进一步增强内容针对性与实效性。把握师生特点和发展需求，创新工作理念思路、改进工作方式方法，激活教师工作内生动力，不断提高师生的获得感。在人才培养过程上，要根本改变传统的人才培养方式，构建体现基础教育课程改革宗旨、塑造学生核心素养和关键能力的教学新形态。新形态的内涵表达是，变"双基"为"四基"，即在"基础知识和基本技能"的基础上再加上"基本思想"和"基本活动经历"。变"双能"为"四能"，即在"分析问题和解决问题"的基础上，再加上"发现问题和提出问题"。变单向思维为双向思维培养，即演绎思维与归纳思维培养并重。演绎思维可以给学生提供坚实的知识基础，但它不能给人以创新。因为演绎思维是验证真理验证结论。要创新必须具有归纳思维，因为归纳思维才能给人以创造和发现。

更安全的发展。更安全的发展，首先要求教育系统严把政治安全观。坚决落实好为党育人、为国育才的责任和使命，建设政治强、人格正、视野广、情怀深、自律严、质量高的思想政治课教师队伍，实施课程思政、教学思政、三全育人，打造铸魂育人的思想政治"金课"，不断完善思想政治课程体系，提升内涵，强化保障，发挥好思想政治育人的主渠道作用。要坚持以学生为本，让思想政治教育可亲可感，引领理想信念，培育爱国情怀，提升品德修养，熏陶高远志向，培养奋斗精神和锤炼个人修养，培养立志肩负民族复兴大任、德智体美劳全面发展的社会主义建设者和接班人。其次，要关注教育发展的政治安全。充分发挥党在教育事业中领导、协调的核心作用，切实增强"四个意识"，坚定"四个自信"，做到"两个维护"。坚持马克思主义对教育事业的指导，牢牢把握教育领域意识形态领导权，自觉运用马克思主义的理论、思维与方法研究教育、发展教育、指导教育，谋求教育高质量发展。要明确中国教育与国外教育的政治立场与利益导向，防止国外教育系统政治风向对中国教育系统的传导与灌输，也要防范国内教育政治风险的变异与升级。建立健全教育系统政治安全的风险识别、防治机制，使其拥有正确合理的政治意识、政治需要、政治内容、政治活动，并且在这些方面免于侵害和威胁。再次，要注重信息安全建设。信息安全包括物理安全和逻辑安全两个方面。前者要求教育系统中的网络系统各类通信、计算机设备及相关设施等物质设施得到有效保护，以为教育高质量发展提供足够充分的硬件支撑；后者主要指教育系统的信息完整性、保密性及可用性，它要求各类教育主体具备充分的信息安全素养，在日常的网络信息活动中自觉遵守相关法律规范，不泄密、不传谣，积极建设高质量的网络教育空间。最后，要切实保障校园安全。校园安全直接关系到广大青少年是否能健康、安全成长。近年来，国家高度重视校园安全工作，出台了《国务院关于加强中小学幼儿园安全风险防控体系建设的意见》《安全生产宣传教育"七进"活动基本规范》《推进安全宣传"五进"工作方案》等一系列重要文件，为教育高质量发展提供了政策屏障。校园安全建设需要积极贯彻国家关于校园安全建设的系列文件要求，深入推进公共安全教育相关课程建设，将公共安全教育融入德智体美劳全过程。创新教育形式，不断增强师生公共安全意识和能力，提高自保、自防、自救能力。结合教育系统实际情况，系统推进各级各类国家安全教育。探索实施健康副校长制度，强化联防联控，建立危机处理预案，落实责任分配，强化任务监督，切实强化学校安全教育，为教育高质量发展保驾护航。

五、走向转换需付出的努力

（一）学理研究聚焦

厘清教育高质量发展内涵。理论是实践的先导，理论不会解决所有的实践问题，但是所有的实践展开都离不开理论。所谓"理论无实践则空，实践无理论则盲"。因应于我国经济高质量发展的战略举措和党的十九届五中全会提出的"建立高质量教育体系"的国家安排，我国教育必须尽快实现高质量发展转向。但是，一个前提性的理论问题是：什么是教育高质量发展。当我们谈论教育高质量发展时，我们在谈论什么。这是我们首先需要解决的学理性问题。从目前已有的少量教育高质量发展研究成果来看，这一问题似乎尚未进入学者们的研究视野或者说尚未被很好解答。在没有充分厘清内涵的基础上，匆匆构建教育高质量发展的路线、指标可能是无源之水、无本之木，有可能导致教育实践肤浅化、狭隘化、功利化。因此，我们必须从厘清教育高质量发展的科学内涵开始，通过深度阐释其内涵、廓清其外延，推动我国基础教育高质量发展的理论研究。本文上述对教育高质量发展的内涵阐释只是初步尝试，在某种程度上而言，它仅仅是一个尚未开始的开始。

加强原生性教育理论研究。厘清基础教育高质量发展的内涵是丰富新时代我国基础教育理论研究的重要方面，也是最为关键的理论先行。在此基础上，应该加强我国基础教育领域的原生性理论研究。中国基础教育高质量发展不是空穴来风，其学理聚焦与理论体系必须源于我国丰富而鲜活的基础教育理论与实践。只有源于我国基础教育发展现实的理论，才具有科学的解释力，也只有建立起坚实厚重的原生性教育理论体系，我们才能盘活、下好我国基础教育高质量发展这盘大棋。因此，我们必须深入挖掘、诠释基础教育高质量发展的价值、逻辑与动力，从时间动态性和维度分割性的双向互动中全面评估基础教育发展现实，强调内源性、本土性理论生成。这就意味着，其一，我们要全面总结我国基础教育已有的成功发展经验，形成较为系统的一般性教育理论。其二，对已有基础教育理论成果进行全面的批判性分析与"创造性破坏"，发掘源于实践场、饱含生命力、富有时代性的科学教育理论，形成系统的框架与体系。其三，要不断加强关于我国传统教育理论与实践的整理与研究，激活我国古代教育丰富的教化智慧，通过时代性转化为今所用。

创造性转化域外先进经验。当然，我国基础教育高质量发展不是关起门来搞发展，基本的学理研究也不是一味地闭门造车，特别是在教育现代化不断向纵深推进，教育全球化浪潮席卷民族国家的当下，与世界脱轨就意味着被世界教育除名。因此，在强化我国基础教育本土性、原生性理论研究的同时，需要实现与国际基础教育对接，特别是与世界主要发达国家基础教育接轨，不断提高我国基础教育国际化水平，这也是教育高质量发展的题中之义。因此，我们必须处理好以下几对关系。一是本土性基础教育理论与世界性先进性教育理论的关系，必须以前者为主、后者为辅，不可本末倒置，构建域外为推、本土为拉的推拉综合作用的理论模式。二是积极主动参与全球基础教育发展与治理，扩大中西方教育交流，充分吸收、利用西方发达国家基础教育经验，提高我国基础教育制度性、学术性话语权，提升教育研究影响力。三是"移植"和"转化"的关系。任何科学、先进的教育理论都是一定国情、社情与民情的产物，先进不意味着合适，重视域外基础教育研究也不意味着不加辨别地全盘照搬，而是需要基于我国教育发展现实与既有理论框架实现创造性转化，只有充分具备中国教育基因的理论，才能真正丰富我国基础教育高质量发展的学理研究。

（二）教育实践提质

构建教育提质的顶层设计。基础教育高质量发展是国之大计、党之大计，需要构建具有针对性、系统性的顶层设计。2018年全国教育大会召开以来，国家相继下发《关于学前教育深化改革规范发展的若干意见》《关于深化教育教学改革全面提高义务教育质量的意见》《关于新时代推进普通高中育人方式改革的指导意见》等重要文件，对全面提高基础教育发展质量做出重大部署。2019年7月29日，国务院召开全国基础教育工作会议，这是改革开放以来，以国务院名义召开的第二次全国基础教育工作会议，吹响了贯彻落实三个重要文件、全面提高基础教育质量的冲锋号。2019年11月底，教育部印发《关于加强和改进新时代基础教育教研工作的意见》《关于加强初中学业水平考试命题工作的意见》《关于加强和改进中小学实验教学的意见》三个配套政策文件。这是我国基础教育高质量发展的重要政策进展，为推动我国基础教育高质量发展进程、构建高质量发展文化提供了重要的政策遵循。根据《建议》要求，要健全教育基本公共服务体系，完善共建共治共享的教育治理制度。围绕"五大理念"，积极构建基础教育"三大变革"的体制机制，既要有战略定力也要有紧迫感。及时做出教育高质量发展的有效制度安排，创建和完善制度环境，加快形成推动基础教育高质量发展的政策体系、标准体系、指标体系、绩效评价与政绩考核，统筹兼顾做好基础教育高质量发展的各项顶层设计。

创建基础教育的质量文化。文化是最根本的教育环境，具有潜移默化的育人功能，要大力推进全国基础教育高质量发展文化建设，坚持文化引领，实践导向。其一，质量育人，标准先行。要不断完善基础教育高质量评价体系，建立以教学质量报告、教学评价、专业评价、课程评价、教师评价、学生评价为主体的全链条多维度教学质量评价与保障体系。其二，持续推进高质量教学工作审核评估和合格评估。要把评估、认证等结果作为教育行政部门和本校政策制定、资源配置、教学管理改进等方面的重要决策参考。其三，要构建基础教育自觉、自省、自律、自查、自纠的高质量文化，把其作为推动学校不断前行、不断超越的内生动力，将质量意识、质量标准、质量评价、质量管理等落实到教育教学各环节，内化为师生的共同价值追求和自觉行动。其四，全面落实学生中心、文化导向、持续改进的先进理念，加快形成以学校为主体，教育部门为主导，行业部门、学术组织和社会机构共同参与的中国特色、世界水平的质量保障制度体系。

打造切合实际的办学特色。基础教育高质量发展的关键是学校，学校应明确发展思路，不断完善体制机制，科学制定发展规划，注重发展连续性，全面落实科学评估。深化课程育人、文化育人、活动育人、实践育人、管理育人、协同育人；打造教育强校、文化强校、人才强校、体育强校、健康校园。自觉创建深化东西互补、南北对话联动机制，发挥优质学校示范辐射作用，完善强弱帮扶、对口支援等办学机制，促进学校发展全面提质增效。实施课堂教学质量提升工程，定期开展主题式教学研讨，以研促教，以研带学。注重培育、遴选和推广优秀教学经验、模式和案例。加快数字校园建设，积极探索基于互联网的教学，促进信息技术与教育教学融合应用，完善监管机制。学校要健全教学管理规程，统筹制订教学计划，优化教学环节。坚持教学相长，注重启发式、互动式、探究式教学，引导学生主动思考、积极提问、自主探究。注重基础创新与原始创新，强化教育理论学习，提升教师教育学素养，提高教育研究能力，提升教育实践自信，打造高质量教师队伍。坚持教师主导、学生主体，保护学生的好奇心和想象力，激发求知欲和学习兴趣，提高学习力和行动力。重视差异化教学与个别性指导相结合。探索基于学科的综合性课程教学，强化跨学科、融学科思路，开展研究型、项目式学习，优化学科布局，强化课程思政。坚持健康第一，体育强校，实施学校体育固本行动，严格执行学生体质健康合格标准，普及医疗卫生知识，建立健全应对重大卫生事件体制机制。

（本文原载于《教育研究》2021年第4期）

我国欠发达地区农村教师队伍建设中的结构性困境与破解[①]

【摘要】 当前,我国欠发达地区农村教师队伍建设中普遍存在诸如大学毕业生难进与不合格教师难出、超编与缺编、学历达标率高与教师实际水平低等矛盾和问题,使农村教师队伍建设陷入了结构性困境。阻碍农村教师队伍建设的真正原因在于,农村教师队伍的入口、出口及在岗教师内部存在多重结构性障碍。在明确国家和政府作为农村教师维护主体的指导思想下,政府应从多方面进行有力作为,在吸引优秀教师、淘汰不合格教师、促进在岗教师专业发展等方面进行重大改革,培养一支充满活力、优质高效的农村教师队伍。

【关键词】 欠发达地区;农村教师队伍建设;结构性困境

教师队伍建设问题是我国欠发达地区农村教育发展的瓶颈。如何认识和解决农村教师队伍建设中的诸多矛盾,是当前迫切需要解决的问题。为此,2006年5月至7月,东北师范大学农村教育研究所的研究人员深入黑龙江、吉林、四川、广西、甘肃、宁夏6个省(区)的12个县,调查了70所学校、2008名农村教师,对这些县的教育局局长、学校校长和农村教师进行了54次访谈,结合东北师范大学农村教育研究所2003年以来的相关调查研究,对我国农村教师现状和问题做了深入分析,发现农村教师队伍建设中存在诸如大学毕业生难进与不合格教师难出、超编与缺编、学历达标率高与教师实际水平低等矛盾和问题。这些问题使农村教师队伍建设陷入了结构性困境,突出表现为农村教师队伍的入口、出口严重不畅。

一、结构性困境的诸多表征

农村教师队伍建设中存在的问题不少,但农村教师队伍进出无序、供求不平衡的结构性困境无疑是问题的主要方面,优质教师进不来,不合格教师

[①] 本文作者是东北师范大学于伟教授、博士生张力跃、李伯玲教授。

出不去,成为农村教育发展的障碍。

(一) 大学生难进与不合格教师难出并存

随着高校扩招,近5年以来,大批高校毕业生涌向就业市场,奇怪的是,无论从学识还是年龄上都占优势的骄子们却陷入了一个尴尬的境地:他们很难进入教师行业,包括农村教师队伍。如吉林省某县教师队伍5年来基本上没进人,现在在岗教师的年龄基本在30岁以上,所以全县教师有一个至少五年的断层。大学毕业生难以进入农村教师队伍,重要的原因就是封闭僵化的农村教师管理体制和部分地区农村教师资源分配的不公平。

由于新中国成立以后长期实行计划经济模式,农村教师与"国家户口"、教师终身制联系在一起,教师成为"吃皇粮"的国家干部,没有特殊原因一般不能辞退,加上现在各地中小学教师总量超编,结果就是教育行政部门不敢进新教师。我们在调研中发现,有4个县至少五年没有引进一名大学生,有些县即使有了编制,但由于预期学生数的减少,加上财政支付困难,地方政府和农村中小学宁愿用代课教师,也不用师范院校的毕业生(一名公办教师的工资相当于五六名代课教师的报酬)。"有编不补"造成农村中小学年轻教师偏少。

"教师吃皇粮"的体制强化了农村教师群体的超稳定结构,一大批年龄大、业务差的不合格教师占据着教师编制。在农村教育实际中,老龄化并没有体现出经验丰富的优势,却更多地表现为对教育改革的淡漠、知识的老化和教学质量的下滑。不少从教多年的农村教师职业理想缺乏,工作倦怠,漠视学校的管理。据有关调查,在一些农村中学,不带教案上课的教师占72.1%,其中中青年教师(25—45岁)占20.5%,有的教师多年重复用一本教案[①]。他们捕捉现代信息不够,涉猎领域不广,几十年来形成的一些习以为常的观念和方法,与现代科学技术发展和教育科学发展的要求相距甚远,严重影响了当前素质教育和新一轮基础教育课程改革的推行。在我们的调查中,只有7.6%的农村教师能够熟练使用多媒体进行教学,绝大部分教师不用或很少使用多媒体。

(二) 超编与缺编共存

近年来,义务教育阶段学龄人口减少,加上高等教育的大众化,长期以来困扰农村基础教育的教师数量短缺状况发生了变化,教师供需形势由供不应求变为结构性过剩,大部分地区义务教育阶段的教师严重超编。2004年,我国农村小学共有专任教师3 637 873人,在校学生73 785 984人,师生比为

---

① 余永德. 农村教育论 [M]. 北京:人民教育出版社,2000:355.

1∶20.28，如果以教育部《关于中等师范学校和全日制中小学教职工编制标准的意见》（以下简称《意见》）规定的小学教职工编制标准（城市 1∶19、县城 1∶21、农村 1∶23）衡量，农村小学在编教职工超编 700 692 人，其中小学专任教师超编 429 787 人。由于在一个县内，农村教师与县镇教师统一管理，如果把县镇教师也统计在内，则全国县镇教师与农村小学专任教师超编 513 647 人，而在编教师之外有小学代课教师 378 614 人（其中主要是农村教师）[①]。

为什么农村小学教师总体超编如此多，而在编教师之外有那么多代课教师呢？经过调研，我们发现由于教师分布不均衡，出现了不同地区农村小学教师超编与缺编同时存在的状况，缺编的地区必然会聘用代课教师。代课教师虽然是编外教师，但他们占有教师岗位，这样实际上在许多地区存在十分严重的超编现象。另外，在许多偏远山区，学校布局分散，适龄受教育人口不足，在全国中小学布局调整彻底完成前，农村小学的师生比不可能短时间内降低。全国农村现有初中专任教师 1 632 994 人，在校学生 31 682 659 人，师生比为 1∶19.4，师班比为 2.98∶1；高中专任教师 135 806 人，在校生 2 551 326 人，师生比为 1∶18.8，师班比为 3.14∶1，高于《意见》规定的初中每班配备专任教师 2.5 人、教职工 3.5 人，高中每班配备专任教师 2.8 人、教职工 4.0 人的标准（见表 1）。从表中可以看出，现有在编教职工与按基本编制标准应配的教职工相比，初中专任教师超编 264 584 人，高中专任教师超编 14 532 人，但教职工总体缺编 57 096 人。

表 1　我国农村初中、高中教师超编与缺编情况

项目	现有				测算数				超编、缺编	
	班数（个）	现平均学生数（人）	教职工（人）		每班标准（人）		应配编		教职工	专任教师
			计	其中专任教师	教职工	教师	教职工	其中专任教师		
初中	547 364	57.88	2 031 926	1 632 994	3.5	2.5	2 089 022	1 368 410	−57 096	+264 584
高中	43 312	58.91		135 806	4.0	2.8		121 274		+14 532

注："+"表示超编，"−"表示缺编。
（资料来源：根据《中国教育统计年鉴（2004）》数据整理）

为什么专任教师超编，而教职工总数又缺编呢？原因主要是近年的评聘

[①] 各项具体数据参见：教育部发展规划司. 中国教育统计年鉴（2004）[Z]. 北京：人民教育出版社，2005.

教师职务和工资政策，使得学校内的各类人员向教师靠拢，于是在统计上将凡属兼任教学工作的人员甚至非教学工作人员都划入了教师的范畴，对教职工数的统计，除包括专任教师以外，还包括行政人员、教辅人员、工勤人员和校办工厂及农林场职工等。农村中小学常常是由教师兼做学校的各项管理工作，统计反映的专任教师超编、教职工总数缺编的情况，实际反映了农村中学教职工在总体数量上略显不足。

同时，我们应该看到一个趋势：从现在（2007）到2010年，由于人口变化和农村城市化发展，农村小学和初中的学龄人口将会一直保持下降趋势。由于小学总体上已经从学龄人口高峰降下来了，今后下降幅度会小一些，但初中的学龄人口高峰期刚刚结束，有些地方目前可能还没有完全结束，以后几年下降的幅度可能较大。因此，农村初中教师可能重蹈小学超编与缺编并存的覆辙，面临繁重的教师调减任务。

（三）学历达标率高与教师实际水平低共存

近年来，随着国家大力推进教师资格证书制度，农村中小学教师的学历达标率迅速提高，截止到2001年，农村小学和初中专任教师的学历合格率分别达到了96.04%和84.74%，与城市分别相差2.2个和7.6个百分点[①]，尽管存在一定的地区差异和城乡差异，但从数字来看，农村教师的学历水平基本达到了国家规定的要求。

需要说明的是，农村中小学教师学历提高的情况比较复杂。在我们调研的2008名教师中，22.7%的农村教师第一学历为中师或高中以下，他们大多是通过"五大"（电大、函授、自学考试、卫星电视、党校）等教育取得了中师及以上的文凭。

在调研中，我们还发现了诸如"二次专科学历""三次专科学历""二次中专学历""三次中专学历"的提法，即指第一学历为中专或以下的教师通过若干次的进修方式取得学历。鉴于目前国内针对教师学历达标进行的各类培训在质量保障上尚有缺陷，对于通过培训或进修等方式来实现农村教师学历提高需要保持清醒的认识。这种"有学历无水平"的情况，造成了实际农村教育中合格教师的欠缺。

比如，海南省目前有近8万名中小学教师，约有三分之一的人是以民办转正或"顶班"的形式进入教师队伍的，这些教师虽然也有继续教育学历，但大多数人教学水平低，教学质量难以保证。家长目前意见最大的问题就是

---

① 中国教育与人力资源问题报告课题组.从人口大国迈向人力资源强国[M].北京：高等教育出版社，2003：317-318.

这些教师教学水平较低，上不好课，教不好书。对农村教育而言，消灭危房重要，提高教师素质更重要，教师水平低，贻误后代，是海南省教育发展的瓶颈。

六省调查显示，一些农村教师所学专业与任教学科不符。比如，河南X县小学与中学音体美专业的教师教语文和英语的各占50%；四川某小学教师中，50%体育专业、66.7%美术专业、66.7%教育专业的教师教数学，甚至100%历史专业的教师教英语；黑龙江某小学有70.9%的教师同时教语文和数学。这些现象都说明，农村学校许多学科缺乏专业教师，而又有许多教师所教非所学。

学科结构失衡，必然会在局部范围内抽调教师顶替，而顶替的结果是一些学历合格的教师在兼教的科目上变成了不合格教师。

二、农村教师队伍入口、出口、内部存在多重障碍

通过对上述诸对相倚共存矛盾的分析，我们发现，农村教师队伍的入口、出口及在岗教师内部都存在多重障碍，这些障碍形成的深层原因，既有历史遗留问题，也有政府责任的缺失，还有机制的不健全。对问题的归因分析，有助于直面问题产生的症结，为破解农村教师队伍建设的困境提供确切的着力点。

（一）"民转公"教师——农村教师队伍发展的重要障碍

农村教师队伍整体素质难以提高的真正原因在于教师"超编"，部分"不合格"教师占据着教师岗位，导致优秀教师进不去。在我们调查的12个县中，有11个县的教育局局长（黑龙江省在2004年进行了中小学人事制度改革，大批编余不合格教师已被分流）认为，不合格教师主要为"民转公"教师。许多中小学校长在访谈中直陈其事，认为现在的"民转公"教师是"学生不欢迎、自身难进取、悠然等退休"。不合格教师占被调查教师总数的23.8%，其中"民转公"教师占18.5%，代课教师占5.3%。"民转公"教师作为历史遗留问题，成了新时期农村教师队伍建设与发展的制约因素。

农村教师中的民办教师大致有如下几个方面的来源：（1）20世纪五六十年代，为了弥补农村中小学教师数量的不足，吸收了一批小学和初中毕业生到小学或初中任教，这一举措在当时是不得已而为之；（2）"文革"中后期，由于盲目办学，如县办大学、社会办高中、村办初中和小学，教师层层拔高升格，出现了小学教师教初中、初中教师教高中的现象；（3）20世纪80年代落实政策，一批原来从事过教育工作的退伍军人、落选的乡村干部、企事业单位辞退的合同工等重返教师队伍，这些人大多因间断教学工作多年或文化

素质本来就低而不适应教学工作;(4)20世纪90年代,一些地方政府制定土政策,将一些不具备教师资格的干部家属、子女以合同工的名义吸纳进教师队伍[①]。后来,为解决大量农村学校民办教师问题,国家对民办教师采取"转一批、退一批、辞一批"的办法,让民办教师告别历史舞台,实际上是大批民办教师由于有较长的工龄,都免试转正。当年免试转正的民办教师到现在最年轻的也有40多岁了,现在农村小学大多是转正的老民办教师在挑大梁。事实上,这部分人文化基础差,虽然身份变了,但是专业素养没有提高,他们的教育教学水平与实际要求有很大差距。此外,他们普遍缺乏现代教育知识与理念、教育信息化程度低、科学技术素养差、创新意识不强、科研能力弱,其素质已经严重影响到了农村教育质量的提高。

(二)农村教师待遇差,不能吸引优秀师源

工资待遇差是农村教师职业缺乏吸引力的重要原因。以同届毕业、同职称的教师为例,农村教师的工资与本地区城镇教师差300多元,与发达地区差距达1000元,而工资以外的福利差距更大。在我们的调查统计中,32.3%的农村教师月工资在800元以下,49.6%的农村教师对自己的收入不满意。自国家实行教师工资归县管以后,教师工资拖欠现象有很大改善,但仍然存在不能按时足额发放的现象。此外,农村教师(尤其是山区教师)的医疗保险、住房公积金、班主任津贴等政策性福利普遍不能得到完全保障。在我们的调查统计中,22.4%的农村教师无房,42.8%的农村教师近5年没有做过一次体检,同时有83.8%的农村教师认为工作压力大,这直接导致教师职业吸引力下降,骨干教师外流,严重影响了农村教师队伍的稳定和教育教学质量的提高。

我国农村义务教育实行新的管理体制后,基本实现了由"以乡镇政府为主"向"以县政府为主"的转变。截止到2003年4月底,全国已有98%的县将教师工资管理、94%的县将教师人事管理上收到县,收到了较好的效果,尤其是解决了拖欠教师工资的问题。

但这个单方面的管理体制改革依然难解义务教育投入总量不足和结构失衡之结,"小马拉大车"的局面没有根本性变化,县级财政难当重任。20世纪90年代中期以来,县级财政赤字一度高达40%,县级统筹尽管可以在一定程度上使县内的贫富差距得以缩小,但仍无补于一个县财政的绝对匮乏。许多县级政府已经成为教育政府,教育投入占县财政的40%以上,早已不堪重负。

---

① 文庆标,王凤良.农村教师队伍中不称职人员的成因及调整对策[J].广西教育,2002(10):7.

因此，以县为主，只能是管理体制的要求，投入体制还必须是政府为主各级分担①。

（三）社会保障体系脆弱，致使教师人事制度改革推进迟缓

社会主义新农村建设提出了一个目标，即在有条件的地方探索建立农村居民最低生活保障制度。在城市地区广泛推行的以"低保"、医疗保险和失业、工伤、生育、退休养老保险制度等为核心的社会救助体系在农村处于倡导和摸索阶段，一个没有公职又没有土地的农村人在农村可谓是身陷绝境，他将面临生活无着、看病没钱的可怕局面。也正是出于这种原因，农村教师队伍长期形成了一种"只进不退"的用人体制。

"吃皇粮"制度虽然表面上提高了教师的地位，在一定历史条件下对教师发展起过积极作用，但随着社会经济结构的急剧变化和高等师范教育的快速发展，其弊端日益明显。由于一个行政区域之内，教师编制是刚性的，当"民转公"教师享有老教师威望而不能从教师岗位退出时，新教师就难以进来，即使进来了也受制于"德高望重"的老教师的教育理念与方法。这就不可避免地导致"超编与缺编"等问题产生。我们在调查中了解到的情况是：越是经济落后地区，教师队伍越稳定，越是发达地区，教师流动性越大；相反，教师队伍越稳定的地区，教师素质越低，而教师队伍越不稳定，流动性越大的地区，教师素质越高。

因此，原来在历史上起过积极作用的"吃皇粮"传统，在一个教师数量相当缺乏的时代才能显示出优越性，但在当今高等教育蓬勃发展、教师资格证书制度普遍施行以及教师人才资源越来越丰富的情况下，它无疑成为农村教师发展的一个障碍。不过，在当前我国农村社会保障体系极度脆弱的情况下，实行对农村教师优胜劣汰的人事制度改革，也缺乏现实条件的支持。

三、以政府行为为核心多方面有力作为

根据对农村教师问题的分析，笔者认为，在明确国家和政府作为农村教师维护主体的指导思想下，政府应该从多方面进行有力作为：通过退养不合格教师，为教师流动疏通出口；通过提高义务教育的财政重心，畅通农村教师队伍的入口；通过建立合理的教师交流制度，提高农村教师队伍的活力；通过严格准入制度和完善评价机制，激活农村教师专业发展的内在动力。只有这样，才能切实有效地解除农村教师队伍建设的困境，发展与社会主义新农村建设要求相契合的农村教育。

---

① 曾天山. 完善农村教育管理体制是发展农村教育的治本之策［J］. 教育研究，2003（8）：8-9.

（一）退养不合格教师，为教师流动疏通出口

对于一个县（区）来说，由于教师编制是刚性的，不合格教师出不去则新的人才进不来。根据对"超编与缺编""教师素质提高难"等问题的分析，让以农村积累的相当一部分"民转公"教师为主体的不合格教师退出教师队伍，是实现"不超编"目标、引活农村教师这一汪"静水"的首要任务。

在广泛调研征求意见的基础上，笔者建议，国家出台政策让全国所有"民转公"教师一次性退出教师岗位，国家按其现有工资水平提供退养补贴，彻底解决这一历史遗留问题。我们应该尊重历史，尽管"民转公"教师大多数是不合格教师，但他们在很长一段时间内支撑着基础教育最艰难的部分——农村基础教育的发展，从情感上、从历史贡献上讲，应给予他们一定补偿，让他们老有所养。从现实情况来看，现在我国农村的社会保障体系基本没有建立起来，让退养教师获得稳定的工资收入，能够切实解除这部分教师的后顾之忧；从财政支出来说，让其提前退养并没有增加国家更多的负担，是务实的。

退养"民转公"教师，在很大程度上也符合高龄农村教师的心态。在我们的调查中，44％的45岁以上的农村教师在回答"您是否想过提前退休"时，选择"太累了，现在就想退"。大部分"民转公"教师都是20世纪60年代至80年代参加工作的，年龄大多在40岁以上，不少人接近退休年龄，给他们满意的工资，让其提前退休，可以避免激化矛盾，减少政策操作风险，为教师队伍建设疏通"出口"。

（二）建立以中央和省级财政为主的义务教育支付体制，健全农村生活保障体系，使农村教师成为真正有吸引力的职业

对置身于人才市场化环境中的大学毕业生来说，工作繁忙、艰苦且少薪的农村教师显然是缺乏吸引力的岗位。优胜劣汰的市场不会把他们强推到这个岗位上，空洞的鼓励也难以让他们甘愿去填补农村教师的缺口。为了增加农村教师的职业吸引力，制定以人为本的新的激励性政策，便成为政府的选择。笔者建议，提高义务教育的财政重心，建立以中央和省级财政为主的义务教育支付体制，使农村教师的工资收入有更加切实的保障。

当前，义务教育经费主要由县级政府承担，这在贫困地区并不现实，而且义务教育投资并不一定要遵循"主管者负担"的原则。根据世界上义务教育公共投资的经验，一般是由各级政府共同负责，合理分担。也就是说，不仅是负有主要管理责任的县级政府有投资责任，中央、省、地（市）政府也负有投资责任，并且负有比县政府更大的投资责任。加大中央和省级财政义务教育经费的分担比例，提高义务教育财政重心势在必行。

笔者建议，要以省为主，确保教师工资按时足额发放。明确中央、省两级政府分担教师工资的比例，建立相应的监督报告和责任追究制度，保证农村教师工资不低于国家标准，地方性津贴补助不低于当地国家公务员水平，尽快做到城乡教师执行同一工资标准，才可能真正解决教师工资拖欠问题。在解决了教师工资拖欠问题的前提下，加大投入，不断提高农村教师待遇，由中央和省级政府拨款建立贫困和边远农村地区教师特殊津贴制度，根据农村学校边远偏僻的情况，提高一到两级工资（或工资上浮10%～20%），这对于稳定农村教师队伍，吸引合格师资到农村任教具有重要作用。

当前，除了要提高教师待遇外，还有一项重要任务就是建立健全农村生活保障体系，使包括农村教师在内的广大农村居民能够享有最低生活保障、养老保险和必要的医疗服务。在广大农村地区，同农民相比，教师是收入较为稳定的职业，一些在"合乡并镇"及相关改革中精减下来的行政或其他行业的人员想方设法挤入教师队伍，冲击了教育教学质量。通过建立健全农村生活保障体系，让这部分人在即使不拥有教师身份的情况下也可以平安生活，这样就能够减少来自基层的农村教师入口竞争，在提高农村教师职业吸引力的同时，尽量减少和杜绝非专业人员进入，保证农村教师的专业素质。农村教育问题是社会诸多方面问题的集中反映，加强农村师资力量，需要提高农村教师的工资福利，提升农村教师的社会地位，要让那些优秀大学毕业生稳定地、安心地在农村担负起基础教育的担子，这不是教育系统一家可以做到的，尤其需要各级政府、各有关部门的政策形成合力。

（三）完善城乡教师交流制度，为农村教师发展注入活力

教育部2006年2月26日下发了《关于大力推进城镇教师支援农村教育工作的意见》，号召各地的城镇教师支援农村教育，主要有六项举措：第一，大中城市中小学教师到农村支教；第二，组织城镇中小学教师定期到农村任教；第三，探索实施农村教师特设岗位计划；第四，鼓励并组织落实高校毕业生支援农村教育；第五，组织师范生实习支教；第六，组织多种形式的以骨干教师为主的智力支教活动。这说明国家正在采取有效的激励措施，引导和鼓励教师到农村中小学任教，从制度上探索解决合格农村师资紧缺问题。

但在调查中，我们也听到了一些另外的声音，有人对这种短期轮换的效果提出质问。如宁夏某县一位中学校长指出：不少年轻教师对于轮换制很赞成，尤其是城乡轮换，因为很多教育局承诺在偏远山区工作两年或三年后即可调回到县或县郊区学校任教，然而大部分没有实现，使得很多年轻教师流失到其他地方或行业。此外，偏远山区的一些家长和学生不喜欢从城里轮换来的老师。究其原因，一是城里学校多数不把骨干教师定为轮换对象，所以轮换的教师业务能力一般较差;二是一些轮换教师的责任心不强,使得当地的学生和家长不满意,所以他们宁愿要那些业务能力不强而责任心强、具有敬业精神的当地老师。这使得轮换制无论在教师派出地还是接受地,都陷入尴尬境地。

目前,有些地方组织的城市教师支援农村学校,往往是短期行为。短期的支援对农村学校固然有一定作用,但是真正有实效的是教师能长期在农村工作。所以,我们一方面要通过多种渠道,整合多种资源促进城乡教师的合理流动;另一方面更要注重实效,避免走过场,使城市中的先进教育理念、时代精神和现代教育教学理论、信息技术能真正"下乡"。

(四)严格农村教师准入制度,健全和完善评价机制,提高教师资格制度的政策效力

要建立严格的教师职业准入制度,严把教师入口关和质量关,这样才能从源头上阻止不合格教师进入农村教师队伍。为了持续提高教师教育质量,必须改变我国一次教师资格认证定终身的状况。笔者建议,废除教师资格证书终身制,实施中小学教师资格证书的更新制度。农村教师队伍建设除了当前清退"民转公"教师外,还要有一个长效的"不合格教师退出规则"。对于教师资格证书即将到期的教师,为使他们取得新的教师资格证书,要尽量为他们提供不断学习的条件和机会。对于不学习、不进取或不能继续取得教师资格证书的教师,让其自然流入人才市场,以后与其他人一样,可以重新取得相应证书后进入教师岗位,也可以进入其他行业。这样,"铁饭碗"式的教师终身制彻底废除,国家可以通过提高教师资格制度的政策效力,对农村中小学教师的专业发展产生长效的激励作用。

(本文原载于《教育研究》2007年第3期)

县域教育"双减"的公共生态及优化路径[①]

【摘要】 "双减"绝不只是治愈大城市教育病的专有药方,县域才是未来"双减"工作攻坚克难的主战场。县域"双减"的公共生态既具有教育困难的共通性,也具有县域空间的独特性,其观念生态是"流动"认同重于"育人"认同,文化生态是"苦读文化"塑造延迟教育惯性,社会生态是高考提前准备下围绕"满意教育"的集体动员与共同合作,它们的共同作用使县域"双减"比城市"双减"更富有挑战性。鉴于此,县域"双减"需找准症结,优化县域学校作业,促进县域学校课后服务提质增效。此外,还需警惕社会资本对县域教育的层化捆绑,防止县域阶层教育焦虑和县域城乡教育焦虑进一步加剧。

【关键词】 县域教育;"双减";作业;课后服务;资本捆绑

"双减"政策实施一年多以来,学生负担沉重的问题得到有效改善。从现实来看,"双减"治理主要集中在城市,尤其是大城市,但"双减"工作绝不只是治愈大城市教育病的专有药方,县域"双减"工作也亟须得到更多重视。

一、为什么要重视县域教育"双减"

一方面,县域是"双减"工作未来攻坚克难的主战场。县域覆盖了中国义务教育阶段最大多数的教育人口和最期待以教育促进社会阶层流动的家庭。现代传媒技术使日益湮没于数字化生活中的现代县域家长传统思维中有物理边界的教育"附近感"逐渐消失,伴之而来的是"不远处"虚拟教育理想生活模型对当前县域不完满日常教育的欲望替代。"以前家里没条件,自己吃了不少缺乏教育的亏,现在无论如何也不能再让孩子吃自己这亏","砸锅卖铁,也要提供最好的教育,不能让孩子再像自己这般赚着吃苦的血汗钱",诸如此

[①] 本文作者为东北师范大学李涛教授。

类以真实体验为基础的"换活法"式代际教育期待往往成为县域社会中教育焦虑源源不断生发的机制诱因。尤其是随着我国全面步入小康社会，县域家庭在其教育期待不断攀升的同时逐渐具备了提升人均教育支配水平的能力，县域人民日益增长的教育美好生活需要和不平衡不充分的县域教育发展之间的矛盾便显得更为突出。县域教育是一个立体多元的复杂综合体，既具有中国城市教育的一般共性特征，也具有县域空间的社会独特性。这些独特性使县域里的人往往比大城市里的人有着更加广泛而深刻的教育焦虑，在作业负担和培训负担沉重这一"教育病"上的焦虑程度尤为突出。在"双减"工作推进实施一年多以来，城市"双减"，尤其是大城市"双减"取得巨大治理成效的当下，如果县域"双减"得不到有效突破，中国全面落实"双减"工作就难以实现。因此，充分理解并高度重视县域教育"双减"工作的战略性、紧迫性和重大性，促进"双减"工作治理重心下移，才是进一步推进"双减"工作取得全面稳定成效的核心进路。

另一方面，县域"双减"是优化县域教育生态的固本之策。县域具有地域和人口覆盖广泛、学校类型多元、治理生态复杂的特征。多年来，国家通过推行县域义务教育基本均衡发展战略，使31个省（区、市）和新疆生产建设兵团的2895个县于2022年都实现了县域义务教育基本均衡，取得了历史性成就。但是义务教育基本均衡更多体现为资源配置硬件层面上的均衡，内涵层面高质量均衡发展的道路依旧漫长，在涉及教育教学质量这一教育过程和结果层面最核心的指标上，依然存在县域内城乡和校际明显的分层差异。县域教育择校和分层竞争格局依然清晰而明显，县域教育生态存在分层明显的学校焦虑链。例如，大部分地区县域初中都面临全市统一的考试，县域初中，无论是县城初中还是镇区或乡村初中，都不得不对标自己的目标位次和目标学校（目标学校常常跨县域，包含市级和邻县优质初中或同层次初中），展开以"分数"为核心的单向度高竞争教学和套路式应试训练。要真正理解教育的根本任务是立德树人，需要全社会教育工作者摒弃教育的短期性、功利性和浮躁性行为，坚决反对将鲜活的教育单向度窄化为杀鸡取卵式的解题套路和投机取巧式的应试策略，要通过深化改革卸掉资本对教育的过度捆绑，破除符号话语对教育焦虑的煽动。鼓励教育工作者通过真正纯粹和本质的言传身教，唤醒学生对于德行的自觉、对于学习的热爱、对于知识的好奇、对于真理的虔诚、对于生命的关怀，还原教育的本来意义，回归教育的初心价值。县域"双减"政策便是推进县域教育高质量建设的关键一招。

二、县域"双减"的公共生态

"双减"政策实施一年多以来,不理解、不认同的思想一直在县域的家长、学校和社会中局部存在。因此,从观念、文化和社会的角度理解县域"双减"的公共生态尤为重要。

(一)县域"双减"的观念生态:"流动"认同重于"育人"认同

在文凭社会背景下,中国教育内卷化趋势日益严峻。义务教育作为教育马拉松赛道上的起跑段,在高度信奉和依赖"教育改变命运"的县域社会空间备受重视。县域社会中普遍流行且难以撼动的集体教育共识——"不能输在起跑线上",使县域子弟从小学一路通往大学的文凭之路在初始教育积累阶段就充满了激烈竞争的火药味。从幼儿园到中小学,经中考到高考后入大学,再以不同层次和不同层级的符号化大学文凭去等价匹配不同劳动力市场中的就业岗位,进而在排他性的就业岗位竞争中以所获初职的公共声誉和稀缺属性去反证教育的成功或失败。这是县域教育长达数十年追求教育改变命运的实践逻辑,在文凭日益贬值的背景下,县域教育的这种实践逻辑无疑会以更少少数人的成功和更多多数人的失败而告终,但一步步通往所谓阶层上升的"成贤"之路始终被认为是理所当然且高于一切的。

事实上,教育除了有"成贤"和"流动"两项社会功能外,促进人全面自由发展的育人功能才是教育更本质更核心的功能,但本应追求全面自由发展的教育逐渐演变成了一个充满设计感的知识闯关游戏,在每一步顺利过关后的知识游戏终点都以鲜花包装再连接着更高层次的下一关知识游戏,而这场游戏的终点也是用鲜花点缀的所谓"教育成就精彩人生",并以此反证着此种教育模式的成功。文凭的通货膨胀并没有真正驱散这种致命诱惑的"成贤"魔力,反而驱使更多人通过更高成本的资本转化和知识交易去寻找闯关的捷径,这就为近十年来大批量校外培训辅导班的兴盛和学校寻求机械性的重复作业训练奠定了环境性的观念基础。

(二)县域"双减"的文化生态:"苦读文化"塑造延迟教育惯性

相比于城市子弟而言,包括广大农村子弟在内的大多数县域子弟的原生家庭并不具备更富竞争力的家庭文化资本、经济资本和社会资本,县域家庭的文化资本不足以使他们对子女开展更富想象力和创造性的自由教育实践,也因社会资本的匮乏而难以独立开辟除教育以外助力子女实现社会阶层上升的其他发展通道。县域家庭进行其他教育试错的机会成本更高，这种试错往往也是绝大多数县域家庭经济上无力承担的，因此县域家庭相比城市家庭可为子女提供的教育空间和发展退路都呈现明显不足的态势。相反，县域家庭因其所处县域空间的相对封闭性，很容易形成单线条、高认同的教育同质文化，如"寒门贵子""山村里飞出金凤凰""读书改变命运"等，自然成为县域社会中不言自明的典型成功范例和教育传奇。

缺乏教育后退空间和试错机会的广大县域家庭事实上很容易在同质化竞争的教育期许中形成对教育核心评价标准——"分数"的单向度膜拜，但这种膜拜对于绝大多数县域家庭而言，又是风险最低且最符合县域家庭实际需求的最优教育选择。因此，以"吃得苦中苦、方为人上人""十年寒窗苦读日，今朝金榜题名时"为代表的"苦读文化"很容易在县域教育认同中成为县域家庭最普遍的文化共识，缺乏文化反思性惯习又无意冲破教育同质化内在需求的县域家庭，自然要格外提倡县域子弟相比城市子弟更富竞争性的优势——"吃苦"，而"吃苦"的背后是县域子弟各种教育自由发展权利的延迟满足，人们往往以"等你考上大学以后""等你毕业/工作以后"为借口，理所当然地推迟这些权利的实现，而成为"小镇做题家"是县域空间中所有涉教主体——县域家庭、县域学校、县域子弟都普遍认同的合理教育实践，其他教育行为都须让位于此，这为学生作业负担重和校外培训负担重的合理性奠定了环境性的文化基础。

（三）县域"双减"的社会生态：围绕"满意教育"的集体动员与共同合作

"办好人民满意的教育"是我国各级政府的共同承诺，在县域内普通公众往往以"升学率"这一最直接显性的教育产出数据作为"满意教育"普遍流行的核心评价指标，也往往乐于以此评价县域教育整体质量和单所学校的水平，所谓"升学率上不去，一切都是空谈"也折射出舆情教育满意的旨向。事实上，在高等教育一路从精英化经大众化进入普及化的过程中，生存教育和地位教育的重心都在快速上移，文凭通货膨胀背后是就业岗位门槛的普遍提高和符号化的精致区隔。对于大多数刚达到小康水平的普通县域家庭而言，长达数年的长线教育投资最简单直接且基础的回报诉求就是匹配性就业。因此，县域教育舆情满意度指标不断精致窄化，从"大学升学率"到"本科升学率"，再到"一本（重本）升学率"，直至"清北率"，其内涵精致窄化背后折射的恰是公众普遍的教育焦虑，而学校和教育行政部门为回应公众的教育满意诉求，在"办好人民满意的教育"的指导思想下，也不得不集体或显或隐地共谋精致化指标的塑造。

县域义务教育学校并非外在于县域教育系统的旁观者，它们本身也是构成县域"满意教育"体系的核心组成部分。为在高考这场真正比拼硬实力的教育竞赛中出成绩，县域社会中所有涉教主体往往采取比城市社会更加旷日持久的提前准备，这不仅体现为县域学校、县域家长和县域子弟长达数年以高考为指挥棒的应试知识准备、考场心理准备和套路性解题技巧准备，还包括教育管理者长达数年遴选、储备和保护有潜力的学生，从而使其将来代表县域高中参加高考的生源准备。在田野调查中，我们经常观察到县域教育管理者为阻断城市重点学校或民办学校在本县"掐尖"所采取的种种预防性和保护性策略准备，这种准备甚至经常被提前至小学阶段，如部分县为防止被市级和民办学校"掐尖"，采取将全县六年级学生集中住宿编班等方式以控制生源升学流向。又如，相关部门对这些县域子弟家庭展开长期攻关，以防止潜在有竞争力的优秀高考选手早期流失。可见，高竞争性的高考准备绝不只是县域高中的事情，而是整个县域涉教主体为构建"满意教育"体系从小学就开始开展的集体动员和共同合作。

三、县域"双减"的优化治理

（一）县域学校作业如何优化

尽管国家密集出台作业治理的教育政策，但作业改进始终面临诸多困难，依然存在"治标不治本"的问题①。具有试验意义和改进价值的作业试点也多出自城市学校，尤其是大城市学校试点，县域学校作业改进始终处于缺乏原始创新能力的境地，在"双减"工作推进中显得较为被动，改进方向也仅仅局限于时间控制和总量控制等表层范畴。

当前导致县域学校作业改进困顿的原因主要有三点：其一，源于传统工具论的作业观没有被真正纠偏。我们在田野调查中发现，有较高比例的县域学校教师依然认为作业布置的功能是"知识巩固"，这是源于凯洛夫"通过阅读教科书和完成各种练习来巩固知识"的作业观，未脱离夸美纽斯对作业的本质的理解，即认为作业是对已有知识或技能的实际操练，将作业理解为课堂教学的简单衍生，而不是课堂本身的内在环节，作业布置的原则自然难以

---

① 杨清."双减"背景下中小学作业改进研究［J］.中国教育学刊，2021（12）：6-10.

逃离"考—教—学—做"的工具性命运[①]。其二,原创性作业研究能力不足且自觉意识缺位。科学布置作业绝非简单减量控时巩固知识那么简单,它本质上需要学生在更短的单位时间内基于兴趣激发完成对课程的自主学习与探究,以实现主动成长。相比于城市学校教师,县城学校教师往往缺乏对作业的自主研究能力,甚至在自我意识层面也很少有县域学校教师将作业布置视为一项需要系统性学习、专业化提升、自主性研究的专门能力。其三,县域作业优化治理支持系统尚未建立。创建良性、健康的县域作业生态,离不开系统、有效的作业优化治理支持系统的支持,目前这一支持系统尚未真正有效建立,县域作业垂直优化系统和平行合作支持系统缺位,县域学校对作业评价依然局限于数量和批改等浅层量化指标,县域教师出于教育安全性和职业惯习依然主要围绕考试进行作业设计和布置,缺乏作业设计自主性,同质化倾向明显。县域家长怕在未来长线且城乡统一的教育竞争中落后,也更倾向以反复练习为核心的题海战术式传统作业形式,县域促进作业优化的合力尚未形成。

县域教育要在作业减量控时的基础上进一步深入优化,真正走出县域学校作业布置的误区,需要做到以下三点:

一是树立正确作业观。要在县域内真正实现从"工具论"作业观到"成长论"作业观的认同和转型,需要走出作业实践中的误区。例如,明确作业的本质不应只是片面单向度以分数为导向的知识巩固,而应全面激发学生主动学习的热情和内在成长动机;作业不应只体现为书面作业,还包括综合实践和自主探究等;作业不是标准化、程序化和同质化的,而是个性化、分层化和成长性的;作业目标不只是知识导向而应是综合育人。

二是有效改善评价。在县域学校田野测评中,在以记忆性和重复性知识点为核心考核的浅维度测评中,确实存在中上成绩段学生以作业为核心的自学时间越长分数越高的情况。例如,作者所在课题组在对四川县域学校八年级学生进行语文、数学和英语这三门学科记忆性和重复性知识点测评时发现,测评分数处于班级前几名的学生,在英语学科上每天自学时间为28.31分钟,显著多于中上、中等、中下水平和班里后几名的学生。在语文和数学这两门学科上,处于班级中上水平的学生每天自学的时间最长,分别达到39.23分钟和39.41分钟,其次是班级前几名的学生,分别为37.14分钟和38.92分

[①] 杨晓梦. 为"减负"破局:探寻作业管理与改进的实践智慧[J]. 中小学管理,2021(10):13-17.

钟，都显著多于班里中下水平（28.92分钟和29.69分钟）和后几名（29.65分钟和28.01分钟）的学生。但在知识衍生基础上以逻辑性、反思性和创新性能力为核心考核的深维度测评中，并无直接证据证明学习时长和学业水平之间有显著相关性。在深层测评中更富想象力、洞察性和逻辑严密性，更富批判性能力和创新性思维的学生恰恰较多处于中等时长的作业学习中，事实上他们更可能在逐渐高阶化的教育考核中脱颖而出。因此，适中的作业学习时长和更富质量的作业设计对于学生真正可持续性的教育成长更具裨益，作业设计更需要摆脱以巩固知识点为核心的记忆性和重复性训练。

三是精化作业研究。在减负不减质的大背景下，县域学校中的作业是多方涉教主体参与博弈的阵地，要更加明确县域中小学作业改进的基本导向，在此过程中作业成为一门需要专门研究的学问，逐步走向精致化。从作业过程来看，作业绝不仅仅只是布置，还包含设计、试错、批改、矫正、分析、辅导与奖惩等环节，每一个环节都充满了专业性。从内涵来看，作业不仅要培养学生学科能力，还包括培养学生跨学科和多学科能力，不只是解决课程题目，更重要的是解决复杂性和综合性的日常问题。因此，一方面要通过内引外学提升县域教师作业全过程的研究能力，另一方面要更充分赋予和高度尊重教师进行作业研究的原创权和主动权。学校和教育行政部门要在引领科学评价和回应群众需求之间，通过建立县域作业优化治理支持系统，为教师在作业管理、作业总量、作业设计、作业指导、课余时间等方面独立开展科学的作业研究赋能。

（二）县域学校课后服务如何提质增效

"双减"政策明确提出要充分发挥中小学校课后服务的主渠道作用，提升学校课后服务水平，满足学生多样化需求。但从实践层面来看，由于课后服务是发生在常规课程之后的非正式学习，缺乏具体的实践标准和准则，不少学校课后服务存在形式化、简单化、随意化的现象，"热闹有余，效能不足"。县域学校往往因县域公共教育资源供给的有限和县域家庭支持的不足，存在更为普遍的形式化、简单化、随意化的现象，县域学校究竟应该提供什么样的课后服务，如何打造精品课后服务等问题值得探讨。

第一，必须坚持县域学校课后服务的"双自愿"原则，慎设"课后服务参与率"指标。"双自愿"原则，即"家长自愿""学生自愿"原则。在政策依据上，教育部办公厅在2017年发布的《关于做好中小学生课后服务工作的指导意见》中明确提出"课后服务必须坚持学生家长自愿原则""中小学生是否参加课后服务,由学生家长自愿选择"。2021年,中共中央办公厅和国务院办公厅印发的《关于进一步减轻义务教育阶段学生作业负担和校外培训负担的意见》明确提出了"引导学生自愿参加课后服务",即"学生自愿"原则。可见"双自愿"原则是学校课后服务提质增效的重要原则,但在具体实践中,部分县域地区为追求课后服务的规模效应和景观绩效,提出具有竞争性取向的"课后服务参与率"指标,要求学校采取措施提高课后服务参与率,这无疑在事实层面错误激发了县域学校、县域区域间横向竞标赛式的攀比,显然与"双自愿"原则的本质精神相去甚远。因此,建议县域教育部门慎设"课后服务参与率"指标,如确有必要应准确使用"自愿参与服务率"指标代替。

第二,县域学校需要明确课后服务的性质是准公共服务产品,将之视为义务教育的自然性延续和有机性衍生。教育产品和服务在类型上包括纯公共教育服务产品、基本公共教育服务产品、准公共教育服务产品、营利性公共教育服务产品和私人教育服务产品等。准公共教育服务产品是介于公共教育服务产品和私人教育服务产品之间具有一定公益性的教育服务产品。由义务教育学校提供的课后服务事实上正是解决义务教育现实困难,利用义务教育学校管理、人员、场地、资源等方面的优势,为义务教育学校学生提供的课后服务。其服务主体一般由义务教育学校本校教师承担,发生空间也主要在义务教育学校内,具有明显的公益性特征,理应被视为义务教育的自然性延续和有机性衍生,而不是一种独立的教育形式,因此义务教育学校课后服务必须坚持非营利导向,也必须追求教育公平和普惠。

第三,县域学校必须坚持课后服务的"课后性"和"服务性"特征,警惕在县域教育压力下故意模糊课程与非课程的边界。课程是指体系化、条理化、序列化的教学内容。其中,狭义的课程是指一门学科、一组学科和一组教材;广义的课程是指学生在学校依据教育目的,在教师有计划的指导下所获得的全部经验。课后服务的"课后性"特征绝不能仅仅局限于"不得利用课后服务时间讲新课"等表层意义上,"课后性"的深层核心是必须坚持课后服务"非课程化"的教育性方向。因此,在现实层面,需要格外警惕义务教育学校通过故意模糊课程与非课程的边界,以"柔性课程"或"广义课程"形式而对课后服务内容采取隐性的课程化僭越和移植。事实上,学科教师依然在课后服务中扮演主角,为学科教学工作服务,学生负担依然繁重。课后服务尤其需注重"服务性"特征的实际效果达成,课后服务要真正以学生为服务对象,以学生实际教育需求为服务中心,彰显课后服务内在的服务性价值与精神诉求，绝不是提供代言、诱导、虚假的需求性服务，因此必须切实赋予学生对课后服务的评价权和投票权。

第四，要进一步优化探索县域学校课后服务时间设置的合理性。县域学校目前多自行确定课后服务时间，在日期、时段、时长等方面拥有较大自主权。从服务提供日期来看，有的县域学校在工作日和周末都提供课后服务，有的是在周一至周五全部工作日提供，有的是在部分工作日提供；从服务时段来看，有的是提供中午托管，有的是下午放学后提供课后服务；从服务时长来看，绝大多数在1~2个小时，部分学校在此基础上提供延时托管服务；从服务分段时长来看，绝大多数学校都将课后服务分段时长与传统课时保持一致，如40分钟或45分钟为一个阶段。事实上，对于内容日益丰富的课后服务而言，县域学校应该在发挥自主权的基础上，科学研判不同课后服务在内容提供上的教育规律，进一步探索并优化适合本校不同内容、不同年级、不同学生的课后服务时间设置，而不是一刀切地将之等同于传统课时，应在科学研判的基础上设置达成不同内容课后服务实效的合理时长或时长区间。在可能的情况下，将时间自主权更多地交给课后服务老师自主安排。

第五，要进一步优化探索县域学校课后服务内容的丰富性与机会公平性。县域学校课后服务主要包括基础服务（作业指导＋个别答疑）和拓展服务（社团活动＋自主选课）。在内容上包括"文化类"和"社团类"两大板块。在功能上，文化类主要包括完成作业、补习辅导和拓展学习等，社团类主要包括文体、艺术、阅读、科普、劳动、兴趣小组等。有的县域学校对学生是参与文化类还是社团类课后服务采取了不同的遴选措施，导致学业成绩欠佳的学生只能一直被迫参与文化类的补习和辅导，参与社团类课后服务变成了对学业成绩优秀学生的奖励。有些县域学校为单向度提高本校学业成绩，让三年级以上的高年级学生都"自觉"参与到文化类补辅或拓展活动中，让二年级及以下低年级学生"自觉"参与到社团类课后服务中。部分县域学校在社团类课后服务中人为分级制造不平等，如设置校级社团和年级社团，将优质资源堆积到校级社团，便于在未来公开活动中展示本校文化成果，而年级社团处于薄弱位置。因此，尤其应警惕课后服务参与机会和质量的不平等。

第六，要进一步加强县域学校课后服务系列配套措施的有效性。总体来看，各县域存在不同程度的体制机制障碍需要突破，如不同地方县域财政状况不同，对于县域内不同学校课后服务的财政补贴力度差异较大，有的县域和学校课后服务属于全免费，有的县域和学校则需要家长缴纳一定费用，各地区家长缴纳的费用差异也较大。此外，县域内不同学校提供课后服务的观念差异和努力程度差异也较大，有的学校仅仅满足于提供托管和看护式的课后服务，内容仅仅限于面批面改作业，还有的学校甚至动员家长和学生"自愿"不参与课后服务，或通过提供低质量的课后服务，使学生以"用脚投票"的方式不再参与，以便于学校以人数不足为由不再提供课后服务。有的学校未采取体制机制性改革真正调动教师自愿参与和创新课后服务的积极性，未实施弹性上下班制度，课后服务补贴偏低，使教师负担沉重而积极性不高，导致挤出效应的发生。建议学校在条件允许范围内设置专门岗位专人统筹负责学校课后服务，开发和运用数字化和智能化管理系统，优化管理日益丰富的课后服务。

（三）破除社会资本对县域教育的层化捆绑

社会资本主要指国家机构以外的社会组织或者个人利用非国家财政性经费举办各级各类民办学校及其他教育机构的资本。社会资本进入教育领域以来已产生了巨大的实践影响，在公立教育系统类型之外，主要形成了两大教育系统类型：一是民办学校系统类型；二是校外培训系统类型（民办非学历教育，又被称为"影子教育"）。其中，民办学校系统类型包括学前教育阶段的民办幼儿园、义务教育阶段的民办学校（含各种类型的民办小学和民办初中）、民办高中和民办高等学校。校外培训系统类型包括早幼教育培训机构（0—6岁）、K12教育培训机构（6—18岁）、高等教育（18—28岁及以上）培训机构、各级各类职业资格教育培训机构。当前，我国已基本形成了社会资本覆盖教育各领域、贯穿教育各阶段的完备服务体系。从实践来看，社会资本已进入县域教育的各层领域之中，主要包括早幼教育（0—3岁）、基础教育（K12，3～18岁）和各级各类职业资格培训教育。

我们在田野调查中发现，县域义务教育阶段主要包括以下九类校外培训机构：一是学科教学类，如语文、数学、英语、物理等；二是才艺培育类，如音乐（钢琴、声乐等）、美术（书法、绘画等）、综艺（少儿模特、口才、主持、气质塑造等）、体育（跳绳、足球、篮球、棋类等）；三是兴趣塑造类，如手工、编织、雕塑等；四是学科拓展类，如计算机、国学、速算、建模、航模、魔方、沙画等；五是生活技艺类，如厨艺、茶艺、烘焙、刺绣等；六是思维训练类，如批判性思维训练、创意性思维训练、注意力集中训练、情绪管理、STEM等；七是实践体验类，如职业体验类（角色扮演等）、游学研学类（夏令营、游学团、素质拓展基地、青少年实践中心）；八是课后服务类，如各类托管班、自习室等；九是生涯规划类，如生涯规划、国际留学服务等。县域义务教育阶段学生在选择参加校外培训类型的比例上存在较大差异，其中参与最多的依然是学科教学类辅导班，包括线上和线下两种形式。

县域学生参与线上线下校外培训比例较高，且这种趋势还在上升。来自四川样本县的数据显示，县域义务教育阶段学生选择的培训比例由高到低依次是数学、语文、英语、物理、历史、生物、地理和思想品德。其中，数学响应率最高，达到 36.05%，其次是语文，响应率是 27.91%，英语响应率为 20.55%。除了参加线下的学科教学类辅导机构（家教）培训以外，县域学生参加线上校外培训的趋势增强，参加线上校外培训已成为县域学生参加课外辅导的主阵地。四川样本县学生参加数学和物理网课的响应率最高，均达到 16.77%，其次是语文（13.92%）、英语（13.29%）、生物（10.13%）、地理（10.13%）、思想品德（9.49%）和历史（9.49%）。通过观察学生参加各学科线上培训的帕累托图，我们发现选择参加数学、物理、语文和英语四门学科网课的累计百分比已达到 60.75%。

线上线下校外培训机构对县域学生存在明显的层化捆绑特征。县域内义务教育阶段城乡不同户籍学生在参加数学、英语、物理、生物、地理五门学科的线下校外培训机构（含家教）上存在差异，城镇户籍学生参加数学（65.55%）学科线下校外培训的比例显著高于农业户籍学生（52.68%），参加英语（39.88%）学科线下校外培训的比例也显著高于农业户籍学生（29.12%）。进一步对家居地不同学生参加线下校外培训机构（含家教）的差异性展开检验，我们发现英语、数学、物理、地理学科存在显著差异，其中英语和物理的差异性最显著。家居县城的学生中，38.33%的学生参加了英语学科的线下校外培训，显著高于家居乡镇和农村的学生。进一步对家居地在不同县域学生参加网课的差异情况展开检验，依然发现他们在参加英语学科网课培训方面表现出显著差异，家居县城的学生参加英语网课的比例为 27.50%，家居乡镇的学生参加英语网课的比例为 23.46%，家居农村的学生参加英语网课的比例为 20.16%。通过相关分析，我们发现家居地与参加英语网课的比例呈显著正相关，即越靠近农村，参加英语网课的比例越小，在其他学科未表现出显著差异。

总体而言，无论是线下校外培训辅导（含家教）还是线上校外培训辅导，县域内农业户籍学生的参加比例都显著低于城镇户籍学生，从县城到乡镇再到农村呈现出明显的参与下降趋势。父母的学历和职业确实显著影响了学生的参与比例，学历越高、职业声誉总体越高的父母，孩子参与线上和线下校外辅导的比例越高。其中，父母具有中专学历的学生参加线下校外培训辅导的比例更高，而父母具有本科、研究生学历的学生参加线上校外培训辅导的比例更高；父母职业是政府工作人员的学生参加线下校外培训辅导的比例更高，而父母职业是公司员工、生意人的学生参加线上校外培训辅导的比例更高。可见，这种以城乡和阶层为区隔单元的层化捆绑特征极易导致县域教育的不平等，并进一步制造阶层教育焦虑和城乡教育焦虑。因此，深入县域空间，针对县域特征对校外培训机构开展更加精细化和更具针对性的分类治理，以有效打破社会资本对县域教育的过度层化捆绑，是未来"双减"工作的重要部分。

（本文原载于《探索与争鸣》2022 年第 9 期）

中国农村教育实证研究与自主知识体系建设[①]

【摘要】 在实证方法兴起和自主知识体系构建的时代背景下,中国农村教育研究以其独特的实践、文化和学术意义彰显了实证与自主的双重价值。顺着实践、认识、知识、知识体系脉络,即可发现中国农村教育的实践发生发展逻辑、学术知识生产逻辑与知识体系构建逻辑。历史上,农村教育政策、实践与实证研究的在场交互可以分为四个阶段:农村教师与农村学生的实证研究彰显了对象自主,重大社会变革下的学校撤并与教育脱贫等凸显了现象自主,"寒门能出贵子吗"与"乡校有未来吗"标显了话语自主,政策评估与资源配置彰显了道路自主。但是,当前农村教育知识体系仍存在问题碎片化、数据狭隘化和知识浅表化问题。未来农村教育研究的趋势是城乡融合、学生能力、机制调整,实证研究深化的方向是问题综合、方法集成、数据规范,自主知识体系构建的目标是学科交叉、内容互动、学术自主。

【关键词】 农村教育;实证研究;自主知识体系

我国农村教育研究有三重意义:一是农村教育研究对象的弱势地位与大规模分布决定了维护公平与保障多数的实践意义;二是农村教育研究在传统乡土文化与现代教育价值间的强关联关系决定了传统传承与现代创新的文化意义;三是农村教育研究差异性现象和教育学术发展史特征决定了自主创新空间和完善学科发展体系的学术意义。

基于教育学科研究实证方法兴起和自主知识体系构建的双重背景,我们需要反思中国农村教育实证认识的事实性问题,即中国农村教育认识的历史发展脉络、自主知识贡献和实证知识体系分别是什么,也需要反思中国农村教育自主知识体系构建的发展性问题,即未来中国农村教育知识体系的发展趋势、当前不足与改善路径是什么。通过对以上问题的回答,我们希望在事

[①] 本文作者为东北师范大学邬志辉教授、博士生王秦。

实和数据的基础上，清晰地呈现历史，理性地判断当下，开放地探讨未来。

一、中国农村教育知识体系的本体辨析：实践逻辑与知识逻辑

建构中国农村教育知识体系需要从中国农村教育的实践和研究入手，遵循从"实践发生发展逻辑"到"事实认识展开逻辑"到"知识本身生产逻辑"再到"知识体系构建逻辑"的过程，依次回答中国农村教育的实践如何产生发展、认识如何进行、知识如何生产、知识体系如何构建四个问题，形成实践、认识、知识、知识体系的逻辑链条。

（一）实践的发生发展逻辑：弱势地位的形成与改善

农村教育是一个历史性和动态性的概念，学界已有的概念界定可分为"区域论""对象论"和"功能论"①；也有学者指出，未来农村教育概念将突破"地域空间""服务群体""教育功能""学校教育"的边界，嬗变为一种"价值论"取向的高质量的平民主义教育概念②。我们认为，考察农村教育实践的发生发展逻辑需要跳出静态的截面化的理解，从历史的视角来剖析这一客体对象。

农村教育之所以成为备受关注的研究领域或者学科，是因为改变农村教育实践的弱势地位既契合现代社会及学术研究中追求公平的基本价值取向，也符合我国"办好人民满意的教育"的目标追求。其前提性问题是：农村教育的弱势地位是如何形成的？这一弱势地位改善了吗？因此，对弱势地位形成的剖析就是对农村教育问题发生逻辑的解释，而对弱势地位改善的向往是农村教育问题发展逻辑的写照。

在漫长的农业社会时期，由于生产力水平的限制，城乡之间并未产生明显的资源差距，地理位置隔绝与生活方式区分所形成的自然村中的教育并不处于弱势地位，此时也并无现代意义上的城乡教育之分。但是随着工业社会的到来，一切都改变了。第一阶段是"内容上的差异"。工业生产力变革促使生产资料规模集聚与工业产品加速交换，劳动分工与生产模式的不同从根本上缔造了现代意义上的城市与农村，也催生了为工业和农业劳动做准备的差异性的教育内容。第二阶段是"积累式的差距"。工业部门单位劳动回报的不断提高，不仅不断吸引着农业部门富余的劳动力，还导致城乡劳动者物质生活水平的分异，尤其对我国这样的后发工业国家而言，早期市场中工业产品

---

① 邬志辉，张培. 农村教育概念之变 [J]. 高等教育研究，2019 (5)：10-18.
② 李涛. 中国农村教育的概念实质及未来特征 [J]. 探索与争鸣，2021 (4)：31-34.

的稀缺与城乡区隔、以农促工的制度设计造成了城乡二元格局。在生产效率和制度设计的叠加影响下，农村开始全面处于弱势地位，农村教育也不例外。第三阶段是"流动中的差距"。随着户籍制度的逐步放开，城乡二元区隔的制度基础被打破，生产资料尤其是劳动力资源的加速流动进一步扩大了累积的不平等。人口的流失加速了农村教育的空心化，"文字上移"① 又导致农村教育与农村社会的疏离。第四阶段是"弥合中的差距"。中国在经历了"以乡哺城"的城乡二元发展、"以城促乡"的城乡一体发展后，正在经历"城乡互补"的城乡融合发展的新阶段，只不过当下的城乡教育融合发展还处在初级阶段，农村教育弱势地位的消除依然需要很长时间，依旧需要持续努力和奋斗。

（二）学术知识的生产逻辑：多元认识视角下的广义知识发现

农村教育知识生产实际上是认识农村教育现象的过程，因此在讨论知识生产逻辑之前需要先解决农村教育现象是如何被认识的这一问题。中国农村教育现象认识的主体和结果是多元的，不仅包括政府与民众初步认识生产出的一般性知识，还包括科研主体与严谨学术认识生产出的学术性知识。

受中国农村教育实践发展多种因素的影响，认识视角也是多元的，大致来说，可概括为"三横一纵"视角。"三横"即学科的、社会的（背景的）、哲学的视角，"一纵"即时间的视角。在很多情况下，我们所说的"知识"这一概念，大都指的是某一学科或被分离、或被肢解、或被箱格化了的知识。学科的视角规训着学者遵循学术共同体建构的学术规范和理论追求。多学科的视角共同瞄准农村教育问题，有助于从不同侧面认识农村教育的事实与事理，并在学术碰撞中达成对通过语言建构的逻辑结构（理论）的深切认识。然而，学科的认识并不是孤立的学术性事件，它往往是整体性社会事件的一部分。换句话说，通过语言建构的学术认识只有放置在它们的社会大环境（背景）中才能获得实在的意义。这恰如克劳德·巴斯蒂安（Claude Bastien）所说："认识的进化并不是朝向建立愈益抽象的认识，而是正相反，朝向把它们放置到背景中。"② 社会的视角遵循的是政策和实践的逻辑。无论政府还是

---

① 费孝通先生曾使用过"文字下乡"的概念，他的意思是：中国社会从基层上看是乡土性的，是一个熟人社会，在面对面的亲密接触中，没有用文字的需要。文字是庙堂性的，不是乡下人的东西。所以，当中国社会乡土性的基层发生变化之后，就需要"文字下乡"（参见：费孝通. 乡土中国 [M]. 北京：北京出版社，2004：27-28.）。这里使用"文字上移"概念，意指乡村学校在经历了大撤并后，与乡土社会日渐疏离的新历史过程。

② 埃德加·莫兰. 复杂性理论与教育问题 [M]. 陈一壮，译. 北京：北京大学出版社，2004：25.

公众，都会从自己的角度和利益出发塑造对中国农村教育的认识。在每一个时代，人类认识所能达到的深度不会超越人类哲学认识的深度。哲学是关于人类最基本问题的本质深思与回答，哲学的认识具有超越时空的伟力和洞察时代、预判未来的能力，它遵循的是整体的和价值的逻辑，规范着学科认识和知识所能达到的深刻程度。但是，"三横"视角均是在历史的长河中流动的，而"一纵"在时间与空间的交汇处便形成各自不同、独具特色的国家或地域知识印记。总的来说，农村教育认识是在历史进程中、发展情境下进行的事实客观化呈现、学术规范化建构、本质哲理化表达的过程；从自主知识体系建构的意义上讲，三者分别起事实自主、研究自主、思想自主的作用。

从认识到知识的跃升受到认识视角和知识规范的双重影响。一方面，农村教育的学术知识生产不自觉地受到多元认识视角的影响或规训。另一方面，学术界对知识的规范影响着知识生产行为，对知识规范的共识变迁不仅左右着学术知识的生产逻辑，而且影响着对何为真正的学术知识的判断。

二、中国农村教育实证认识的实然考察：变迁形态

从发生学的意义上讲，中国农村教育的实证认识经历了政策实践、社会行动、学术研究的发生过程，是政策、实践与实证的在场交互。通过政策文本、关键数据和实证行为来把握中国农村教育的实证认识，有助于提炼具有自主贡献的实证知识。我们认为，农村教育政策从谋划出台到评估反馈的全过程就是一个实证认识的范例，它将以成果生产为核心的学术实证研究和以宏观数据为表征的群体社会行动全部纳进。

总的来说，以法律、意见、通知、决定、计划等多种形式存在，单独或混合发布的农村教育政策大致可以分为三大层级：第一层级是改变农村教育格局的基础性政策，第二层级是在农村教育某一阶段产生重大影响的阶段性政策，第三层级是解决农村教育突出问题的专项性政策。在数据指标的选用上，早期多为基础性的、底线性的，如文盲率、普及率、辍学率等，后期多为发展性的、综合性的，如教师学历比、综合差异系数等。

（一）1978—1984 年：政策酝酿、实践恢复与实证缺位

改革开放后教育事业逐步恢复正规。1979 年 11 月中共中央在改革开放后第一次明确提出"农村教育怎么办"的问题[①]；中共中央、国务院于 1980 年

---

① 中国教育学会，中国高等教育学会. 中国教育改革发展二十年［M］. 北京：北京师范大学出版社，1999：52-63.

和 1983 年分别印发《关于普及小学教育若干问题的决定》和《关于加强和改革农村学校教育若干问题的通知》，均确认了"两条腿走路"的方针，即以国家办学为主体，充分调动社队集体、厂矿企业等各方面办学的积极性，鼓励群众自筹经费办学。由于国家在 1980 年进行财政体制改革，实行"划分收支、分级包干"（分灶吃饭）的新财政体制，并且提出在 20 世纪 80 年代"全国应基本实现普及小学教育的历史任务，有条件的地区还可以进而普及初中教育"的总体目标，但农村教育办学经费相对欠缺，因此 1984 年国务院发布了《关于筹措农村学校办学经费的通知》，提出"乡人民政府可以征收教育事业费附加"，这在一定程度上扩大了乡政府的教育财权。总的来说，这一时期的政策与实践都处在探索和恢复阶段，关键政策在办学方针、多渠道筹措经费上做了方向性探索，但并未就管理体制和经费体制做出更细致的划分。

这一时期尚未有专门的农村教育研究组织成立。在农村教育研究上也仅有部分讨论性质的文章，实证方法仅体现在部分小范围的实践调查中。

（二）1985—2000 年：政策奠基、实践发展与实证起步

1985 年《中共中央关于教育体制改革的决定》和 1986 年《中华人民共和国义务教育法》确立了"地方负责、分级管理"的教育管理体制。这一时期农村教育经费投入体制也有鲜明的特点，从上一时期的"两条腿走路"进入了"乡村自给"时期。这一时期，县级财政承担城区少数学校的教育经费，乡镇财政负责本地中心小学和乡镇中学教育经费，行政村负责村办小学教育经费，乡镇一级办教育的财权与事权相对统一。20 世纪 90 年代中国基础教育的主题是完成"两基"。国家在 1995—2000 年实施了第一期"国家贫困地区义务教育工程"，由中央财政投入 39 亿元、地方财政配套 87 亿元，共 126 亿元。

这一时期，农村教育研究机构兴起，扎根实践的实证研究产出逐步显现。首先是高等教育研究力量出场并与教育实践初步结合。例如，1988 年 9 月，东北师范大学与吉林省白山市政府签订协议建立实验区，十年间在白山、抚松等地进行农村教育综合改革实验，走出了一条农村教育理论与实践相结合的"长白山之路"[①]；1994 年 11 月，联合国教科文组织国际农村教育研究与培训中心（UNESCO International Research and Training Centre for Rural Education）在中国保定成立。其次是主要研究阵地和代表性学者的出现。例

---

① 肖玉华. 东北师大走出长白山之路［N］. 光明日报，1998-10-30（2）.

如，1999年，东北师范大学农村教育研究所成立；以何东昌、王明达等为代表的原国家教委领导，以张传燧、李少元、陈敬朴、袁桂林等为代表的农村教育研究者兴起。最后是实证研究的有益尝试。针对探索时期政策与实践交互变化产生的系列问题，研究者开始有意识地采用实证研究方法展开研究。研究内容上，重点关注了"农村教育经费""农村教育综合改革"等；研究类型上，调查研究突破了上一时期较为随意的形式，遵守了实证调查的基本规范，如说明问题、目的、取样、方法、分析、结果与结论。此外，还涌现出差异分析、效益分析等多种研究方式。调查研究反映了农村教育在教育经费、教师工资、综合改革等方面的主要问题。

（三）2001—2011年：政策转向、实践均衡与实证规范

2001年《国务院关于基础教育改革与发展的决定》和2002年《国务院办公厅关于完善农村义务教育管理体制的通知》确立了"地方负责、分级管理、以县为主"的管理体制，这标志着农村教育管理体制进入"以县为主"时期。管理体制的根本变化深刻影响着农村教育的经费投入机制和学校布局变化等。2003年，全国第一次农村教育工作会议强调了农村教育的重要战略地位。首先，经费投入机制发生重大变化。为了改善上一时期乡级政府教育财权与事权不统一造成的"乱收费"等问题，国家通过地区试点稳步推进农村税费改革和义务教育"一费制"改革[①]。其次，农村学校布局出现较大变化。2001年《国务院关于基础教育改革与发展的决定》指出要"因地制宜调整农村义务教育学校布局"，县级农村教育经费投入压力得以通过政策引导的隐性执行空间释放，造成了"意外性后果"，即2001—2010年全国农村地区的"撤点并校"浪潮，进而引发县镇大班额、农村学生家校距离变远、交通安全隐患增多等"连锁性问题"；直至2012年《国务院办公厅关于规范农村义务教育学校布局调整的意见》提出"严格规范学校撤并程序和行为"，农村学校布局调整逐步趋于规范。

为有效解决"以县为主"管理体制下经费投入改革试点带来的系列问题，2005年12月，国务院发布了《关于深化农村义务教育经费保障机制改革的通知》（学界称之为"新机制"）。"新机制"的确立标志着我国农村义务教育完成了从"人民办"到"政府办"的历史跨越[②]，此后2007年《教育部关于进一步做好农村义务教育经费保障机制改革有关工作的通知》等系列配套文件

---

① 邬志辉，等. 中国农村教育：政策与发展1978—2018[M]. 北京：社会科学文献出版社，2018：164-165.

② 邬志辉. 农村义务教育经费保障新机制[M]. 北京：北京大学出版社，2008：1.

进一步推动了"新机制"的落实。经费保障为农村教育质量提升提供了坚实基础，为城乡交流背景下的各项改革打开了崭新局面。战略上，2005年《教育部关于进一步推进义务教育均衡发展的若干意见》提出的"基本均衡"逐步落地，区域内城乡义务教育进入基本均衡时代；基础保障深化上，2004年、2005年、2008年国家实施了"西部地区'两基'攻坚计划""两免一补""普九化债"等政策；师资建设上，2006年、2007年、2010年国家又实施了"农村教师特岗计划""免费师范生计划""国培计划"等；硬件保障上，"十五"期间我国实施了第二期"国家贫困地区义务教育工程"，2003年、2004年、2007年我国又实施了"农村中小学危房改造工程""农远工程""农村初中校舍改造工程""农村寄宿制学校建设工程"，2008年国家发改委联合住建部发布《农村普通中小学校建设标准》；学生保障上，2003年、2006年国家相继提出进城务工就业农民工子女义务教育"两为主"（以流入地政府管理为主、以公办学校为主）与"两纳入"（将家庭经济困难的农民工子女纳入"两免一补"范围、将农民工子女义务教育经费纳入教育经费预算）政策，2011年面向全国农村地区实施"农村学生营养餐计划"，2012年面向贫困地区实施定向招生政策等。

　　进入新世纪以来，随着农村教育管理体制与经费投入机制的变革，以及城乡深入交流带来的大范围学校布局调整与学龄人口流动，农村教育问题日益多样且复杂。农村教育实证研究围绕政策影响下的关键主体和关键现象展开，包括但不限于体制机制、资源配置、师资队伍、就学保障、学生发展等方面，学科视角涉及政治学、管理学、经济学、社会学、心理学等。为运用实证手段研究农村教育系列问题，这一时期的农村教育学术研究逐步成熟，实证研究渐趋规范，研究成果大量出现。例如，2001年东北师范大学农村教育研究所（现东北师范大学中国农村教育发展研究院）被批准为教育部普通高校人文社会科学重点研究基地，研究团队依托重大项目相继开展了系列大规模调查研究，包括2001—2003年14省33县农村初中生辍学调查、2005年5省8县农村职业教育调查、2010年农村学校布局调整调查、2011年10省（市）农村留守儿童调查研究、2012年8省17县城乡义务教育资源均衡发展状况调查等，形成了大量实证学术成果，有力推动了农村教育实证研究，直接或间接地推动了国家农村教育政策的出台，形成了政策、实践与调研的良性互动。此外，这一阶段的实证研究有了较为明显的方法自觉，实证方法的科学性不断提升，除调查研究、相关、因果、中介、调节等量化方法外，干预实验等方法也被运用到农村教育研究中①。

(四) 2012 年至今：政策完善、实践提质与实证繁荣

教育城镇化的快速推进导致流动性成为新时代义务教育最显著的特征。为了应对这种变化给教育战略和经费投入带来的挑战，国务院于 2012 发布《关于深入推进义务教育均衡发展的意见》，明确 21 世纪第二个十年持续在资源意义上推进城乡义务教育均衡发展的战略总方向，又在 2016 年发布《关于统筹推进县域内城乡义务教育一体化改革发展的若干意见》，不断调整优化城乡义务教育战略发展方向。2015 年国务院发布《关于进一步完善城乡义务教育经费保障机制的通知》，提出统一城乡义务教育"两免一补"政策和城乡义务教育学校生均公用经费基准定额等，对中央和地方所承担的生均公用经费基准定额等主要经费的数量和比例做了更细致的规定。至此，农村教育政策进入完善深化和开拓提质的新阶段。一方面是"老政策接着讲"，例如，2022 年"农村义务教育学生营养改善计划"接着 2011 年"营养餐计划"讲，2020 年"关于加强新时代乡村教师队伍建设的意见"接着 2015 年"乡村教师支持计划（2015—2020 年）"讲，2021 年"深入改薄"接着 2013 年"全面改薄"讲，2023 年"优质均衡"接着 2005 年"基本均衡"讲，等等。另一方面是"新政策从头讲"，例如，2018 年教育部、国务院扶贫办发布《深度贫困地区教育脱贫攻坚实施方案（2018—2020 年）》，2019 年教育部、国务院扶贫办发布《关于解决建档立卡贫困家庭适龄子女义务教育有保障突出问题的工作方案》，2018 年国务院办公厅发布《关于全面加强乡村小规模学校和乡镇寄宿制学校建设的指导意见》，2021 年中共中央、国务院发布《关于实现巩固拓展教育脱贫攻坚成果同乡村振兴有效衔接的意见》等。

2012 年至今，农村教育研究力量不断壮大，学术组织形式更加丰富多样。比如，2015 年北京师范大学中国乡村教育发展研究中心（现更名为中国乡村教育发展研究中心）、2018 年湖南师范大学乡村教育研究中心等高校研究平台相继成立；2018 年陕西乡村基础教育发展研究中心、2020 年浙江省乡村教育研究中心、2020 年四川乡村教育发展研究中心等多个省级研究中心相继成立；2015 年中国教育学会农村教育分会、2023 年中国教育发展战略学会乡村振兴专业委员会等学会组织分别在北京成立。这一时期农村教育实证研究进入相对成熟时期，呈现出繁荣发展的态势，"乡村教师支持计划""乡村教育扶贫"

---

① 史耀疆，王欢，罗仁福. 营养干预对陕西贫困农村学生身心健康的影响研究[J]. 中国软科学，2013（10）：48-58.

"两类学校发展"等关键政策的出台使得实证研究主题进一步集中,比如,围绕"乡支计划"展开的乡村教师的编制、流动、交流、待遇、素养、发展与资源配置的研究;围绕农村儿童尤其是留守、随迁、寄宿等不利儿童群体展开的身心健康水平、认知能力与非认知能力、高等教育机会与表现及收益的研究。这一时期的实证研究方法更加完善,使用了定量模型、跟踪研究、反事实研究、质性研究等综合方法。实证研究也以报告的形式加强了实践与政策之间的联系,如东北师范大学中国农村教育发展研究院自2012年起连续十余年出版《中国农村教育发展报告》。

  回顾改革开放40多年来中国农村教育政策、实践与实证三重认识的历史变迁脉络,我们发现农村教育政策的先导地位、实证数据的支撑地位使实证研究逐步规范。首先是国家政策的先导地位。战略方位、管理体制和经费投入等关键政策将农村教育的整体发展鲜明地分为几大阶段,农村教育政策之间形成了相互配套、结构完善的政策群,不同阶段的政策群又深刻影响着这一阶段的实证研究主题与实证数据积累。其次是实证数据的支撑地位。数据是实证研究的基础,是政策效用的"晴雨表"。由于农村教育的高度复杂性,在实证问题选择和实证数据采集上表现出与众不同的鲜明特点:一是城乡对比性。在城乡二元体制下,乡村与城市在各自独立的系统中运转,城乡比较的政策意义不大。随着城乡二元结构的逐步松动,城乡之间的数据比较就显得越来越具有重要的政策意义,因此也推动了大批学者和学术组织开展城乡对照的调查研究。二是政策效用性。在乡村教育整体落后和国家优先发展乡村教育的格局下,国家出台了一系列大力支持农村教育的政策,那么这些政策的实际效果是如何的,就吸引了众多学者展开实证研究。三是人口变动性。学龄人口在城乡之间、区域之间的大规模流动重塑了城乡和地区之间的教育格局,实证研究者不得不把研究的目光锁定在人口变量上,从而引发了由人口变化带动的农村教育实证研究。四是实证研究的逐步规范。农村教育实证研究在选题、设计、方法、结论、交流与发表等方面都渐趋规范。实证研究与政策、实践之间的关系也发生了微妙的变化,表现为实证研究与政策的关系从初期的被动依附与注脚佐证演变为后期的主动反馈与咨政引导,实证研究与数据的关系也从浅层调研与表层采集演变为后期的深层采集与数据挖掘。总的来说,当前农村教育实证研究发挥了摸清实践、发现规律、反馈政策的重要作用,体现出了基于数据、团队在场、政策与实证交汇的特点,为进一步总结农村教育实证研究的自主知识贡献奠定了证据基础。

三、中国农村教育实证知识的自主贡献：对象、现象、话语与道路的独特意义

中国农村教育实证研究的成果产出较为丰富，总结时极易陷入面面俱到而又浅尝辄止的困境。我们依据学科对比的研究自主和中外对比的实践自主两个维度，从对象自主、现象自主、话语自主、道路自主四大方面，筛选出759篇高质量实证文献进行提炼与概括。

（一）关于对象的知识

1. 农村教师：交流与流动、素养与培训、工资与待遇、编制与队伍建设

农村教师实证研究的主题基本可以分为微观和宏观两类，前者包含农村教师交流轮岗与自主流动、职业素养与培训发展、生活待遇与心理健康等，后者指教师队伍建设与教师资源配置，如编制标准等。

首先是农村教师微观研究。

（1）教师交流轮岗实证研究通过随机抽样问卷调查、量表分析、网络调查等方法，从满意度、选拔、任用、考评、激励等多个维度探究了交流轮岗的影响因素。研究发现，政策设计与实施、经济与生活保障、工作环境与条件、职业发展与岗位适应、激励机制与评价体系等因素影响了教师交流轮岗的意愿。

（2）农村教师流动实证研究通过大规模问卷调查、访谈、统计学分析、政策文本分析、扎根理论、口述史等方法探讨了流动影响因素和政策实施效果。教师流动受个人和工作环境两类因素的影响，个人影响包括个人背景、家庭生活、工作满意度、职业认同；工作环境影响包括工资待遇、学校区位、工作压力、编制身份、职业发展环境、组织支持等。从效果来看，流动政策促进了校际均衡；从流动趋势来看，以单向流动和青年教师流动为主，农村教师"向城"与"返乡"双重流动为辅。

（3）农村教师职业素养实证研究关注其教育教学素养和信息素养。农村教师重视教科书静态知识、延续传统教学模式、未形成有序的教学资源管理[①]；西部农村小学语文和数学教师对学生学业成绩影响效应值分别为0.66和0.59，边际效应值分别为0.81和0.77，教师个体对学生学业成绩的作用

[①] 向东春. 新课程背景下农村教师教学能力的现状调查：基于湖南省4个农业县的数据分析[J]. 教师教育研究，2012（2）：17-21.

存在较大差异[①]。专任教师资格对西部小学生学业成就的影响不显著，但对初中生有显著正向影响[②]；教师学历、资格、教龄、职称以及专家培训对教育质量有显著正向影响[③]。传统资源（课件、多媒体素材和电子教案）使用频率较高，"新资源"（教学软件、在线课程和专题网站）使用频率中等偏低；信息基础设施、技术应用氛围等客观因素和感知有用性、工作相关性等主观因素在共同发挥作用。

（4）农村教师培训研究发现，教师职业发展与学生成绩之间存在年龄调节关系，40岁之前培训对提高教师教学质量的有效性更为突出，教师学历提高的时间越短、速度越快、增长值越大，就越积极参与教学研究，学生成绩提高也越快[④]。然而，农村教师在"国培计划"中存在工学矛盾突出、内容单一、方式滞后、成效不明显等问题，活动设计和技术平台直接影响乡村教师网络研修参与意愿不强、效果不佳，培养呈现"去农村化"和"去师范化"特征。运用双向固定效应模型估计农村中小学教师职后学历教育的收益发现，职后学历教育每增加一年给早期完成学历提升的教师带来6%的经济回报，但限定教师行业准入学历资格后，其经济收益不再显著[⑤]。

（5）工资与待遇实证研究发现，工资与生活待遇有重要影响。影响乡村教师职业满意度的首位因素是工资水平。农村教师补贴标准偏低、绩效工资监管机制不健全，工资收入区域差距大、县域内差距小、群体间工资收入差距显著。学校区位劣势导致职业效用损失且生活补助不足以弥补损失，乡村教师工作总体上并非多劳多得，无显著差异的绩效工资导致校内微观激励不足，城乡教师工资水平差距造成教师单向流动。"增加值百分位"绩效激励方式能够将学业表现分别提高0.10到0.15个标准差，对学困生激励更加明显[⑥]。

---

① 梁文艳，杜育红. 基于学生学业成绩的教师质量评价：来自中国西部农村小学的证据[J]. 北京大学教育评论，2011（3）：105-120，191.

② 陈纯槿，胡咏梅. 西部农村中小学教师质量及其影响因素的实证分析[J]. 教师教育研究，2011（3）：61-65.

③ 薛海平. 西部农村初中教师素质与教育质量关系的实证研究[J]. 教师教育研究，2008（4）：55-60.

④ 安雪慧. 中小学教师职业生涯发展与教学工作激励：来自中国农村的经验[J]. 北京师范大学学报（社会科学版），2008（3）：117-122.

⑤ 马红梅，郑盼，武玮. 职后学历教育的经济回报：基于甘肃农村教师劳动力市场的证据[J]. 北京大学教育评论，2017（2）：145-160，191.

⑥ 常芳，党伊玮，史耀疆，刘承芳."优绩优酬"：关于西北农村教师绩效工资的实验研究[J]. 华东师范大学学报（教育科学版）：2018（4）：131-141，167.

其次是农村教师的宏观研究。

(1) 农村教师编制研究探讨了编制核算标准与教学状况之间的关系。研究发现，我国农村教师编制面临分布结构、供给结构和功能结构等多重矛盾，存在超编缺人、有编不补、有编无人等问题。有学者提出了学校实际所需的教师基本编制数测算模型，建议在学校层面采用"基本编＋机动编"的方式配置教师①，建立逆差序的利益补偿制度和省级统筹的教师劳动力市场②。

(2) 农村小规模学校教师队伍在职称、学历、荣誉称号和学科结构等方面均表现出不同程度的失衡态势③；农村小规模学校教师队伍学历、身份类型上复杂多样，性别、年龄结构上离中分割，属地来源、教育背景、父辈职业上本土低层，补充机制、待遇标准和发展机制亟待创新④。乡村教师支持计划背景下小规模学校教师队伍本土化和附近性特征明显，任教前乡土经历丰富，学历、身份、职称、教龄、收入等有新的变化⑤。

2. 农村学生：身心与健康、认知与非认知、辍学与就学、留守与随迁

(1) 农村学生的身心健康水平。身体健康水平研究主要关注了体能、视力以及营养水平。研究发现，"农村义务教育学生营养改善计划"供餐方式不同对儿童身体和心理健康存在影响⑥。心理健康研究重点关注寄宿、留守、回流等特殊群体及校园欺凌、考试焦虑等焦点事件。寄宿方面，亲子互动减少、校内霸凌增加、管理严格、负面情绪传染等因素对寄宿学生心理健康具有负面影响，寄宿对女生、农村学生、非留守儿童、家庭富裕学生影响更大⑦；农村寄宿制学校中 16.03％的学生报告曾遭受过同伴侵害，同伴侵害能显著正向

---

① 刘善槐，邬志辉，史宁中. 我国农村学校教师编制测算模型研究 [J]. 教育研究，2014（5）：50-57，64.

② 刘善槐，史宁中，张源源. 教师资源分布特征及其形成：基于我国中部某省小学阶段教师的调查分析 [J]. 教育发展研究，2011（2）：1-5.

③ 周晔. 农村小规模学校教师队伍专业水平结构的问题与对策：基于甘肃省 X 县的调研 [J]. 教育研究，2017（3）：147-153.

④ 刘善槐，王爽，武芳. 我国农村小规模学校教师队伍建设研究 [J]. 教育研究，2017（9）：106-115.

⑤ 李涛，邬志辉. 乡村振兴背景下中国乡村小规模学校教师调查报告 [J]. 复旦教育论坛，2022（4）：5-16.

⑥ 于季菲，赵启然. "农村义务教育学生营养改善计划"供餐方式对小学生身心健康的影响 [J]. 教育与经济，2020（4）：30-39.

⑦ 杨钋，颜芷邑. 寄宿如何影响学生的心理健康 [J]. 华东师范大学学报（教育科学版），2022（8）：67-82.

预测学生的内化行为①。留守方面，父母长期外出（4个月以上）会对留守儿童心理健康带来负面影响，父母返乡并不能对心理过渡阶段的初中生心理健康进行有效修复，但当外出时间缩减为4个月以下时，将不会带来明显负面影响②；留守儿童中女生的抑郁因子得分显著高于男生，男生的学业压力显著高于女生，高年级留守儿童的心理健康水平显著低于低年级学生③；回流经历会使农村儿童的抑郁风险增大，同时降低他们的自尊和抗逆力水平④；校园欺凌方面，农村留守儿童欺凌发生率按照非留守儿童、仅母亲在家、仅父亲在家、父母都在外的顺序依次增加，后者依次比前者高9.4%⑤；男生、低年级、寄宿生更容易卷入校园欺凌，间接攻击和受侵害均高于直接攻击和受侵害，"低卷入型"个体的学校适应得分显著优于其他各类型⑥；农村寄宿制初中生同伴疏离现象分明，校园欺凌中言语欺负突出⑦。

（2）农村学生的认知能力与非认知能力。小规模学校学生的成绩显著偏低，数学学科偏弱；国际学生评估项目（PISA）2015年测试数据表明，数学、阅读和科学素养存在显著的城乡差距；农村男生厌学率显著高于女生，厌学率随年级升高而提高，存在显著差异。农村贫困地区儿童早期认知发展存在滞后风险的比例高达40%以上，57%的样本婴幼儿存在语言发展滞后风险；留守对女童、非独生子女及高年级儿童认知能力的影响程度更大，随迁有显著正向作用。研究指出，经济学中关于学生成绩决定因素的理论和实证研究已形成了三个视角：学校教育生产函数、家庭决策模型以及学校与家庭相互作用模型。家庭中的家庭环境、父母期望、教养方式、家庭社会资本、社会经济地位与父母参与、课外补习和学校中的教师支持、同伴效应、班级规模、眼镜使用等影响农村学生的学业成就。城乡学生的非认知技能差异主

---

① 黄晓婷，吴方文，宋映泉.农村寄宿制学校同伴侵害对内化行为的影响：一个有调节的中介模型[J].华东师范大学学报（教育科学版），2017（1）：93-101，124.
② 刘红艳，常芳，岳爱，等.父母外出务工对农村留守儿童心理健康的影响：基于面板数据的研究[J].北京大学教育评论，2017（2）：161-174，192.
③ 殷晓旺，李江华，肖湘玲.农村留守儿童心理健康及其影响因素[J].教育学术月刊，2010（6）：23-25.
④ 黎煦，朱志胜.回流对贫困地区农村儿童心理健康的影响：基于农村寄宿制学校的实证检验[J].北京师范大学学报（社会科学版），2018（4）：26-38.
⑤ 贾勇宏，吴恩慈.农村留守儿童更易遭受校园欺凌吗？：基于1487份农村中小学生问卷调查的实证分析[J].教育与经济，2022（2）：79-87.
⑥ 吴旻，宋文琦，梁丽婵.农村小学生同伴攻击受侵害类型及其学校适应：基于潜在剖面分析[J].华东师范大学学报（教育科学版），2023（1）：40-49.
⑦ 朱桂琴，陈娜，宣海宁.农村寄宿制初中生同伴关系与校园欺凌实证研究：以河南省4乡5校为例[J].教育研究与实验，2019（2）：68-76.

要是家庭社会经济背景的异质性带来的，农村双留守儿童的非认知技能指标表现最低①。寄宿制学生的情绪控制能力、合作意识相对较强，懂得理解和包容，但是学习的自我管理能力较弱、自信心不足、师生交往能力亟待提高②。寄宿对留守小学生和男童的社会情感能力有显著负效应③。

（3）农村学生的辍学风险与就学保障。2001年至2003年样本县农村的平均辍学率为43%，最高值为74.37%④；农村初中生辍学率呈现明显的城（县镇）乡（乡镇）差异、地区差异和县域内差异，初中阶段辍学率随年级递增，且隐性辍学现象比较严重；课程设置、教育资源、教育质量、学校布局、教育结构是影响学生辍学的内部原因；"借贷普九"导致的投入不足、家庭经济状况、社会影响、家庭结构、家长法律意识淡薄是影响辍学的重要外部原因⑤。农村学生辍学的影响因素既包括就业机会增加和短期经济利益诱惑、家庭负担等经济因素，也包括学术系统内的失败（学习困难）、社交系统下的冲动选择等非经济因素。研究发现，"普职分流"背景下农村初中毕业生对普高的需求旺盛、中等职业学校缺乏吸引力；短期信贷约束不再是上普高的重要制约因素，农村教育资源的供给能力和经济发展水平的影响逐渐加强⑥；有条件的现金转移支付承诺并未显著改善贫困学生的高中完成情况⑦。

（4）留守儿童与随迁子女。城镇化带来诸多特殊儿童，如农村留守儿童、农村寄宿学生、随迁子女、流动青少年等。从留守儿童与寄宿学生看，研究基于人口普查数据描述了我国留守儿童群体的规模、结构、分布、家庭类型和受教育状况，分析了低龄寄宿和留守儿童学校适应状况等问题；寄宿制的负面冲击存在"精英俘获"现象，即对农村优秀儿童的影响更大。从随迁子女和流动儿童看，在外出务工人员子女教育现状调查的基础上，重点关注就学政策影响下随迁子女的受教育权利问题、参加中高考问题、学校融入问题

---

① 周金燕.中小学生非认知技能的测量及实证表现：以中国六省市数据为基础［J］.北京大学教育评论，2021（1）：87-108，191-192.
② 胡伶，万恒.农村寄宿制学生社会情感学习能力调查［J］.中国教育学刊，2012（9）：87-91.
③ 王树涛，毛亚庆.寄宿对留守儿童社会情感能力发展的影响：基于西部11省区的实证研究［J］.教育学报，2015（5）：111-120.
④ 转型期中国重大教育政策案例研究课题组.缩小差距：中国教育政策的重大命题［M］.北京：人民教育出版社，2005：14.
⑤ 袁桂林，洪俊，李伯玲，等.农村初中辍学现状调查及控制辍学对策思考［J］.中国教育学刊，2004（2）：4-8.
⑥ 杨娟，赖德胜，泰瑞·史努莉.什么因素阻碍了农村学生接受高中教育［J］.北京大学教育评论，2014（1）：138-155，191.
⑦ 易红梅，何婧，张林秀.有条件的现金转移支付承诺对贫困学生高中完成情况的影响研究［J］.北京大学教育评论，2019（2）：149-166，191-192.

等，拥有优势家庭背景和个人特征的农村青少年更易通过"流动"改变原有农村生活环境①，与一般儿童相比，流动对儿童社会适应无明显不利影响②，子女随迁显著增强了农民工的城市融入感③。

(二) 关于现象的知识

1. 农村学校布局调整：影响与决策、标准与程序

(1) 21世纪的第一个十年，中国常住人口城镇化率由36.22%提升至51.27%，农村学校布局调整进入巨变期。有学者指出，2000—2009年学校布局调整力度最大，体现出学校减幅远远大于在校生减幅、学校规模和班级规模同步扩大、学生上学距离变远且寄宿低龄化等问题④。布局调整成就与问题并存，存在学校缺乏后续配套资金、教师工作负担增加、家长经济负担和生活压力加重等问题⑤。布局调整对相对弱势的偏远和交通不便地区学生、家庭经济困难学生、低龄学生、留守儿童、寄宿学生与被关闭校点学生的公平受教育权造成不同程度的伤害⑥；整体上对小学生成绩具有负向影响。布局调整直接影响了家庭教育决策，农民工子女是否随迁的主要影响因素有户主配偶是否迁移、户主就业合同状态、迁移距离、户主收入水平和户主配偶受教育水平等⑦。

(2) 农村学校布局调整标准是一个多目标线性规划问题，目标函数受物质性、社会性、教育性约束条件的影响，并提出"底线＋弹性"农村学校布局调整标准设计模型⑧。为了保证农村学校撤并程序公正，需要建立最低限度的程序公正标准，即受到决策影响主体的实质性参与、学校撤并决策过程的

---

① 曹谦. 流动经历对农村青少年教育获得的影响：基于"中国城镇化与劳动力移民研究"数据的实证研究 [J]. 教育与经济，2018 (4)：89-96.
② 范兴华，方晓义，刘勤学，等. 流动儿童、留守儿童与一般儿童社会适应比较 [J]. 北京师范大学学报 (社会科学版)，2019 (5)：33-40.
③ 王春超，张呈磊. 子女随迁与农民工的城市融入感 [J]. 社会学研究，2017 (2)：199-224，245-246.
④ 邬志辉，史宁中. 农村学校布局调整的十年走势与政策议题 [J]. 教育研究，2011 (7)：22-30.
⑤ 范先佐，郭清扬. 我国农村中小学布局调整的成效、问题及对策：基于中西部地区6省区的调查与分析 [J]. 教育研究，2009 (1)：31-38.
⑥ 贾勇宏，曾新. 农村中小学布局调整对教育起点公平的负面影响：基于全国9省 (区) 的调查 [J]. 华中师范大学学报 (人文社会科学版)，2012 (3)：143-153.
⑦ 宋锦，李实. 农民工子女随迁决策的影响因素分析 [J]. 中国农村经济，2014 (10)：48-61.
⑧ 邬志辉. 中国农村学校布局调整标准问题探讨 [J]. 东北师大学报 (哲学社会科学版)，2010 (5)：140-149.

理性化运作和教育行政权力运行的公开化设定①。

2. 乡村教育脱贫：扶贫、阻贫与减贫

(1) 教育精准扶贫。教育扶贫成效表现在建立家庭经济困难学生"全覆盖"资助体系、有效缓解了贫困地区学生营养不良问题、实现了贫困地区城乡义务教育共享式发展、促进了贫困地区教师队伍建设等方面②。教育精准扶贫中的随机干预实验主要分布在教师与教育、信息技术与教育、营养健康与教育、儿童早期发展四大领域，尤其是教育精准扶贫中农村学生近视防控问题、"一村一园"计划对农村儿童学业成就的长效影响等方面。

(2) 教育阻断贫困代际传递。改革开放以来，教育使我国居民贫富差距的代际传递可能随着时间的推移大幅下降，并开始发挥阻隔男性贫富差距代际传递的作用③。我国有接近2/5的相对贫困由父代传递给子代，提升子代受教育程度可阻断贫困代际传递④，贫困家庭子代通过自身教育实现阶层跨越的效应70后大于60后、80后、90后⑤；在教育扩张对提高教育流动性的效应逐渐下降的背景下，未来应关注教育代际累积效应对子代收入水平的影响。

(3) 教育助力家庭减贫。农村义务教育普及有效缩小了城乡收入差距；贫困家庭教育收益率显著低于非贫困家庭，非学历教育能够有效缓解农村家庭贫困；教育对绝对贫困和相对贫困的改善存在显著正向效应；义务教育对农村劳动力的整体教育回报率为6.7%；新生代农民工的教育收益率高于老一代。教育与社会资本都显著影响了农户家庭多维贫困转化，家庭教育支出通过实现非农就业转移和扩大农业经营规模促进了农户脱离相对贫困，家庭教育支出能显著降低农户贫困脆弱性，但该影响存在学段和区域差异，且农户家庭教育投入的经济负担重。接受职业教育和普通教育都能提升居民收入水平、缩小贫困与非贫困居民之间的收入差距，且接受职业高中教育缩小差距

---

① 邬志辉. 农村学校撤并决策的程序公正问题探讨 [J]. 湖南师范大学教育科学学报，2010 (6)：5-11, 22.

② 付卫东，曾新. 十八大以来我国教育扶贫实施的成效、问题及展望：基于中西部6省18个扶贫开发重点县（区）的调查 [J]. 华中师范大学学报（人文社会科学版），2019 (5)：45-56.

③ 候玉娜. 教育阻隔贫富差距代际传递的效果与机制：基于"反事实"分解技术的实证分析 [J]. 教育研究，2020 (11)：22-35.

④ 赵红霞，高培培. 子代教育对中国农村贫困代际传递的影响：基于CHIP2013的实证分析 [J]. 教育学术月刊，2017 (12)：26-32.

⑤ 苏静，周振芳，肖攀. 教育改善贫困阶层代际传递的效果与机制：来自CLDS微观数据的证据 [J]. 教育与经济，2022 (2)：10-18, 61.

的效果更为明显[①]。职业教育服务乡村振兴的贡献度高达 16.19%[②]。

(三) 关于话语的知识

1. "寒门能出贵子吗"

近年来,农家子弟上大学及"县中"的孩子等极具特色的质性研究快速涌现。在底层家庭"读书无望"、学校相较弱势的基础上,学者们创造性地提出了农村大学生"底层文化资本"概念,深入剖析农家子弟的高等教育经历,关注他们在社会流动中的生存心态转变、"抗逆力"生长、社会能力自我建构、文化适应策略与社会关系网络建构、"逆袭之路"背后努力、文化资本与社会适应以及时间使用的关系等;县域高中学校阶层分割影响了高等教育期待,农家子弟在大学场域内产生了复杂的位置感以及对竞争标准公平性的怀疑。

有学者从入学机会公平、就学过程质量、毕业发展结果三个方面考察农村学子的高等教育公平与质量问题[③]。入学机会公平方面,最大化维持不平等(MMI)和有效维持不平等假设(EMI)在教育获得的阶层不平等领域具有较强解释力[④]。不同身份群体间的利益博弈、不同地域精英选拔圈子的宽窄之分、学科文化角度下该群体的专业选择及资本转换的实践智慧等都会影响入学机会。高考造成的城乡就学机会差异最小,保送和自主招生造成的差异最大;高校专项计划矫正了家庭经济条件对农村学生选择重点大学的干扰。培养过程质量方面,重点大学的贫困定向学生与农村普招学生相比处于显著劣势,且在工程技术学科尤其突出;学业投入尤其是对作业的态度、学习方法策略的使用是农村大学生学业变化的重要影响因素。学生资助通过调整经济压力、强化学术融入等不同路径间接影响学业成就。早期留守经历负向影响大一农村新生问题解决能力和高等教育获得能力。农村大学生的社会情感能力水平总体显著低于城市大学生。毕业发展结果方面,尽管农村学生的高等教育收益率下降且投资回收期延长,但相较于高中学历劳动者,高等教育投资收益增量显著。农村第一代大学生家庭注重子女的全面发展,

---

[①] 李强谊,钟水映,曾伏娥. 职业教育与普通教育:哪种更能减贫[J]. 教育与经济,2019 (4):19-27.

[②] 朱德全,杨磊. 职业教育服务乡村振兴的贡献测度:基于柯布-道格拉斯生产函数的测算分析[J]. 教育研究,2021 (6):112-125.

[③] 梁晨,李中清,张浩,等. 无声的革命:北京大学与苏州大学学生社会来源研究(1952—2002)[J]. 中国社会科学,2012 (1):98-118,208.

[④] 崔盛,田浩然. 地方高等学校专项招收农村学生的现状与优化[J]. 教育研究,2023 (2):101-111.

具有"代际弥补"特征;从本科、硕士到博士阶段,农家子弟与父母的情感关系呈现出"U型"趋势。劳动力市场对农村背景高校毕业生存在进入机会上的歧视,但不存在起薪上的歧视,城乡背景对高校毕业生的起薪水平没有显著的直接影响①。

2."乡校有未来吗"

农村学校的课程改革、课堂教学是什么样的?学者们探讨了农村地区新课程适应性、校本课程开发,农村学校音乐等小科课堂质量及自主互动教学组织方式、参与式教学法、探究教学方法的效果,研究了教材和综合实践活动在农村的适应性。中心校和村小校长在一系列困境中生成了自己的"事"和"理",关注校长们的反应性策略被认为是构筑良性关系的通道②,校长扎根坚守与角色发挥受组织、人际和个人因素的影响③,农村校长信息化领导力受感知易用性、有用性使用态度等因素的影响④。

研究者考察了西部学校效能、学校标准化建设、办学条件建设、信息化建设等物质条件,也关注了学校乡土文化功能实现、教育习俗传承与农村文化礼堂、农村学校改革与特色化发展案例挖掘。研究关注了寄宿制学校的生活管理、校园霸凌等学生生活和心理问题;小学生寄宿使得家庭劳动力务工和务农比例分别提高3.2%和2.5%⑤。

(四)关于道路的知识

1. 政策评估

中国农村教育政策群在发展变迁中体现出了明显的"分步走"特点,早期政策积极发动人民力量度过"穷国办大教育"的艰难阶段,中期政策在城乡流动背景下逐步推进城乡教育均衡发展,当前政策在乡村振兴背景下以积极差异手段大力支持农村教育发展。在"分步实施"战略中,实证研究基于调查和证据以评估反馈的形式助力了政策发展。

---

① 岳昌君,张恺.城乡背景高校毕业生就业差异的实证研究[J].高等教育研究,2015(5):37-47.

② 林小英.量化通约机制下的反应性行动:县域学校校长的"事"和"理"[J].北京大学教育评论,2022(4):19-51,185.

③ 陆超,刘莉莉.挣扎与坚守:多重角色下乡村校长角色冲突的表征及动因——基于25位乡村校长的访谈研究[J].教育发展研究,2021(18):77-84.

④ 赵磊磊.农村校长信息化教学领导力的影响因素及提升路径:基于技术接受视角的实证研究[J].湖南师范大学教育科学学报,2018(5):25-32.

⑤ 王军辉,何青,岳超云.农村寄宿制办学的未预期结果:基于就业外溢效应的考察[J].教育与经济,2023(5):27-35.

（1）早期实证研究关注"普九"工作的进展和面临的问题，研究指出税费改革影响了农村义务教育经费投入，引发了教师工资拖欠、教育负债有增无减等生存危机，税费改革后的财政划拨不足以弥补税费改革前教育费附加和教育集资费收入；"一费制"政策减轻了农民负担、降低了农村学校的辍学率，但也带来学校收入减少、影响学校运转等问题。农村综合初中的发展与义务教育政策之间已显示出诸多不协调，但研究发现，农村职高比普高的投资回报率更高。

（2）中期实证研究关注区域、城乡、学校和群体的基础教育均衡程度，实证发现，各项总指数趋于均衡，但区域均衡指数变化波动较大。学者们构建了区域义务教育均衡发展监测指标体系与城乡教育一体化指标测算工具，对城乡义务教育资源均衡发展做了评估报告。我国义务教育发展总体存在 σ 收敛，并表现出明显的 β 绝对收敛特征[①]。农村义务教育投入体制改革效应明显，"以县为主"和"新机制"两项改革都对农村义务教育财政保障水平产生显著正向影响，"新机制"实施中市级政府获得补贴比例和补贴金额均对义务教育的完成有显著正向影响，有利于缩小生均公用经费、生均预算内公用经费的县内支出差异，农村中小学生均公用经费水平大幅度上升，但对初中生经费的城乡差距不具改善效应。

（3）当前实证研究关注教育扶贫政策评估和区域义务教育优质均衡。基于"精准扶贫"的政策实践，为解决教育扶贫政策评价存在的时间、区域、对象等的可比性问题，有学者对中国教育扶贫政策实施情况进行宏观评价，2019年的教育扶贫政策实施处于中等偏上水平[②]。有学者构建了包含教育投入、过程保障、教育产出和教育脱贫四个维度的政策实施效果评估指标体系[③]，"三区三州"贫困地区教育经费对农民收入的弹性系数分别是中等收入和较高收入地区的4.1倍和7.6倍[④]。

2. 资源配置

实证研究从校级、区域及人口变动形势方面对农村教育资源配置展开研究。

---

① 李恺，罗丹. 义务教育均衡发展的收敛性分析：基于我国31个省（市）面板数据的实证研究. 教育发展研究 [J]，2015（10）：7-14.

② 王森. 中国教育扶贫政策实施效果研究 [D]. 上海：华东师范大学，2020.

③ 袁利平，丁雅施. 教育扶贫政策实施效果评估指标体系构建 [J]. 教育研究，2019（8）：139-149.

④ 彭妮娅. 教育扶贫成效如何？基于全国省级面板数据的实证研究 [J]. 清华大学教育研究，2019（4）：90-97.

（1）校级教育资源配置方面，研究基于需求模块结构划分提出了农村学校公用经费测算模型，分析了公用经费支出与农村小学规模及地理位置的关系，以生均公用经费和教师质量为核心的学校教育资源配置不均衡在很大程度上决定了城乡、地区和校际教育质量的差异。研究考察了地区间农村小学教育投入差异及城乡小学教育资源需求差异，关注了大规模学校、教学点规模等学校规模和寄宿制学校、普通高中等学校类型对教育公平和成本效益的影响。有学者运用教育生产函数等方法测评了西部农村小学、农村初中的办学效率及影响因素。

（2）区域教育资源配置方面，在农村教育资源配置中，农村义务教育经费资源配置效率整体状况较高；学前教育资源投入绩效整体不高，且农村低于城市，并建议设置农村学前教育投入底线标准和农村学前公益普惠水平测评方法。在城乡教育资源配置差距上，研究基于 SEP 框架分析了城—镇—乡教育差距扩大机制，考察了城乡办学条件的省际差距和城乡基础教育的"数字鸿沟"，指出城乡义务教育财政投入整体上存在较大的效率损失、规模无效是主要原因。在教育资源配置影响上，生均公用教育经费的提高显著降低了家庭经济收入对学生学业成就的影响，进而降低了教育结果不平等，农村税费改革对农村义务教育经费、义务教育支出结构产生了影响，其中外溢效应和竞争效应是造成县级基础教育财政支出外部性的主要影响因素，农村教育支出存在财政转移支付效应。

（3）人口变动下教育资源配置方面，研究指出，我国学龄人口空间聚集程度持续加强，在人口不断变化的背景下，规模波动、密疏分化、跨区迁移使得当前资源配置形式与管理体制难以适应，应构建差异化、强弱联动、跨级跨区的资源保障、共享和调配机制[1]，2020—2035 年义务教育资源中学校、教师、适龄人口规模等资源配置均会发生变动。

四、实证研究支持自主知识体系建设的路径探索

面向未来，政策、人口、技术、观念深刻塑造着农村教育发展，尽管长时段预测有较大的不确定性，但在 2035 年教育强国建设和中国式现代化远景目标下，我们基本可以判断中国农村教育研究的未来趋势、实证研究深化的总体方向以及自主知识体系建构的基本格局。

（一）实证体系的三大问题：问题碎片、数据狭隘与知识浅表

尽管中国农村教育实证研究取得了历史性的巨大进步，但按照构建中国

---

[1] 刘善槐，王爽. 我国义务教育资源空间布局优化研究［J］. 教育研究，2019（12）：79-87.

自主知识体系的要求来看依然有较大差距，具体表现在问题选择、数据理解和知识生产三方面存在问题选择碎片化、数据理解狭隘化、知识建构浅表化三大问题。以理解窄化的知识生产为研究目的，选择碎片化的研究问题，在截面式、同质化的数据基础上展开研究，使得农村教育实证知识体系的构建进展缓慢。

首先，问题选择呈现碎片化特点。研究内容上对重大问题关注不足，且缺乏历史视角的运用。尽管许多研究问题较为新颖别致，但结构化的问题体系尚未形成，散点化问题较多，问题集成融合后还没有形成上下游衔接、结构布局完善的体系。换句话说，还没有真正形成有组织的农村教育实证研究体系。散点化、碎片化的实证研究无法拼接成一个能完整支撑国家重大农村教育决策的、可以整体性一揽子解决农村教育问题的政策方案和知识体系。如何加强顶层设计、整体谋划，推动有组织的农村教育实证研究，是未来需要着力破解的重大关键问题。

其次，数据理解具有狭隘化倾向。在大数据时代，数据是一切可以用计算机处理的信息，包括文本、图片、视频等，而不仅仅是统计数据或调查数据。数据是实证研究的基础，获得优质数据是保障高质量实证研究的前提。数据类型与问题所需的证据密切相关，实证研究的大数据观不可忽视常规意义之外的证据，当满足实践量的饱和、处在一定约束情境下和文化情境下等条件时，群体、组织与国家在长期历史发展中形成的正反面经验也可以称为数据。为此，一要提升常规数据的采集质量和可公开数据的规范化水平；二要树立大数据观，全面提升复杂数据处理的技术水平。

最后，知识建构处于浅表化水平。知识就是被确证了的道理。目前，农村教育实证研究确证的事实较多，而确证的事理较少。为什么会出现这种情况？除了问题碎片化原因外，就是缺少系统化假设。首先要做的是理论猜想和学术假设，需要找出与传统理论、西方理论不一样的解释模式，而这一过程本质上是理论思辨的过程。自主知识体系建构既离不开思辨研究，也离不开实证研究。当前，农村教育自主知识体系的建构之所以处于浅表化状态，一方面是理论思辨不够，没有提出富有创意的学术猜想，学术想象力和创造力还没有完全被激发出来；另一方面是实证方法不足，难以支撑和科学证实复杂的学术猜想，方法集成创新和系统优化尚有非常大的发展空间。

（二）研究方向的未来趋势：城乡融合、学生能力、机制调整

农村教育研究的未来发展需建立在对农村教育实践发展方向的判断上。农村教育发展目标从属于国家教育发展的总体目标，但未来十年城乡教育将

面临人口变革、科技革命与观念革新的系统挑战。

21世纪初，农村教育形态发生了巨大变化，产生了学校撤并、留守儿童与随迁子女、交流轮岗、阶层流动、体制变革等重要议题。未来中国常住人口城镇化率日益接近70%，开始步入城镇化发展的后半程。尽管如此，以县城为主要载体的城镇化进程和区域间人口的大规模流动还将持续，在城乡融合发展和乡村振兴战略的推动下，未来中国农村教育将迎来新的发展格局。那么，城乡一体和城乡融合之间究竟是一种什么关系呢？我们认为，城乡一体针对的是城乡二元，解决的是城乡二元体制机制分割的问题以及优势帮助弱势、强者帮助弱者发展的问题。城乡一体化是一个动态的发展过程，是一个由城乡融合的初级阶段向高级阶段不断演进的过程。初级阶段的城乡融合，是一种保护乡村发展的城乡融合，要解决的核心问题是，既要尊重乡村人口向城市的自由流动，又要引导和鼓励城市优质要素资源向乡村流动，其目的是促进乡村人的全面发展、乡村社会的全面进步、乡村生产力的全面提升。当乡村人、乡村社会、乡村生产力的发展水平与城市接近或相当的时候，就到达城乡融合的高级阶段，城乡要素就可以全面实现自由流动了。所以，未来较长一段时间内，教育要解决的核心问题是促进乡村人的自由全面发展和城乡人在内心深处的身份平等。因此，未来的农村教育，在形态上，农村学生会进一步向县镇聚集，村级教育会进一步小规模化，学校形态以"两类学校"为主；在质量上，快速迭代的信息技术与越发激烈的科技竞争对未来学生的关键能力提出了新的要求，要求在立德树人上实现新突破；在机制上，要切实改变"穷县办穷教育、富县办富教育"的局面，通过教育财政体制与管理机制的进一步改革释放农村教育发展的活力。

因此，未来农村教育研究的对象、方向、手段、目标都将发生变化。对象上，将进一步聚焦乡村学龄人口变动和新出现的弱势群体；方向上，将围绕县域内城乡教育融合发展，深化教育管理体制与经费投入机制改革，全面提升农村学生新型核心素养，建设高质量乡村教师队伍，挖掘乡村教育逆势成长的内在动力；方法上，更加重视混合研究，并不断探索适合复杂学术问题的集成化实证研究方法。

（三）实证研究深化方向：问题综合、方法集成、数据规范

当前农村教育实证研究虽然已经相对规范，但仍需要在问题、方法和数据三大方向上不断深化，进一步提升问题综合化、方法集成化、数据规范化水平。

首先是问题综合化。当前农村教育实证研究对现实问题的考察已取得了

一系列成效，但在知识体系构建上的贡献度依旧不足，思辨研究与实证研究脱节，导致实证研究变成了纯粹的"技术秀"。强调问题综合化的首要指向是，面对复杂的农村教育真问题，要倡导思辨研究先行，先提出具有鲜明理论品质的学术猜想，再形成复杂关联的学术假设，进而探索数据采集与集成的可能路径，只有这样，才能整体提升实证研究的学术品质和自主知识体系的建构能力。

其次是方法集成化。实证研究作为一种方法论，对包括教育学科在内的社会科学发展产生了重大影响，极大地推进了学科的科学化进程。学科发展与方法迭代是同步的，人作为教育学关注的核心，其不确定性给追求确定性和可操作性的实证研究带来了挑战。有些实证研究是把生命体当作物质体来研究的，忽视了生命的有机性与复杂性，仅仅把人和教育系统当作物和物理系统来看待。因此，社会科学应当重新把研究对象当作生命系统来看待，重构实证研究方法体系，重新定义科学与科学方法。

最后是数据规范化。实际上，大数据时代的数据更加多元，更有利于开展实证研究。很多情况下，我们所能获得的数据形态是既定的，只能在数据约束条件下开展研究，因此不得不在研究技术和方法上进行突破。除此之外，还要加强三方面建设。一是数据采集的规范化。数据采集清洗不规范、公开数据发布单位无法最小化也影响着实证研究的质量，未来在加大追踪式数据、关联式数据、教育大数据采集的同时，应进一步规范数据采集标准并提升数据质量。二是数据处理的创新化。当前数据处理方法渐趋规范，但数据处理方法的革新是实证研究不断趋近于真实结果的保障，数据处理技术创新亟待突破。三是数据交流的制度化。数据是实证研究的基础，可重复、可检验是实证研究的灵魂。实证研究不能只发布结果而不发布原始数据。当然，原始数据也要进行知识产权保护，在维护知识产权和数据安全的前提下，加强国内外学术共同体的数据交流。

（四）自主知识体系的完善目标：学科交叉、内容互动、学术自主

尽管当前农村教育研究尚未形成完善的自主知识体系，但在实证研究方法的支持下，可从以下三个方面加以完善。

首先要重视学科交叉。农村教育学并不是传统意义上的学科，而是现代意义上的领域。领域是以真问题为基本价值取向的，只要有助于解决农村教育问题，什么学科都可以参与研究，从这个意义上说，农村教育学是开放的，也是多学科交叉融合的。实际上，在以往的研究中，经济学、社会学、政治学、管理学、人口学、心理学、统计学等许多学科都介入了农村教育问题研

究，而且取得了非常好的学术成果。学科交叉有助于我们在统整问题的基础上，加大综合自主知识体系的建设，开辟学术研究的新天地。

其次要加强内容互动。在知识之间建立体系化的关联与互动机制，价值一致关联、问题互补关联、阶段接续关联是加强沟通的有效手段。农村教育高质量发展是一项系统工程，所要建构的知识也是一个多圈层体系。如果从内向外推展，农村教育知识体系大致有三个圈层：第一圈层是以学生发展为核心的教育教学知识，第二圈层是以教育管理为核心的领导管理知识，第三圈层是以资源配置为核心的政策规划知识。只有实现了三者的互通联动，中国自主的农村教育知识体系才能发挥实践效力。

最后要提升学术自主。建构中国自主知识体系，提升中国实证研究的自主性和主体性，要从三方面入手。一是要形成中国底层思维和认知逻辑自觉。二是要学理化建构中国自主教育实践创新。在中国，实践常常走在了理论的前面，而典范实践的背后一定蕴含着知识和道理，当传统知识体系无法解答实践经验的时候，恰恰是自主知识体系创新的时候。三是要加强中外交流互鉴与学术对话。自主不是封闭，自主是更高级的开放，只有在开放中不迷失自我，才是真正的学术自主与知识自主。

（本文原载于《华东师范大学学报（教育科学版）》2024 年第 11 期）

人口变动下县域"三类学校"建设的困境分析与破解思路[①]

【摘要】 当前,我国儿童人口数量变化呈现"先升后降"趋势,学龄人口向城流动增速放缓但规模仍然巨大,与之相应,全国绝大多数县学龄人口数量变化呈现"先升后降"趋势。在这一人口变动背景下,县域"三类学校"面临不同程度的建设困境:乡村小规模学校面临资源使用效率窘境,乡镇寄宿制学校面临标准化建设压力,县域普通高中面临"被掐尖"塌陷难题。这些独特的建设困境与它们共同面临的教育发展不均衡困境相遇,严重阻碍了县域"三类学校"的有序建设。为破解县域"三类学校"建设困境,必须科学研判县域人口变动趋势,尊重规模效益差异配置教育资源,保留必要小规模学校;充分考虑学校多元功能要求,推进学校标准化建设,建好寄宿制学校;积极推动县中振兴发展,进一步拓宽县域学生上升通道。

【关键词】 人口变动;乡村小规模学校;乡镇寄宿制学校;县中;"三类学校"

从短中长期发展看,我国出生人口"先升后降"趋势递次向学前、小学、初中、高中及之后学段传递,人口流动呈现出乡村人口向城镇流动[②]、省内人口向省会城市流动[③]、中西部人口向东部地区流动的特征[④]。在人口变动的宏观趋势下,全国绝大多数县学龄人口呈现出"先升后降"趋势。"先升后降"人口变动趋势递次影响各学段,对各学段教育服务供给提出新要求。《中共中央关于进一步全面深化改革、推进中国式现代化的决定》从国家战略高度提出,"优化区域教育资源配置,建立同人口变化相协调的基本公共教育服务供

[①] 本文作者为东北师范大学秦玉友教授、博士生王玉姣、博士生高凯歌。

[②] 段成荣,吕利丹,王涵.从乡土中国到迁徙中国:再论中国人口迁移转变[J].人口研究,2020(1):19-25.

[③] 王新贤,高向东.中国流动人口分布演变及其对城镇化的影响:基于省际、省内流动的对比分析[J].地理科学,2019,39(12):1866-1874.

[④] 马胜春.中国省际人口流动的特征及影响因素的空间分析[J].人口研究,2022(6):59-71.

给机制"①。在人口变动下，县域公共教育服务中乡村小规模学校、乡镇寄宿制学校和县域普通高中（以下简称"县中"）"三类学校"建设面临新发展形势。2024年，中央一号文件提出，"优化公共教育服务供给，加强寄宿制学校建设，办好必要的乡村小规模学校，实施县域普通高中发展提升行动计划"②。"三类学校"建设逐渐成为县域教育发展的焦点问题。适应人口变动趋势，优化县域公共教育服务供给，破解县域"三类学校"建设困境，促进县域"三类学校"有序建设，成为优化县域教育发展的焦点任务。

一、县域"三类学校"建设的人口变动背景分析

学龄人口是县域"三类学校"服务的目标群体。县域人口规模较小，往往不能满足人口预测对人口规模的要求，但是县域"三类学校"建设必须适应人口变动趋势，关注学龄人口数量变化和空间流动特征。

（一）我国儿童人口呈现"先升后降"趋势

近年来，我国儿童人口呈现"先升后降"趋势，这为我国短中长期学龄人口变动趋势奠定了基调。从1—18岁（2006年以来出生）儿童人口看，2012年，我国经历了一次人口出生高峰，峰值为1935.38万，在这一高峰期出生的儿童目前进入初中一年级；2017年，我国经历一次人口出生高峰，峰值达到1841.81万，在这一高峰期出生的儿童目前正处于小学二年级。2017年之后，我国出生人口快速减少，2023年出生人口降至902万，不足2017年出生人口的一半（见表1）。

从学段来看，小学阶段，在2023年（2017年出生人口）招生数量经历一次高峰后将经历长达6年的持续下降，2029年（2023年出生人口）小学招生人数将不足2023年的二分之一；初中阶段，2012年、2017年出生人口将推动初中招生数量经历两次高峰，即初中招生数量于2024年经历一次高峰后，短暂下降，又将于2029年经历一次高峰，之后经历至少长达6年的快速下降期；高中阶段，入学年龄人口将于2027年（2012年出生人口）和2032年（2017年出生人口）经历两次高峰，之后进入持续下降阶段。

---

① 中共中央关于进一步全面深化改革、推进中国式现代化的决定[N].人民日报，2024-07-22（1）.
② 张志勇.国家教育治理视野下的县中教育振兴路径[J].教育学报，2022（5）：72-83.

表1　中国1—18岁（2006—2023年出生）儿童人口

年龄/出生年份	人口/万	年龄/出生年份	人数/万人	年龄/出生年份	人口/万
1（2023）	902	7（2017）	1841.81	13（2011）	1778.81
2（2022）	956	8（2016）	1782.72	14（2010）	1734.76
3（2021）	1062	9（2015）	1654.73	15（2009）	1769.50
4（2020）	1198.81	10（2014）	1859.18	16（2008）	1735.69
5（2019）	1438.38	11（2013）	1796.32	17（2007）	1667.71
6（2018）	1526.68	12（2012）	1935.38	18（2006）	1617.94

（资料来源：《中国人口普查年鉴（2020）》和《中华人民共和国国民经济和社会发展统计公报（2021、2022、2023年）》）

（二）我国学龄人口向城流动增速放缓但规模仍然巨大

我国城镇化进入"下半场"，人口向城市流动增速放缓，但规模仍然巨大。全国人口普查数据显示，1953年，全国总人口58 260万，常住人口城镇化率为13.26%；1964年，常住人口城镇化率达到18.30%，比1953年提高5.04个百分点；1982年，全国总人口突破10亿，常住人口城镇化率达到20.91%，比1964年提高2.61个百分点；1990年，常住人口城镇化率达到26.44%，比1982年提高5.53个百分点；2000年，常住人口城镇化率达到36.22%，比1990年提高9.78个百分点，常住人口城镇化率增幅持续上升；2010年，常住人口城镇化率为49.68%，比2000年提高13.46个百分点；2020年，全国总人口达到141 178万，常住人口城镇化率为63.89%，比2010年提高14.21个百分点。自2000年以来，常住人口城镇化率增幅均较大（见表2）。2021年、2022年、2023年，我国常住人口城镇化率年增幅均小于1%。

表2　七次全国人口普查全国总人口与城镇化率

年份	1953	1964	1982	1990	2000	2010	2020
全国总人口/万	58 260	69 458	100 818	113 368	126 583	133 972	141 178
城镇化率/%	13.26	18.30	20.91	26.44	36.22	49.68	63.89

（资料来源：《中国统计年鉴（2021）》）

在我国城镇化过程中，大量随迁子女向城市流动。随迁子女的绝对数量与占比体现了学龄人口向城市流动的总体变动趋势。从我国随迁子女招生绝对数量看，小学阶段，2016年，随迁子女招生数为245.42万；2019年，招生数为253.74万,比2016年增长3.39%;到2022年,招生数降至219.25万,比2019年下降13.59%,随迁子女招生数下降但规模仍然巨大。初中阶段,2016年,随迁子女招生数为168.55万;2019年,随迁子女招生数为187.47万,比2016年增长11.22%;到2022年,随迁子女招生数为197.38万,比2019年增长5.29%,随迁子女招生数增速放缓但规模仍然巨大。高中阶段,2016年,随迁子女招生数为39.98万;2019年,随迁子女招生数为52.77万,比2016年增长31.99%;到2022年,随迁子女招生数为68.68万,比2019年增长30.15%,随迁子女招生数增速放缓但规模仍然巨大。2016—2022年我国学龄人口随迁子女招生数在绝对数量上,小学阶段下降,初中阶段增速放缓,高中阶段增速放缓,但各学段总体规模仍然巨大(见表3)。

从我国随迁子女招生数占比看,小学阶段,2016年,随迁子女招生数占总招生数的14.00%;2019年,占比为13.58%,比2016年下降0.42%;到2022年,占比为12.89%,比2019年下降0.69%,随迁子女招生数占比持续下降且下降加速。初中阶段,2016年,随迁子女招生数占总招生数的11.33%;2019年,占比为11.44%,比2016年增长0.11%;到2022年,占比降至11.40%,比2019年下降0.04%,随迁子女招生数占比相对稳定,波动不大。高中阶段,2016年,随迁子女招生数占总招生数的4.98%;2019年,占比为6.29%,比2016年增长1.31%;到2022年,占比增至7.25%,比2019年增长0.96%,随迁子女招生数占比持续增长但增速放缓[①]。2016—2022年,我国学龄人口随迁子女招生数在占总招生数比值上,小学阶段加速下降,初中阶段相对稳定,高中阶段增长放缓(见表3)。

表3 小学、初中、高中阶段随迁子女招生数及其占比

年份	小学		初中		高中	
	招生数/万	占比/%	招生数/万	占比/%	招生数/万	占比/%
2016	245.42	14.00	168.55	11.33	39.98	4.98
2019	253.74	13.58	187.47	11.44	52.77	6.29
2022	219.25	12.89	197.38	11.40	68.68	7.25

(资料来源:《中国教育统计年鉴(2016、2019、2022)》)

(三)我国绝大多数县学龄人口呈现"先升后降"趋势

根据"六普"与"七普"数据分析,绝大多数县各学段学龄人口均呈现

---

① 本段各"占比"增减均按原始数值计算所得,四舍五入后保留两位小数。

出"先升后降"趋势。分年龄看,2020年,我国1869个县①中10—14岁人口为5310.31万,比2010年增长69.30%;呈人口增长趋势的县数为1692个,占90.53%。县域10—14岁人口正处于"先升后降"趋势的上升阶段,人口呈增长趋势。2024年,该群体正处于初中三年级和高中阶段,高中阶段学龄人口正处于增长阶段。2020年,县域5—9岁人口为5317.90万,比2010年增长41.59%;呈人口增长趋势的县数为1644个,占87.96%。县域5—9岁人口正处于"先升后降"趋势的上升阶段,人口呈增长趋势。2024年,该群体正处于小学高年级和初中一、二年级,初中阶段学龄人口正处于增长阶段。2020年,县域0—4岁人口为4287.42万,比2010年下降19.26%;呈人口下降趋势的县数为1434个,占76.73%。县域0—4岁人口进入"先升后降"趋势的下降阶段。2024年,该群体正处于幼儿园和小学低年级阶段,幼儿园和小学阶段学龄人口正处于下降阶段。(见表4)

表4 2010年、2020年县域0—14岁分年龄人口、人口增长比例和
人口增长县数、人口增长县占比

年龄/岁	2010年/万	2020年/万	人口增长比例/%	人口增长县数/个	人口增长县占比/%
10—14	3136.67	5310.31	69.30	1692	90.53
5—9	3755.85	5317.90	41.59	1644	87.96
0—4	5310.31	4287.42	−19.26	435	23.27

(资料来源:《中国人口普查分县资料(2020)》)

二、人口变动下县域"三类学校"建设的困境分析

县域学龄人口"先升后降"趋势递次影响到各学段,乡村小规模学校、乡镇寄宿制学校和县中"三类学校"建设面临不同挑战。小学阶段学龄人口已经进入"先升后降"趋势的下降阶段,乡村小规模学校布局分散且呈现出小微空化,面临资源使用规模效益低下的困境。初中阶段学龄人口正受"先升后降"趋势的峰值效应影响,功能扩展要求下乡镇寄宿制学校面临标准化建设压力。高中阶段学龄人口正处于"先升后降"趋势的上升阶段,高中阶段必须盘活与充分利用高中教育资源存量,正视"县中塌陷"问题。同时,应建立与人口变动相协调的基本公共教育服务供给机制,必须高度重视县域

---

① 截至2020年底,全国县(县级市、县、自治县、旗、自治旗)总数为1869个。参见:《中华人民共和国行政区划统计表》。

教育发展均衡化问题，防止因教育发展校际不均衡导致学龄人口择校性流动。

（一）生均标准下小规模学校资源使用规模效益低下

人口变动背景下，幼儿园、小学正经历学龄人口下降，县域小学阶段学生"抽丝式"减少，学校、班级规模缩小，小规模学校大量出现。小规模学校教育资源消耗不会简单正比例地受学生数量影响，生均标准下小规模学校资源使用规模效益低下。当前，简单依据生均标准配置教育资源的政策逻辑与配置实践逐步改进，但仍没得到系统性改进，直接影响到小规模学校日常运转，给县域小规模学校建设带来了严峻挑战。

在公用经费配置上，国家实行"学生规模不足100人的村小学和教学点按100人核定公用经费"政策，对保证乡村小规模学校正常运转起到重要作用。但是，随着学龄人口下降，学校规模进一步缩小，100人以下的学校公用经费配置呈现出"越靠近100人，运转越困难"的状况。多维度多层面科学核算公用经费的机制尚未建立，这导致学校公用经费配置与学校运转的现实需求差距较大，在一定程度上影响了一些小规模学校的正常运转。

在师资配置上，我国从政策层面规定了城乡中小学教职工编制标准，高中教职工与学生比为1∶12.5、初中为1∶13.5、小学为1∶19。从现实情况来看，2022年，全国高中师生比为1∶12.72，初中师生比为1∶12.72，小学师生比为1∶16.19[①]。目前，小学、初中师生比已远高于国家师资配置标准，高中阶段略低于国家师资配置标准，但随着学龄人口"先升后降"趋势递次影响，短中期内高中师资将表现为缺乏，初中表现为相对缺乏，小学出现一定富余。同时，要看到当前县域内小学阶段学校规模、班级规模缩小，但是师资配置不会简单正比例地受到学生数量影响，简单依据学生数量配置教师资源可能会导致小规模学校教师工作负担增加、课程开齐开足困难等问题，加之一些地区教师流失叠加教师结构性短缺，一些小规模学校教育教学质量会不同程度地受到影响。

在办学条件配置上，县域学校生均面积逐步提升，教学资源尤其是信息化资源配置进一步完善。伴随着县域学龄人口变动，一方面，小规模学校的生均面积达到一定标准后，生均面积意义上的增加将不再具有现实教育意义。另一方面，在学校规模、班级规模较小的情况下，学生数量的增减不会简单正比例地影响学校设施设备的增减。在学校设施设备配置后，小规模学校设施设备需要及时"新增购置、日常运维和更新替代"，大量且占比较大的小规模学校设施设备"新增购置、日常运维和更新替代"无疑是一个比较大的财

---

① 数据来源：《2022年全国教育事业发展统计公报》。

政开支。如果学校的设施设备"新增购置、日常运维和更新替代"不及时，小规模学校的日常教育教学活动与教育教学效果就会受到一定影响。

（二）功能扩展要求下寄宿制学校标准化建设压力大

县域初中阶段学龄人口正受"先升后降"趋势的峰值效应影响，初中入学需求达到近年来最大值。乡镇寄宿制学校是为乡村初中阶段学龄人口提供就学机会的重要学校类型之一。乡镇寄宿制学校在为学生提供非寄宿学校日常教育教学服务的基础上，通常要扩展性地提供课后教育、生活、娱乐等寄宿服务，以化解学生上学方便性与降低家庭教育支出的矛盾。长期以来，国家高度关注义务教育学校标准化建设，先后在《国家中长期教育改革和发展规划纲要（2010—2020年）》和《国务院关于深入推进义务教育均衡发展的意见》中提出义务教育学校标准化建设与关注"两类学校"（乡村小规模学校和乡镇寄宿制学校）建设的要求，这是推进学校建设的重要文件。虽然国家在积极推行学校标准化建设过程中关注到了"两类学校"，但是乡镇寄宿制学校标准化建设的系统政策设计仍需要进一步加强。从扩展性地提供课后教育服务、生活服务、娱乐服务等寄宿服务，特别是高质量寄宿服务来看，当前许多寄宿制学校标准化建设不充分、压力大，教育、生活和娱乐等多维功能服务仍不健全；更有甚者，许多服务半径较大、家校距离较远的乡镇学校没有提供寄宿服务，家长不得不陪读或让孩子在学校附近校外寄宿，导致家庭教育成本增加，学生家庭不得不承担寄宿制学校标准化建设不充分带来的经济代价与社会代价。

在寄宿制学校教育要求上，2018年，《国务院办公厅关于全面加强乡村小规模学校和乡镇寄宿制学校建设的指导意见》提出，"充分发挥寄宿制学校全天候育人和农村教育资源的独特优势，合理安排学生在校时间，统筹课堂教学、实践活动、校园文化、学校管理，积极开展丰富多彩的综合实践和校园文化活动"。寄宿生需要在学校完成全天学习任务，这就要求寄宿制学校必须承担起寄宿生全天候的教育服务，这既包括与非寄宿制学校一样进行的日常教育教学，更包括寄宿制学校需要为寄宿生额外提供的课后教育服务。然而，寄宿制学校教师往往缺少全天候育人和发掘农村教育资源的意识和能力，在寄宿生课后学习服务安排上缺乏系统性规划和方案。同时，一些寄宿制学校由于师资缺乏，往往难以兼顾每一个寄宿生，无法为每一个寄宿生提供有针对性的指导。缺乏系统课后学习安排和有针对性的课后指导导致寄宿制学校教育服务不健全，学校标准化建设压力大。

寄宿生进入寄宿制学校，寄宿制学校就开始承担起为寄宿生提供餐饮、住宿等生活服务的职责。从保障寄宿制学校生活服务的经费配置来看，2023

年,《关于下达 2023 年城乡义务教育补助经费预算的通知》提出"将原来对寄宿制学校按照寄宿生年生均 200 元标准增加公用经费补助,提高到 300 元",这无疑增加了寄宿生生均经费投入。提高公用经费基准定额可以更好地满足寄宿制学校特别是小规模寄宿制学校提供生活服务的经费需求,但是不够精致的公用经费配置标准仍会影响寄宿制学校扩展服务供给,给寄宿制学校标准化建设带来经济压力。从寄宿制学校生活服务所需的设施设备来看,《国务院办公厅关于全面加强乡村小规模学校和乡镇寄宿制学校建设的指导意见》(以下简称《指导意见》)要求,"对于寄宿制学校,要在保障基本教育教学条件基础上,进一步明确床铺、食堂、饮用水、厕所、浴室等基本生活条件标准"。我们在调研中发现,部分乡镇寄宿制学校由于学龄人口减少、经费不充分,出现生活区与教学区混合使用的现象,部分乡镇寄宿制学校浴室、室内厕所配备不足甚至没有配备。从支撑寄宿制学校生活服务需要的人员配置来看,《指导意见》要求"各省(区、市)要统筹制定寄宿制学校宿管、食堂、安保等工勤服务人员及卫生人员配备标准,满足学校生活服务基本需要"。我们在调研中还发现,一些乡镇寄宿制学校往往没有足额配置宿管、食堂、安保和卫生服务人员,几乎没有配置正式编制的生活教师。寄宿制学校在生活服务方面对经费、办学条件和人员配置的扩展要求尚未得到基本满足,学校标准化建设的资源压力较大。

娱乐是寄宿生学习之余寄宿时光的重要组成部分,娱乐活动与学生健康、审美、社交能力等紧密相关,是学生高雅生活不可或缺的一部分。寄宿制学校必须为寄宿生提供满足娱乐需要与社会性需要的娱乐服务。我们在调研中发现,在乡镇寄宿制学校服务供给中,娱乐服务尚未得到充分重视,许多乡镇寄宿制学校既缺乏娱乐服务设施设备供给,也缺少系统性娱乐活动组织与安排。乡镇寄宿制学校娱乐服务供给意识缺乏、娱乐设施设备不健全,极易导致寄宿生沉迷于手机及一些自发娱乐活动,不利于寄宿生健康成长,影响家长对乡镇寄宿制学校的满意度,进一步增加了寄宿制学校标准化建设的压力。

(三)县外优质高中虹吸效应下"县中塌陷"现象突出

高中阶段学龄人口数量变化正处于"先升后降"趋势的上升阶段,且尚未到达学龄人口高峰期,县域高中阶段教育发展面临高中教育普及以及未来学龄人口总量增加的双重压力。当前,县外优质高中虹吸效应显著,县中优质生源和优质师资不断向县外优质高中流动。当一个县的优质生源与优质师资流失形成一定规模,县中生源质量下降、教师队伍质量下降,并与紧随其后的教育质量下降、升学率下滑等问题叠加时,四者互相作用、恶性循环,就会出现"县中塌陷"现象,影响县域教育生态。长期以来,县中教育质量是人们观察县域教育发展水平的"晴雨表","县中塌陷"往往成为县域教育质量整体下降的直接观察指标。"县中塌陷"不仅导致县域高中阶段学龄人口外流,有限的高中教育资源不能得到充分利用,还影响了人们对县域教育的信心。

在县外优质高中虹吸效应下,县中优质生源"被掐尖"。县外优质高中"掐尖"招生行为影响着县中教育生态建设,"掐走了"家长对县域教育的信心。在教育城镇化影响下,大城市周边县、人口流失县、教育质量整体不高的县成为"县中塌陷"的核心类型。当县中优质生源不断流失时,在当地政府和家长眼中评价高中教育好坏的重点大学、北大清华升学率在县中断崖式下滑甚至趋向于零[1]。一流大学升学率作为县中在筛选意义上的教育质量竞争力指标表现出比较劣势,尽管需要参考生源质量对县中教育质量进行客观评价,但如果县中一流大学升学率不高,就会引发人们对县域教育质量竞争力的认同危机。

在县外优质高中虹吸效应下,县域优质教师流失严重。优质教师流失对县中教育质量产生了破坏性影响,加剧了"县中塌陷"。在长期的城乡二元结构及城乡二元思维下,与其他劳动力市场一样,城乡教师劳动力市场出现二元分割,城乡二元的教师劳动力市场形成。与县外优质高中相比,县中往往存在地理区位优势不足、公共服务质量不高、优质生源流失严重、教师岗位吸引力不足等比较劣势,县中教师队伍建设任务艰巨。县中教师往往面临专业发展障碍和经济利益障碍,教师流失成为县中发展的瓶颈性问题。优质教师流失与"县中塌陷"往往容易形成不可逆的恶性循环。县中优质教师流失会从根本上影响县域教育质量,加剧"县中塌陷"风险,"县中塌陷"反过来又影响县中对教师的吸引力。

(四)教育发展校际不均衡导致资源浪费与稀释并存

从人口变动趋势看,2012年和2017年出生人口高峰产生的学龄人口数量变化"先升后降"趋势递次影响小学、初中和高中阶段。当前,在幼儿园到小学低年级阶段学龄人口下降、小学高年级到初中阶段学龄人口增加、高中阶段学龄人口增加的县域学龄人口变动下,初中、高中阶段需要充分利用已有学位,有序扩大学位供给,提升县域教育资源利用率。其中,县域内教育发展校际均衡程度成为决定县域教育资源利用率的关键因素。如果县域各学段内教育不均衡、学校间教育质量差距较大,导致学生无序流动、择校流动,

---

[1] 张志勇.国家教育治理视野下的县中教育振兴路径[J].教育学报,2022,18(5):72-83.

将会产生县域薄弱学校学位空置、教育资源严重浪费与优质学校学位紧张、优质教育资源被稀释并存的资源浪费悖论。

教育发展校际不均衡导致县域薄弱学校教育资源浪费严重。特别是在未来学龄人口持续减少的背景下，只有学龄人口相对就近分布，县域各学校才能充分利用各校教育资源。如果县域教育发展不均衡，部分薄弱学校无法吸引、留住其服务半径内的生源，导致县域薄弱学校学生向相对优质学校集中，就会出现薄弱学校逐渐小微化、教师资源冗余、校舍资源闲置等现象，产生教育资源浪费问题。

此外，教育发展校际不均衡还会导致县域优质学校教育资源被稀释。学龄人口下降，县域优质学校可以逐渐有序承接县域内择校生源。但是，如果县域内生源无序向县域优质学校流动，过分聚集于个别优质学校，县域内优质学校就会逐渐学位紧张，甚至演变为"巨班大校"。学校规模变大，尤其是班级规模变大，会不同程度地影响优质学校教师教育教学活动的有序开展，导致教育教学效果降低。一方面，班级规模变大，教师在课堂上教授的学生数量过多，需要耗费更多时间维持班级纪律、处理学生走神等问题，实际用于教学的时间会被压缩和分散；另一方面，班级规模变大将导致教师平均分配给每个学生的时间变少，难以采用更加个体化的教学策略，尤其难以进行分层教学和因材施教的教学指导，对学生个体化关注不充分，严重影响学生素质的提升。

三、人口变动下县域"三类学校"建设的破解思路

人口变动背景下，破解乡村小规模学校、乡镇寄宿制学校和县中"三类学校"建设困境成为关系到县域教育健康、有序、可持续发展的关键。在科学研判县域人口变动趋势的基础上，需要抓住县域"三类学校"建设的主要矛盾，努力满足学生尤其是低龄学生就近入学的底线需求，尊重县域学校规模效益差异配置教育资源，保留必要的乡村小规模学校；兼顾学生方便入学与减少家庭教育支出的前提要求，明晰寄宿制学校教育、生活、娱乐服务等多项功能职责，推进乡镇寄宿制学校标准化建设；着眼提高县中质量竞争力的内在要求，外防县外优质高中虹吸效应、内增县中办学活力，持续推动县中振兴发展。

（一）科学研判县域人口动态变化与发展趋势

县域学校建设是伴随学龄人口变动趋势进行的。建设好县域"三类学校"，必须对县域以儿童人口增减与流动为主要内容的人口变动状况进行动态监测，建立县域人口变动数据库；必须全面掌握县域儿童人口数量、县域发

展定位、就业机会提供与基本公共服务质量的吸引力情况，科学分析县域人口变动影响因素，研判县域人口变动趋势，为推进县域"三类学校"建设提供必要数据支撑与相应依据支持。

要建立县域儿童人口增减与流动动态跟踪数据库，为县域"三类学校"建设提供人口学数据。要在有效了解当前我国绝大多数县学龄人口"先升后降"趋势的基础上，及时判断县域基础教育各学段学龄人口的变动趋势。要全面、及时地掌握县域内学龄人口数据，动态跟踪县域学龄人口变动状况，科学判断县域学龄人口变动趋势，及时掌握不同学段学位需求变化情况，科学判断与预判学位供求变化，为做好学位供给的前瞻性布局提供人口学数据与依据。

要科学研判县域人口变动影响因素。县域发展定位、经济发展状况、产业发展状况、地理环境状况、教育发展状况、医疗条件状况、交通服务状况和文化氛围等因素均会对县域人口变动产生重要影响，必须充分考虑这些因素的综合影响，研判县域人口变动趋势；研究与人口变化相协调的短期、中期、长期县域教育发展方案，保证"三类学校"建设适应县域学龄人口变动趋势。

（二）尊重规模效益，差异配置学校教育资源

努力满足义务教育阶段学生尤其是低龄学生就近入学的底线需求是县域学校建设的重要任务之一。《中华人民共和国义务教育法》明确规定，地方各级人民政府应当保障适龄儿童、少年在户籍所在地学校就近入学。伴随着学龄人口"先升后降"趋势，全国小学阶段正经历学龄人口减少，乡村小规模学校成为体现就近入学底线要求的重要学校类型。同时，乡村小规模学校也是学校教育资源配置中必须受到关注的基本学校类型。依据学生数量配置教育资源的合理性前提是理想学校规模假设，而乡村小规模学校规模效益低下问题突出，在短中期内小学阶段学龄人口持续减少，改进简单依据生均标准配置教育资源的诉求不断增加。乡村小规模学校教育资源配置必须超越简单生均配置标准，充分考虑县域学校规模效益差异，从学生数、教师数、班级数、学校数等多维度精准化配置县域学校教育资源。

在公用经费配置上，要充分考虑县域不同规模学校维持正常运转所需的经费差异，尤其需要关注随着学龄人口减少产生的大量小规模学校。小规模学校存在规模效益衰减困境，按照理想学校规模假设配置公用经费往往难以满足小规模学校的现实需求。因此，需要在现有小规模学校公用经费配置标准的基础上，进一步细化小规模学校公用经费配置标准，结合班级数、教师数、学生数等多个指标核算学校公用经费需求，建立更加细化的区域学校公

用经费分配模型，以保证不同规模的学校获得体现县域校际基本公共教育服务均等化要求的公用经费配置。

在师资配置上，要结合学龄人口"先升后降"趋势和县域小学阶段学校、班级正在逐渐小规模化的现实，从政策层面不断优化师资配置标准，有序提高师生比。在人口变动背景下，要考虑县域学校规模变动，根据县域不同规模学校，尤其是小规模学校对教师资源的需求，基于班级数量，考虑学生数量，进行师资配置，保障不同规模学校各年级、班级科目开齐开足，不同规模学校教师工作量大体相当。

在办学条件配置上，应从班级数、教师数、学生数等多个指标考虑学校规模变化带来的学校办学条件①使用效率差异。小规模学校校舍中教学用房面积要以班级为单位进行计算，行政办公用房（教师办公室）面积要以教师为单位进行计算，生活用房面积应综合学校数、学生数与教师数进行计算。音体美所用器械及教学自然实验仪器、图书册数等要以学生为单位进行配置，数字终端数要结合学生数和教师数进行配置，教室间数尤其是网络多媒体教室间数要结合学校数和班级数进行配置。运动场、体育馆、学校首席信息官、无线网全覆盖、校医院、专职校医、专职保健人员、固定资产总值等均应主要以学校为单位，并辅之以学生数进行配置。要管理好闲置校产，有序处置被撤并学校闲置校产，将其优先用于教育。对于信息化等设施设备与教育教学资源，需要根据年限要求、维护要求、技术迭代要求等定期"新增购置、日常运维和更新替代"，以保证各类学校教育教学活动有序、有质量的开展。

（三）考虑多元功能推进寄宿制学校标准化建设

人口变动下，近年来乡（镇）村义务教育阶段特别是小学阶段学龄人口数量持续减少，一些小规模学校走向微空化并逐渐被撤并，部分乡村学生上学距离增加，乡镇寄宿制学校成为兼顾学生方便入学与减少家庭教育支出前提要求的重要学校类型。乡镇寄宿制学校标准化建设成为县域学校有序建设的重要任务。要推进寄宿制学校标准化建设，必须在县域义务教育学校标准化建设的基础上，充分考虑寄宿制学校的多元功能要求，在非寄宿制学校提供的一般性教育服务基础上为寄宿生提供教育服务、生活服务和娱乐服务，有效减少家庭的教育支出。

在教育服务上，要根据寄宿制学校教育服务要求，为寄宿生提供全天候教育服务，保障衔接、优质、全面的教育服务供给。首先，寄宿制学校要制定系统性教育方案，除与非寄宿制学校一样开展好日常学校教育活动外，还

---

① 2021年之前与之后小学办学条件内容不尽相同。详见历年《中国教育统计年鉴》。

要为寄宿生提供系统的课后教育服务,保证寄宿生课后学习质量。其次,要努力培养寄宿制学校教师全天候育人能力,提升其挖掘农村教育优势、开展教育教学活动和因材施教的能力,创造条件让教师为寄宿生提供优质课后教育服务。最后,要加强寄宿生学习环境建设,为寄宿生提供有质量的课后学习条件,保障寄宿生养成良好的学习习惯。

在生活服务上,要根据寄宿制学校生活服务要求,为寄宿生提供优质住宿、餐饮服务,以及保障安全、友好的标准化校园生活环境供给。首先,在保证按标准为寄宿制学校及时足额拨付公用经费的基础上,必须将寄宿制学校额外经费需求纳入经费保障范围,为保障寄宿制学校正常运转建立经费保障机制。其次,在寄宿制学校生活服务设施方面,要按标准配套宿舍、食堂、厕所、浴室等设施设备,开通寄宿制学校专项拨款和经费申请绿色通道,及时、有序地配套相关生活设施设备。最后,在人员配备方面,要根据寄宿制学校实际需要,核定生活教师编制,足额配置生活教师、餐饮服务人员等,为寄宿生提供有质量的生活服务。

在娱乐服务上,要根据寄宿制学校娱乐服务要求,开展多样化、有质量的娱乐活动。要为寄宿生配置"开展共青团、少先队活动及文体活动所必需的场地与设施条件",保障娱乐活动的有序开展。要积极举办各种趣味运动、兴趣小组和社团活动,丰富寄宿生课余生活。要重视寄宿生体育锻炼,增加寄宿生户外活动时间,促进寄宿生保持良好身体机能与活力。要积极引导寄宿生合理使用手机,规范寄宿生手机使用活动,控制寄宿生手机使用时间,帮助寄宿生培养健康、正向的兴趣爱好,引导寄宿生健康有意义地度过闲暇时间。

(四)拓宽学生上升通道,推动县中振兴发展

县中承载着县域学生的"大学梦",县中就读,特别是优质县中就读是县域学生的重要上升通道。要拓宽县域学生上升通道必须推进县中振兴发展。提高县中质量竞争力是县中振兴发展的内在要求,不仅对县中发展本身意义重大,可以提升县域教育整体声誉,坚定县域教育发展自信,而且可以增加县中对生源的吸引力,进一步缓解高中阶段学龄人口流入区域的高中教育扩容压力,对高中阶段教育发展具有系统性、全局性的战略意义。《"十四五"县域普通高中发展提升行动计划》提出,规范普通高中招生秩序,坚决杜绝违规跨区域"掐尖"招生,稳定县中优质生源,吸引优秀人才在县中长期任教,激发县中办学活力,促进县中持续健康发展。推动县中振兴,必须内外兼治,综合提高县中质量竞争力。从外部来说,要防止县外虹吸效应,减少县域优质生源与优质师资流失;从内部来说,要激发县中办学活力,提高教

师的工作积极性与学生的学习积极性。

从防止县外优质高中虹吸效应看,振兴县中必须加强宏观政策调控,严格限制县域优质生源被"掐尖"和优质师资流失。首先,要制定更加严谨有力的高中招生政策,通过增值教育评价制度综合考量学生在学校和教师的教育努力下的素质增值情况,避免县外优质学校利用"掐尖"招生体现升学率优势,从评价上堵住跨区域"掐尖"招生行为的不正当动机。其次,要制定限制性政策,规避县中教师"流失",推进吸引与接收县中优秀教师的学校给予县中"转会性"补偿、教师流出县中即取消在原任教县中取得的荣誉称号等政策,从约束吸引与接收县中优秀教师的学校和约束教师个人双向发力破解优质教师流失问题。最后,必须保障县中经费投入,努力改善县中办学条件,防止因县中经费短缺、办学条件不利产生优质生源外流和优质师资流失的问题。

从激发县中办学活力看,振兴县中必须提升县中校际师资均衡与生源基本均衡,避免"一中独大"现象,形成校际良性竞争生态。在师资均衡方面,要建设区域一体化教师劳动力市场,实现县中校际师资均质化。应通过直接利益损失补齐、间接利益损失补偿、激励性补偿有力等措施,并适当、适度配合以行政与道德动员,形成市场与道德力量相向合力,建立区域一体化教师劳动力市场[①]。应加强县域师资队伍建设,通过政策支持与县中高质量发展不断吸引优秀人才到县中任教。在生源校际分配方面,必须认识到学业成绩是表达教育质量与衡量教师工作绩效的重要指标,需要从根本上改变个别学校用生源优势表现自己教育质量优势的不当做法。除探索与实施增值评价外,可以探索两种县域内招生模式:一是分片轮流招生,将县域内生源划定为几个片区,县域内所有普通高中在各片区内按年度轮流招生;二是分层轮流招生,将各个片区的生源划分为若干个成绩等级,县域内所有普通高中按年度轮流招收不同成绩等级的学生。要通过招生模式改革,避免优质生源被无序垄断在某一所县中,防止县中因生源差异被贴上"优质"或"薄弱"的标签,为不同县中提供公平竞争教育生态,肯定各县中学校与教师的教育努力,提高校长与教师的工作积极性,提升县中办学活力。

(本文原载于《东北师大学报(哲学社会科学版)》2024年第6期)

---

① 秦玉友.共同富裕语境下义务教育服务均等化概念重构与战略转型[J].教育研究,2023,44(03):87-101.

教育生态承载力：区域教育高质量发展的必要支撑[①]

【摘要】 区域教育高质量发展需要教育生态承载力的支撑。教育生态承载力具有在目标上公平与质量双向寻优、时空上闭合性与开放性共在、形态上静态性与动态性并存的特征。教育生态承载力拥有由情境支撑力、资源基础力、管理弹性力所构成的三维螺旋结构。以教育生态承载力为支撑推动区域教育高质量发展，需要进行注地识别，设计个性化的权能增持方案；推进专业化管理，加强专业化管理队伍建设；确保循证支持，进行数据的科学化管理。运用教育生态承载力所具有的生态性思维方式，能够更加有序、协调地推进区域教育高质量发展。

【关键词】 教育生态承载力；区域教育；教育高质量；支撑结构；承载力特征

党的十九大报告指出"我国经济已由高速增长阶段转向高质量发展阶段"。"高质量发展"成为新时代中国社会发展的新目标、新征程，是当前教育改革发展的重点。为了回应当前教育发展的重点，本文提出了"教育生态承载力"概念，即一定时空范围内，围绕教育所生成的区域复合系统对于学生接受高质量教育所形成的支撑能力。教育生态承载力对于教育高质量发展的重要意义主要体现在两个方面：一方面，教育生态承载力以区域教育现实考量为基础，型构区域教育发展生态圈，有助于更加全面、持续地推进教育高质量发展；另一方面，教育生态承载力提供了教育发展的结构性框架，为教育高质量发展的循证支持提供理论框架。教育生态承载力在解析教育发展生态圈的同时，展现着教育发展的系统性影响因素，更为精准地刻画了教育高质量发展的支撑维度，为教育高质量发展的测量研究提供理论支持。教育生态承载力与教育高质量发展具有内在的一致性，教育高质量发展客观上要求教育生态承载力的提升。

---

① 本文作者为东北师范大学柳海民教授、博士生许浙川。

一、区域教育生态承载力的特征分析

特征是对概念的深度描述，对区域教育生态承载力的特征分析有助于我们更加准确地把握区域教育生态承载力。区域教育生态承载力的特征体现出矛盾的对立统一性原理，拥有生态性思维的把握方式。生态思维强调用系统整体的眼光看问题，是一种辩证有机的系统论，认为世界是一个具有内在关联、由有机体和环境相互作用而成的生态系统[①]。具体而言，区域教育生态承载力在力的作用方向上寻求公平与质量的统一，在力的作用场域上体现闭合性与开放性的共在，在力的存在形态上体现出静态性与动态性并存。

（一）目标指向：公平与质量双向寻优

区域教育生态承载力内置公平与质量的双重维度，这是由其生态性的特点决定的。生态具有动态平衡性，平衡性打破的同时便形成新平衡的发展趋势。引申到教育场域，便体现出区域教育生态承载力的公平性。区域教育发展作为一种整体性发展，内部区域间、学校间和个体间的差异性状态使得区域教育生态始终保持在一种不平衡状态，公平性（即一种生态性平衡）便始终成为教育发展的一种趋向，也是区域教育资源承载力的价值追求。这与我国当前"县域义务教育均等化""学前教育普及"等重要教育政策具有一致性的价值联结。质量是区域教育生态承载力所追求的第二个维度。社会发展至今，人们对美好生活的向往显然不是质量的低位状态所能够满足的，也就是说低位的公平无法适应当代人们的诉求。质量是对公平性的限定，人们所追求的是高阶公平，即高质量公平。以学前教育为例，多轮次"学前教育三年行动计划"实施以后，学前教育普及化水平快速提升，教育的公平性获得相应的发展。然而相关研究发现，由于幼儿园数量快速增长，学前教育质量成为问题[②]。

"入园难"的矛盾转化为"入好园难"。区域教育生态承载力基于区域教育情境的客观现实，深度把握公平与质量的双向并进，推动区域教育可持续发展，以形成教育的高质量品质。

（二）时空域限：闭合性与开放性共在

区域教育生态承载力具有时空的双重限定性，体现闭合与开放的矛盾性。

---

① 强月新，陈星. 线性思维、互联网思维与生态思维：新时期我国媒体发展思维的嬗变路径[J]. 新闻大学，2019（2）：1-11.

② 冯婉桢，吴建涛. 城镇化与我国学前教育资源宏观配置研究效率[J]. 教育研究，2016（3）：84-91.

教育生态承载力是在一定时空域限内的教育相关生态要素所型构而成的支撑性力量，所有的教育生态要素都是某一时刻下固着在空间上的，具有时空附着的特征。正是时空的差异性引起教育要素的独特性，并最终造成不同区域教育生态承载力的多样性。因而在把握区域教育资源承载力的过程中需要充分考虑区域间的异质性，切勿用一刀切的评价方式漠视教育生态的五彩斑斓。区域教育生态承载力虽然是闭合的，但是其依然拥有面向时空的开放性。面向时间的开放性，体现教育生态承载力拥有自我内生性发展。承载力的构成要素、承载标准等都会随着时间发展和演进，与社会政治经济发展水平相匹配。面向空间的开放性，体现教育生态承载力拥有持续发展的外部支持。承载力持续地与外界进行物质、能量、信息的互动交流，推动区域内教育资源承载力的优化。

（三）存在形态：静态性与动态性并存

区域教育生态承载力拥有静态与动态两种基本形态。承载力时空的闭合性决定其在一定时空内拥有静态形态。以静止的眼光看待区域教育生态承载力，能够对其进行静态层面的剖析，把握区域教育生态承载力的构成状态，有利于承载力指标体系构建，以便承载力获得循证支持。动态性是区域教育资源承载力的本质特性，集中体现在承载力自身拥有一套自反馈调节系统。DPSIR框架展现了区域教育生态承载力的动态运作路径。DPSIR分别代表驱动力（Driving force）、压力（Pressure）、状态（State）、影响（Impact）、响应（Response）[1]。承载力是一种应答力，是对驱动力所驱动的教育需求的回应。驱动力是使得教育需求产生、变动、提升的社会经济文化因子，如人口政策调整、科技水平发展、文化变迁等。驱动力作为外周环境转化到教育领域便生成了教育压力，即人民的教育需求，如教师数量、校舍数量、生均经费等需求。教育需求直接照应状态，即当前教育场域中资源要素的存有状况，代表着区域对教育压力的应对能力。在压力与状态的互动过程中产生影响，影响分为低载、平衡、过载三种情形。在对影响情形的识别下由组织管理系统做出响应，而后进行新一轮的DPSIR运转。区域教育资源承载力走的是一条螺旋式上升的运作路线。

二、区域教育生态承载力的三重螺旋支撑结构

区域教育生态承载力以区域整体的教育生态为依托综合承载教育需求。根据承载力的发生机制，可以将生态承载力解构为情境支撑力、管理弹性力

---

[1] 曹红军. 浅谈DPSIR模型[J]. 环境科学与技术，2005（6）：110-111.

和资源基础力。情境支撑力是教育生态承载力的约束条件，提供着区域教育发展最基本的要素，制约着生态承载力的大小。管理弹性力是教育生态承载力的调控条件，对情境提供的要素进行删选与分配，确定要素的规格与区位配置，决定着现有教育生态所能提供承载力的弹性范围。资源基础力是教育生态承载力的核心条件，直接决定着区域生态系统对教育需求的满足情况。三重螺旋结构代表着教育生态承载力的三重视野，即情境支撑力透视宏观领域、管理弹性力关照中观领域、资源基础力聚焦微观领域。教育生态承载力具有结构多重性和内容层级性。（见图1）

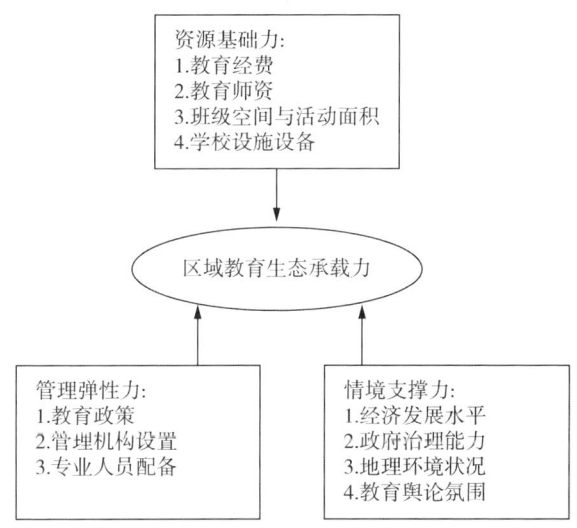

图1 教育生态承载力现实样态结构

（一）情境支撑力——教育生态承载力的可能空间

情境是区域教育发展的原始之基，是教育发展最为深广的背景。教育生态承载力根植于区域情境之中，情境支撑力决定着教育生态承载力的可能范围。教育生态承载力的所有要素都来自区域情境，是一定地域范围内的承载力。按照行政管理区划可以将地域范围划分为地区、省、市、县、乡镇等，而县作为当前我国基础教育阶段的直接管理单位，获得相关研究的重点关照。

如前所述，教育生态承载力具有闭合性与开放性的双重状态。不同地域范围内的教育生态承载力是不同的。根据研究或者监控的需要，我们必须合理划定教育生态承载力的边界。在教育生态承载力的监测过程中，我们需要优先关注闭合性。只有以静态的方式观照固定边界内的承载要素时，承载力监控才获得可操作性。同时，受市场调节或政府调度，教育生态要素具有跨区域流动的功能，使得区域教育的发展具有更为广阔的地域背景。在区域教育生态承载力机制研究中,我们需要优先关注开放性。只有以动态的方式审视承载力的变化与作用方式,承载力的内部运行逻辑才能够获得澄明。

具体而言,情境支撑力在现实中具体呈现如下样态:第一,区域经济发展水平。经济发展水平越高,区域政府的教育财政拨付能力越强,区域社会力量的教育支撑能力也越强。综合言之,经济发展水平越高,区域的教育资金汇聚能力就越强。此外,区域经济发展水平越高,对域外教育资源要素的吸引力就越强,区域教育资源承载力的提升潜力就越大。第二,区域政府治理能力。政府治理能力越强,区域教育生态的管控和形塑的效果就越好。治理能力与管理弹性力具有相通性,政府治理能力为其在教育领域的管理弹性力提供了可能性条件。第三,区域地理环境状况。不同的地形拥有不一样的生态承载力。在山区,人口相对分散,无法形成集聚效应,且可供给教育用地较少,教育生态承载力相对就弱;在平原,地势平坦、人口集中,教育资源集聚效应明显,教育生态承载力相对就强。第四,区域教育舆论氛围。教育舆论氛围展现的是整体的文化底蕴。教育舆论氛围趋向良好,那么区域内各主体对于教育的重视程度就更高,投入力度就更大,有利于教育生态承载力的提升。

(二)管理弹性力——教育生态承载力的弹性空间

教育生态并不是自然生态,而是一种人为构建的生态。教育生态要素并不会自主组合和搭配,而需要由人根据要素规格要求进行删选,并按照教育规律进行组合。情境支撑力提供着教育生态承载力的可能性,而可能性向实在性转换需要经过中介机制——管理弹性力。管理弹性力发挥着对情境支撑力所提供的教育资源优化配置的功能。

管理弹性力作用的发挥体现在两个层面:在政策制定层面,管理弹性力在政策文本中呈现出来。政策文本是对区域教育生态的顶层设计。政策文本根据社会发展要求、人民教育需求、教育发展规律确定了教育生态承载力的承载标准,明确了教育要素之间的比例关系、空间关系、规格关系等,为教育资源进入教育生态设置了准入门槛。同时,政策文本对各方的教育职责进行规定,为教育管理提供标准。在政策执行层面,管理弹性力存在于政府对区域教育机构的设立、空间规划和质量监管中。迈向教育高质量发展,必须在教育生态的规划、准入、过程监控各方面保证教育的高质量。教育生态承载力在保证教育高质量的同时,需要确保供给与需求关系的适切性。高质量不是少部分人的高质量,而是大多数人甚至是全部人的高质量。管理弹性力需要完成教育供需匹配的任务,及时向教育生态薄弱、承载力较弱的地区提供政府支持。

具体而言,管理弹性力在现实中具体呈现如下样态:第一,教育政策。教育政策体现出政府对于教育的重视程度,规定着教育管理的内容,明确政府对教育的管理职责。教育政策规定的准确性与全面性,保证着区域教育生态的有序性,使得区域教育生态具有面向教育需求变动的自主调节弹性机制。第二,教育管理机构设置。是否拥有健全的机构是管理弹性力能否顺畅发挥的前提,静态政策文本转变成弹性力必须靠相应的管理机构履行相关职责。以学前教育为例,在《国务院关于当前发展学前教育的若干意见》颁布以后,完善学前教育生态链一个十分重要的举措就是恢复建立区域学前教育管理机构,一大批学前教育管理中心、学前教育处、学前教育科等专职管理机构在各地建立起来,支撑着当前学前教育优质普惠发展。第三,专业管理人员配备。管理弹性力能否有效发挥的关键在于是否拥有一支专业化的管理团队。"外行管理内行"在教育领域是非常普遍的现象,要想推动教育高质量发展,必须把懂得教育理论、熟悉教育实践的专业化人才吸纳进教育管理队伍。

(三) 资源基础力——教育生态承载力的实在空间

情境支撑力和管理弹性力是一种"虚"力,是间接力;资源基础力是一种"实"力,是直接力。"虚"力本身无法直接面对教育需求,必须与"实"力相结合才能发挥作用。资源基础力是教育生态承载力的核心部分,主要由教育机构的办学条件构成。办学条件要素是教育生态承载力最为重要的物化依托,使得教育生态承载力具有了重要的质料,而非仅仅是一种结构化的形式,从而具有了实在性力量支撑起机构教育这一形式。资源基础力直接面向教育生态承载力的承载对象,并以一个个微型承载单元——学校作为教育需求的承载机构。

教育生态承载力的核心作用关系,即承载媒介与承载对象间的关系。承载媒介就是教育资源要素,教育资源要素具有从区域情境到办学条件的巨大延展性。初始承载媒介是无机生态环境,而终极承载对象是学生。从最基本的无机生态环境到最终的承载对象人,其承载是逐级向上、分层和递进的[①]。例如,区域地理空间状况承载着区域经济,区域经济状况承载着区域教育经费,区域教育经费承载着校舍数量与规模,校舍数量与规模支撑着学位数量以承载教育需求。所以,处在中间环节的教育要素既可以成为承载媒介,也可以变为承载对象。教育资源间的关系还是多向的。相同的教育资源可以作为承载媒介支撑多个承载对象。例如,教育经费既要支撑校舍等基础设施建

---

① 高吉喜. 可持续发展理论探索:生态承载力理论、方法与应用[M]. 北京:中国环境科学出版社,2001:41.

设，也要支撑教师资源。除了作用关系外，教育资源还具有比例关系、空间关系、规格关系等。教育资源的组合并非杂乱无章，而是遵循教育基本规律的。就比例关系而言，师生比、班师比、教育经费占 GDP 4% 都是教育资源的比例关系；就空间关系而言，区域学校布局、学校内部功能空间配置就是教育资源的空间关系；就规格关系而言，教师准入资格、图书质量就是资源的规格关系。教育资源间具有非常复杂的关系。但在以往的研究中，教育资源的立体结构被扁平化，分析缺乏综合性，致使施策的精准性受到影响①。

具体而言，资源基础力在现实中呈现如下样态：第一，教育经费。毋庸置疑，教育经费是核心资源，支撑着其他所有办学资源。教育经费投入是衡量一个地区教育发展水平的重要指标。第二，教育师资。师资是办学条件中的关键资源。教师的专业化水平直接影响教育质量的高低。由于教师培养需要一定周期，在所有资源要素中，师资是最容易造成供应不足的资源。第三，班级空间与活动空间。所有的教育要素都必须在一定的场所内固着才能产生力量，班级空间和活动空间是办学条件中的重要空间资源。第四，学校设施设备。学校设施设备维持着承载单元——学校的运行，设施设备的先进性与完整性可以反映出学校教育活动的开展状况，表征教育质量的高低。

三、以区域教育生态承载力提升推动教育高质量发展

教育生态承载力提升是教育高质量发展的充要条件，以区域教育生态承载力提升为杠杆推进教育高质量发展是中国教育事业发展的必由之路。推进区域教育生态承载力提升的价值立场是确保区域教育合理有序发展。合理有序发展的核心内涵便是平衡与质量。平衡是区域教育发展的首要价值，预示着教育的公平取向。承载力视角下的平衡具有多维意蕴，即承载力资源要素的平衡和承载力支撑结构的平衡。要素平衡，即教育资源能够符合既定的比例关系达到差异性平衡，没有资源要素短板。结构平衡，即承载力的三维结构达到平衡。这是一种更为深刻的平衡，从现象到背后本质状态的平衡，即区域教育生态的平衡。质量是区域教育发展的根本价值，规定了平衡的层次。质量体现在教育资源要素的规格和承载结构所处的层级。为了推动区域教育合理有序发展，具体应当做到如下几个方面。

（一）洼地识别：设计以承载洼地为主体的权能增持方案

区域教育生态承载力提升的关键在于洼地识别。所谓洼地即承载力的薄

---

① 许浙川，柳海民. 论资源承载力支撑下的区域学前教育合理有序发展［J］. 中国教育学刊，2020（4）：57-61.

弱地域。承载洼地必然是由承载要素弱项决定的，在洼地识别的同时，洼地的弱势信息就相应明确了。由以往的研究可知，县镇和乡村是目前教育生态承载力的两个主要洼地。县镇成为洼地的主要原因在于城镇化进程的持续推进，大量人口从乡村进入城市边缘的镇区，导致该部分地区入学压力陡增，教育供给无法满足教育需求。冯婉桢等通过考察 2001—2013 年城镇化数据判断，从东部、中部、西部地区学前教育需求规模及发展趋势看，未来教育资源投入重点可能在东中部地区的县镇[1]。齐燕在分析中西部工业欠发达县域的基础上认为县镇存在过度教育城镇化现象，教育资源要素无法满足城镇大量教育人口涌入的需求[2]。相比较而言，乡村教育生态承载力低下属于原生性低下，乡村的教育资源在质和量两个方面远低于城市。农村教育是我国未来较长一段时间内都必须予以关照的重点方向。

洼地承载力的提升必须做到责与能之间的匹配。"以县为主"的教育政策决定了县级政府的责能匹配是所有区域类型中最为重要的。能责失衡的主要形式是能力无法承担责任，具体表现为两大方面：一方面，区域可利用的资源有限，而其核心是区域财政资金的限制；另一方面，区域政府授权限制，职能发挥受阻，如诸多县域政府缺乏编制调配的权力。因此，在明确洼地之后，需要辨明洼地生成的权与能的相关因素，进行个性化的权能增持方案设计。

（二）专业管理：推进以管理力量为重点的人才队伍建设

区域教育生态承载力提升的重要一环在于高质量管理，而高质量管理的核心在于是否拥有一支有教育背景的专业化管理队伍。专业化管理队伍在承载力中的核心职责是资源监管和资源调配。所谓资源监管，即以教育政策的形式明确资源标准并据此控制资源的准入。所谓资源调配，即通过统筹的方式推动教育优质均衡发展。在笔者与校（园）长的沟通过程中，校（园）长反映了区域管理存在的核心问题在于专职管理机构的缺乏与专业化管理人员的欠缺。因此，必须加强管理队伍建设。

为了提高区域管理的弹性力，区域政府应该组建相对应的分种类的管理机构，同时吸纳具有教育理论与实践背景的专业化管理人员。专业化的管理人员配置有利于避免教育生态承载力所反对的两种妨碍教育高质量发展的道路，即政府不合理作为与学者非理性诉求。政府不合理作为表现在两个方面：

---

[1] 冯婉桢，吴建涛. 城镇化与我国学前教育资源宏观配置研究效率［J］. 教育研究，2016（3）：84-91.

[2] 齐燕. 过度教育城镇化：形成机制与实践后果——基于中西部工业欠发达县城的分析［J］. 北京社会科学，2020（3）：59-69.

一方面是片面追求政绩导致教育工程盲目上马，最终导致资源配置失当而降低了区域教育生态承载力；另一方面是片面地看到区域教育生态承载力的静态特征而忽视了动态特征，以此为理由阻碍教育的进一步发展，如农民工子女教育多在此列。学者非理性诉求即片面地站在教育立场，盲目照搬国外成果，忽视本土实际情况，导致承载标准定制过高，引起区域教育生态承载力过载现象。

（三）循证支持：建设以指标体系为核心的资源数据系统

教育生态承载力在提供生态性思维视角的同时，提供了多层次实在性教育要素。实在性要素的提取为循证支持带来了可能性。根据教育生态承载力现实样态结构，可以建设相应的指标体系，确保要素的完整性。以区域为单位所进行的承载力监测必然涉及诸多的要素信息，缺乏数据系统将难以保障监测的及时性与有效性。

第一，需要明确数据系统的专职管理机构或者组织。数据系统建设是一项专业性很强的工作，可以由政府中的某一对应部门来完成，或者向第三方组织购买服务。向第三方组织购买服务是当前发达国家比较常见的做法。第三方组织因其专业性、中立性、非营利性而获得社会各界的认可，具有较强的可信度。第二，需要明确机构的相关职能，即数据的搜集、获取、分析、共享与承载力报告的发布。承载力报告中需要明确承载力的等级，如以红、橙、黄、绿等颜色代表不同等级的承载力。不同等级的承载力具有相应的政策工具包，能够增强施测的精准性。第三，需要信息技术的支持，以强化数据的存储性与直观性。海量的数据需要强大的信息技术予以支持，以增强数据的可利用性，进一步降低对人员的依赖程度。同时，教育生态资源承载力具有很强的地域性，通过空间成像技术增强要素与地域之间的有效连接，能够增强结果的可视性。比如，目前有学者通过GIS地理信息系统来判别区域学前教育资源附着状况。这对于区域间资源的及时调配具有重要作用，也有利于信息发布的直观性与信息的多元共享。

（本文原载于《现代教育管理》2020年第12期）

优势挖掘如何助推乡村学校弯道超车①

【摘要】 乡村学校的服务对象多是边远艰苦乡村地区的弱势群体,在教育体系中具有基础性地位。在教育资源不平衡不充分的约束条件下,乡村学校改变"资源依赖症"惯性、利用优势挖掘助推乡村学校弯道超车,是一条可行的道路选择。本文针对"乡村学校优势挖掘的水平及其对教育质量的影响"这一问题,构建了优势挖掘力模型,并于2020年末跨越5省10县开展了实地调研。数据显示,乡村学校的优势挖掘力指数只有58.77%,显著低于镇区的60.47%和县城的66.11%。优势挖掘力基本呈现负相关的"弱者更强"特征,在职称、学历、性别、科目、教龄等方面处于弱势地位的教师,优势挖掘力水平反而更高。乡村学校优势挖掘力对教育质量有显著性影响,首先主要集中在"活力"元素,其次是"品质"和"效率","数量"对教育质量无显著性影响。为了构建乡村学校教育质量提升新机制,学校可从以下路径尝试突破:聚焦教师参与度、持续性和创造性,激发优势挖掘的活力;把握关联性和实用性特征,追求优势挖掘的品质;关注便利性和经济性,提高优势挖掘的效率。

【关键词】 乡村学校;优势挖掘;教育质量;活力;品质;效率

长期以来,乡村学校处在教育神经的末梢,体量大、规模小、表现弱、布局分散、情况复杂,服务对象多是边远艰苦乡村地区的弱势群体。2020年全国义务教育阶段乡村学生数为3088.29万,占学生总数的19.75%,乡村学校数有11.05万,占学校总数212 563的50.00%。如果说学生比例还不算高的话,那么从学校比例上可以看出乡村学校的基础性地位。如果乡村学校发展不好,那么教育现代化的实现就无从谈起。"办好必要的乡村小规模学校""着力提升乡村教育质量""补齐乡村教育短板"成为教育公平的核心要求。习近平总书记在2015减贫与发展高层论坛上强调,"扶贫必扶智。让贫困地

---

① 本文作者是东北师范大学凡勇昆教授。

区的孩子们接受良好教育,是扶贫开发的重要任务,也是阻断贫困代际传递的重要途径"。在教育资源不平衡不充分的约束条件下,乡村学校若可以改变"资源依赖症"的惯性,重构本地文化的主体性地位,因地制宜,因陋就简,利用挖掘优势来助推乡村学校弯道超车,这未尝不是一条可行的道路选择。优势挖掘能确立乡村地方性知识资源的价值性,形成低消耗、可持续、有活力、易推广的中国经验,增强中国特色的乡村教育道路自信。

一、研究背景和问题提出

本研究从乡村学校的优势判断、优势测量及其对教育质量的影响三个维度,对以往的研究文献进行学术史回顾。

(一) 乡村学校有哪些优势

有些人认为,乡村教育有很多优势,且往往多于劣势,学校的发展习惯求诸本地区的内部因素,这又被称为"内发优势论"。乡村的自然环境、生活环境、农业生产实践[①]及传统文化,是被经常提及的用以反对乡村劣势论的证据,也正是它们形成了乡村学校最为称道的资源库。优美、洁净、丰富的自然资源是最外显的表现,乡村的生活环境也吸引着市民。城市中产阶级心中都有一个乡村的乌托邦,他们向往乡村与自然亲密接触的环境,希望在乡村有一个亲密的熟人社会关系,有良好的基础设施,倾心于乡村"采菊东篱下,悠然见南山"的生活方式,蓝天碧水、鸟语花香、风花雪月,没有城市的喧嚣,没有城市的冷漠,没有城市的雾霾[②],这也是现代人产生"乡愁""乡恋""乡思"及政府大力实施乡愁振兴的情感基础。有些人可能质疑乡村孩子的阅读量少,对知识的继承和身心的成长有负面影响,诚然,乡村孩子虽然不像城里那样5岁读《红楼梦》,7岁读《金瓶梅》,但他们用耳朵阅读了大自然的声音,听到了鸟叫、牛叫声、洪水滔滔声、植物生长的声音,以及乡亲们在各种各样的场合用语言传输给他们的很多故事,而当年用耳朵阅读过的东西是后期无法弥补的[③]。这也是很多乡村学校回归自然、融入社会、拥抱自然、追求本真教育的一个原因。同时,在长期的农业发展中,人们创造出了令世界震惊的文明,积累了宝贵的民俗文化,形成了中华民族朴实、善良、坚强的性格。乡村学校的乡土文化丰厚,与社区、家庭的关系密切,有利于开展

---

① 盛连喜. 提高农村教育质量的几点思考 [J]. 教育研究,2008 (3):29-31.
② 贺雪峰. 谁的乡村建设:乡村振兴战略的实施前提 [J]. 探索与争鸣,2017 (12):71-76.
③ 莫言. 莫言讲演新篇 [M]. 北京:文化艺术出版社,2009:353.

生活化、乡土化、社区化的教育，改变乡村学校与乡村无关的"悬浮"状态，使学校成为乡村的文化中心[①]。与城市相比，乡村拥有的优势恰好填补了城市原发性的劣势，天然的互补性也让人看到其具有的独特存在价值，这也是为何有人坚持乡村教育走因地制宜道路的重要缘由。

(二) 优势挖掘水平如何测量

既然乡村学校有这么多优势，那么如何进行科学测量呢？这也是回答优势挖掘的评价尺度问题，目前鲜有人对此进行指标化的研究，但一些特征性和倾向性的探索具有较高的思想水准，主要体现在关联性、创新性、高效性、实用性、科学性等方面。在关联性上，乡村与城市不同，它有着独特的自然、社会和文化特点。现实中蕴藏着无数取之不竭的知识，比如校外的科技馆、工厂、农场、文化宫、博物馆等机构，都可以成为学生成长的帮手。就现代化的工厂而言，它的环境有利于学生掌握新的工作方法和思想方式。工厂不仅是一个生产单位，还是一个学习环境，尤其在培养人的现代性方面，工厂更是一所学校[②]。教育的发生是以周围环境为基础和背景的，学校开发利用的资源要与自然、生活或社会相联系。在创新性上的认可更为普遍，如陶行知强调，人的生活必须有相当工具才能表现出来，生活教育就是教人发明工具、制造工具、运用工具的过程[③]，这就需要学校在资源开发利用中"出点子、想办法"，在不断地设计、改进和完善中，形成有利于学生接受的教育内容。高效性也是被看重的一个维度，很难想象，在优势挖掘过程中没有代价意识会造成多大浪费，尤其是经济相对落后的乡村地区更是如此。所以，建立课程资源管理数据库，扩展校内外课程资源及其研究成果的分享渠道，提高使用效率[④]，在学校教育活动中多么重要。优势能否被重视，关键是要有实用性，能针对学校亟须破解的困境，实事求是，符合校情学情。课程资源开发要发掘校内外具有针对性和适应性的素材性课程资源和条件性课程资源，从而更好地发挥其作用[⑤]。此外，学校一般要对开发利用的资源进行设计、加工或整合，使其具有很强的科学性。如果引入教育教学活动的课程资源意图不明确、

---

① 杨东平. 建设小而优、小而美的农村小规模学校 [J]. 人民教育，2016 (2): 36-38.
② 阿历克斯·英格尔斯. 人的现代化：心理·思想·态度·行为 [M]. 成都：四川人民出版社，1985: 127.
③ 江苏省陶行知研究会，南京晓庄师范学校. 陶行知文集（修订本）[M]. 南京：江苏教育出版社，2008: 264, 130.
④ 江山野. 简明国际教育百科全书·课程 [M]. 北京：教育科学出版社，1995: 112-115.
⑤ 吴刚平. 课程资源的开发与利用 [J]. 全球教育展望，2001 (8): 24-30.

晦涩难懂,不仅达不到预期目的,还会加重学生的学业负担①。很难想象,一所优秀学校所使用的优势资源是"拿来即用"的,现实中大多是对这些资源进行科学的处理,这也是体现学校教育性和特色化特征的一个方面。

(三)优势挖掘对质量有影响吗

对于乡村学校而言,这些优势有什么用呢?这也涉及优势挖掘的价值旨归。乡村学校只有借助本土优势,因地制宜地实施符合本地发展需要的教育变革,方能在汹涌而来的现代科技文明的强势压力下实现自身发展②。陶行知对乡村环境的利用令人印象深刻。在他看来,乡村的农夫、村妇、渔人、樵夫都可以做我们的指导员③,教育的材料、教育的方法、教育的工具、教育的环境,都可以大大增加,学生、先生也可以更多起来④。陶行知既有挖掘功能的意识,又巧妙地把资源优势范畴大大地加以拓展。美国学者托尼·哈斯(T. Haas)和保罗·纳奇蒂加尔(P. Nachtigall)认为,在美好生活教育中,地方具有生态、政治、经济、精神和社区的多重价值⑤。英国的乡村学校在优势挖掘上也为人称道。有一所被命名为巴罗1618的乡村学校,为学生开设了一个创新的课程,就是集中在自然环境中提供学习机会和通过"动手"(hand-on)体验来学习,通过在大棚里工作、照料庄稼、养鸡、测量树木、学习乡村技能和手工艺、从气象站收集数据、照料夏尔马等活动,教育学生意识到自己的独特技能、优势和品性可以对周围人的生活产生积极影响,并吸引了周围社区越来越多的孩子来校就读。可见,在乡村自然环境可以培养学生的探究意识和审美意识;文化环境是丰富学生精神生活的源泉;学生有更多的机会观察和参与农业生产实践⑥;乡村社区是平面居住、熟人社会,学生个体与其他个体互动更方便,学校与家庭、社区联系更容易⑦;乡村学校的样态多样性、共生型教育实践和不同研究范式需求,可以

---

① 教育部基础教育司,教育部师范教育司.课程资源的开发与利用[M].北京:高等教育出版社,2004:32.
② 孙刚成,拓丹丹.村小如何借助乡土资源优势实现教育突破[J].延安大学学报(社会科学版),2016(6):112-119.
③ 顾明远,边守正.陶行知选集(三卷本):第1卷[M].北京:教育科学出版社,2011:249.
④ 华中师范学院教育科学研究所.陶行知全集第二卷(论著:1927—1935)[M].长沙:湖南教育出版社,1984:201.
⑤ HAAS,T,NACHTIGAL P. Place Value:An Educator's Guide to Good Literature on Rural Life ways,Environment and Purposes of Education [M]. Charleston,West Virginia:ERIC Publications,1998:vi-vii.
⑥ 邬志辉.关于农村教育三个理论问题的探讨[J].理论月刊,2009(9):5-10.
⑦ 秦玉友.农村小规模学校发展的基本判断与治理思路[J].教育研究,2018(12):81-86.

促进乡村教育现代化的理论自信、价值自信和实践自信[1]。在学校内部也是如此。教师的实际教学时间会变得更多，每名学生都可以得到教师更多的个别关注机会，教师有更深入解决学生问题的机会，学生有更多展示和参与的机会[2]，这些有利于学生情感和性格的培养，并有利于实施个性化教育[3]。由此可以看出，劣势向优势的转化让乡村由"小""弱"缺陷向"强""美"的转换成为可能。

以往的相关研究在优势的分布特征、体现方式及可能意义等方面的思考，为如今的研究提供了重要的基础。然而，我们也能清晰地看到其在概念认识、评价尺度、证据呈现等方面的不足，这些都成为阻碍乡村学校顺利开展优势挖掘的缺憾。那么，乡村学校优势挖掘的水平如何？它对教育质量到底有什么样的影响？这就成为本文研究的主要问题。

二、样本选择和指标设计

本文数据来源于"中国农村教育发展数据库"，实地调研时间包括 2020 年末和 2021 年初两个阶段。根据人均 GDP、人口密度、城乡教育发展等特征，调研地点选择分布在我国东中西部地区的福建、广西、湖南、山西、贵州 5 省，每个省份抽取 2 个县，问卷调查对象为县域内所有义务教育阶段教师。此外，调研组还进行了访谈调查[4]和现场观察，分别在省教育厅和县教育局召开相关负责人的座谈会，以便了解整体情况，每个县又分别抽取 1 所县城初中、县城小学、乡镇初中、中心学校、村小以及教学点。调查最终收集有效问卷共 5909 份，有效比例为 73.39%。在 5909 份样本中，乡村学校为 2394 份，占比 40.51%，县镇学校 3515 份。乡村学校教师男女比例为 37.13% 和 62.87%，语数外主科、史地生等副科以及体音美教师比例分别为 47.59%、48.12% 和 4.39%，最高学历在高中及以下、大学专科、大学本科及以上的比例是 7.10%、42.82%、50.08%，婚姻状况为单身或未婚、已婚或再婚、离异或丧偶的比例分别是 14.54%、81.04%、4.43%，周均课时量

---

[1] 秦玉友. 增强乡村教育现代化的三重自信[N]. 中国教师报，2021-09-22 (14).
[2] 秦玉友. "乡村性"：重塑乡村教师专业素养[N]. 中国教育报，2015-12-30 (9).
[3] 杨东平. 建设小而优、小而美的农村小规模学校[J]. 人民教育，2016 (2)：36-38.
[4] 在访谈调查中，为了去除"优势"及"优势挖掘"带给调查对象的可能陌生感，课题组对调研人员进行了特意的安排。将"优势"还原到能够给学校带来帮助的资源、条件、好处、要素、机遇，只要是能够表达优势的指向，本研究并不对此做出区分。同时，在问卷调查中进行了倾向于实践性知识的处理。

为 12 课时及以下、13—20 课时、20 课时以上的比例分别为 20.47%、60.19%、19.34%，职称为高级、中级、初级或未评的比例分别为 4.18%、15.62%、80.20%。

依据以往的研究，本文构建了优势挖掘力模型。我们认为，优势是指在某种背景下一方的条件比其他各方更有利或更具竞争力，具有客观超越性、相互比较性、主观识别性、挖掘难度性、潜在现实性、结果未知性等表现特征。优势挖掘力则是衡量人们立足环境的优势思维，充分认识、开发和利用学校内外资源的活动过程的尺度。通过探索性因素分析对相关指标进行删减，最终确定了优势挖掘力包括的四个维度及其包含的题项：数量（充足性、多样性）、品质（关联性、指向性、科学性、实用性）、效率（使用率、经济性、便利性）和活力（持续性、创造性、参与度）。四个元素转轴后的特征值分别是 3.894、3.875、3.254 和 3.234，解释总变异量为 57.987%。它们的可靠性统计量为 0.875、0.843、0.784 和 0.878，效度和信度的统计量结果均满足要求。

依据《中共中央、国务院关于深化教育教学改革全面提高义务教育质量的意见》《义务教育质量评价指南》等政策要求，本研究对作为"结果"的教育质量的旨归进行重新认识，将其指向学校和学生两个层面。由于优势挖掘基本限定在学校范围内，而区域层面的影响力较弱，没有将其放入，学校层面又没有学生本身体现得那么明显，研究也将其简化处理。通过探索性因素分析对相关指标的删减，最终将教育质量确定为两个维度：学校层面（办学方向、课程教学、教师发展、学校管理）和学生层面（品德发展、学业发展、身心发展、审美发展、劳动与社会实践）。这两个元素转轴后的特征值分别是 3.754 和 3.285，解释总变异量为 56.763%；可靠性统计量为 0.863 和 0.829；效度和信度的统计量结果也满足要求。

此外，"背景"变量包括教育学变量的教龄、学科、最高学历、最高学历专业、职称、学校规模、月收入、课时量，以及人口学变量的性别、健康、婚姻状况、地点。其中，性别、婚姻状况、最高学历、最高学历专业、教龄构成本研究的控制变量。

三、优势挖掘力的基本样态

总体来看，乡村学校的优势挖掘力水平不容乐观。从指数[①]只有 58.77%

---

① 指数＝均值/5×100%

的计算结果上看,乡村学校教师的优势挖掘力并不高,还不到及格分数线,显著低于镇区的60.47%和县城的66.11%,县镇学校的表现明显优于乡村。优势挖掘力在其各个维度上的表现有较大差别,"数量""品质""效率""活力"的指数依次增长,其中"数量"指数最低,仅有55.28%,"活力"指数最大,达到60.58%,两者也存在显著差异。

吊诡的是,优势挖掘力的群体特征基本呈现负相关的"弱者更强"特征。在职称、学历、性别、科目、教龄等方面处于弱势地位的教师,优势挖掘力水平反而更高。低级和未评职称、高中及以下学历、女性、副科以及最低或最高教龄的教师表现更优,中高级职称、本科及以上学历、男性、主科教师以及中青年教师的表现最差。学历最低的教师表现最好,指数达到了61.21%,其次是大学专科学历的教师,指数为59.40%,学历最高的教师表现反而最低,指数仅为57.89%,显著低于高中及以下的教师。从现场调查获得的可能解释是,高学历的教师在乡村学校中比例较小,自我期待非常高,留在乡村觉得受到了委屈,积极情绪水平比较低,表现最差也就可想而知了;反而那些学历不高的教师对自己的处境比较满足,珍惜来之不易的机会,往往在工作上积极性较高,表现正常甚至超常。女教师的表现要略强于男教师,指数分别达到59.19%和58.06%。教龄长或短的教师表现较好,1—10年教龄的教师指数均在59.11%以上,教龄在30年以上的教师指数是59.57%,而教龄在10—30年的教师指数最高也不超过58.32%。作为中坚力量的中青年教师的表现反而不如新手和临近退休教师,这样的结果也颇让人意外。教学科目是主科的教师表现较弱,指数只有58.27%,史地生等副科及体音美学科的教师反而有较高水平的表现,指数达到了59.23%。

与优势挖掘相联系的乡村教育质量也有待提高。61.57%的指数水平同样显著低于镇区和县城的63.95%和69.56%,县城的表现显然最好,乡村的表现最弱。在整个县域内的教育质量指数为64.35%,超过了及格线,却离优秀还有较远的差距。从方差分析的结果上看,学生发展质量内部并不均衡,相互之间具有显著差异,而身心发展的显著弱势应该得到未来更广泛的重视。2018年我国首份《中国义务教育质量监测报告》发布,本研究所用统计方式虽与其不同,但结果基本相当。以音乐为例,虽然有82.6%的四年级学生和86.1%的八年级学生基本能够完整、流畅、速度稳定地演唱歌曲,但是在对音乐的节奏、节拍、音色、力度、速度等音乐基础要素的听辨上,四、八年级学生的题目答对率只有52.9%和53.8%;在对音乐作品的风格、体裁与形式、情绪与情感以及名家名曲的赏析方面,题目答对率只有 66.1% 和 63.2%。一位陪读家长的话颇有代表性,"进城就是为了娃有个好的学校上,如果村里有这么好的老师和学校,我们也不会费这么大劲来折腾"。这既是对教育质量现实样态的客观描述,也为城乡教育的不平衡不充分的困境敲响了警钟。面对乡村教育质量的明显颓势以及乡村振兴下对教育和人才的时代要求,乡村教育能否借助优势挖掘实现从内部突围显得尤为重要。

四、优势挖掘力对教育质量的影响

本研究依据相关理论以及对乡村优势挖掘的认识,构建了乡村学校优势挖掘力与教育质量的关系模型,回归模型公式为:$\ln(Y) = \alpha + \sum \beta_1 Q_i + \sum \beta_2 X_i + \sum \beta_3 E_i + \sum \beta_4 V_i + \sum \beta_j S_j + \varepsilon$。其中,$\beta$ 表示解释变量的边际影响,表示解释变量变化一单位对优势挖掘力的影响,以标准化系数形式呈现,β 数值的正负代表这种影响的方向;ε 是随机干扰项;α 为常数;变量 Y 表示作为"结果"的教育质量,包括学校层面(办学方向、课程教学、教师发展、学校管理)和学生层面(品德发展、学业发展、身心发展、审美发展、劳动与社会实践)9 个变量。本文取这些指标的均值,作为教师感受到的教育质量。解释变量优势挖掘力包括数量 Q_i(充足性、多样性)、品质 X_i(关联性、指向性、科学性、实用性)、效率 E_i(使用率、经济性、便利性)、活力 V_i(持续性、创造性、参与度)共 12 个指标,β 是标准系数。控制变量 S_j 包括人口学变量(性别、婚姻状况)和教育学变量(最高学历、最高学历专业、教龄),其中 $j=5$。

进入回归方程的样本观测值为 2394 人。从模型汇总来看,R^2 的数值为 0.585,表明解释变量对"优势挖掘力"效标变量的预测力总共接近六成,解释量非常高,模型拟合度较好,总体显著性为 0.000,模型在整体上是显著的。经过多个变量依次分层进入模型,形成 5 个阶层模型,在控制一些变量的情况下,得到最终的回归方程。标准化的回归方程式如下:教育质量 = 0.344×参与度 + 0.190×创造性 + 0.082×持续性 + 0.079×关联性 + 0.072×经济性 + 0.066×实用性 + 0.065×便利性。

从 5 个阶层整体解释变异量显著性检验的 F 值分别是 1.902*、134.223***、143.183***、160.089*** 和 196.782***,显著性检验的 P 值除阶层一小于 0.1 外,其余均小于 0.05,表示 4 个阶层整体解释变异量在 0.05 水平上均达到显著性水平。这表明至少有一个回归系数不等于 0,或者全部回归系数不等于 0,也就是至少有一个预测变量会达到显著水平。从 β 的数值来看，包括控制变量的 5 个阶层全部包含显著性的指标。这说明优势挖掘力对教育质量的高低有显著性影响。整体上，乡村学校优势挖掘力对教育质量有显著性影响，主要集中在"活力"元素，其次是"品质""效率"，"数量"对教育质量无显著性影响。具体如下：

首先，优势挖掘力中"活力"元素最为关键，其包含的参与度、创造性和持续性全部显著，β 值分别是 0.344、0.190 和 0.082，排在所有指标前三位。这与实地调查的情况基本一致。一位在乡村任教超过 20 年的校长曾说，"学校之所以有今天的成绩，肯定与教师对优势挖掘长时期的积极参与有关，而有了积极性才可能去想办法，这也是一些乡村学校能够冒出来的原因。有些学校为什么慢慢撤并了，那就是很多优势根本意识不到，看不到，更不用说去主动挖掘利用了，创造性更是无从谈起"。

其次，"品质"和"效率"分别有指标呈现显著性影响，而"数量"无显著性影响。"品质"的关联性和实用性有显著性影响，β 值分别为 0.079 和 0.066，"效率"的经济性和便利性有显著性影响，β 值分别为 0.072 和 0.065。从整体上看，"品质"对教育质量的影响力弱于"活力"而强于"效率""数量"。"数量""活力""品质""效率"的其余指标均无显著性影响。"数量"影响不显著的结果并不意外，优势挖掘表现好的学校往往在数量上绝对领先，但极少得出"教师多寡很关键"的结论，与"数量"相比，"品质"更普遍地出现在教育教学活动中。

五、构建乡村学校教育质量提升新机制

教育质量的提升策略非常多元，本研究基于优势挖掘力的视角发现了新的动力机制，即把优势挖掘力中的"活力""品质""效率"作为新的引擎，使其进入乡村学校实现弯道超车的视野之中，并使乡村教育质量的提升有了实证基础和实践可能。

（一）学校聚焦教师参与度、持续性和创造性，激发优势挖掘的活力

参与度、创造性、持续性作为优势挖掘力中"活力"的三个要素，对教育质量全部呈现出显著性影响，且系数排在前三位，其中以参与度尤甚。为此，首先，要加强教师的实质性参与。学校在改革初期可以基于自我利益驱动的人性假设，以提供报酬、实物奖励、晋升机会、荣誉等为主要手段，吸引更多教师参与进来。一段时间后学校可尝试以组织愿景、文化及共享价值发挥作用，在群体生活里建立尊严感的道德判断，毕竟，实质性参与不等于

简单的参加、到场或交换,而是有目的、有意义、有意愿且能影响结果。其次,保持教师持续参与的动力,形成具有辨识度的教师。除了常规的报酬、晋升机会等因素外,更要关注教师自身的成长发展。成功示范的吸引往往比行政推动的外在变革更为深刻和持久,凝聚着整体性教育变革的基础性力量①。要发挥课题合作、外出培训、名师工作室等激励因素的作用,依靠自下而上的自组织机制,为教师提供持久动力。最后,要激发教师的创造力,鼓励教师做一些连自己都佩服的事情。创新的本质是降低成本和实现价值,现实意义上多数的创新并非全都高大上,创新也可以是局部的、零散的、非制度化的,起点不高,难度不大,过程不复杂,成本无负担,但收获见奇效,这样的微创新不胜枚举。要有容错机制,先做起来再说,即使错了也可以再回到原点。创造本身也有自我强化意义,学校往往能品尝到豁然开朗、事半功倍的喜悦,逐渐形成积极的"出点子、想办法"的理念,努力营造"你无我有、你有我优、你优我全、你全我宜"的局面。

(二)学校把握关联性和实用性特征,追求优势挖掘的品质

关联性和实用性是优势挖掘力中"品质"的两个要素,对教育质量有显著性影响,是重要性仅次于"活力"的指标。在关联性上,应不断实现学校与自然、社会的关系建构。学校要让大自然成为活教材,让社会变成大课堂。自然和社会环境是得天独厚的课程资源宝库,是学生提高自身社会化能力的重要依托,学校应以校本课程形式,将校外附近资源纳入课程学习内容,实现国家课程校本化及多学科的交叉融合。比如,四川广元市利州区范家小学基于乡村社区设计了丰富的成长课、探究课、项目课等特色化本土课程,"昆虫的世界""遇见强大的自己""农家小甑酒"等活动②让教育的场所扩展到周边的大山河流、文化场馆以及交警队、菜市场、邮政局、农田、工厂等,让无声的自然说话,让生活发挥教育的意义,打通了知识学习与实际生活的连接。在实用性上,学校要基于亟待解决的困境和需求,找到困难所在,分析其所产生的根源,明晰资源需求,确定工作的着力点。面对新的理念和方法不要迷失,不能忽视教育教学最本质的东西,多一些本土化的探索,少一些面子工程、随意性活动以及运动式改革。

---

① 杨东平. 教育的重建 [M]. 上海:上海社会科学院出版社,2016:94.
② 李丽. 范家小学夏校记:四川一所农村学校暑期托管服务纪实 [N]. 中国教育报,2021-08-26 (3).

表 1 乡村学校优势挖掘力对教育质量影响的回归结果汇总表

阶层变量	阶层内预测变量	阶层一 β	阶层一 t 值	阶层二 β	阶层二 t 值	阶层三 β	阶层三 t 值	阶层四 β	阶层四 t 值	阶层五 β	阶层五 t 值
控制变量	性别	0.046	2.102**	0.033	1.815*	0.016	0.933	0.005	0.335	−0.006	−0.391
	教龄	0.015	0.587	0.033	1.498	0.030	1.489	0.036	1.939*	0.036	2.151**
	婚姻状况	0.022	0.979	0.003	0.141	0.005	0.264	0.005	0.275	0.004	0.298
	最高学历	−0.033	−1.450	0.006	0.319	0.025	1.413	0.028	1.704*	0.029	1.948*
	最高学历专业	0.025	1.215	0.004	0.207	0.003	0.179	0.008	0.518	0.004	0.264
数量	充足性			0.196	5.169***	0.039	1.103	0.025	0.752	0.028	0.943
	多样性			0.348	9.152***	0.061	1.567	0.023	0.639	−0.021	−0.652
品质	关联性					0.179	5.719***	0.131	4.501***	0.079	2.989**
	指向性					0.057	2.035**	0.021	0.804	0.010	0.423
	科学性					0.084	2.518**	−0.016	−0.515	−0.033	−1.153
	实用性					0.289	9.679***	0.101	3.209**	0.066	2.327**
效率	使用率							0.090	3.111**	0.029	1.118
	经济性							0.188	7.747***	0.072	3.162**
	便利性							0.255	11.065***	0.065	2.322**
活力	持续性									0.082	2.904**
	创造性									0.190	7.159***
	参与度									0.344	16.393***
回归模型摘要	F 值	1.902*		134.223***		143.183***		160.089***		196.782***	
	R^2	0.004		0.283		0.398		0.485		0.585	
	△F 值	1.902*		463.183***		114.264***		134.080***		189.982***	
	△R^2	0.004		0.279		0.116		0.087		0.100	

(三) 学校关注便利性和经济性,提高优势挖掘的效率

便利性和经济性是优势挖掘力中"效率"的两个要素,对教育质量也有显著影响。在便利性上,学校要学会利用现有的、身边的、即时可取的优势资源。学校还要把更多的精力放在现有资源上,而非盲目地舍有求无,置现有的优势于不顾而怨天尤人。现有资源在实际中可能是被利用最多的却也是最容易被忽视的,这种资源往往因过于平常而使得人们习而不察,因此要给予足够重视。同时,要把更多精力放在身边资源上,而非走弯路舍近求远,置附近地的优势于不顾而枉费精力。一些学校要改变"优势在别处"的心态,不要追求不切实际的东西,更要避免"劣势存我心"的妄自菲薄。纵看那些在优势挖掘上取得高成就的学校,往往能够发挥身边资源的最大效用。在经

济性上，学校要"用最少的钱，办最好的乡村学校"，要实现校内外资源共用共享，在满足使用需求的前提下，最大可能地减少人力、物力及经费投入。有钱办学不算稀奇，把没有钱的学堂办得精彩才算真本领[①]。学校还应及时总结日常教育教学和管理活动中的典型，介绍经验、破解密码，不追求流行和高大上，选择最有效果、最合适的活动形式。

（本文原载于《教育发展研究》2021年第24期）

---

① 江苏省陶行知研究会，南京晓庄师范学校. 陶行知文集（修订本）[M]. 南京：江苏教育出版社，2008：264，130.

第四篇 /

儿童科学成长的
实践观察

ERTONG KEXUE CHENGZHANG DE
SHIJIAN GUANCHA

"率性教育"：建构与探索①

【摘要】《中庸》开篇三言将天命、人性、教育的关系凝练为"天命之谓性，率性之谓道，修道之谓教"。作为文教传统的"性—道—教"，历经涣化沉淀，其逻辑论证体系逐步丰满。"率性教育"是创造性的教育实践转化，其倡导保护天性、尊重个性、培养社会性。未来学校的新样态、未来课堂的新模式、未来学习的新变革是"率性教育"探索方向，即融合多学科对"儿童"的思考，重视儿童的生物性、天性基础及其根基作用，强调学不躐等的自然适应性原则。

【关键词】《中庸》；率性教育；保护天性；尊重个性；培养社会性

当一项具有历史意义的传统被发明或向特定群体传输一定的价值和行为规范时，必然暗含与过去的连续性②。通过从历史记忆中合法地汲取能被广泛接受的共享观念，那些通常被看作文化象征和交流的旧材料都能被创造性地转化为现实的生产要素。譬如，在时间轴上年代久远、社会记忆渐为模糊的儒家经典著作《中庸》，近年来就常常被重新界定为中国最早的教育哲学著作③。其开篇三言即将天命、人性、教育的关系简明凝练地表达为："天命之谓性，率性之谓道，修道之谓教"。当代教育从《中庸》"率性之谓道"社会记忆中发掘出"率性"教育的历史合法性，将其创造性地转化为"率性教育"，倡导儿童教育"保护天性④""尊重个性""培养社会性"，并通过建构一种共享的文化—认知观念，重设学校改革发展过程。

---

① 本文作者是东北师范大学于伟教授。
② 霍布斯鲍姆 E，兰杰 T. 传统的发明［M］. 南京：译林出版社，2008：2.
③ 教育学家陈元晖先生认为，《礼记》中的《中庸》堪称中国第一部教育哲学专著。参见：陈元晖著《中国教育学史遗稿》，北京师范大学出版社 2001 年版，第 112 页。
④ 天性，即人的先天本性。天，指先天具有的、通过遗传获得的各种生理性状；性，指事物的状态、特点或性质。天性，就如同夸美纽斯所说的自然法则、种子，裴斯泰洛齐的自然天性，福禄培尔的神秘本能，蒙台梭利的内在教师，杜威的本能等概念。

一、"天命""率性""修道"的文教传统

以细微的、差异的和间断性的视角重新审视古典教育命题的内在理路可以发现，中国古代教育思想的著述中散布着形式多样的"天命论"和"人性说"。大体而言，西周之节性、孔子之习性、子思之率性、孟子之养性、庄子之返性、荀子之化性等，均是论证"人何以受教"的思想原点和无法回避的逻辑前提。其中，相传为子思所作的《中庸》被宋儒称为"群经之统会枢要"，其扼要阐发的"率性教育"观念对后世影响颇大。《中庸》开篇三言仅寥寥数语，但围绕"性—道—教"的注解、考证、义疏和章句构成了一个庞大的解释链条。从先秦儒家的以"情"言性，到汉儒的以"气禀"论性，加以宋学之理学之架构，最后建立起一套完整的"理气心性论"。至此《中庸》"性—道—教"的逻辑论证体系逐步变得复杂化，进而丰满起来。

《中庸》开篇云："天命之谓性，率性之谓道，修道之谓教。"这一命令式的句式简练地指明了"天命""率性""修道"的文化内涵，且并未再进行具体的逻辑论证，而是以"不证自明"的公理方式指明了命、性、道、教之间的内在关系。朱熹云："其书始言一理，中散为万事，末复合为一理。"① 朱熹所谓"一理"，正是指"天命之谓性，率性之谓道，修道之谓教"。"性—道—教"框架构成儒家教化思想得以确立的思维范式，是后世儒家论证人何以要接受教育及如何进行教育等问题的逻辑前提。

"天命之谓性。"先秦儒家十分重视"情"，以"情"释"性"。人的本性是由天命所赋予的，天性深藏于内，感于"物"的激发而外化为各种各样的"情"。正所谓"性之与情，犹波之与水，静时是水；动则是波，静时是性，动则是情"②。《礼记·乐记》云："人生而静，天之性也；感物而动，性之欲也。"③ 这一看法在后世出土的郭店楚简《性自命出》中也得到了印证："性自命出，命自天降。道始于情，情生于性。"及至汉儒，以"天地生物禀性说"，即以阴阳五行感生及禀气之清浊不同，来通论"性"与"天道"。至此，先秦儒家"以情释性"的解释传统被汉代"气禀论"取代，"天命"与"人性（情）"的静动关系也被抽象为更高层次的包含宇宙论色彩的"授受关系"。汉代以"气禀"论性的思维模式一经形成，对后世儒家的"性命论"体系影响颇深。宋儒承接汉说，认为"性即理也"。朱熹《中庸章句》云："命，犹令也。性，即理也。天以阴阳五行化生万物，气以成形，而理亦赋焉，犹命

---

① 朱熹. 四书章句集注 [M]. 北京：中华书局，1983：17.
② 郑玄（注），孔颖达（正义）. 礼记正义 [M]. 上海：上海古籍出版社，2008：1988.
③ 孙希旦. 礼记集解 [M]. 北京：中华书局，1989：984.

令也。于是人物……因各得其所赋之理，以为健顺五常之德，所谓性也。"大体来看，汉儒与宋儒对"天命—人性"的注解在基本架构和形式上是相同的。汉儒提出"气禀论"，认为人之本性得自天命，但有禀气之清浊差异，故而后天的"循性修教"是达成天命之正的关键。宋儒承袭阴阳五行之感生及气禀清浊说，将其化入宋儒独倡之理气论架构中，建立了一套独特的体系。但是，二者都追求"天性本然"之路。

"率性之谓道。"郑玄曰："率，循也。循性行之，是谓道。"① 朱熹承接汉儒注解将"率"同样解为"循也"。《中庸章句》云："率，循也。道，犹路也。人物各循其性之自然，则其日用事物之间，莫不各有当行之路，是则所谓道也。"② 对于"率性"二字的释义，郑玄注解与朱熹章句在内在理路上是相通的，都主张"循其性之自然"。但是，这一解释为"修道之谓教"的解读带来了理解上的困难。如果说人性得自天命，循性行之即为道，则性、道为一。天命不可违，则性、道亦不可违，为何又要修道？"修道之教"的立论根据又是什么呢？朱熹《中庸章句》解释道："修，品节之也。性道虽同，而气禀或异，故不能无过不及之差。圣人因人物之所当行者而品节之，以为法于天下，则谓之教，若礼、乐、刑、政之属是也。"③

综上，我们不难发现，对《中庸》"性—道—教"逻辑的阐释无法回避如下三个问题。其一，人性从何而来？或者说如何看待人的天性？郑玄引《孝经》说曰："性者，生之质。命，人所禀受度也。"④ 孔颖达进一步注疏道："天本无体，亦无言语之命，但人感自然而生，有贤愚吉凶，若天之付命遣使之然，故云'天命'……是天性自然，故云'之谓性'。"⑤ 由于"天性自然""天道自然"，"顺""循""保护"人的天性就十分重要。其二，人的天性在"人情""气禀"上有何差异？或者说如何看待人在个性上的差异？汉儒在解释"率性"之道时认为，"性"有上智下愚之异。"但感五行，在人为五常，得其清气备者则为圣人；得其浊气简者则为愚人。"⑥ 故此，性有移与不移之别。不移之性，可存而启发；可移之性，可治而矫正。因此，汉儒论性：认为性的静面为天性，动面为人情（欲），个性的差异正是因"人情"感物不同而产生，故"率性教育"在面对个性时要遵循"人情""气禀"之差异。其三，人性以何而成？人的天性与后天教化之间有何联系？或者说如何看待人

---

① 郑玄（注），孔颖达（正义）. 礼记正义［M］. 上海：上海古籍出版社，2008：1987.
② 朱熹. 四书章句集注［M］. 北京：中华书局，1983：17.
③ 朱熹. 四书章句集注［M］. 北京：中华书局，1983：17.
④ 郑玄（注），孔颖达（正义）. 礼记正义［M］. 上海：上海古籍出版社，2008：1987.
⑤ 郑玄（注），孔颖达（正义）. 礼记正义［M］. 上海：上海古籍出版社，2008：1988.
⑥ 郑玄（注），孔颖达（正义）. 礼记正义［M］. 上海：上海古籍出版社，2008：1989.

的后天社会性的养成？朱熹在注解"修道之谓教"时，将"修"解释为"品节之"，即用一定的手段调整、约束人的天性。根据是，人之本性虽"受"自天命，但"气禀或异"，不能得其全真，先天之性、禀气之清浊多有欠缺，不能自发地及于无过、无不及的境界。也就是说，先天之性绝非现成之"性"，须待后天养育教导方可大成。因此，只有通过后天教化和社会性的培育，才能使人终达天性本然之路。

二、"性—道—教"传统的创造性转化

传统并非总是源自过去，为了应对新的挑战必然要经历不断的变化及发明。通过溯源将新情况纳入文化的连续性中，常用的手法即重新"诠释"传统。但观念的诠释需要与历史和现实的具体环境相一致，才能获得广泛的认可。《中庸》关于"性—道—教"的论证体系尽管在文化史中成为一项久远的文教传统，其对"天性"、"气禀"（个性）、"修道"（社会性养成）的阐释也处处闪现着能与现代教育学范畴相互嫁接的可能。但是，一种文教传统若要在现代语境中成为人们广泛接受的"共享观念"，还需历经话语方式的转变和观念的再创造。《中庸》关于"天性""气禀""修道"论证体系的核心体现在"率性"二字上，当代教育深化之为"保护天性、尊重个性、培养社会性"。这一转化并非对"天命/天性""气禀/个性""修道/社会性养成"等"传统—现代"对偶概念的简单置换，而是深入"命—性—道—教"的原初内涵，突出强调童年期来自天然造化的生物性力量尤其值得珍视。"率性教育"是遵循儿童身心发展的自然趋势、规律和特点去促进儿童发展的教育；是根据儿童的天性、个性，找到适合他们的"当行之道"，从而很好地实现社会化的教育。

（一）观念的再造

正所谓，性本于命，道率乎性，教修乎道。"率性教育"追求天地位、万物育的顺其自然的教育，反对无视儿童发展规律、逾越规律、破坏规律的想当然办教育。"率性教育"倡导顺其童年之美，并应其童年之美所固有而给予儿童真正的童年。若儿童面临过度束缚，则要"解放儿童"。

1. 保护天性

保护天性，即遵循儿童"性之自然趋势"，保护儿童愿意探究、愿意想象、好问、好动、爱学习、喜创造的天性。卢梭认为，人的天性善良无邪，

把率性成长和"归于自然"① 视为天经地义。自然人就是这种理想的具体化。实际上，天性只是人类发展的潜能，它在合理的环境中，可以"向善的方向发展而成为善"②。康德认同卢梭关于儿童先天地禀赋向善发展的观点，尊重儿童天性亦成为康德的信念③。保护天性在小学低年级和幼儿园时期尤为重要。忽视对天性的保护，就会影响儿童的率真与创造。"率性教育"倡导保护人天性中积极的、具有正向价值的方面，尽量抑制或克服、转化天性中消极、具有负向价值的方面。

第一，保护儿童好奇、好问、愿意探究的天性。所有的孩子都有好奇心，他们总是向大人提出各种各样的问题，这是人的本能。孩子们的好奇、好问、好探究是为了了解周边世界、探索未知，是为了更好地生存④。

第二，保护儿童好动的天性。"小孩子是生来好动的，以游戏为生命的。"⑤ 如同陈鹤琴所说的，小孩子是很喜欢游戏的，能够利用他这种心理，以游戏式的方法去教训他，他没有不喜欢听你的话的⑥。喜欢游戏、活泼好动是儿童的天性，"我辈从事教育者，便应当顺应或利用儿童这种自动力"⑦。

第三，保护儿童爱学习、爱创造的天性。学习失去兴趣，是后天人为导致的。人类对自然的探索、对真理的追求是出于本能。儿童都是爱学习、爱创造的，因为学习是为了求生，创造是为了更好的生存。人生来就有学习生存本领的欲望，有改变生存条件的欲望，有创造的欲望。因此，我们应当把"保持并放大孩子学习和创造的天性"⑧ 作为教育的原则。

2. 尊重个性

人的自我规定与塑造，使得"我异故我在"的个性存在是人一种客观现实的常态以及未来发展的必然走向。"率性教育"倡导尊重人的个性化的差异存在，要循序渐进、因材施教地帮助每一个儿童找到自己的位置，要在保护儿童共同天性的基础上，让儿童的个体差异性充分显现。

第一，在课程开发与教学中尊重经验差异。在为儿童准备课程内容、开发课程资源时，要充分考虑儿童的个性差异；在各个学科的教学中，要充分

---

① 滕大春先生在《卢梭教育思想述评》中多次指出了卢梭的天性至善和"归于自然"的理论及"率性发展"的思想。滕先生所谓的"率性"，虽意指卢梭的"自然人"，但在内涵上亦暗合了《中庸》所倡"率性教育"的理念。
② 卢梭. 爱弥儿 [M]. 北京：人民教育出版社，1985：序 12.
③ 卢梭. 爱弥儿 [M]. 北京：人民教育出版社，1985：序 25.
④ 亚里士多德在《形而上学》中明确指出，求知是人类的本性。
⑤ 陈鹤琴. 陈鹤琴全集：第二卷 [M]. 南京：江苏教育出版社，1989：25.
⑥ 陈鹤琴. 陈鹤琴全集：第二卷 [M]. 南京：江苏教育出版社，1989：46.
⑦ 王鸿霖（王祝辰）. 动的教学法之尝试 [M]. 北平：北师附小出版，1936：13.
⑧ 史宁中. 数学的抽象 [J]. 东北师大学报（哲学社会科学版），2008（5）：169-181.

尊重儿童学习类型差异、进度差异、方式差异、起点差异、速度差异，尤其要关注社会因素所导致的经验差异。

第二，在学校教育活动中发现差异。在小学阶段，低、中、高三个年段的儿童的成熟度不同，儿童的生理基础与心理素质等不同，学校所组织的教育活动应尽可能地发现差异、利用差异，遵循规律地培养儿童。另外，尊重个性也要防止走向"个人主义"。"率性教育"强调，在从事教育实践时，教育者要对不同个性的教育对象尽可能地具有包容之心，但也不能凡事以教育对象为中心。把握好尊重个性的尺度，是"率性教育"的实践者们必须进行的专业修炼。

3. 培养社会性

在人的社会性养成方面，以《中庸》为代表的中国传统儒家教育始终围绕教人"怎么做人"进行。现代人社会性的培育既需要汲取传统文化资源的养分，浸润国民的文化认同，也需要正视中国传统儒家教育在现代公民意识、国民精神养成方面具有不可避免的历史局限性和自身缺失①。因此，"率性教育"所内蕴的培养社会性，主要在于利用知识技能习得、行为规范养成及价值观念形成等途径，培养儿童自主精神、合作态度、规则意识和责任观念，为儿童未来成为合格公民奠定价值基础。也只有通过社会性的培养，才能使儿童从其自然自由顺利过渡到道德自由，进而获得作为公民的政治权利。

第一，强调儿童自主精神的培养。社会的健康状态取决于组成它的个人的独立性，也取决于个人之间的密切社会结合。只有个人能独立思考，才能为社会创造新价值。爱因斯坦说过，"要是没有能独立思考和独立判断的有创造能力的个人，社会的向上发展就不可想象，正像要是没有供给养料的社会土壤，人的个性的发展也是不可想象的一样"②。

第二，注重儿童合作精神的培养。人类社会与其他动物群体的一个重要区别是，人与人可以通过运用个人理性而达成某种形式的合作③。可能在其他生物种群中也存在合作行为，但是在大规模的群体中与陌生人可以展开合作的物种只有人类④。人与人的合作，是人类文明社会的基础，是人类社会得以稳定、可持续存在的广泛社会基础。因此，"率性教育"强调通过课堂教学、

---

① 于伟. 儒家的濡化与国民性问题再思 [J]. 教育研究，2016 (6)：104-112.
② 爱因斯坦. 爱因斯坦文集：第三卷 [M]. 北京：商务印书馆，2013：51.
③ 罗伯特·阿克塞尔罗德. 合作的复杂性：基于参与者竞争与合作的模型 [M]. 上海：上海人民出版社，2011：2.
④ BOWLES, SAMUEL, HERBERT GINTIS. The Origins of Human Cooperation [A] // Peter Hammerstein. The Genetic and Cultural Origins of Cooperation. Cambridge：MIT Press, 2003：429-443.

课外教育活动等多种途径发展与培养儿童的合作精神。

第三，儿童规则意识的培养。规则，既包括成文的制度、章程（法律、制度、道德），也包括未成文的习俗、习惯、传统。规则是人类社会文明的产物，人类充分发挥自己的主观能动性、创造性，不断创造、总结、确立了各种规则。规则的存在使得人类社会良性发展，合理有序。"率性教育"强调在小学阶段对儿童的规则意识、品质进行培养。

第四，儿童责任观念的培养。人际依存、社会依存导致了责任的产生，责任是特定社会对个人思想、行为的规定性，责任是一切道德价值的源泉。所谓道德教育，就是要把纯粹道德的动因带进人们的内心，这种纯粹道德的动机被称作责任（义务）。个人在与群体、社会及生态环境的互动中内化或生成这种规定性，并最终体现于自身的思想和行为中。因此，有必要在小学阶段逐步与其他阶段协同，培养儿童的责任观念。

"率性教育"注重人的天赋、天性、生物性根基对儿童成长的重要作用。童年期的小学教育，更容易受到生物规则控制，其发展有阶段性、规律性和不可逆性，因而需要更加重视儿童生物性基础、天赋、天性力量，提供与之顺应的教育。当然，保护天性、尊重个性、培养社会性三者之间须保持有机的统一与平衡，失去了对天性的保护，难以培养儿童的创造性；疏于对个性的尊重，则会使得儿童失去自我；过分追求对社会性的培养，则会造成对人性的压抑。天性、个性是人的发展起点，融入社会、发展好人的社会性才是归宿。可见，三者的培养不可偏废。

（二）转化的依据

对"天命""率性""修道"等传统儒学概念的教育学转化，需要在形而上学假定与经验科学证据之间保持合理的张力。"率性教育"的提出，就是从现实出发，基于生物学、脑科学、神经教育学等学科对"人、人性、儿童"进行多角度认识。因此，在倡导、呼吁小学教育在兼顾社会性、个性培养之时，要更多关注儿童的生物性、天性的重要作用。

1. 儿童的生物性、天性基础及其根基作用

人与一般生物相比，基因编码系统在开放程度上存在很大差异。人的DNA编码绝大部分是未特化的、开放的，只有少部分是特异的、封闭的。特异性编码可以遗传。基因的未特化、开放的部分则要通过与环境的互动完成编码，而这种编码不能遗传。所以，人需要在整个儿童期来学习、发展、完善自己的未特化部分。"人类应该将其人性之全部自然禀赋，通过自己的努力

逐步从自身中发挥出来。"①

从脑科学来看，人脑自身的结构特点所具有的强烈可塑性。脑本身无论从功能上还是从本质上来说，先天、与生俱来地具有可塑性，脑能根据环境刺激发生改变。这种可塑性特点正好符合人的非特化、开放的与环境后天互动编码的需要。学习和记忆过程中形成的"记忆痕迹"正是这些塑造作用的结果。因此，可塑性是学习的必要条件，也是脑的固有属性。它在人的一生当中始终存在。少量的、特异的、封闭的部分，加上人的 DNA 编码未特化的、开放的部分，构成了人包括儿童的生物性基础。少量的、特异的、封闭的部分对应人类的共性的先天禀赋，即天性，具有人类共通性特点，较为稳定、确定；大量的、未特化的、开放的部分指向后天的环境互动与信息编码需求，指向每个个体的个性塑造，不稳定，不确定，随机性较强。就人的特异性编码部分来说，与开放性编码部分相比虽然非常脆弱，主要靠与后天的环境互动最终完成编码，但并不意味着"人的先天禀赋比一般动物在量上少或在质上差"②。依据生物学及神经教育学对人的观察研究，想象、好奇心、好动、爱游戏、爱学习等都是人的共同天性。

因此，保护儿童的天性、尊重个性，在小学阶段就显得尤其重要。整个小学阶段，6～12 岁儿童正处于人的天性发展及个性不断发展的形塑时期。阻碍抑或是标准化了人的非特异化编码部分的发展都违背了人类本性。脑科学、生物学、神经教育学的研究告诉我们，小学教育要更多地关注儿童的生物性基础，认识其根基地位。

小学教育要重视生物性根基，又不能屈从于生物性原则。在人的基因的特定性部分中，除了好动、好问等的天性之外，还包括社会性。生物学家达尔文、社会生物学家威尔逊等注意到了人身上的社会性。威尔逊研究了社会性动物的遗传特征，寻找到了包括人类社会在内所具有的集体生活、利他互惠、舍己为群等行为的生物学根源。达尔文认为，"人是一种社会性动物——谁都会承认人是一个社会性的生物"③。人类是高度社会性动物，靠群体分工合作而生存，依集体力量求安全，赖社会培育后代。一个孤立的人几乎不可能生存④。马克思一再强调，人的本质不是单个人所固有的抽象物，在其现实性上，它是一切社会关系的总和⑤。人只有在介入、习得所身处社会文化圈的

---

① 康德. 论教育学 [M]. 上海：上海人民出版社，2005：3.
② 刘晓东. 儿童精神哲学 [M]. 南京：南京师范大学出版社，1999：3.
③ 达尔文. 人类的由来 [M]. 北京：商务印书馆，1983：111.
④ 宋健. 人性兽性：科考人本 [M]. 北京：人民出版社，2015：90.
⑤ 中共中央马克思恩格斯列宁斯大林编译局. 马克思恩格斯文集：第 1 卷 [M]. 北京：人民出版社，2009：505.

文化基因后,他才算是"完整的人"。

2. 自然适应性原则

"率性教育"要提供适应儿童身心发展阶段的"学不躐等"的教育,要提供珍视童年期儿童独特价值的教育,要提供超越知识教育的智慧教育。

第一,儿童是"有力量"的个体,成人需要摒弃优越感。儿童是哲学家。好问与探究是儿童之天性,也是智慧之源。儿童经常提出成人哲学家们思考的问题,儿童有自己的哲学。比如,一些孩子提出这样的问题:什么是政治?为什么有男和女?为什么有贫穷和富裕?为什么1+1等于2?儿童的好问与探究是创造教育的起点。

儿童是艺术家。所有的孩子都愿意用画笔涂鸦的方式表达对世界的理解。每一个儿童都是艺术家,儿童喜欢涂涂画画。另外,儿童的游戏活动,也是儿童对世界的理解、认知和表达。

儿童是梦想家。童年是想象力发展的黄金时期,想象力是创造之基。梦想给了儿童无限的想象空间,儿童的梦想空间甚至可以超越成年人。梦想是对现实世界的同化,梦想是意识与集体无意识的对话,梦想可以使儿童进入一个比现实世界更有诗意也更为宏大的世界。儿童生活在梦想的世界,浸润在梦想里。儿童是诗人、艺术家,他们诗意地栖息在大地之上。梦想给了儿童诗意,也给了他们自由。儿童具有梦想的心态,这个心态创造了一个生机盎然,充满人情、人性的世界[1]。

儿童是有其自己的智慧、思想、精神世界、主体能量的,成人需要摒弃优越感,谦虚地面对儿童。成人不能简单化地把儿童当成知识的仓库、一张白纸,不能简单化地把教育理解成将知识"搬入仓库""画上白纸",成人需要利用好儿童各个方面的能量。

第二,最近发展区意义及自然适应性原则的适应。早期教育既不能超前,也不能落后,应根据维果茨基的最近发展区理论,支持、促进儿童发展。自然适应性原则反对早期智力开发、超前教育。

第三,早期教育要注重过程教育、基本思维能力教育。它不再把知识的教育奉为"终极旨归",尤其在当代知识爆炸的时代,知识的包袱已经显得越发沉重。因此,相对于知识的教育而言,智慧的教育更为根本。智慧不是实体,智慧体现在过程之中。在本质上,智慧并不表现在经验的结果上,也不表现在思考的结果上,而表现在经验的过程,表现在思考的过程[2]。智慧教育的根本不在于"教给学生多少知识",而在于更为根本的"基本思维能力"的

---

[1] 于伟. 儿童的意蕴与率性教育[N]. 中国教师报,2015-08-12(13).
[2] 史宁中. 关于教育的哲学[J]. 教育研究,1998(10):9-14.

培养。除了生活习惯和价值判断教育外,在早期教育中要特别关注培养儿童的想象能力与抽象能力①。因为想象能力、抽象能力在人类智商中更为基础,是人与动物在思维方面最为根本的区别。

(三)实践的指向

"率性教育"理念还常常面临多种"共享观念"的竞争。其中与学校理念存在最大竞争的"共享知识"来自教师的行动习性和实践意识。在教师的惯例化行动、实践经验与潜意识中隐藏着许多"视若当然"的文化要素,布迪厄将其称为"没有概念的知识"。

1. 着力解决功利主义倾向问题

这里尤其强调反对过度的功利主义教育。从人性的角度看,人的存在,既是一种工具性的存在、利己性的存在、自然的存在,也是一种目的性存在、精神性存在、超自然的存在。因此,教育既要使人获得关于生产的经验,让人学会生存(知识与技能),也要使人获得生活的经验(道德与伦理),让人学会做人。"率性教育"倡导人的发展有规律性,而人的童年因其特殊性具有独特价值。童年期的儿童充满主体性、丰富性的自然、天性力量,有自己独特的精神世界,不是蒙昧无知、一张白纸,因此,不能为了一个尚未确定的未来而牺牲儿童的童年生活。

2. 着力解决完美主义倾向问题

完美主义倾向的理论假设是"教育万能",认为学校教育能够把任何儿童都按照统一的标准、统一的要求、统一的步调培养成为完美个体,使儿童个体具备完美的知识和道德。从很大意义上来说,这是一种可望而不可即的"乌托邦"。用教师或管理者定义好的完美主义标准去要求所有富有个性、经验、自然禀赋等特点的儿童,是一种以实现完美之名而实施的"道德的教育暴力"。"率性教育"希望学校管理者及教师打破完美主义的束缚,为顺应儿童天性、保护儿童的个性、促进儿童按照自己的"轨道"发展提供可能。

三、观念的制度化:"率性教育"框架下的学校建设

从文化—认知的层面来看,制度是观念系统,在特定的学校场域中经过制度化的观念为个体或组织提供了行为标准和活动范畴。因此,学校理念作为共同知识、规则、程序和具体的结构模式而被赋予合法性。

(一)构建率性学校

率性学校是面向未来的"试验田"。未来学校的新样态、未来课堂的新模

---

① 史宁中. 试论教育的本原[J]. 教育研究,2009(8):3-10.

式、未来学习的新变革均是"率性教育"探索的方向，率性学校致力于开发未来学校可能的"生长点"和"萌芽点"。

1. 率性学校是儿童喜欢的慢步调自由空间

儿童的成长可以慢慢地展开，过上童年本就应该拥有的慢生活。在倡导"率性教育"的学校中，儿童的自由度相对较高，课间充满了童趣，儿童在校园里可以自由地玩儿，快乐地奔跑。率性学校较少"一刀切"，较少命令，较少揠苗助长，更多的是引导、鼓励、支持、等待和信任。

2. 率性学校是儿童兴趣发展的沃土

兴趣是一切学习的起点，也为持续学习、持久思考提供内在动力。率性学校致力于保护儿童好问与探究的欲望，鼓励儿童发现问题、提出问题，激发儿童动手动脑的兴趣。

3. 率性学校是儿童可以体验探究的智慧之家

在智慧之家中，教育教学超越了单纯的知识教育，注重在知识教育习得的基础上追求智慧教育，关注基本思维能力培养、高阶思维能力培养。在这里，儿童可以有深度地发问，有质疑地思考，有实践地探究。

4. 率性学校是促进儿童想象力、创造力发展的梦工厂

在这里，儿童有很强的探究欲望，可以天马行空，可以大胆假设，而教师们更愿意创造机会鼓励儿童开放地问、开放地想。

（二）有根源、有过程、有个性的"率性教学"

"率性教学"的内涵为有根源、有过程、有个性。其本质是遵循知识发生发展的规律、遵循儿童成长发展的规律以及遵循教学方式方法演进的规律。儿童认识世界经历从个别到一般的归纳过程，因而课堂教学要努力还原知识产生、发展的情境，尽可能让儿童经历知识、概念、原理产生的过程，让这种先验的知识转化为儿童可经验的、可发现、可探究的知识[①]。

1. 有根源的教学

有根源的教学包括三个方面。一是"知识线索之根"。教学内容要挖掘知识发生、发展的本源，让教学有深度、有广度、有据可依、有智慧深蕴。在教学设计、教学活动中，教师要注重挖掘知识的来龙去脉，追溯知识的本源，厘清知识发展的过程。二是"教学对象之根"。儿童的身心发展是不断变化的，其起点水平可探，其规律可循。因此，有根源的教学要求教师在各学科层面把握儿童的学力基础、学习起点，要依循儿童学习的规律和特点开展教学。三是"教学方法之根"。教师要了解不同教学方法、教学模式、教学组织

---

① 于伟. 教育就是要保护天性、尊重个性、培养社会性［J］. 中国教育学刊，2017（3）：79-82.

形式的本质和特征,把握教学规律,为教学目的选择合适的方法,为教学寻找本源依据,不盲目而教。

2. 有过程的教学

有过程的教学是由特殊到一般的归纳教学,强调从个别(个人或他者)经验或个别事物出发,归纳概括出一般结论。其内涵包括五个方面。一是"归纳过程的智慧"。它是指引导儿童经历知识从个别到一般的过程,重视归纳、从个别出发、从经验出发。二是"知识产生过程的智慧"。它是指引导儿童对知识产生的环境、原初状态进行还原,经历人类知识再发现的过程。三是"探究推理的智慧"。它是指引导儿童经历探究、发现及合情合理推测建构的过程,而不是单纯获取知识的结果。四是"沉思自省的智慧"。它是指让儿童经历对知识的习得、问题的解决、价值与意义等问题进行沉思、沉淀的过程,深入自省。五是"真正学习产生的智慧"。它强调儿童学习发展的"真"过程,重视由"教"向"学"的转变。学习过程必须注重学生的学,这就要求教师既关注儿童是如何学的,也要想办法了解儿童学习、思考的过程。

在教学实践中落实有过程的教学时,要重点强调以下几个方面。情境/具象:还原知识发生发展的原初状态,把抽象的东西形象化地呈现出来,让学习变得更容易。操作/体验:要让儿童经历动脑思考、动手活动的过程,这是儿童基于个人经验亲身参与的过程,也是发现、探究、建构的过程。对话/省思:引导儿童与自然、与自我、与他人、与文本对话,进一步加强质疑、评价能力和沉思、反思意识的培养。

3. 有个性的教学

有个性的教学要尊重儿童的学习差异,要基于儿童的学习差异展开,不搞"一刀切",不追求完美,要因材施教。儿童的学习差异主要表现在社会文化、民族、性别、家庭以及学习的兴趣、速度、适应性、起点、认知风格等方面。因此,学校要在不同学科上集中探索学习进度模式、课题选择模式、学习起点模式、学习顺序模式等不同教学方式,以适应不同儿童的学习差异,满足不同儿童的学习需求。

(三)"率性教育"的实施保障

"率性教育"观念的制度化,需要从学校管理、教师队伍、空间环境等各个方面实施与学校理念协调一致的改革举措。

1. 管理上打破完美主义的束缚

学校管理要注重尊重个性、关注差异,防止教育过程管理的严密化对儿童个性造成的压抑。有根源、有过程、有个性的教学要与即时的发展性评价有机结合,相互促进。

2. 培养"率性教师"

学校对理想的"率性教师"提出了有情怀、有人格魅力、有功夫、有风格、有研究的要求。有情怀，即要有"不仅当教书匠、还要当教育家"的理想情怀，要有自己的教育哲学；有人格魅力，即要公正、耐心、尊重、阳光、真诚、民主、仁爱；有功夫，即要有所教学科的知识功底、技能艺术及学习功夫；有风格，即教学是创造性的事业，要从实际出发，走出属于自己的道路；有研究，即要有进行原生态的小微课题研究的能力。

3. 开放的空间环境保障

"率性教育"实施对空间环境最核心的要求就是"开放"，给予儿童更多的自由空间。在空间规划上，学校可以通过建设开放式的教育建筑，尤其通过走廊空间与普通教室的一体化、开放化，为"率性教育"的实施提供便利条件。

镌刻着中国文化基因印记的"率性教育"，创造性地对小学儿童教育做出了大胆探索。这种探索既有对未来学校样态的大胆想象，也有对"率性教育"理论合理性基于生物学、脑科学、心理学、教育学等多学科的小心求证，更有对解放儿童、对儿童主体性能量的客观冷静观察。我们深知始生之物，其形必丑，"其作始也简，其将毕也必巨"[①]，吾辈同侪将一如既往探究并跂望着。

（本文原载于《教育研究》2017 年第 5 期）

---

① 庄子. 庄子 [M]. 北京：中华书局，2007：77.

重构学校时空安排　撬动教育教学变革[①]

面对社会技术变革加速导致的"时空压缩时代"的来临,重新审视和设计中小学校时空安排已经成为基础教育改革与发展不可忽视的关键环节和重要切入点。学校时间与空间承载着中小学生在学校中活动的内容、时长、节奏与秩序,构造了学生在学校中生活与学习的情境和场域,并制约着教师如何在课堂上将知识内容呈现给学生;学校时空背后承载着教育理念,制约着教育资源分配,并塑造着教育的权力关系。传统的学校时空安排往往表现为单一的课节时长、固定的教室布局、线性的课程安排以及封闭的校园空间结构。随着对儿童青少年身心健康、个性化学习需求以及未来社会发展趋势的认识加深,学校时空设计正面临着深刻的转型与重构。

学校时空安排应符合学生的身心发展规律,有利于学生的健康成长,有利于学生的自由与创造。学校不仅是求知的场所,也是学生成长的沃土。学校时空安排不应是整齐划一、功能单一的,而应是丰富多样、留白有闲的。学生是有尊严的、正在成长发育的鲜活个体,需要听课、写作业、考试,也需要自在、活动、休闲。从生理和心理发展角度看,学生的学习兴趣与效率不应被严格统一的循环时间束缚,而应与他们的注意力集中度、认知发展阶段及个体差异紧密相关。因此,一节课的理想时长需依托科学研究,充分考量不同年龄段学生的学习节律和专注力周期。在此基础上,可以尝试弹性化、模块化的课程安排,给予教学节奏更灵活的调整空间,预留自主学习时段,让学生拥有支配时间的自主权。

教室不仅是知识传授的场所,还应当转变为促进多元化、探究式学习的空间。应根据新时代课程与教学需求重新规划教室的大小、布局,重新确定教室是否保留墙、门窗等。鼓励创建开放式学习环境,这样既能满足小组合作的需求,也能满足个人独立思考的空间需求。走廊作为过渡空间,宽度和功能的设计至关重要。走廊既要保证学生安全通行,也可以拓展为非正式学习区域,增加学生间的互动性,激发学生自由探索的欲望。课间休息时间应

[①] 本文作者是东北师范大学于伟教授。

赋予学生充分的课间休息自主权,有足够的身体活动和放松时间,以舒展身心。至于学年的学期划分与假期安排,学校应当综合考虑学生学业压力、季节变化、家庭生活等多种因素,力求在保证学业进度的同时,给学生充足的学习、发展与休闲时空。

在迈入生成式人工智能这一崭新时代的背景下,学校时空设计正面临着一系列前所未有的复杂挑战与革新需求。例如,如何借助智能技术实现个性化教学计划与空间使用的实时优化?教育者需要深思熟虑的是如何巧妙运用人工智能与大数据分析技术,实现实时监测与精准定位每名学生的个性化学习需求,进而动态调整教学计划和空间资源配置,使之契合每名学生的独特发展路径。这不仅涉及对传统学校时间编排的颠覆性变革,还需开发能够实时反馈、灵活适应的教学系统,从而确保教育资源得到最优化配置,真正实现因材施教的教育目标。再如,如何构建线上线下混合式的新型学习生态,打破传统意义上的"课堂边界"?教育者亟须破除实体教室的物理边界,搭建起无缝衔接的线上平台,使学生能够在任何时间、任何地点获取自己所需的知识,参与互动讨论,共享教育资源。这种混合式学习模式要求学校时空安排既要维持实体校园的教育功能,又要创新性地融入网络空间,创建一个无处不在、无时不可的学习环境。另外,如何整合虚拟现实(VR)、增强现实(AR)等技术手段,创造沉浸式学习体验,突破实体空间的局限?通过引入这些技术手段,教育者可以构建沉浸式学习场景,将学生带入仿真三维环境,使其直观、生动地理解和掌握知识,大幅拓展实体教学空间维度。这种模拟真实世界的交互式学习体验有助于提高学生的参与度,促进学生深度理解,也为突破传统教学方式中的诸多局限带来了可能。

进入生成式人工智能时代,学校时空安排面临的挑战已不局限于技术层面,而是聚焦于教育理念的升级迭代以及教育模式的深度重构。面对这些挑战,理想的学校时空安排应当秉持开放性、灵活性、个性化和实用性的原则,合理配置固定与移动空间资源,注重物质空间与虚拟空间的融合。学校的时空设计是一个重要的理论课题,唯有审慎反思才能更好地回应教育新时代的要求,真正服务于每名学生的全面发展。同时,我们倡导更多的理论研究与实践探索,以科学依据指导学校时空安排的创新与持续改进。

(本文原载于《中国教育学刊》2024年第3期)

通往"智慧教育"之路
——以有过程的归纳教学深描为例[①]

【摘要】 随着不受时空限制的学习化社会的来临,愿意学习、学会学习对儿童来说意味着健康成长,消极被动的学习或许意味着灾难。有过程的归纳教学试图从实践层面探索如何激发、保护儿童学习的主动性和积极性,如何让儿童的主动、积极学习真实发生,让儿童的学习突破认知、知识的局限性,为当今大家所聚焦的主动、积极的全面学习提供范例。有过程的归纳教学从儿童的先天本能、从儿童作为整全人的成长发展、从儿童已有的认知经验和情感状况出发,让儿童经历从个别到一般、从具体到抽象、从宏观到微观的学习理解过程。从学习空间场域来看,有过程的归纳教学为儿童搭建有趣、自由、安全的学习场域,让小组、社区、世界同样成为儿童的教室;从学习内容视角来看,有过程的归纳教学以大单元学习为载体,强调课程的综合性与融合性,关注学习的操作性与体验性,聚焦儿童学习的亲历性与过程性;从学习方式来看,有过程的归纳教学强调搭建个人自学、小组合作、班级交流等学习环节,关注儿童在学习共同体中是如何学会学习、学会思考和学会成长的。

【关键词】 有过程的归纳教学;一般;个别;具体;抽象;智慧的教育;智慧的学习

有过程的归纳教学,即指在教师的指导下,通过更多的个别、具体、特殊、经验等抽象出一般、规律、本质、学科知识,发展智慧的一种儿童主动学习的过程。其强调从个别(个人或他者)经验或个别事物出发,归纳概括出一般结论。在这个过程中,儿童先暴露学习进程、理解学习逻辑,再锻炼学习智慧、掌握学科核心知识,最终重点发展抽象能力、想象能力等"一般"能力。

[①] 本文作者为东北师范大学于伟教授。

一、为什么提倡有过程的归纳教学

我们生活在地球上，我们是"这个"世界的产物，因此，正确的思维就是指那些能够合乎"这个"世界的思维，能够合乎"这个"世界普遍存在的规律的思维。或者可以反过来说，自然界只能依照自身的规律进行自然选择，这就是达尔文创立的进化论的真谛①。一个时代的课堂中合适的教学应该如何开展并形成何种教学思想同样如此。

唯知识、认知的教育在过去一段时间里在解决社会与时代的需求上是合理的、正确的，但现在或者未来，它正在过时。当前的教学普遍重视从一般到个别的演绎推理教学，缺少从个别到一般的归纳推理教学。演绎推理教学长于模仿、短于创造。演绎推理方法只能验证真理，而不能发现真理。

有过程的归纳教学是合乎"这个"世界、时代的进化产物，是与生产力的发展相适应的，现在及未来发展需要的是智慧教育，用以培养儿童的智力，涵养儿童的创新能力，从而使其更好地适应创新型社会的建设，去解决国家可持续发展所面临的创造力不足的问题。小学阶段的教育则要思考如何让课堂赋能儿童成长，有过程的归纳教学正是基于此思考产生的教学范式。

有过程的归纳教学是合乎小学生学习规律的产物。小学阶段儿童的学习与认知特点决定了要采取一种从具体到抽象逐步过渡的教学方式。

二、有过程的归纳教学的性质

智慧的不断提升是教育的重要目的。正如陈元晖先生所说，教育的目的是让人变得更聪明。教师是培养学生"智慧能力"的教练，而不是内容和活动的供应商。

智慧体现在过程中。这里所说的智慧不是实体。在本质上，智慧并不表现在经验的结果上，也不表现在思考的结果上，而表现在经验的过程中，表现在思考的过程中。再究其原本，在生存过程中，智慧表现在对问题的处理、对危难的应对、对实质的思考等方面。

智慧的学习是对知识学习、认知学习的一种超越。智慧的学习与知识学习、认知学习有本质不同。知识学习依赖于结果，更多依赖于学习的耐力和对知识的理解力。以知识为本的教育在本质上是结果性的教育。智慧的学习不仅依赖于过程，更多依赖于活力和创造力。智慧的学习不排斥知识学习，

---

① 史宁中. 试论人的基于本能的认知［J］. 东北师大学报（哲学社会科学版），2020（5）：1-8.

很大程度上依赖于知识，本质上不依赖于知识累积的多少，而依赖于对知识的理解、对各种知识之间相互关联的掌握、利用知识指导实践的经验和动手实验的能力。小学阶段的知识学习只是载体，理想的学习应当以知识为依托，持续推动儿童智慧的发展。

在智慧的教育中，经验被提到了与知识同等重要的地位。也就是说，感官直觉接收与书本讲解接收同等重要。智慧的教学，需要通过搭梯子、搭支架，通过经验，实现知识的掌握、智慧的发展。

在课堂的教学过程中，教师应主要关注对儿童五种智慧的训练。其中第一种是宏观性的，第二种到第五种是在第一种的过程中派生的。

一是"归纳过程的智慧"，引导儿童经历知识从个别到一般的过程，重视归纳，从个别出发、从经验出发，归纳一般。

二是"知识产生过程的智慧"，对知识产生的环境、原初状态进行还原，引导儿童经历人类知识再发现的过程。

三是"探究推理的智慧"，引导儿童经历探究、发现及合情合理推测建构的过程，而不只是获取知识的结果。

四是"沉思自省的智慧"，让儿童对知识的习得、问题的解决、价值与意义等问题进行沉思、沉淀，深入自省。

五是"真正学习产生的智慧"，强调儿童学习发展的"真"过程，促进课堂由"教"向"学"转变。这个"过程"必须是儿童自己"学"，而非教师主观预设的过程，不是教师代替儿童思考，直接把结果告诉儿童。这就要求教师既关注儿童是如何"学"的，也要想办法展现儿童"学"的过程。

总之，有过程的归纳是一个持续不断的生长过程，在生长的每个阶段，都以培养儿童的智慧与能力为目的。

在有过程的归纳教学中，智慧的增长蕴含着抽象的思、符号的思、想象的思、推理的思、论证的思、逻辑的思、哲学的思，而不是一闪念的思、偶发的思、突发奇想的思。教师要让这些"思"成为沉思，延展成推理链、逻辑链、论证链，进而培养儿童好的思维品质。

三、有过程的归纳教学的立足点

有过程的归纳教学从儿童先天本能、儿童作为整全人的成长发展、儿童已有的认知经验和情感状况出发，让儿童经历从个别到一般、从具体到抽象、从宏观到微观的学习理解过程。

（一）生物基础：顺应愿意学习、创造等儿童的先天本能

本能是指人和动物在进化过程中逐渐形成的，由遗传而获得的、与生俱来和不学而会的行为模式，是人和动物重要的行为原动力。教育的起点是人的先天本能。本能是教育天然生物性的基础，有过程的归纳教学首先源于它。

人的本能涉及的范畴较为宽泛，包括积极的与消极的。与教育相关的积极的儿童本能有：

学习、求知欲，包括模仿。

好奇心。

好动。

怀疑。

心理学家威廉·麦独孤（William McDougall）指出，求新、创造也是儿童天生具有的本能。

再具体一些，如儿童有学习数学的本能。东北师范大学史宁中教授认为，对于数学的认知而言，儿童的本能是对数量多少的感知和对距离远近的感知，基于这两种本能，以及儿童所具有的抽象能力和想象能力这两种特殊能力，儿童对数学的认知成为可能[①]。

在有过程的归纳教学中，教师必须考虑受教育者的主动性，必须考虑受教育者的学习欲望和能力。协调的教育，只能是引导这种欲望并且激发其能力[②]。从本能的角度来讲，儿童是天生愿意学习、爱好学习的。后天的厌弃只是遭受了外在因素的不断干扰，如超限度学习、过度的知识累积学习等所导致的学习本能的异化。单纯的知识信息传递的教育，更容易抑制儿童学习的本能。

有过程的归纳教学必然让儿童愿意学习。它建立在保护而不是抑制这种朴素的学习本能的基础上。有过程的归纳教学，以儿童的天然本能为主，通过引导、启发与适度指导，使儿童向他能够做到的地方发展。因此，有过程的归纳教学，是符合儿童的发展规律的教学思想。在有过程的归纳教学中，儿童会表现出更积极主动的学习热情，而不是仅由单纯的知识理解、记忆、检测等过程带来的被动学习、厌倦情绪与疲劳感。从这个角度来讲，有过程的归纳教学能非常好地解决儿童愿意学习的问题。愿意学习对儿童来说意味着健康成长，消极被动的学习或许意味着灾难。有过程的归纳教学试图从实

---

① 史宁中. 试论人的基于本能的认知[J]. 东北师大学报（哲学社会科学版），2020（5）：1-8，192.

② 史宁中. 关于教育的哲学[J]. 教育研究，1998（10）：10-14，45.

践层面探索如何激发、保护儿童学习的主动性和积极性,让儿童的主动、积极学习真实发生而不是被迫。

(二) 人的发展:学会学习重于学会多少

儿童不是一个知识仓库,他是一个完整的人,一个有发展需求的人。学会多少很重要,但学会学习更重要。

有过程的归纳教学,就是在从个别、特殊、具体等归纳出一般、规律等的过程中[①],让儿童会归纳,会探究推理,会沉思,会表达,会反思,会在共同体中对话……这些应对问题、处理问题的智慧是儿童作为一个整全人在生活的方方面面都需要的。单纯地"理解知识""复现知识""应用知识"主要是为了应对考试,但是会归纳、会推理、会反思、会对话等智慧的形成可以让儿童"会学习、会生活"。

(三) 学习规律:小学生的学习更多的是从特殊到一般

已有的认知经验和情感在小学生的学习中很重要。小学的学习,与初、高中及以后的学习是有根本区别的。从初中以后的学习可以是"从符号到符号、从推理到推理、从论证到论证、从先验到先验……",但小学生的生理发展特点决定其学习是从具体到一般、从特殊到一般的过程,是发现规律、总结经验的过程。只有"经历"才能打下"烙印",只有"参与"才能经历"深刻",只有"思考"才能解决"问题"。因此,我们将学习看作在教学中进行的动态的、发展的、多元的、互动的参与过程。

(四) 真正的学习:包含儿童个体的建构与创造

人们对课堂中"学习"一词的理解是存在分歧的。比如对于传统的课堂来讲,学习意味着对知识的理解与掌握,是儿童在知识把握程度和深度等方面的一种学习结果的体现。而有过程的归纳教学认为,学习不仅是对知识结果的掌握,还包括儿童个体的建构和创造;学习不仅是对内容的掌握,还包括思维参与的结果。智慧,正是蕴藏在这样的学习过程之中,蕴藏在内容目标与思维目标交互理解与掌握的过程之中。

创造的激情在当前的小学阶段是缺少的。不是小学阶段的儿童不能创造,而是他们缺少对创造的激情的追求。既然好奇心、怀疑、创造都是儿童的天性,有过程的归纳教学就应顺应这种天性,尽量不去抑制它,而是搭建各种大单元的平台、操作的平台、体验的平台去促进儿童个体的知识建构和创造。

[①] 演绎的学习是从一般到特殊,从大前提推论结论性的,结论早已给出,因此提供的儿童学会学习、发展智慧的空间较为狭小。

这种对人的生物性的顺应包括对儿童个体的建构和创造的顺应，必然造就创造的激情。

四、有过程的归纳教学实施深描

（一）学习内容：开发具有一类特征的大单元

从学习内容视角来看，有过程的归纳教学以注重知识之间同类关系的大单元学习为载体，强调课程的综合性与融合性，关注学习的操作性与体验性，聚焦儿童学习的亲历性与过程性。

1. 增加知识同类关系的个别、特殊的数量

案例：统编版《语文》四年级上册边塞诗。

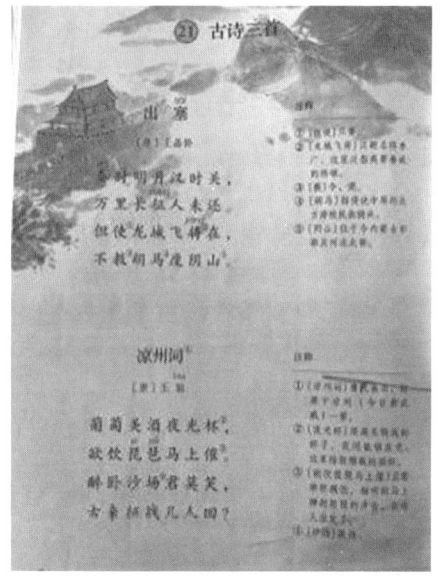

图1　边塞诗学习内容整合

案例：统编版《语文》五年级上册中国民间故事单元。

板块	课时	教学内容	教学目标	分课时及目标	
单一文本阅读	4课时	《牛郎织女》	1. 学习生字，扫清文字障碍。2. 通过人物事件图，引导学生梳理文本、理清关系。	第1课时	学习字词，熟读课文。
				第2课时	读懂《牛郎织女》，捕捉关键情节，绘制人物事件图。
				第3、4课时	借助《牛郎织女》人物事件图，体会人物之间的关系。

续　表

板块	课时	教学内容	教学目标	分课时及目标	
群文比较阅读	3课时	《天女散花》《水母娘娘》	通过比较阅读找出三个文本的相同点，从而引导学生归纳出中国民间故事的特点。	第5课时	阅读民间故事《天女散花》，绘制人物事件图。
				第6课时	阅读民间故事《水母娘娘》，绘制人物事件图。
				第7课时	对比阅读《牛郎织女》《水母娘娘》《天女散花》，总结中国民间故事的创作规律。
创作与表达	5课时	创编民间故事	根据中国民间故事的特点，组织学生分别以小组合作及独立创编的形式创编故事。	第8课时	习作指导，指导学生创作带有中国民间故事特点的故事。
				第9课时	学生独立创作故事。
				第10、11课时	小组交流、全班交流所创作的故事，并在交流中进一步完善故事。
				第12课时	年级组交流、展示。

有过程的归纳教学强调单元课程的综合性与融合性，主要是增强同一类学习材料的整合。如这两个大单元的范例都具备一个核心特征，就是在原有单元的少量的几个同类文本基础上，增加、整合小学阶段同类型的文本，使个别、特殊的数量增加，从而形成一个类别。这就给儿童从这些足够的个别、特殊抽象出共性创造了可能的充分条件。比如，原来的教材只有《出塞》《凉州词》两首边塞诗，后来大单元的建构增加了同类的八首诗歌，使得边塞诗的个别、特殊个体达到了一定数量，这样儿童可以轻松地从这一类诗歌中抽象出共性。

2. 增加学习材料的情境性、具象性、操作性和体验性

案例：北京师范大学出版社版《数学》四年级上册"乘法分配律"。

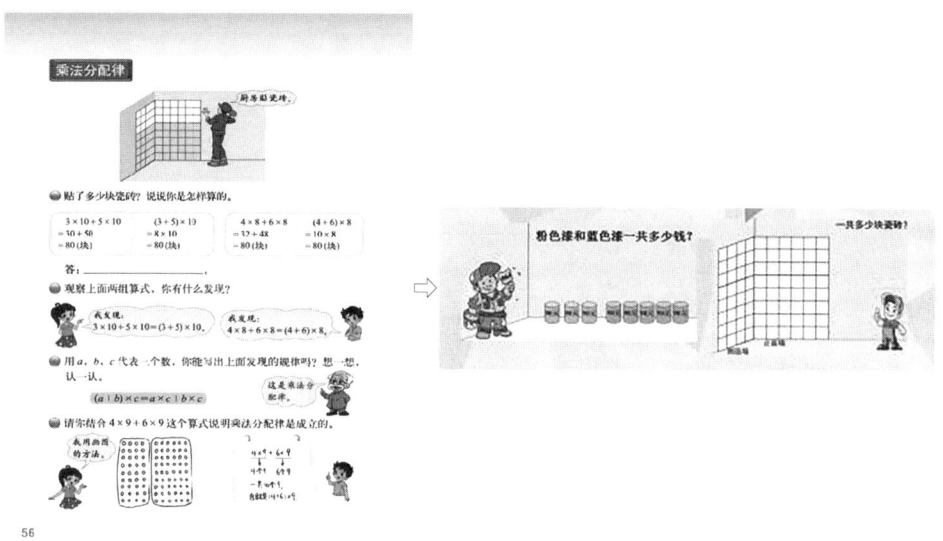

图 2　"乘法分配律"学习材料设计

有过程的归纳教学关注儿童学习的操作性与体验性，聚焦儿童学习的亲历性与过程性，提供的材料需符合有过程的归纳教学的大单元内容，尽量增加儿童操作、体验、亲身经历的机会。比如，在图 2 学习材料的建构中，原教材只有左图工人贴瓷砖这一个情境，这个情境是单一的，对儿童来说在理解上有一定的困难。因此，后开发的学习材料增加了粉刷不同颜色油漆的情境，使得情境的数量增加，拓展了儿童理解抽象原理、推理原理的空间。

另外，从教材编排的纵向思路来看，将枯燥的计算、推理建立在根据具体情境进行计算的基础之上，儿童更容易理解。把抽象的东西具象化地呈现出来，能让学习变得更容易。操作与体验为儿童学习提供了摸一摸、试一试、探一探的机会，只有亲自操作与体验，儿童才更有可能理解。基于个人经验的亲身参与的过程，是发现、探究、建构的过程。情境创设和具象化是教学的起点，最终目标是推动儿童的思维向形式化、符号化和抽象化发展。

（二）空间场域：友好安全的自由试错场产生智慧与主动学习

充满智慧而深刻的思想产生于自由的空间。

从学习空间场域来看，有过程的归纳教学为学生搭建了有趣、自由、安全的学习场域，让小组、社区、世界也成为儿童的教室。

有过程的归纳教学让儿童处于任务状态，他们可以自由地冒险，自由地提出想法。教师提供开放、民主、探究、对话的环境，创造条件让儿童想质疑、敢质疑、爱质疑、会质疑。教师要从儿童的视角了解儿童的困惑，善待儿童的"傻问题"；大力倡导、表扬儿童"提问题"，保护儿童好奇、好问、好探究的天性。

师生在课堂上的状态是松弛、和缓、自然的。

教师要致力于培养"若无其事的温存关系",因为这种关系不是刻意的,不是讨好的,不是做给谁看的,不是"教师提出一个问题后想要儿童的某一个正确的答案",不是"儿童努力地揣测老师想要什么、正确答案是什么"。这种相互温存的关系能让儿童更愿意说话,如"我不会""我在哪里卡住了""我还可以怎么做"等。只有非常温存,没有防御的身体语言,才会让儿童愿意参与。

儿童说话经常是充满创意的。一年级的儿童会创造性地用一些词语、句子来表达自己的想法。所以,如果班级环境是宽松、友好、安全的,就容易培育出富有创造力的儿童。在个人学习、小组合作、班级交流中,用师生的姿态和师生彼此的关系来营造出良好的班级环境,这对儿童思维的发展特别有利。

1. "归纳过程的智慧",引导儿童经历知识从个别到一般的过程

案例:统编版《语文》四年级上册边塞诗。

儿童对两首边塞诗(个别),在自由、轻松的讨论氛围中进行基于个体主动的知识建构的抽象(抽象边塞诗的特点):

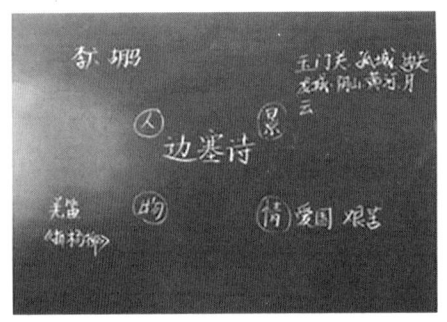 

图 3　进行基于个体主动的知识建构的抽象

这种抽象所得到的儿童讨论的结果,是原教材两首边塞诗(个别)所不能达到的水平,而且儿童建构出来的知识的结果,完全超出了教师教案中所做的预设,对原有知识范围进行了非常大的扩展。这是儿童在自由、轻松的环境中完成的知识建构,是在从个别到一般的学习中才有的智慧生成。

案例:统编版《语文》五年级上册中国民间故事神话单元。

儿童对几篇中国民间故事(个别),在自由、轻松的讨论氛围中进行基于个体主动的知识建构的抽象、归纳(抽象、归纳中国民间故事的特点):

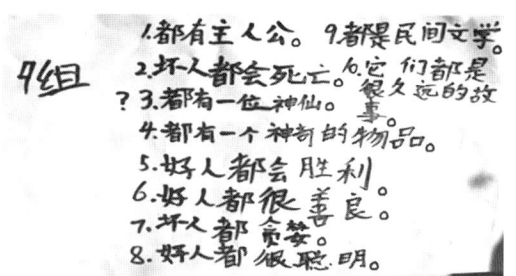

图4 进行基于个体主动的知识建构的抽象、归纳

我列举了所观察课堂中的一个小组的抽象结论。这些结论也是教师在备课时完全没有意料到的创造性结果。

2. 在归纳过程中进行的各种智慧锻炼

(1)"知识产生过程的智慧",对知识产生的环境、原初状态进行还原,引导学生经历知识再发现的过程。

案例:北京师范大学出版社版《数学》一年级下册"进位加法"。

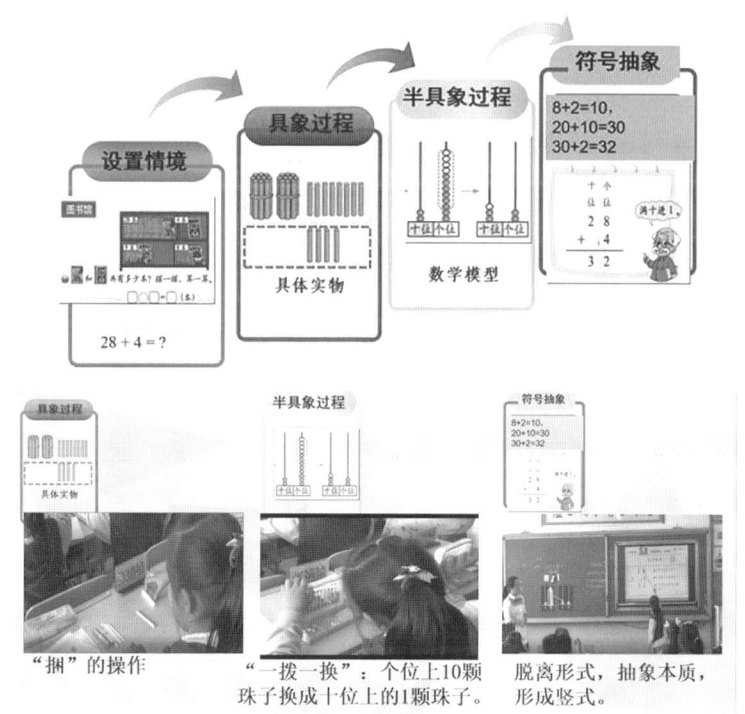

图5 引导学生经历知识再发现的过程

在这个过程中,教师应设置儿童可以理解的具象情境,让儿童经历从具体情境到具象过程,再到半具象过程,最后实现符号抽象过程。儿童经历进

位加法的"进位"知识还原的过程,经历知识再发现的过程。一年级儿童通过这种方式对进位加法能有更透彻的理解。这种"理解"打破了仅仅教计算规则的"先验"性框架。这就是重过程的教育,而不是仅仅重视计算结果的教育。

(2)"探究推理的智慧",引导儿童经历探究、发现及合情合理推测建构的过程。

案例:北京师范大学出版社版《数学》四年级上册"乘法分配律"。

第一阶段的推理:从情境出发,获得特例,进行观察、分析、探究算式计算的特点。研讨特例——抽象、概括,总结规律。

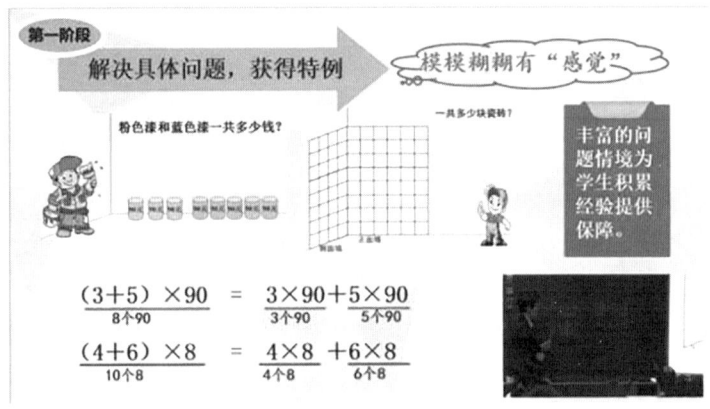

图 6 第一阶段的推理

第二阶段的推理:通过仿写算式,班级的儿童一起贡献了多个特例。在积累了多个"个别"后,教师开始引领儿童归纳"一般"。教师提出"这样的等式太多了,写也写不完。让我们来研究这些等式的特点,找一找里面藏着哪些奥秘"的学习任务,并组织儿童开展小组合作和班级交流,让儿童在"对话"中进行思维碰撞。

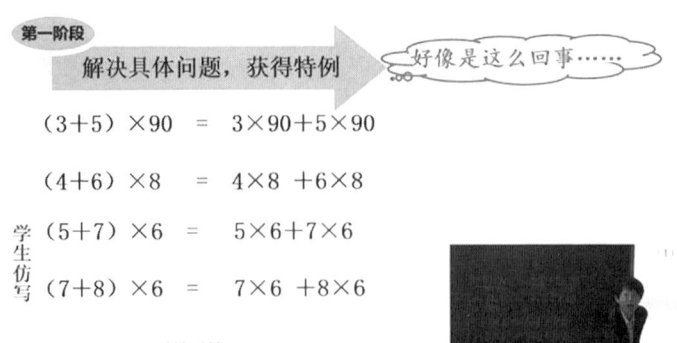

第二阶段

观察、分析、比较，研讨特例

$(3+5) \times 90 = 3 \times 90 + 5 \times 90$
$(4+6) \times 8 = 4 \times 8 + 6 \times 8$
$(5+7) \times 6 = 5 \times 6 + 7 \times 6$
$(7+8) \times 6 = 7 \times 6 + 8 \times 6$
…… ……

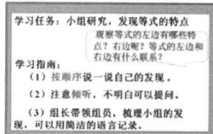

枚举归纳推理（初级思维）："是这样"
通过算式外部特征从符号和数的角度，总结出规律。

科学归纳推理（高级思维）："为什么是这样"
左边算式都是合起来算几个几，右边算式都是分开算几个几。

图 7　第二阶段的推理

有的儿童通过观察算式的外部特征，从符号和数的角度，总结出规律，这就是枚举归纳推理。

还有一些儿童用乘法意义的道理，解释两边算式相等的原因，其实左边算式都是合起来算几个几，右边算式都是分开算几个几。这是根据算式内部的关联得出的规律，是在解释"为什么是这样"的问题，可以说是"知其然还知其所以然"，运用的是科学归纳原理，这种思维更加高级。

（3）"沉思自省的智慧"，让儿童对知识的习得、问题的解决、价值与意义等问题进行沉思、沉淀，深入自省。

案例：北京师范大学出版社版《数学》一年级下册"进位加法"。

$$
\begin{array}{r}
2\ 8 \\
+\ {}_1 4 \\
\hline
3\ 2
\end{array}
$$

图 8　进位加法举例

在学习过程中，儿童提出了许多问题，如：
"这个 1 表示多少？"
"2 为什么要和 1 加在一起呢？"
"为什么 1 写在这里，写得这么小呢？"

有过程的归纳教学，不是直接把算理教给儿童，而是让儿童学着尝试对这些根本问题进行思考。深入思考比结果算得正确、记下算理更具有深度学习的意义。

案例：北京师范大学出版社版《数学》六年级上册"圆的面积"。

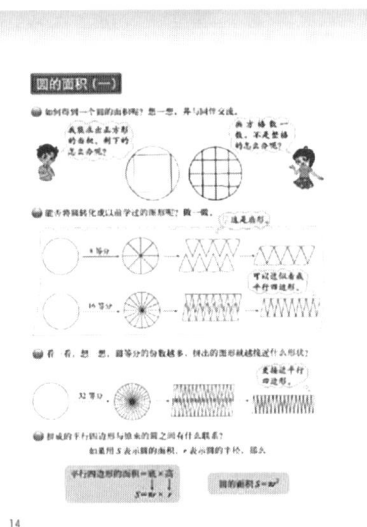

图 9　在"圆的面积"学习中，儿童进行沉思

儿童×××：我认为无论分割成多少份，每个小扇形都会有弧度，圆都无法变成真正的平行四边形。那就不能用平行四边形的公式来计算，算出来的也是一个大约的结果，不是准确的。

（4）"真正学习产生的智慧"，强调儿童学习发展的"真"过程，促进由"教"向"学"转变。这个"过程"必须是儿童自己"学"，不是教师主观预设的过程，更不是教师代替儿童思考，直接把结果告诉儿童。这就要求教师既关注儿童是如何"学"的，也要想办法展现儿童"学"的过程。

案例：北京师范大学出版社版《数学》一年级下册"进位加法"。

图 10　儿童学习发展的"真"过程

当计算个位上的 8+4 时，有的儿童在拨珠的过程中遇到了问题：个位上只有 10 颗珠子，少 2 颗珠子怎么办？

把个位上的 10 个珠子拨回去，换成十位上的 1 颗珠子，这是为什么？

儿童动手操作可视化地展现儿童遇到困境及尝试解决困境的过程。这里不是教师直接讲授进位加法的算理，而是儿童在个体参与建构中感受困境、尝试自己解决问题，儿童重复地参与了学习、理解的过程。

（三）学习方式：在学习共同体中学习、聚焦一般

从学习方式来看，有过程的归纳教学强调搭建个人自学、小组合作、班级交流等学习环节，关注儿童在学习共同体中是如何学会学习、学会思考、学会成长的。我们以长春出版社版《语文》三年级上册童话探秘单元为例。

1. 扎实的个人自学

从学习组织形式来看，有过程的归纳教学，首先强调进行非常扎实的儿童个人自学，每个儿童都要独立思考。

在童话探秘单元，教师让儿童先自己练习朗读，然后填写"《一张美丽的红枫叶》朗读发表卡"。填写朗读发表卡的目的是，让儿童进一步确认自己最感兴趣的段落，并将自己要表达的感受尽可能地表述出来，和自己的感受"见面"，以便在朗读发表后与同学互动的过程中，把未能通过"声读"表达出来的感受讲述出来。

儿童 1：我想朗读的是第二场景的第 5 到第 7 自然段。选择这部分进行朗读的原因是：我觉得这一部分好玩又有趣。因为要表达青蛙先生兴奋的心情，朗读的时候，我得把"红红的枫叶"读得稍微重一点；因为红枫叶好看，朗读的时候，我得把"它有五个细小的'手指'，就像一个红润润的小巴掌"读得慢一些，好让同学们仿佛看到这片红枫叶。

儿童 2：我想朗读的是第四场景的第 9 到第 14 自然段。选择这部分进行朗读的原因是：小蜥蜴和青蛙先生的对话真有趣。因为要表达小蜥蜴和青蛙先生的心情，朗读的时候，我得把"盖在你身上的那张红枫叶呢"读得快一点，而且眉头要皱起来；因为青蛙先生那么想得到红枫叶，可是它被吹到小溪里去了，朗读的时候，我得把"我太喜欢它了"读得声音很轻，青蛙先生太伤心了。

……

朗读发表对于儿童阅读童话又有什么帮助呢？一是帮助儿童归纳出了童话的要素；二是帮助儿童归纳出了表达感受的技巧；三是帮助儿童归纳出了如何联想和想象。

2. 充分的小组合作

进入小组合作阶段，儿童开始在学习共同体中学习。

在小组合作中，在单个小组内要将组内成员每个人的个人学习成果进行

汇总，并进行组内的深度交流。在小组合作中，儿童要围绕童话的特点等小组学习任务，初步归纳、抽象，形成小组的结论。通过对"童话故事探究卡片"的整理，儿童归纳出所发现的 40 多个有创意的观点，完全超出教师的预设。

图 11　童话故事探究卡片

3. 深度的班级交流

小组合作学习结束后，儿童在学习共同体中的学习进一步扩大为在全班中的学习，并进行组与组之间的交流以及师生、生生之间的深度交流。

进入班级交流阶段，交流的形式主要是以小组为单位进行集体汇报，交流核心观点。

在交流和对话的过程中，我们看到，儿童用自己的语言，归纳出童话主要以友情、恐惧、变化、梦想等作为主题，以有趣的表述方式、不同的表现手法来呈现。儿童不但能够捕捉到角色、情节、场景等童话要素，还主动到每一个具体的童话情境中寻求"合理"的依据，为自己的创见性思考进行背景解释，努力探寻结论的合理性，提高归纳结论的可信度。

（本文原载于《新儿童研究》2022 年第三辑）

重建数智时代课堂生活中的共鸣①

【摘要】 数智时代的教育研究忽视了无聊作为一种情绪、情感和存在领会对教育质量的影响。从工业时代的情境性无聊到数智时代的过程性无聊,课堂沦为数字教育景观的制造地,学习活动失去了物质性、过程性。其原因在于教育时间加速所带来的教育、学习过程性的压缩,让儿童失去了与教育时空、他人、物界和自我的共鸣关系,课堂失去了其共鸣的功能。需要通过以共鸣为指向的教学观、课程观、师生观的变革来重建数智时代学习者与世界的共鸣关系。以教育意向性规定技术意向性,重视数智技术带来的情境/具象,同时重视儿童的具身性的操作/体验、对话/省思;关注儿童的自我效能感的实现,保护儿童天性中的情感,构建儿童的工具—社会、文化—心理兼顾的情感本体;重构师—生—物质三者之间的开放式、响应式的互动、交往关系,在注重人的主体性的同时,关注物质在师—生—物质组成的行动者聚合体网络中的能动性作用。由此,通过摆脱教育景观化倾向中的过程性无聊,发掘数智时代课堂改革的契机。

【关键词】 数字教育景观;课堂无聊;数字化学习;共鸣教育学;自我效能感

课堂质量是教育发展的生命线,课堂质量关乎育人质量。现有关于高质量课堂的研究与实践更多关注儿童的认知发展,忽视了情感维度②。人类从古

---

① 本文作者是东北师范大学于伟教授、博士生王志斌。

② 通常情绪是具有鲜明的情境性、短暂性的生理状态的表现,更偏重人的生物性需要,诸如人的心境、激情、应激反应。情感则体现为人类独有的深刻、稳定、内隐、持久的状态,更偏重人的社会性需要,诸如人的理智的情感、道德的情感、审美的情感等。本文对"无聊"的解释主要采用的是海德格尔关于无聊的现象学论述。海德格尔在《形而上学的基本概念》中论述了无聊的三种情形。其中,第一种无聊取消了对象,第二种无聊淡出了主体,第三种无聊则使一切都无意义,使事物和主体呈现为毫无差别的状态。本研究认为,对某物、某人、某事或者对自身感到无聊,无聊表现是使人拖延和空虚、匮乏。浅层次的无聊,主要讨论的是儿童的情绪,如课堂中的昏昏欲睡、乏味、焦急等待等。深层次的无聊则体现为一种情感,指儿童对自身的存在意义丧失了一种整体性的感受,从而感受到的无意义感的空虚。

至今继承了很多祖先的体验、经验和智慧,但是也继承了很多消极的情绪和体验,如无聊、无知、无意义。无聊作为一个古老的话题[①],也作为人类行动的一个重要因素,被当下的课堂改革忽视了。一方面,在传统的教育实践中,学习的起点主要是摆脱无知,忽视了摆脱无聊作为教育的另一个起点。试图使儿童通过知识、技能的培养来实现一个人的个性、社会性的发展,一定程度上忽视了儿童的情感维度。如戈茨(Götz)等人所言,学生确实在大约50%的课程中经历无聊,无聊构成了一种"人力资源耗散",无聊作为课堂中的一种常见现象,可以帮助我们反思情感对于高质量课堂的意义和价值。另一方面,摆脱无聊蕴含着课堂改革的契机。数智时代课堂生活的研究大多聚焦课堂空间的数字变革、师生互动增效、教学实践赋能,以及如何设计、实施高质量的课堂[②],忽视儿童非认知的情感维度。在教育实践中,将课堂理解为知识传递或者精准使用数字智能技术的场所,忽视课堂是一个儿童社会性发展、创造力展现的场所。数智时代高质量的课堂需要积极探索情感因素在儿童主体认知、意义感获得中的价值。

一、数智时代课堂生活中的消极情感展演

无聊是古老的情绪,它是人类进化的结果,也是社会文化建构的产物,进入数智时代,课堂从制度化、标准化教育中的情境稀缺转变为景观化、泛在化教育中的情境性泛滥。真实与虚拟交错的数字教育空间和各种数字教育景观,为传统课堂带来了情境的解放的同时,造成了儿童感性的灾难、眩晕,造成了儿童经验结构的错乱,使儿童经验的过程性和意义感的获得成为问题。

(一)情境性无聊作为传统课堂生活的基本情调

学者对课堂的理解,一方面是显性的正在发生的教育、教学活动,另一方面则是隐形的课堂生活,情境性无聊正是作为隐形课程的后果。如"隐形课程"提出者菲利普·W. 杰克逊(Philip W. Jackson)所说,传统的课堂生活有一个重要的特征,就是在拥挤的人群、日益重复的评价性的环境和不平等的师生权力关系中进行,儿童需要不断地排队、等待[③]。这种集体化的生活和充满微观权力的评价性环境,构成了传统课堂生活中的情境性无聊,在一

---

① 史文德森. 无聊的哲学 [M]. 范晶晶,译. 北京:北京大学出版社,2010:前言.
② 谢幼如,夏婉,邱艺,等. 数字化转型赋能高质量课堂:逻辑要义、实践向度与典型样态 [J]. 中国电化教育,2023(09):50-58.
③ 菲利普 W 杰克逊. 课堂生活 [M]. 丁道勇,译. 北京:北京师范大学出版社,2021:序言,46.

定程度上影响了高质量课堂的实现。在这种情境中，儿童出现了一种普遍化的心理状态，就是个体上的心理退缩策略，个体减少自己的关注和参与，需求本身和个体对需求的关注都不再被感知了[①]。

无聊是传统课堂中重要的情绪、情感。情境性无聊的制度化成因主要有三点。其一，制度化的课堂空间与时间设计使儿童不得不进入公共生活状态之中，儿童不得不作为群体中的一员。教师面对众多的儿童最先做的就是组织秩序和让大家按照时间节点完成学习活动。至于完成的质量，都不是课堂生活中最紧迫的事情。因此，在课堂观察中经常看到有的孩子在浑水摸鱼。当课堂上教师和某个或者某部分儿童有声有色互动的时候，其余儿童的状态则是无聊。无聊一经出现，儿童在课堂上就会想尽办法消磨时间，如抠手、弄头发、玩玩具、恶作剧等。这些无聊成了儿童在课堂上的一种生存情绪。就像在火车站候车时不断看表的旅客一样，焦急地等待着下课[②]。其二，遵守课堂生活的物质和话语规则所设置的基本情境组建了一个制度化、评价性的环境。诸如班级的监控设施（窗户、门口以及监控摄像头）、固定的、不可随意挪动的桌椅以及黑板和课桌上的书本，这些最基本的物质设施和相关话语规则限制了儿童的坐姿、手势、注意力和声音等，规训着课堂生活中儿童的身体和心理秩序。这种情境式的无聊伴随着儿童多年的学习和成长，成了儿童作为学生身份的一种身体惯习、文化心理。当儿童走入学校，成为学生那一刻开始，这种工业时代遗留下来的全景敞视主义的课堂就成了儿童生活最主要的部分。忍受这种情境性无聊成了教育培养的首要惯习。其三，在课堂上教师拥有调度、评价、指导儿童的权力，让儿童在该做什么的时候开始或者结束，连一年级的小学生都知道教师不在会有人代课，但是学生不在就不需要找人代学了，儿童去上学成了"例行公事"。儿童不得不去上学，不得不等待。面对这一局面，儿童有两种应对的方法，一种是顺从权威的期望进行行动，体现为积极表现的一类儿童，另一种是隐藏自身可能让权威不高兴的举止，保持自己的私密，体现为无聊、走神、发呆的儿童，他们通过主动性的无聊状态摆脱课堂生活中的这些微观权力布置和评价性的情境。

[①] 菲利普 W 杰克逊. 课堂生活［M］. 丁道勇, 译. 北京：北京师范大学出版社, 2021：序言, 46.

[②] 本文所讨论的对象主要是基础教育阶段的儿童, 尤其是小学阶段的儿童。笔者在课堂观察中常会注意到的现象就是在课堂上无所事事的儿童。借鉴菲利普·W. 杰克逊的课堂研究, 记录课堂中基本的物理结构和物理要素, 其中尤为关注的就是课堂, 当有一部分儿童或者个别儿童在讲台上、操作台演示时, 有非常多的儿童在走神、发呆。这种现象反映了课堂生活的真实面貌。在一次公开课活动中, 一个坐在教室后排的儿童, 反复把书桌上仅有的教材扔到地上再捡起。公开课结束后, 儿童们不由自主地讨论："英语课终于结束了""连着上两节英语课和语文课真是要命了"。

(二) 过程性无聊作为数智时代课堂生活的基本情调

数智时代的课堂正在从情境的稀缺走向情境的泛滥，前者由于情境的数量、形式上的缺失造成了情境性无聊，后者则由于数字教育景观所塑造的情境泛滥、经验过程性的破坏造成了过程性无聊。数智时代各种技术景观的制作为课堂提供了教育景观的供给，弥补了工业时代课堂情境的单调、稀缺，缓解了课堂的情境性无聊[①]。数字化教育进入图像时代，课堂成了数字教育景观制造、展演的场所，教育存在一种景观化的倾向[②]。随着各种数字化第三持存技术的引入[③]，从电视、电影，再到虚拟现实、ChatGPT、Sora 等技术引入课堂，课堂成了电影制作的场所，数字智能技术制造出的景观恰恰成了填补空虚和匮乏的材料，重新塑造了课堂的情境性、内容的丰富性、资源的个性化，帮助学习者摆脱情境性无聊。这些数字智能技术打破了传统的教室物理空间和评价性的环境关系，使更多的儿童可以通过技术物进行学习活动、互动，同时，作为一种体验时间的方式，这些数字智能技术可以使儿童通过各种技术事件、叙事填充到学习过程中，摆脱空虚的时间经验状态[④]。

过程性无聊成了数智时代教育面临的最大挑战。德语中的无聊（langeweile）就表明了其和时间的关系，lange 的意思是漫长的，weile 的意思是一会儿，所以无聊的意思是"漫长的一会儿"[⑤]。无聊、滞留、延迟、拖延、消磨时间都与时间有关系[⑥]。儿童在重新等待界面化的反应，这种等待的

[①] 为了更好地批判景观社会，居伊·德波提出了"景观社会""景观时间"的概念。他说："可消费的虚假循环时间就是景观时间，不论从狭义上作为影像消费的时间还是从广义上作为时间消费的影像。影像消费的时间（所有商品的媒介）不仅是景观机制充分实现自己的特定领域，而且是景观机制展现、聚焦普遍目标的场所，是全部特殊消费的缩影。"在景观社会中并不是人们用自己的自由时间去消费商品，而是商品消费了人们的自由时间，是被操控了的不以人们自己的真实生活状态表现出来的虚假消费的时间。参见：居伊·德波. 景观社会 [M]. 王昭风，译. 南京：南京大学出版社，2006：69-71.

[②] 王志斌，于伟. 第三持存视域下学习观变革：数智时代记忆模式的危机与应对 [J]. 中国电化教育，2024（8）：33-44，55.

[③] 斯蒂格勒的第三存留是对胡塞尔现象学中的第一持存和第二持存的发展。在胡塞尔看来，感知是第一持存，感知作为时间现象的组成部分；对过去经历的想象和记忆是第二持存，这种记忆只是感知的激活，类似于一种图片。斯蒂格勒在此基础上发展了第三持存，作为物质材料的存留的记忆。在数字教育时代，教育不仅持存于学习者的知觉和想象、记忆之中，还持存于外在的物性载体之中。任何知识的外化都将带来这一结果。同样，知识的建构也依赖于数字的、模拟的和机械的第三持存。DVD、唱片、录音机、摄像机、电视机、电脑、生成式人工智能、元宇宙实际上都是第三持存。

[④] VIIK T. Experiencing Boredom: A Phenomenological Analysis [M]. Cham: Springer International Publishing, 2022: 39-51.

[⑤] 李昕桐. 无聊之在 [M]. 北京：东方出版社，2018：14.

[⑥] 海德格尔. 形而上学的基本概念 [M]. 赵卫国，译. 北京：商务印书馆，2017：150.

时间越来越短，这看似减轻了儿童的情境性无聊，但是带来了过程性无聊。其一，在各种数字教育景观的制作与观看中，学习逐渐失去了具身性的操作和过程性的体验，身体的响应不再是具有长时效应的经验，而是变为短时的体验性质的迅速反应。各种数字化的第三持存或者景观通过短时记忆的塑造快速吸引儿童的注意力和好奇心，使儿童快速对景观、屏幕及其背后的算法做出反馈，造成儿童知觉的自动化。其二，课堂物质性的缺失导致儿童无物可上手，学习被观看景观的远程在场方式替代，造成了儿童知觉的悬置，学习成了一种对数字教育景观观看的过程，成了通过数字智能技术的使用参与制造数字教育景观的过程①。其三，儿童的感性、联想的记忆过程被第三持存记忆支配，作为"速度义肢"的数字智能技术的高速运转和认知、记忆的外部化装配替代了儿童主体自身的思维、象征、欲望、操作、行动和创造。正如斯蒂格勒认为的，我们这个时代正在发生一种系统性的愚昧，我们不再真正的思考和体验，我们的感知、联想的记忆由数字第三持存的记忆和算法支配②。

从无事可做、无物上手的情境性无聊到过程性无聊，其后果就是失去深度学习的可能性③。其一，数字智能技术对课堂情境的丰富并不意味着高质量课堂的发生。在各种数字景观制作过程中存在教育景观化的风险，致使教育、教学沦为数字景观的制作和表演的过程。其中潜在的危险是视觉化的认知和机器认知造成儿童深度学习的失效。深度学习注重儿童对于概念的深度理解，但是数字技术塑造了一种教学技术的奇幻式景观效应，儿童在这种景观体验中，充满好奇却并未有深刻的理解、理性的注意力、创造性的想象以及积极主动的参与。其二，学习者的身体、注意力、意识都投入数字教育景观设置的情境之中，脱离了儿童的情感参与和物质操纵体验，使课堂生活失去了物质性深度。其三，数字智能技术的运算、操作和快速响应替代了儿童主体的运算、操作和响应，儿童失去了对对象和自身的情感领会，使数字化学习失去了情感性深度。例如，儿童使用 ChatGPT 获得了所学的素材、图片或者利

---

① 王志斌，于伟. 第三持存视域下学习观变革：数智时代记忆模式的危机与应对［J］. 中国电化教育，2024（8）：33-44，55.

② LINDBERG S. Politics of digital learning：Thinking education with Bernard Stiegler［M］. London：Routledge，2021：59-71.

③ 尤其小学阶段的儿童，在使用数字智能技术进行学习、作业和听课活动的时候，经常出现主动性的分散自身注意力的现象，儿童几乎无法专注地盯着屏幕进行几十分钟的学习。儿童可以观看演示和操作的过程，但是真实学习的发生不仅需要算法的及时性反馈，更需要儿童进行情境具象、操作体验、对话省思，需要教师的情感性劳动、同学之间情感性的交往、支持和鼓励，以帮助每个儿童提升在社会中的自我效能感。

用 Sora 生成了课堂所需的视频的过程，其本质是数字智能技术的深度学习、机器学习过程，但并不意味着这是儿童深度学习、深度理解、创造性思考的过程。儿童的智能的外化、想象力的外化、知识的外化为数字化学习提供了条件，但是也使儿童沦为一个观影者。儿童的身体和意识都不再制造差异和进行思维、物质上的创造，而是陷入了对各种数字教育景观的好奇，想要在更短的时间内获得更多的观看内容，景观作为客体时间取代了儿童和世界共鸣的时间性绵延，致使儿童失去了意义感。

二、教育加速背景下儿童与世界失去共鸣

数智时代的课堂正在进一步演变为隐形课堂，教室中漫长的等待，被不断加速的即时性响应替代，数字智能技术和算法重新构建了课堂生活中课程的隐形层面，其集中体现就是数字智能技术正在通过景观的制造和算法的规训实现对教育时间的加速。从传统课堂的全景敞视主义规训机制转变为数字全景敞视主义的控制机制，课堂不再是在空间性的规训中发展儿童的思维能力、素养能力和行动能力的地方，而是在时间性的控制中使儿童适应不断加速、即时性地响应技术和算法的景观制造地。

（一）社会加速理论背景下的教育时间加速

社会加速成了教育加速的背景，儿童的生活经验积累的加速、技术带来的学习过程的加速以及社会变迁带来的各种加速时间观念、速度比拼的文化、时间运行机制共同导致了教育时间的加速。教育时间结构被内嵌进哈特姆特·罗萨所说的不断加速的社会时间结构之中。加速不仅成了现代社会的主要特征，也成了教育的重要特征。加速带来的人与世界失去共鸣的异化状态，不仅出现在大众的日常生活中，更出现在儿童的日常生活和课堂生活中。其一，技术的发展在加速，课堂生活的时空经验为数字智能技术所加速，从信息化时代开始，电影、电视、计算机、人工智能、生成式人工智能，乃至 ChatGPT、Sora 等各种数字智能技术涌入了儿童的日常生活和教育过程，教育技术的不断迭代和发展造成了学习过程的加速，教师、儿童在课堂上不断追求即时性的满足和对各种数字教育媒介的快速反馈，而不是真正在课堂上去感受情境、操作体验、对话省思。其二，社会加速变迁过程中，儿童必须习得和适应社会变迁中各种加速的社会时间文化和时间加速机制，如倒计时制度、抢跑文化等；必须适应加速的时间节奏，在更短的时间内学习、处理更多的事情，"双减"政策就是在社会加速变迁中出现的一种教育时间减速机制；必须在更短的时间里学会分析和处理更多的信息，同时要分辨错误的知识、非知识的知识，以及不得不面对不同于主流教育价值观、教育期望的"噪声"，从而不断调整自我期望。其三，日常生活节奏的加快，儿童本身就处于快节奏、多重技术体验、娱乐体验的加速社会中。市场化的资本通过各种数字教育景观的制造，通过教育软件、电子游戏、动漫、短视频的制造来吸引儿童的注意力。各种数字智能技术背后的数字资本通过数字算法的控制，支配儿童对于软件、平台的使用，占据儿童的身体时间、意识时间，以生产更多的数据，最终实现数字资本的增殖。儿童在日常生活中接触的信息和娱乐方式越来越多，因此会造成儿童在注意力、参与度上的分散。

过程性无聊产生的根本原因是教育时间的加速。教育时间加速造成学习者意义感、自我效能感的缺失。儿童总是感觉时间不够用，想在短时间内吸收和掌握更多的信息，总是在追赶课程进度和知识更新，在追求更丰富的教育体验和感受，儿童必须不断适应加速的生活节奏、学习节奏，压缩自己的时间经验和学习的过程。在这种加速的教育时间结构中，儿童失去了其主体性，在心理层面则体现为失去了"自我效能感"，儿童的主体性成为了一种屈从的自主，在存在领会层面则是海德格尔（Martin Heidegger）所说的深度无聊，一切都属于漠然状态[①]。学校、教育和闲暇有着密不可分的关系，教育时间和童年期的漫长发展过程一样，相对成人的生活而言是一种长效、缓慢、自由的时间过程，当下童年不得不承载着由社会时间加速带来的暴力。

（二）数智时代儿童失去与世界共鸣

儿童与世界失去了共鸣关系。"共鸣"这一概念是罗萨为应对加速社会中"新异化的诞生"而提出的。这种新异化主要表现为人与世界相疏离，呈现为失去关系的关系[②]。为重建人与世界的关系，罗萨提出三种共鸣轴，即水平共鸣轴、垂直共鸣轴、对角共鸣轴。水平共鸣轴涉及人与人的关系，如家庭、友情和民主政治；垂直共鸣轴涉及人与超越自然的世界之间的关系，如宗教和艺术；对角共鸣轴则是连接水平和垂直的，涉及人与物质世界之间的共鸣形式，主要是指通过教育建立起人与物质世界之间的关系。数字化课堂中的过程性无聊恰恰揭示了数字化学习面临的新异化困境，不断加速的景观化的学习体验正在使儿童失去与物质世界的生存论关联。

第一，在算法规训过程中，儿童失去了与自身的共鸣。其一，伴随着教育时间的加速压缩及教育空间的数字化和去身化，儿童的经验破碎为不断加

---

① 海德格尔. 路标[M]. 孙周兴, 译. 北京：商务印书馆, 2000：127.
② 哈特穆特·罗萨. 新异化的诞生：社会加速批判理论大纲[M]. 郑作彧, 译. 上海：人民出版社, 2018：139.

速的各种景观化的体验，机器的运算和景观的制作替代了儿童的意识和经验的传递，数字智能技术和算法构建的数字化学习面临一种过程性的毁灭。儿童情感性、审美性的具身经验消失了。过程性的毁灭作为维利里奥（Paul Virilio）所说的消失的美学，恰恰使课堂成为一个电影制作的场所，而不是一个深度学习发生的空间。在这种与己无关的观影中，儿童失去了象征的能力，失去了运用理论来认识、改变自己和世界的能力。其二，数字智能技术和算法恰恰通过对儿童知觉、意识的占领来控制儿童的身体和欲望，使儿童失去产生欲望的能力。在精神分析的视角中，对欲望不再苛求正是无聊的开始。无聊阐明了欲望、意识和对意义的追求。我们的心中失去了清晰的欲望，最终只企望算法支配我们的欲望。儿童不再出自本能地去好奇、追问和思考，儿童的感性身体成了数字技术和算法的"跑马场"，只剩下不由自主地加速响应，而不是主动地产生自己的积极的欲望。

第二，儿童失去了与他人，尤其是教师、同学的共鸣。其一，在数字化的虚拟现实中的交往关系，只是一种彼此孤立、区分的交往关系，并没有构建起师生、生生、家校社之间的密切的情感联系和信任关系。数字化空间尽管扩大了师生、生生之间的沟通范围，但是也造成对个体的数字化切割、区分，带来了儿童的数字化孤独。其二，传统课堂上教师的眼神、肢体和儿童的紧密的互动被表情包、机器的算法奖励替代，同学之间的玩耍、娱乐、互相帮助、合作所共同制造的物质回忆、情感联系被数字第三持存的电子记忆替代。虽然重视儿童认知的发展，但是忽视了师生、生生之间的情感性联系是学习者社会性发展的重要来源。

第三，儿童失去了与物质世界的生存论关联。在数字化学习中，我们无法与技术物和物质建立起稳定、深厚的关系。其一，数字教育景观替代了物质性的过程，数字化学习由智能技术物塑造的虚拟现实替代了物质性的物理现实，物质性的过程缺失了。其二，各种数字化资源、图像、视频相比过去的纸质教材、教具具有流动性、不确定性、分散性，儿童的意识、注意力容易分散。其三，儿童在数字化学习和数字技术的使用过程中，只是停留在景观层面，并不理解其运作的科学原理和物质化的后果，忽视了数字化学习过程中的物质状态的改变，也忽视了数字化学习中的技术伦理、物质伦理，儿童并没有真正为认识世界、改变世界的物质过程承担伦理责任。

儿童在加速的教育时间体验和数字算法的规训、凝视机制中，陷入了不进则退、不即时参与响应就被给予负向评价的主体性困境之中。过程性无聊的背后是儿童在不断加速的教育时间中遭遇的"新异化"。因此，我们要反思技术背后的资本增殖逻辑和加速逻辑造成的教育景观化、加速化问题及其带来的各种后果，这些数字智能技术和算法与其背后的数字微观权力正在生成数字化的隐形课程，成为决定课堂质量的关键因素。

三、如何重建数智时代课堂生活中的共鸣

数智时代高质量课堂是摆脱了无聊的课堂，高质量的教育是可以应对各种无聊的有沉思、有创造的教育，这种课堂必须提供给人以批判性的思考和反思的能力、行动和创造的能力、追问意义和塑造可能性的能力。从狩猎时代、农业时代、工业时代到当下的信息时代，人类不断尝试摆脱无聊，所以不断创造审美、艺术等各种新的体验，同时不断地创造意义和人类生活的可能性。摆脱传统课堂情境性无聊和数字化空间中的过程性无聊，为构建高质量课堂提供了契机。

（一）重申以"共鸣"为指向的高质量课堂教学

第一，重申学校教育、课堂生活的共鸣功能，使学校、课堂成为潜在的共鸣空间。罗萨的共鸣思想对思考教学改革具有启示。共鸣不是一种回声，而是一种回应关系，需要双方都用自己的声音说话；共鸣不是一种情感状态，而是一种与人、世界相处的关系[①]。共鸣不是一种积极的快乐的感觉，而是面向他人和世界的一种矛盾的、身体的、情感的、认知共同参与体验[②]。概括地说，共鸣需要主体与世界产生内在的情感的触动、外在的自我效能感和双向的革命性的建构、转变。学校教育作为共鸣轴，可以通过培养一种有倾向的共鸣能力，使儿童建立起与世界的关系[③]。学校教育、教学的目的就是开放和建立共鸣轴，让儿童能够在现实生活中可持续性地改变自己和世界，构建起主体自身和世界的自然、文化、精神、物质上的共鸣联系。关键一点就是使儿童面对这个复杂、陌生、新奇的世界能够充满内在的兴趣，同时具备较高的自我效能感[④]。高质量的课堂教学要充分发挥儿童的参与感、创造性和主体性，提高儿童与世界的共鸣能力，使课堂成为促进共鸣的潜在空间，重建儿

---

① ROSA H. Resonance：A Sociology of Our Relationship to the World [M] Trans. J. Wagner, Cambridge：Polity Press，2019：253.

② FRLSKI R. Resonance and education [J]. on education. Journal for research and debate，2020，3（9）：1-4.

③ ROSA H. Resonance：A Sociology of Our Relationship to the World [M] Trans. J. Wagner, Cambridge：Polity Press，2019：253.

④ ROSA H. Resonance：A Sociology of Our Relationship to the World [M] Trans. J. Wagner, Cambridge：Polity Press，2019：241.

童与时空、他人、物界、自身的生存论关联。以共鸣为指向的教学成了数智时代打造高质量课堂的前提。

第二，需要通过教育意向性补充技术意向性①，通过有过程的归纳教学来弥补数字化教学中过程性的缺失②。其一，重视情境/具象。形象思维是儿童早期认识世界的特征，要充分利用数字智能技术促进教学中的情境、具象的实现，通过儿童的视觉化认知来促进高质量学习的发生。其二，重视儿童的操作体验。儿童的具身经验是儿童认知、情感发生的基础，儿童具身经验的过程性是其获得认识能力、主体性包括自我效能感的重要来源。数智时代的课堂不仅需要数字智能技术的运作，更需要关注儿童的具身性的操作体验。其三，重视师生、生生、人机之间的对话与省思，促进儿童与生成式人工智能的深度对话，如利用生成式人工智能提供"数字苏格拉底式的对话"，由此促进学习质量的提升③，更要重视师生、生生之间的富有情感和社会交往性质的互动与对话。

（二）重建高质量课堂的情感维度

第一，数字化课堂重视数字智能技术在情境内容、公平均衡层面来提高教育质量，需要进一步聚焦情感维度。其一，重视儿童心理发展，培育儿童的自我效能感。共鸣的课堂要使儿童通过成功地与世界互动所获得的经验来建立自我效能④，以抵消儿童面对着高度专业化、智能化、集成化的技术装置和生活世界的无力感。其二，教育评价要从儿童的认知转向儿童的共鸣能力，尤其是对儿童情感能力的评价。在数字化课堂中，能很容易评估儿童的学习表现和认知水平，但是很难衡量儿童的情感状态，如儿童的动机、自我效能感等。关于认知水平、成绩、观看时长的各种数据并不能完全体现数字化课堂的质量。儿童发展的非认知因素需要进一步被关注。其三，师生、生生之间的情感联系、儿童个体道德水平的发展都需要考虑情感因素，一位德高望重的教师对一个儿童的道德、心理的关注和赞扬，甚至是教师的一个眼神、抚摸都会增强儿童的自尊心和自我价值感。

第二，重提保护儿童天性的议题，保护人类本能中的各种心理能力，以

---

① 苏慧丽. 教育中技术意向性的异化与清源［J］. 科学技术哲学研究，2021，38（5）：121-128.
② 于伟. "率性教育"：建构与探索［J］. 教育研究，2017，38（5）：23-32.
③ 赵晓伟，沈书生，祝智庭. 数智苏格拉底：以对话塑造学习者的主体性［J］. 中国远程教育，2024，44（6）：13-24.
④ ROSA H. Resonance：A Sociology of Our Relationship to the World［M］. Trans. J. Wagner，Cambridge：Polity Press，2019：247.

抵御数字算法规训下自然人性的衰微。面对数字微观权力的运作，以及数字智能技术和算法对儿童数字化身体、欲望的控制，要挖掘人的天性中追寻意义、摆脱无聊的基本条件，充分利用人类本能中的各种心理能力，诸如各种情绪、好奇心、模仿力、注意力、记忆力、想象力、推理力、使用工具的能力、抽象能力等①，即尊重人的本能、兴趣，重视人的生物性、天性及其作用②。其一，保护人类好奇、好问、愿意探究的天性，挖掘天性中好奇心、想象力的生存论意义。童年是想象力发展的黄金时期，想象力是创造的基础，可以通过保护好奇心、想象力来抵御过程性无聊。其二，保护儿童好动、好游戏的天性，通过游戏活动来抵御数字化学习和生存中的过程性无聊。这种游戏不是电子游戏，而是更为原初的游戏。游戏是人的本能，是能够使得人身心统一、走向自由和创造的方式。其三，保护儿童爱学习、爱创造的天性。人类具有一个重要的生物性特征就是"幼态持续"，其通过童年期给予儿童足够多的时间来学习使用技术和人类的各种文化文明成果。儿童的自然天性中蕴含着个体成人以及摆脱数字智能技术和算法的技术统治的本源性力量。

第三，在重视儿童的技术本体、工具本体的获得的同时，构建工具本体、文化心理本体兼顾的情感本体③。其一，人的本质的技术化已经成了数字化教育不可避免的议题。高质量课堂需要关注到以"技术人"为人性假设的儿童观重构，以后人类儿童为教育学研究的起点。其二，儿童对数字智能技术的使用，不是工具性的应用关系，而是借助现有的各种数字第三持存来实现人类的技术本质的过程。人类通过技术实现物质生产劳动和文化文明的创造，这些成果沉淀在个体的儿童身上，儿童需要通过各种技术来传递、创造人类文化文明的第三持存记忆。其三，技术本体获得的同时，要兼顾儿童的文化心理本体的获得。人类通过物质实践活动积淀了复杂的文化心理形式，尤其是文化的、理性、审美的各种高级的复杂心理感受和情感模式。这些同样构成了人之为人的关键，也是区分人和机器的关键。总的来说，健康的心理能力（自我效能感等）、情感能力（自然人性情感）、情感本体（工具—文化心理本体）的培养，是实现数智时代高质量课堂的关键。

（三）重构教学实践中师—技术—生的三元关系

共鸣的师生观指向的是理想的师生关系。第一，要实现从防御性的师生

---

① 张一兵. 反抗的本体论：以诗歌与游戏对抗腐败的世界——以瓦内格姆《日常生活的革命》为例[J]. 江苏社会科学，2021（3）：131-142.
② 于伟. "率性教育"：建构与探索[J]. 教育研究，2017，38（5）：23-32.
③ 李泽厚. 人类学历史本体论：上卷[M]. 北京：人民文学出版社，2019：66-67.

关系转换为共鸣的师生关系。其一，防御性的师生关系是教师与学生间的沉默、恐惧或敌意阻碍课堂上的参与者建立交往、互动的关系。在课堂上分布着各种隐形微观权力，教师忽视学生的真实需要和感受，很容易导致学生动力和自我效能感的缺失，致使学生不再真正参与到教学活动之中。因此，需要建立起足够安全的教育环境，培育学生的自我效能感。其二，共鸣的师生关系可以激发学生和教师一起学习和相互学习的渴望，在响应性对话中实现教学相长。要进一步促进师生之间的互动和交往，使数字化课堂成为真正的师生积极响应的地方，尤其针对低龄儿童而言，数字化学习的本质不仅在于认知，更在于其天性的发展、个性的形成、社会性的培育，使其构建工具本体和文化心理本体兼顾的情感本体。这就要求教师通过情感性劳动引导学习者与数字技术物和非人的物质世界产生共鸣。教师不仅是知识的传递者、技术的传授者，也不仅是教材和教育内容的组织者、呈现者，还是学生的需求、情绪和兴趣的回应者和交往的对象。数字化学习不仅停留于浅层次的观影，教师要引导儿童能够使用ChatGPT、Sora等技术来认识与改变自己和世界，构建起与世界的共鸣关系。

第二，共鸣的师生关系不仅表现为教师和儿童之间的知识传递、对话和交往，还表现在物质、材料维度，即从师—生的二元关系到师—生—物质的三元关系。其一，从印刷时代的教师、儿童、书籍、教材、教具到数智时代数字智能技术物，物质的能动性被忽视了。实际的课堂并不是完全以教师为中心或者以儿童为中心，教育目的的实现不仅是根据教师的经验、理性，也不仅是根据儿童的兴趣和需要，更多的是受限于课堂上不完满的物理条件、物质现实基础。在传统课堂上，物质在师生关系中起到了非常必要的作用，物质在教学实践中具有"物质能动性"，桌椅的限制、教材与教具的数量的限制，教师和儿童、儿童和物质材料都不能保障所有人享有个性化的、充分的学习过程，儿童物质性的身体也并没有得到真正的重视。其二，在数智时代，物质的能动性需要被重新认识。课堂上的物质具备了更好的智能属性和生成属性，儿童和非人技术物的互动，成了数字化课堂实践的重点。由教师、儿童、物质共同组建的行动者聚合体网络，成了课堂实践活动真正的中心。数智时代课堂要构建以师—生—物质材料的聚合体网络为中心的实践教学体系，不仅重视儿童的主体性，还要充分发挥物质的能动性[①]。

数字化学习要引导儿童通过创造性、差异性地使用数字智能技术与世界

---

① 王志斌，于伟. 第三持存视域下学习观变革：数智时代记忆模式的危机与应对[J]. 中国电化教育，2024（8）：33-44，55.

互动，这一认知过程，同样是一个行动的过程，要让儿童学会负责任地参与到认识世界、改变世界的过程中①。恢复学校教育的共鸣功能，学校作为引起儿童与世界共鸣的潜在空间，教师作为儿童实现与数字技术物和技术生活世界的共鸣的引导者，这些是数智时代摆脱数字化课堂中过程性无聊的前提，也是数智时代课堂改革的基本方向。对于当下的课堂改革而言，一个最基本的事实就是，人和机器的互动必不可少，但是人和人之间的情感性联系同样是不可替代的，否则我们就会变得机械化，变得麻木、冷漠、孤独，教育承担着这样的使命，并且在不断加速发展的现代社会中寻找促进儿童与世界共鸣关系建立与发展的可能性和可能方式。

(本文原载于《湖南师范大学教育科学学报》2024年第5期)

---

① 王志斌，于伟. 第三持存视域下学习观变革：数智时代记忆模式的危机与应对[J]. 中国电化教育，2024（8）：33-44，55.

"双减"背景下教育评价的加减法[①]

实施"双减"政策,是当前基础教育改革的一项重大决策部署。"双减"政策提出,不仅要减少学生过多的学习任务"量",而且要提高学习的"质",促进学生健康成长。有什么样的评价指挥棒,就有什么样的办学导向。要确保"双减"政策真正落地见效,就要充分发挥教育评价的导向功能,因此,学校应在完善全面育人评价机制上做出回应,做好教育评价的加减法。

首先,要淡化单一评价,健全综合评价。一是要从单一的学科评价转向跨学科评价。这就需要学科教师从过多关注本学科的学业成绩,转向关注学生各学科学业成绩的综合发展,助力学生跨学科能力的提升。二是要从单一维度的评价转向综合素质和关键能力的评价。学校要建立健全的评价制度,注重综合评价与特色评价相结合,评价要注重差异性和多样性。比如我校一、二年级上学期末进行的主题式"游考"就是一次关注综合素养评价的尝试。其中二年级创设了"长春游"这样的大情境,布置了和长春有关的五个文化场馆,然后在各个小场馆创设小情境,通过环境布置、任务设计、教师语言渲染等方式促使学生在真实情境中解决问题。如在"汽车城",学生需要撕下一条一米长的胶带纸来估测汽车模型的长度,这里考查的是与学生量感相关的知识和能力,这是纸笔测试考不出来的东西。

其次,要改进结果性评价,强化过程性评价。在"双减"背景下,强化过程性评价是教育评价改革中至关重要的一环。在课程实施中,可以通过教师的课堂观察、访谈、活动记录、问卷调查和学生自评互评等方式,对学生的学习行为、学习能力、学习态度等无法通过纸笔测试出来的学习结果以及与学习密切相关的非智力因素进行持续性评价。过程性评价是在学习过程中进行的,促进了评价与学习的融合,将评价变成教育的一部分。当评价与教学、学习融合,构成三位一体的整体时,评价不再是单向、简单的教师评价与学生被评价,而是基于教学目标、教学内容的互动。教师要俯下身来,倾听学生的声音,寻求共鸣性理解。教师要更加理解学生,读懂学生,激发学

[①] 本文作者是东北师范大学于伟教授。

生，引领学生。教师不仅要观察学生语言、行为的表象，更重要的是探索其背后的动因，评价要为改进学生学习、促进学生长远发展助力。在实际操作中，我们可以利用现代技术对学生学习过程的信息进行搜集、整理和分析，提高过程性评价的科学性，同时将过程性评价与总结性评价结合，准确描绘学生的成长历程。

再次，要取消等级排名，探索增值评价。当前学生的作业多以知识的反复练习、强化训练为主，学生、教师和家长之所以愿意反复"刷题"，主要因为当前的评价是一种横向的评价，基本上是用学生考试分数或者升学率进行等级排名，进而评定学生的发展水平，评判学校或教师的工作是否有成效。增值评价是一种纵向的评价，它通过观察和评判学生在一段时间内的成长和进步程度，以学生的整体发展状况来衡量教师和学校的努力。另外，我们还应探索各种独特的增值评价体系及激励机制，对学生德智体美劳各个方面的成长和进步给予鼓励和支持。增值评价的实施需要多方面条件的支持，需要技术层面一段时间内的数据收集和积累，如采用"成长档案袋"来记录学生的收获和成长，更需要全社会教育观念的转变。

最后，要慎用静态的评价，追求发展性评价。我们不要用僵化的观念去看待学生，而要用持续发展的眼光进行评价。小学阶段的教育评价要以倾听和尊重学生为前提，正因如此，教育教学过程中的评价不能止步于对学生某一阶段的学习过程或学习结果的反馈，更不能以学生"某一学习节点"的表现作为评判学生学习态度和能力的依据，这是"一劳永逸"式的静态的评价。这种对评价唯一性和确定性的追求，不应该成为教育生活的常态。可持续的、发展性的评价是一种立足回归现实情境的真实评价，是一种开放式的、不确定性的、个性化的、动态的观察和评价，以此作为调整教育教学策略的依据，能够使教师始终用发展的眼光看待学生。评价目标的制定、评价方法的研制和选择，同样应该是基于长期的田野观察进行反复修订和确认的。只有这样，才能使教育教学评价回归师生互动生成的良性样态。

"双减"的道路是漫长和艰巨的。我们要切实发挥好教育评价的指挥棒作用，以评价促进学习，以评价改革推动教育改革，发挥评价的教育功能，这不仅是学校改革的方向，更应该成为学校脚踏实地的探索。

（本文原载于《中小学管理》2022 年第 3 期）

学校、家庭都要关注青少年的身心健康①

在机器"越来越像人"的时代,"人不是什么"成为哲学的重要问题。机器大概没有身心健康问题。如果青少年是机器,是铁打的,也不会有身心健康问题,可人偏偏不是机器。马克思说,人是直接自然存在物。这恰恰是教育规律存在的重要前提。人是自然存在物,首先是指人的有生命的肉体组织的存在。人有眼睛、耳朵、头脑及其他肉体组织,即人是有人身的存在。人首先有肉身,才能在自然界和社会中生活,并表现出人的属性和本质。

人不是无人身的灵魂、无人身的理性、无人身的思维、无人身的自我意识。人有肉身存在,就有物质需要存在,就有人的自然需要存在。因此,基础教育首先要考虑青少年作为生命体的存在,遵循人的身心发展规律,关注青少年的身心健康。比如睡眠缺乏,长期疲惫不堪,严重休息不足、营养不良,都有猝死的危险。我们不能忘了人有生理极限。

目前,我国青少年体质健康状况令人担忧,普遍存在动作不协调、力量弱、耐力差等体质方面的问题;在抑郁、焦虑、睡眠和自我伤害等问题上检出率偏高,整体心理健康状况不佳。这严重影响了学生的健康发展和国民素质。

课业负担是影响学生身心健康的核心要素,其影响力由校内向校外扩散,既包括客观存在的学业负担,也包括由此引发的心理负担。受教育功利主义和应试需求的影响,将身体和心智发育对立的状况正在不断加剧上演,学生的身心在教学过程中处于被过度压制状态。

家庭成员的身心健康状况通过遗传、家庭氛围、家庭教养方式和教养行为等影响青少年的身心健康状况。亲子关系通过改变青少年的压力感知能力和疏解方式影响青少年的身心健康。

现在的中小学校教室及走廊面积标准是在 2010 年甚至更早确定的,有必要借此机会调整。现在教室面积狭小、走廊狭窄,没有充分考虑中小学生的身心发展特点。这也是一些学校不让学生课间走出教室、进行活动的重要考

---

① 本文作者为东北师范大学于伟教授。

量因素。因此，为了便于学生走动、活动，应适当扩大教室及走廊面积。

人是完整的生命体，不是学习的机器。如果承认人是自然存在物，就要承认教育有规律，学习的时间就不能超过一定的限度。分数、成绩不是人生的全部，"只要学不死，就往死了学"是违背教育规律的，也是没有人性的。

基础教育要遵循教育规律，当务之急是学校、家庭协同起来保障青少年的睡眠，保障青少年基本的身体活动与健康需求。

（本文原载于《教育科学研究》2025 年第 1 期）

"留住乡愁"：当代乡村班级生活建设的文化面向[①]

【摘要】 乡村班级生活建设的价值追求是建构文化共同体，而"乡愁"正是这一共同体的文化底色。"留住乡愁"在当下乡村班级生活中出现困境，与乡村现代文化现实遭遇的挤压、乡村传统文化现实处境的助推以及乡村情感文化实体的拆解等因素密切相关。为"留住乡愁"，应在文化认同、文化样式、文化资源等方面引导乡村班级生活建设，警惕文化畸形等不良现象。

【关键词】 班级生活；乡愁；班级文化；共同体

顾明远认为，教育犹如一条大河，文化就是河的源头和不断注入河中的活水，研究教育而不研究文化，就只知道这条河的表面形态而摸不着它的本质特征[②]。作为立德树人教育使命的重要实现机制，班级生活建设以其多元的文化主体、广博的文化资源以及系统化的文化组织方式等表现出鲜明的文化形态。乡村班级镶嵌于乡村生活之中，乡村生活所具有的文化传统深刻影响着乡村儿童的成长，并逐渐演变为"乡愁"这一特殊的文化样态。如何在建设中华民族共有精神家园的过程中审视"乡愁"的文化遭遇，在"留住乡愁"的文化命题下重建乡村班级生活，这并非一种怀旧主义、乡土主义的文化眷恋，而是一个深度影响乡村儿童成长并关乎中华优秀文化传统继往开来的文化自尊、自信问题，也是一个值得深入探讨的教育命题。

一、"乡愁"：乡村班级生活建设抹不去的文化底色

本质上，乡村班级生活发生在乡村学校这一特殊的文化场域之中，饱含着乡村文化的泥土气息，是植根于本土、发轫于本乡的一种文化建构过程，也是一种有别于学科教育、课堂教学的特殊的乡村教育过程。雅思贝尔斯认

[①] 本文作者为东北师范大学张聪教授。
[②] 顾明远. 中国教育的文化基础 [M]. 太原：山西教育出版社，2004：前言.

为，教育不过是人与人主体间的灵肉交流活动，尤其是老一代对年轻一代，包括知识内容的传授、生命内涵的领悟、意志行为的规范，并通过文化传递功能，将文化遗产交给年轻一代，使他们自由地生成并启迪其自由天性①。在这个意义上，乡村儿童的成长与其说是在乡村学校内完成的一种教育过程，不如说是在以乡村班级为核心的文化场域内发生的文化交往过程，其中就含有"老一代对年轻一代"的文化传递以及"年轻一代"的"自由生成"。在乡村班级生活中，有彼此能够分享的故事、不同价值观的碰撞，也有个体生活经验的交流与讨论。对于乡村儿童来说，班级生活中的个体交往既发生于乡村这一共有的文化社区，又总是超越本土文化建构起新的文化认知。事实上，中国班级所建构起的并非一个松散的学生组织，而是高度集中的"教育班"形态。这种"教育班"不仅要完成雅思贝尔斯所说的"文化遗产"的传递，还要实现与同伴、教师等多主体的文化互动，从而更加紧密地达成文化愿景、创生儿童的成长方案。尤其在中国这样一个后发国家，乡村教育处于相对落后的状态，学生间的交流、集体活动的建构等在一定程度上促进了乡村儿童的成长，有助于提升乡村教育质量。就此而言，乡村班级生活建设正是以创建具有丰富情感性的文化共同体为价值诉求，切实推动乡村儿童在班级场域内的集体化成长。

作为一种文化共同体，乡村班级内含着一种特殊的文化传统——乡愁文化。这种乡愁文化创生于人类社会发展的漫长历史之中，以乡村生活为基底，逐渐演变为中国人难以忘怀的生命记忆。中国几千年的农耕文明积淀起中国人生产协作的家族观念，在农耕文化的生存方式中实现着对于故乡、家园的文化认同。乡村中所存有的历史文化信息构筑起中国人生命历程中的精神家园——本土建筑、习俗方言、宗教信仰、衣着服饰、乡土艺术、神话传说等，不断建构起人们对于乡村最难以忘怀的原点追思——越是长久地离开家乡、成为"异乡人"，越是对家乡形成一种思恋与不安，并逐渐演变为"乡愁"。对于乡村班级生活而言，"乡愁"着重指的是乡村文化通过建筑、器物、制度、活动等在精神和情感上对乡村儿童所产生的深刻影响。实质上，"乡愁"所表征的不仅是对故乡、故土的精神眷恋与情感依托，还有更为深沉的家国情怀。乡村班级生活建设是凝结"乡愁"的原点，所有的"乡愁"都可以在当代乡村教育、乡村儿童的成长历程中发现最初的痕迹。因此，建设能够"留住乡愁"的乡村班级生活，意味着引导儿童实现对于乡村的文化认知与文化体验，意味着乡村儿童的文化自觉，也意味着班级生活建设的向度调整与

---

① 雅思贝尔斯. 什么是教育 [M]. 邹进，译. 北京：三联书店，1991：3.

资源重组，进而能够在乡村儿童人生成长过程中形成具有持久性的文化价值。

二、"乡愁"失落：当代乡村班级生活的文化隐忧

乡村班级生活建设的文化境遇表明，很多乡村班级正逐渐失去本应有的乡土气息，儿童成长很难从乡村班级生活中汲取本土文化的养分。而越是这样，乡村儿童就越难以对乡村文化留有深刻印记，"乡愁"也难以在这些乡村儿童的人生历程中产生。在教育转型期的"阵痛"下，乡村学校教育理念的转变正折射出教育观念的碰撞、冲突与融合[1]，这也逐渐形成了乡村班级生活的文化隐忧。

（一）乡村现代文化的现实遭遇挤压了"乡愁"在乡村班级生活中的空间

"乡愁"的裂变发生在现代社会中[2]，并充分反映出不同文化主体（包括乡村儿童、乡村教师等）在建设现代乡村班级生活过程中的迷茫。在中国多舛的现代化进程中，"现代性文化在中国尚未充分地展示它的生命力，便处于某种危机之中了"[3]。中国乡村中现代文化的"危机"表现为在某种程度上盲目照搬城市模式，忽视了本土文化资源所具有的独特价值。在很多地区的新型城镇化建设过程中，乡村固有的传统文化、民族文化、本土文化等正遭遇着无情的拆解。民俗学家冯骥才说过："消失的不仅仅是物件，而且是一种传统、一种民族符号。"在现代性文化秩序的强势侵入下，传统的田园牧歌式的乡村生活在悄然发生着变化，被边缘化的乡村记忆实质上折射出人在现代性旅途上的种种焦虑。建筑学家程泰宁认为，"乡愁文化"的缺失使中国城镇化的"价值判断失衡、跨文化对话失语、体制和制度建设失范"[4]。乡村班级生活存在于乡村社区中，本应充分借鉴并反映具有乡土特色的生活内容。然而在乡村现代化的推动下，很多乡村班级在建设过程中，往往照抄照搬城市学校内的班级生活，让乡村儿童聚焦于都市生活的优越性、现代性，而忽视了自身所处的、生活气息浓厚的乡村生活。这样的做法显然背离了乡村教育本应有的文化内涵，难以让乡村儿童生成对于乡村生活的文化印迹。实际上，"乡愁"本身就在一定程度上与现代文化有着相悖的内涵，乡村班级生活所进行的这种"现代化"建设，正需要在后工业化社会中对于人性、本土文化进

---

[1] 马宪平. 教育转型期：矛盾与变革 [J]. 中国教育学刊，2014（1）：23-27.
[2] 叶强，谭怡恬，张森. 寄托乡愁的中国乡建模式解析与路径探索 [J]. 地理研究，2015（7）：1213-1221.
[3] 施惠玲. 当代中国社会的信仰引领与文化跃迁 [J]. 新疆师范大学学报（哲学社会科学版），2011（6）：20-24.
[4] 周兵. "乡愁"文化与新型城镇化 [J]. 学术探索，2015（4）：85-91.

行深刻省思①。而乡村现代文化越是这样集中反映都市生活，越在很大程度上挤压了"乡愁"在乡村班级生活中的发展空间，使得乡村班级难以"留住乡愁"。

（二）乡村传统文化的现实处境助推了"乡愁"在乡村班级生活中的失落

随着很多传统习俗、器乐、表演、文艺等面临退出历史舞台的危机，乡村传统文化在现实生活中的表现力、解释力与带动力日趋弱化。在很多乡村班级内，儿童早已不再用传统思维方式、诠释方式、表达方式来演绎现代班级生活中发生的现象。在人伦世故、风土人情面前，传统性文化逻辑的解释框架与话语体系正逐步消解。在乡村班级生活中，像"丢手绢""跳房子""老鹰捉小鸡"等传统乡村游戏已经很难再出现了。虽然很多班级在组织活动时，仍会偶尔采用这些游戏，但"怀旧""纪念"的色彩颇为浓厚，以至于很多乡村儿童误以为这些游戏源自古代、来自他乡，从而失去了对于本土文化传统的价值认同。虽然人类社会发展的历史正朝着现代化的方向发展，但优秀的传统文化仍然具有鲜活的生命力，应在延续的过程中实现雅思贝尔斯所说的"老一代对年轻一代"的文化传递，同时实现对于"年轻一代"的集体化塑造。遗憾的是，在乡村传统文化消解的同时，乡村班级生活建设缺少了对乡村传统文化中教育资源的深度挖掘，本应有的乡村器物、民俗等文化资源已无法真正融入乡村儿童的集体成长中，致使"故乡""本土"在很多人眼中成为陌生的词汇，乡村班级生活也在这一过程中失去了对于家国情怀的深沉关注。例如，有的乡村班级在建设过程中，那些具有浓厚乡土特色的剪纸、陶艺、民歌等文化元素已不再出现，甚至很多乡村教师、学生只能凭借网络或进城参观博物馆等现代方式，才能链接起本土文化元素。与英国、美国等国家对乡村传统文化的保留相比，我国当下的乡村建设总是以现代方式去遮蔽传统文化，乡村教育的变革也总是朝向现代化的城市文化进行，而失去了对本土传统文化的深刻省察。现代乡村班级建构的过程失去了对于本土理念、制度、器物等的文化观照，正折射出"乡愁"在乡村班级生活中的失落，这种文化传统本身所具有的遗产性、传递性正潜移默化地消失。从这个意义上说，"留住乡愁"既是一种现代文化强势下的被迫，也是一种传统文化自身的焦虑与无奈。

（三）乡村情感文化实体的拆解削减了"乡愁"在乡村班级生活中的力量

中国的班级生活是一个富有情感文化的复杂过程。作为一种文化变量，

---

① 张聪，于伟."三个面向"与我国基础教育合理发展的内在逻辑探讨[J]. 东北师大学报（哲学社会科学版），2016（1）：19-113.

情感文化会活化班级生活，在情感共鸣中产生对他人、对班集体的关切。乡村班级深植于乡村生活，但很多乡村班级没有以情感文化的方式提升文化品质，而仅仅是向乡村儿童简要地介绍乡村文化，简单地开展班级活动，漠视情感丰富的乡村文化。在教育直接面对学生的过程中，"教育—文化—人"正是助推学生核心素养发展的实践方法论[①]，而一旦情感文化的要素被拆解掉了，那么剩下的仅仅是空洞的、教条化的文字，乡村儿童也难以在这一过程中实现自身对于乡村生活的文化认同。同时，乡村生活中所具有的古老建筑、具有历史感的制度以及历代传承的家具和乐器等文化实体，无不彰显着海德格尔所说的"诗性的光辉"以及"庄严的沉默"，这些底层社会中的器物、精神等都在无形中建构起具有文化品质的乡村生活，也建构起乡村儿童成长的情感文化底蕴。如果在乡村班级建设中，不带着浓厚的情感去考察乡村儿童与生俱来的文化积淀，那么乡村班级生活建设只能走向随意甚至平庸。再加上那些"并不适合乡村的文化、休闲和娱乐方式等"对乡村儿童的文化生活造成的不良影响[②]，更加剧了乡村班级生活的浅表化危机。当乡村失去了那些本应有的理念、制度、建筑时，乡村文化便缺少了必要的情感依托；当那些富有情感性的文化实体遭遇拆解时，乡村儿童便失去了真实的乡愁文化空间，乡村班级生活中"乡愁"的力量也被削减。因此，乡村班级生活建设需要来自乡村社会的情感支持。这种支持不仅会推动乡村儿童对本土文化的深厚眷恋，而且推动着乡村班级生活建设过程中对于乡土文化的重审与重塑。

三、"留住乡愁"：助推当代乡村班级生活的实践策略

2018年9月，习近平在全国教育大会上明确指出："要在加强品德修养上下功夫，教育引导学生培育和践行社会主义核心价值观，踏踏实实修好品德，成为有大爱大德大情怀的人。"[③] 乡土文化在乡村班级生活建设过程中的失落，带给乡村儿童的深刻影响或将持续终生，因此培养乡村儿童对乡村生活、乡土文化的"大爱""大德""大情怀"理应成为乡村教育的重要命题。这就要求新时代的乡村班级生活建设，提升乡村儿童的文化认同，丰富文化样式，拓展文化资源，同时警惕文化畸形现象。

（一）提升乡村儿童对乡村生活的文化认同

乡村儿童在个体成长过程中不断汲取着乡村生活的营养，由乡村儿童所

---

① 张聪. 学生发展核心素养培育的文化逻辑［J］. 课程·教材·教法，2018（9）：42-47.
② 马宪平. 教育转型期：矛盾与变革［J］. 中国教育学刊，2014（1）：23-27.
③ 本刊编辑部. 培养有大爱大德大情怀的人［J］. 人民教育，2019（1）：10.

建构的乡村班级也以集体的方式受益于乡村生活，领悟着乡村生活的文化内涵。因此，乡村班级生活建设应提升乡村儿童对乡村生活的文化认同感，切实激发其对乡村生活的"大爱"。

一方面，在乡村生活的历史变迁中理解身处的环境。乡村不仅是一种家园般的静态存在，而且在动态变革中推动着人类进步。这就要求乡村学校充分发挥开放、服务等功能，促进乡村文化传承①，加强"村落故事、社区民俗和古老民族文化传统的讲述与传承"，引导乡村儿童在班级生活建设过程中强化对乡村文化历史的深度挖掘，使其深度关注自身生活的这片土地、这座村庄、这所乡村学校、这个班集体，注重培养学生的"亲情、乡情和家国情怀"，培养乡村儿童形成与"自然环境、村落民居建筑、社区邻里乡亲良好的物我关系与人伦关系"②。同时，比较分析乡村居民居住品质、家庭生活等在不同时间点的变化，着力促使乡村儿童从人类社会发展的角度充分体会乡村生活历史变迁的重要意义。

另一方面，在多元化乡村生活的比较中确证自身的不同。"乡愁"是多元的，因为乡村生活本身存在空间上的差异。我国东北、西北、中部等地区都具有各自的乡村生活，中国、英国、南非等不同国家也具有不同的乡村生活。因此，乡村生活空间的多元化特征要求乡村儿童既要识别、尊重不同乡村生活的发展样态，又要在比较中确证自身的不同。乡村文化给乡村儿童以精神的滋养，促进他们对乡村文明与乡土价值的内在理解，增进乡土认同，厚实乡土精神底气，增强文化自信③。对于乡村班级生活建设而言，意味着要让乡村儿童看到乡村生活选择的多样性、多元化，切实提升文化比较能力，坚定传承、创新乡村文化的信心与力量，激发奋进的愿望，逐渐生成文化自觉以及对自身文化身份的主体认同。例如，在班级研学旅行活动中，着力引导乡村儿童比较不同的乡村文化，逐渐认识到自身在乡村文化建设过程中所应承担的责任，增强使命感。

（二）丰富乡村班级生活建设的文化样式

作为一种文化共同体，乡村班级理应借助形式多样的文化互动过程来增强共同体的凝聚力，实现共同体的发展愿景，切实"留住乡愁"。其一，提升乡村班级教室品质，在教室中"留住乡愁"。教室是开展乡村班级生活建设的主要场所，也是推动乡村儿童热爱乡村生活、"留住乡愁"的核心空间。为

---

① 刘淑兰. 学校与社区的互动 [M]. 成都：四川教育出版社，2003：63.
② 李广. "学校—社区互动"促进农村学校改进研究 [J]. 教育研究，2018（4）：75-79.
③ 刘铁芳. 乡村教育的希望是超越城市取向 [N]. 中国青年报，2009-05-06（6）.

此，应借助班级教室的板报、墙壁，定期发布、张贴有关乡村生活的新闻报道，鼓励乡村儿童通过作文、绘画等方式反映自身的乡村生活。在布置班级教室时，应充分利用自然花卉、农作物等自然资源，着力建设原生态的乡村班级教室，让生活在其中的乡村儿童关注乡村生活，并理解其背后的文化价值。

其二，推动乡村班级课外学习，在学习中"留住乡愁"。"留住乡愁"不仅意味着要建设美丽乡村，留住美好记忆，而且要"诗意栖居"，形成"文化传承和精神归依"[①]。这就需要乡村班级打破课内学习的局限，丰富乡村儿童的课外学习，真正敞开丰厚的农村社会生活，真实呈现乡村文化的生活基础，让学生充分运用语文、美术、音乐等不同学科知识，以讨论会、演讲比赛、辩论赛等形式展现自身所处的乡村生活，在课外学习中重审乡村生活、丰富生命记忆，在"诗意栖居"的过程中形成"精神归依"。

其三，设计乡村班级主题班会，在班会中"留住乡愁"。主题班会是乡村班级生活建设的基本路径，应通过内涵丰富的乡村班级主题班会，引导乡村儿童在互动、交流中加深对乡村生活的热爱。春种、夏长、秋收与冬藏构成了乡村四季生活，田野、农庄、高山、溪水构成了乡村的空间系统，乡村振兴、宜居乡村、返乡创业、精准扶贫则构成了新时代乡村的社会生活，所有这些都可以成为乡村班级主题班会的文化要素，并由此凝练出不同的主题。例如，以"如何让乡村生活更美好""绿水青山为何是金山银山""我们的乡村如何实现振兴"等为主题的班会，能够将乡村生活引入主题班会，增强乡村儿童对乡村生活的文化体认。

（三）重组乡村班级生活建设的乡土文化资源

乡村班级并非"文化孤岛"，而是置身于特定乡村生活的文化共同体。为此，应通过乡村班级课程建设以及乡村班级劳动教育，厚植乡村文化沃土，提升乡村班级生活品质，创建有特色、高品质的班级生活，使乡村班级生活"留住乡愁"，进而培养乡村儿童的"大情怀"。

一方面，要充分发挥乡村班级课程对资源的统整能力，充分挖掘乡村文化资源。学校课程开发中的乡愁熔铸实质上是把乡愁对应的内容和课程开发的各个层面相结合，最终形成以"乡愁"为主题的课程体系[②]。乡村班级课程是乡村班级生活建设的有效载体。这就需要系统梳理乡村文化生活，逐渐将

[①] 姜朝晖. "记得住乡愁"是一个重要的教育命题[J]. 人民教育，2014（3）：7.
[②] 李秀壮，郑长龙，贾梦英. 乡愁情结：学校课程开发的地方性根源和社会化拓展[J]. 教育理论与实践，2018（13）：57-60.

有价值的乡村文化资源按照学段、内容等类别建构班级课程。比如,乡村变迁中的典型人物、民间传说、关键事件、民宅建筑、本土戏曲等都可以成为班级课程深度挖掘的主题。同时,应引导乡村儿童超越本土、开阔视野,在班级课程的建构过程中积极统整更多的乡土文化资源。如以"最美乡村教师""最美乡村医生"为主题的演讲式课程,以"乡村新貌""中国最美村庄"为主题的展览式课程,以"乡村富裕""创业典型"为主题的研究式课程等,都能在情感上唤起乡村儿童对更多乡土文化资源的关注,激发其热爱家乡、建设家乡的热情,使其怀有对家园的珍视、珍惜与珍重。

另一方面,要积极开展乡村班级劳动教育,着力整合乡土文化资源。劳动既是乡村日常生活中的基本场景,也是乡村儿童铭记乡村生活的重要活动,因此劳动教育是乡村班级生活建设的应有之义。这就需要积极引导乡村儿童理性认识农业生产劳动的重要性,以班级参观、考察等方式带领乡村儿童走进农田、鱼塘、牧场等,开展劳动实践,理解"劳动最光荣"的文化内涵。例如,四川省阆中市的乡村学校改造,充分利用自身特点建立农业劳动实践基地、"农耕文化教育体验园",让那些层出不穷的"土办法"为乡村学校建设焕发出蓬勃的教育活力[①]。同时,应让乡村儿童着重认识机械化生产、科学化育种与施肥等智能劳动,学会理性审视新时代乡村劳动,以乡村班级内交流和讨论的方式形成对劳动、知识、创造的科学理解,并推动乡村儿童努力将所学知识转化为劳动技能,形成正确的劳动观。

(四)警惕乡村班级生活建设中的文化畸形现象

建设乡村班级生活、重审"乡愁"不是一种文化保守(守旧)主义的再现,也不是一种文化虚无主义转向,而是当代乡村生活整体样态下的现实所需。事实上,乡村班级生活建设过程中不仅要重视对"乡愁"背后乡村文化的深度挖掘,而且要警惕一些文化畸形现象。

其一,辩证认识乡村传统文化资源。建设具有"乡愁"特征的乡村班级生活,并非要全面继承传统乡村文化资源,守着乡村的传统文化资源不放,而是要辩证地审视这些资源在当下乡村儿童成长过程中的合理性、适切性,警惕那种"凡是传统的都是好的"的错误认识。

其二,理性审视城乡文化资源差异。在建设乡村班级生活的过程中,不能过度夸大乡村文化而刻意贬斥城市文化,警惕那种"城市丑陋化,乡村田园化"[②]的畸形的审美逻辑,要让乡村儿童理性地认识到无论是乡村文化还是

---

① 施剑松,李益众. 教育的"乡愁"在这里安放[N]. 中国教育报,2016-01-27(1).
② 陈超. "乡愁"的当代阐释与意蕴嬗变[J]. 当代文坛,2011(2):78-81.

城市文化，只是处于不同时空中的文化，没有高低之分，都可以为乡村班级生活建设提供文化资源。

其三，切实强化乡村班级生活建设过程。具有"乡愁"特征的乡村班级生活建设是一个实实在在的文化建设过程，而不是一个内容空泛、形式单一的过程，要以乡村文化为路径打造优质化的班级生态，推动乡村班集体发展与学生个体转变的有效统一[①]，以优质的自然生态、人文生态推动乡村班级生活的卓越发展，警惕文化虚无主义的出现。

（本文原载于《中国教育学刊》2020 年第 8 期）

---

① 李家成. 在新时代发展班集体与学生个体的健康关系［J］. 班主任，2018（3）：5-7.